名家视点 第8辑

面向 MOOC 的图书馆嵌入式服务创新

《图书情报工作》杂志社 编

海洋出版社

2018年·北京

图书在版编目（CIP）数据

面向MOOC的图书馆嵌入式服务创新/《图书情报工作》杂志社编．—北京：海洋出版社，2018.1

（名家视点．第8辑）

ISBN 978-7-5210-0014-6

Ⅰ.①面… Ⅱ.①图… Ⅲ.①互联网络-应用-图书馆服务-研究 Ⅳ.①G252-39

中国版本图书馆CIP数据核字（2017）第331270号

责任编辑：杨海萍　张　欣

责任印制：赵麟苏

海洋出版社　出版发行

http://www.oceanpress.com.cn

北京市海淀区大慧寺路8号　邮编：100081

北京朝阳印刷厂有限责任公司印刷　　新华书店北京发行所经销

2018年4月第1版　2018年4月第1次印刷

开本：787 mm×1092 mm　1/16　印张：21

字数：363千字　定价：52.00元

发行部：62132549　邮购部：68038093　总编室：62114335

海洋版图书印、装错误可随时退换

《名家视点丛书》编委会

主 任：初景利
委 员：杜杏叶 易 飞 徐 健 王传清
　　　　王善军 刘远颖 赵 芳 谢梦竹
　　　　胡 芳 栾瑞英 盛怡瑾 袁贺菊
　　　　王 瑜

序

伴随着"狗年"的来临，由《图书情报工作》杂志社策划编辑、海洋出版社正式出版的《名家视点：图书馆学情报学档案学理论与实践系列丛书》第8辑如约而至，就要与广大读者见面了。这也是《图书情报工作》杂志社和海洋出版社联袂在狗年为广大的读者献上的一份小小的礼物。

本辑丛书包括四本书：《阅读推广的进展与创新》《面向MOOC的图书馆嵌入式服务创新》《数据管理的研究与实践》《智慧城市与智慧图书馆》。四本书所有文章均是从《图书情报工作》近些年所发表的优秀论文中遴选出来的。可以说，这四个主题都是当下学界业界所关注的热点或前沿领域，是图书馆学情报学理论与实践的新发展，也是国内近些年关于这些领域研究成果的集中体现。

《阅读推广的进展与创新》共计收录29篇文章。阅读推广是图书馆的一种重要服务模式，既是图书馆馆藏资源宣传推广的一种策略，也是拉近图书馆及其馆藏与读者之间距离的一种重要手段，更是提升公众文化素质与阅读素养的一种重要机制。从学术的角度，阅读推广的研究主题并不是创新，但实践上的异常活跃给阅读推广研究带来了新的生机与活力。本专辑的内容不仅展现了关于阅读推广的若干基本理论研究成果和多个国家阅读推广的实践经验，还重点汇集了多个图书馆在阅读推广方面的成功案例，值得学习和借鉴。

《面向MOOC的图书馆嵌入式服务创新》收录27篇文章，分"理论篇""建设篇""服务篇""综述篇"四部分，阐述了图书馆的环境下MOOC的应用与发展。MOOC在图书馆中的引入和应用已有数年的历史，但其意义和价值仍待不断地开发，其应用前景非常乐观。MOOC以其独特的教学模式深刻地影响了大学教育，也为图书馆创新服务提供了新的手段和契机。国内外图书馆在MOOC教学与服务方面已经有了不少的探索。本书可以说是从一个侧面反映了这些探索所取得的成果。

《数据管理的研究与实践》共收录27篇文章，分"理论篇""国外篇""国内篇"，一定程度上客观总结了国内外在数据管理的研究与实践方面所取得的最新进展。数据管理（或称科研数据管理、科学数据管理、数据监护等）是数据密集型科研范式（第四范式）转变的必然要求，也为图书馆信息服务、知识服务从基于文献到基于数据提供了新的机遇与新的能力。但总体而言，对国内的图书情报工作而言，数据管理还是新生事物，我们对它的认识与应用的能力还非常有限。本书所介绍的相关内容对于我们更好地理解数据管理，推动数据管理融入图书馆业务体系，建立数据管理平台与服务能力，都是很有启发价值的，特别是国内外图书馆在数据管理方面的一些探索，表明数据管理已经不是概念层面的问题，而是在实践中已经有了长足的发展。

《智慧城市与智慧图书馆》共收录论文26篇。"智慧"是一个非常时髦的词汇。智能技术的发展与应用，使得"智慧城市""智慧社区""智慧校园"乃至"智慧地球"成为可能。可以说，智能无处不在，智慧无所不能。同样，如果城市是智慧的，校园是智慧的，图书馆如果还不是智慧的，那图书馆是否还有存在的必要？因此，加快智慧图书馆的建设绝不是口号和噱头，而是当务之急，具有迫切的需求。2017年，国内对智慧图书馆的讨论异常热烈，许多会议都将智慧图书馆列入探讨主题，许多期刊发表了许多篇智慧图书馆的文章。如果说将2017年定为"智慧图书馆元年"，也不为过。本书将为智慧图书馆的研究与实践提供助推器，希望国内图书馆更多地关注智慧图书馆，更多地参与智慧图书馆的建设，尽早实现智慧图书馆的目标。

《图书情报工作》至今已经走过62个年头，也处于其历史发展的最好时期。2017年各项计量指标均名列前茅，而且还首次获得中国科学院科技期刊排行榜奖励，特别是首次获得"全国百强科技期刊"。杂志社不仅立足办好期刊，更快地发表更多的优秀成果，还积极承担传播知识的社会责任，每年举办多场学术会议和培训。出版专辑也是这样一种责任的体现，使得分散的相关主题的研究成果得以通过图书的形式再次揭示与展现，推动所发表的成果的增值和再利用。

感谢收录本专辑的各篇论文的作者的贡献，感谢广大读者对本专辑和本刊多年来的关注、厚爱和支持。在许多人的观念里，图书情报是传统行业，但这一行业在需求与技术的双驱动下，正在焕发前所未有的青春。通过创新与变革，重新定位图书情报的专业角色，重新塑造图书情报的职业形象，重新构建图书情报的职业能力，是时代赋予我们这一代图情工作者的神圣责任。

祝大家狗年"旺，旺，旺"！

初景利
中国科学院大学经济与管理学院图书情报与档案管理系主任
《图书情报工作》杂志社社长、主编，教授，博士生导师
2018 年 2 月 9 日 北京 中关村

目　次

理　论　篇

嵌入式信息素质教育服务 …………………………………………（3）
网络在线教育课程：图书馆的机遇和作用 ……………………（19）
高校信息素养教育与 MOOC 的有机结合 ………………………（30）
基于 XMOOC 课程模式的高校图书馆信息素养教育研究 …（43）
MOOC 环境下混合式信息素养教学模式研究 …………………（55）
教育类公共信息服务产品供给的社会共治 ……………………（64）
基于协同学理论的高校图书馆嵌入式服务研究 ………………（82）

建　设　篇

互联网思维下的在线课堂设计要素分析 ………………………（91）
国内外高校信息素养 MOOC 关键成功因素研究 ……………（104）
国外高校图书馆嵌入课程管理系统研究 ………………………（115）
引入众包的 MOOC 在线问答系统实现研究 …………………（127）
我国高校 MOOC 平台知识转化功能完善 ……………………（139）
MOOC 教育资源语义化关联研究 ………………………………（150）
面向 MOOC 的大学图书馆资源建设策略探讨 ………………（160）

服 务 篇

高校图书馆"3+2+1"慕课化信息服务模式探索 …………………（171）
利益相关者视角下的图书馆MOOC服务合作研究 ……………（181）
高校图书馆应对MOOC高辍学率的策略探讨 …………………（192）
高校图书馆嵌入式课程服务的探索与实践 ………………………（204）
移动学习与嵌入式学科服务深度融合的创新实践与特色 ………（215）
大学图书馆参与MOOC版权服务的实践及启示 ………………（226）
高校图书馆开展慕课服务的现状与对策 …………………………（233）

综 述 篇

国内外图书馆参与MOOC课程建设实践综述 …………………（245）
大规模在线开放课程（MOOC）与高校图书馆角色研究综述 …（260）
国内外数据分析类MOOC调查与分析 …………………………（273）
高校图书馆课程导引服务体系调查分析 …………………………（291）
MOOC环境下我国信息素养教育研究综述 ……………………（300）
国内外嵌入式图书馆服务研究及主要观点 ………………………（312）

理 论 篇

嵌入式信息素质教育服务[*]

信息素质的概念最早由美国的 Paul G. Zurkowski 于 1974 年提出[1]，是指"人们在工作中进行的信息资源利用的培训，掌握各种信息工具以及利用信息资源解决问题的技能。"目前被广泛接受的主流定义是美国图书馆协会（ALA）对信息素质概念的定义[2]，即"识别所需信息，并能有效地定位、评价和利用所需信息的能力"。近年来随着信息环境的变化和研究的深入，人们对信息素质的概念有了新的认识，认为信息的检索、评价和利用已经不是信息素质的全部内涵，信息素质被认为是数字学习和终身学习的必备能力[3]。

社会教育是图书馆基本社会职能之一。因此，开展信息素质教育是图书馆责无旁贷的社会责任和主要业务职能，是图书馆用户教育的核心内容。在当前新的信息环境下，图书馆信息素质教育需要不断创新与发展，根据用户的不同特点和个性化需求，重组信息素质教育知识内容，构建全新的教学方法与技术环境。将图书馆开展信息素质教育的本质根植于培养学生的信息意识、信息知识、信息技能、信息道德，以"授之以渔"的方式引导用户掌握科研工作的研究方法，推进信息素质教育计划，提升信息素质教育水平。

嵌入式信息素质教育是学科服务工作的重要内容，是嵌入式学科服务的主要元素，应该渗透在学科服务工作链条中的每一环，不可能一蹴而就，也非一劳永逸，需要一个渐进和发展的过程，要与科研用户的类型、需求和行为等特点相匹配，开展嵌入式的信息素质教育服务。

1 嵌入式信息素质教育的概念与特点

多年以来，图书馆开展的信息素质教育是以图书馆资源与服务的介绍宣传和充分利用为核心，主体形式是文献检索课教学，有相对固化的教学体系和教学方法。从内容上讲，虽然信息的检索、分析与利用本身就是科研工作的一部分，但变化中的学术信息环境需要的不仅是相关文献的获取，而是更多涉及科技趋势的分析、潜在知识的挖掘、科研线路的设计、复杂数据的处

---

[*] 本文系国家社会科学项目基金项目"图书馆嵌入式学科服务的理论与方法研究"（项目编号：10BTQ001）研究成果之一。

理、高效传播的利用。从形式上讲，单一的、单向的课堂式、讲座式教学模式很难保证能针对性地解决科研或学习过程中的问题，信息素质教育工作游离在科研过程之外，使得这种离开真实工作和学习环境、孤立地传授或者介绍或教育的效果差强人意[4]。因此，嵌入式信息素质教育模式作为一种融入过程、面向问题的教育模式被提出来，尝试以一种更为"解渴"的教育工作模式，推进和拓展信息素质教育的内容与方法。

1.1 嵌入式信息素质教育现状

在国内外嵌入式信息素质教育模式实践中，与专业课程结合的"课程教学信息指导"（course integrated instruction）和"嵌入课程教学"（embedded into the curriculum）是最主要的两种方式，它们将信息素质教育融入到专业课程教学当中，学科馆员以普通教师用户的身份，开设信息素质教育课程，提供读者学习培训服务，用户可以通过课程学习来全方位地提高自己的信息素养技能[5]。嵌入专业课程的信息素质教育则更具有针对性，有利于提高学生的专业素养，可以很好地支持专业学习课程的信息资源与服务需求。以下选择美国几个较为典型的案例描述嵌入专业课程的教学支持内容与类型，如表1所示：

表1 嵌入专业课程的教学支持服务内容与类型

序号	高校名称	嵌入课程	教学支持内容与类型
1	马里兰大学[6]	基于地区人群的医学信息分析课程	类型：课件 内容：涉及论文写作的步骤、论文的写作风格与语法、论文的引用和来源文献4个独立的内容模块
2	纽约城市大学史泰登岛学院[7]	低年级护理专业学生"文化探索"课程	类型：授课、课件、讨论组、扩展阅读资料 内容：常见的护理专业信息资源检索方法、权威网站资源的利用、远程利用图书馆数据库、学术论文写作格式和学术道德等
3	史丹森大学商业管理学院[8]	会计专业课程	类型：课件、扩展阅读资料、机房实习指导 内容：学术资源的使用指南
4	俄克拉荷马大学[9]	高年级地球微生物课程	类型：面授教学 内容：微生物、地质学、环境化学和自然科学专业信息资源与查询；评估学生的信息搜索、评价和利用能力

续表

序号	高校名称	嵌入课程	教学支持内容与类型
5	美国奥斯汀皮耶州立大学[10]	"多媒体能力"远程学位联机课程	类型：课程资料 内容：将用户教育、馆员指导融合进课程，负责设计IL教学及评估，将重点放在培养学生高级的IL能力上，如ACRL的"IL五标准"，涵盖了与信息的存取和利用相关的法律、经济、道德和社会问题
6	普渡大学[11]	林学专业课程	类型：教学资料 内容：协助教师确定课程所需专业信息资源，包括全文数据库、参考图书、政府资料、多种相关网站，梳理并协助检索和利用；对学生完成作业所利用的资源做好统计与评价

这种嵌入专业课程的信息素质教育方式，可以保证信息素质教育内容与专业课程学习相结合，有针对性地解决学习过程中的信息问题，从而成为一种围绕任务需求的学科信息素质教育，其教育内容可以被快速传递、吸收并发挥作用，解决真实问题，教育效果也可通过合作课程的学习效果进行统一评估[9,12]。

除了嵌入课程教学之外，也有部分高校图书馆开展了基于研究课题的嵌入式信息素质教育[13]，如美国州立西佐治亚大学（University of West Georgia）图书馆将信息素质教育嵌入到"全球研究"的课题中[14]。还有部分高校图书馆，如明尼苏达大学图书馆，将信息素质教育的内容与教材组织与用户的具体任务需求关联起来，以提高信息素质为出发点，开发了开源软件工具Assignment Calculator[15]，帮助和培训用户在规定时间内完成诸如"撰写试验报告"、"海报制作"、"准备宣讲报告"等任务。国内的张玲[16]、刘艳丽[17]、欧阳峥峥[18]、马建霞[19]等分别以研究生学位论文撰写为核心任务，分析研究生信息素质需求与教育实施方案。由于研究生用户学习期间的具体任务具有多样性，遇见的问题非常多，实际学习和科研活动中的方法、过程和工具不断变化，不同的工作任务和工作环境需要不同的信息素质知识内容，很难预期通过短期局部的信息素质教育，能够完全解决用户当前与未来的所有问题。但是，这种与问题或与任务关联的嵌入式信息素质教育代表了一种新的发展方向。

可见在数字科研环境下，超越文献检索培训，拓展并包括有关情报分析、科学工作方法培训在内，重构信息素质教育内容体系的需求是现实的、迫切的，用户需要的是嵌入科研过程的信息素质教育，是与科学工作方法融为一体的、以科研实践中的具体实际问题为导向，寓教于科研实践的全方位嵌入式信息素质教育。嵌入式信息素质教育应在借鉴传统信息素质教育的基础上，分析用户类型、需求与行为特点，围绕"创新型科研工作流"来支持关于信息素质、科学研究、数据分析、科研道德规范等的教育活动，并借助先进的技术工具，与数字知识环境和相关知识服务密切耦合，开展有体系的、协作式的、互动的信息素质教育。

1.2 嵌入式信息素质教育的特点

嵌入式信息素质教育方式，是学科服务推进个性化、知识化服务的核心工作内容，是一种新型、适应当今用户需求特点的信息素质教育方式。其特点主要体现在：

1.2.1 嵌入式信息素质教育是面向科学素质教育的教育内容体系 传统的信息素质教育主要以图书馆资源服务为内容主体，关注的是信息检索、信息利用等教育内容。而嵌入式信息素质教育与用户科研工作流相结合，面向未来科学研究的新型需求，包括科学研究的工作方法、学术规范、实验标准、分析工具、数据管理、学术伦理等多种素质教育等，大大拓展了信息素质教育的内容体系，涉及科学研究的各个方面，成为推动信息素质教育向科学素质教育发展的重要台阶，为未来科学素质教育奠定了实践基础。

1.2.2 嵌入式信息素质教育是以用户为中心的信息素质教育方式 在分析用户学科属性、科研背景的基础上，把握科研人员、教师、研究生等不同类型用户在各种科研任务中的信息需求特点与演变规律，设计信息素质教育的内容，使信息素质教育与用户需求紧密绑定，避免与用户的需求、问题相脱节，提供面向问题、面向任务的有针对性的信息教育与培训服务。

1.2.3 嵌入式信息素质教育是符合用户信息行为习惯的信息素质教育方式 嵌入式信息素质教育通过适应用户科研行为习惯特点，与用户熟悉的资源、方法、环境、技术等相融合，使得用户在自己最喜欢使用的数字资源中、最熟悉的网络技术中，随时发现和利用到学科馆员所提供的信息素质教育服务。

1.2.4 嵌入式信息素质教育是开放式信息素质教育的工作模式 传统信息素质教育是课程教学、培训讲座、自修自学作为其主要的3种主要教育模式，嵌入式信息素质教育强调网络技术的引导作用，通过技术工具的使用，促进信息素质教育的"泛在化"，扩大教育受众的范围，打破传统培训依赖单个教师、固定教室和孤立课本（课件）的局限，变孤立、分散的培训为开放、关联的教育体系，变单向被动教育模式为双向互动、共享用户创造力的教育模式。

2 嵌入式信息素质教育的实现模式

随着科学的不断发展进步，科研环境发生巨大变化，学术交流体系也更趋复杂，用户在科研过程中遇到的具体问题，不再局限于信息的查询、获取，而是涉及实验方法创新、实验现象解读、海量数据分析、科研成果交流、学术论文写作等各个方面。科研人员开始更多地关注研究热点和资助机会的发现，开始使用新的方法进行研究，开始尝试前所未有的交流渠道和同行交流学术信息，开始运用不曾用过的信息工具挖掘信息，开始认识到信息过载带来的筛选和评价问题，这种科研环境对科研用户的信息素质提出了新要求。

因此，针对用户的信息素质教育需求专业化、个性化、任务化、问题化和综合化方向发展的方向，图书馆必须适时调整信息素质的教学内容和方式，顺应和把握用户信息需求发展趋势，真正培养用户所需的信息技能。随着信息素质教育服务在图书馆服务中的作用着越来越大，嵌入式信息素质教育的内容呈现出学科化、问题化的趋势，教育方式与手段也越来越个性化和多样化，使得用户更感兴趣、更易接受、更方便使用。

2.1 目标嵌入

嵌入式信息素质教育将围绕科研创新工作流，逐步将信息素质教育的目标与科研创新目标融合起来[2]。

- 目标一：围绕图书馆资源服务，以培养信息需求识别与信息获取、评价、管理和利用能力为目标[20]；
- 目标二：聚焦科研工作方法，导引或系统帮助科研人员产生、凝练、扩展和应用知识去解决问题、研究问题、制定决策及理性思考（critical thinking）等，以培养科学方法能力为目标[21]；
- 目标三：面向科研创新能力，以培养科研人员建立和发展认识科学的本质与局限，洞悉科学诉求的过程，掌握学科之间的本质关联与基本概念，理解科学技术中社会、文化和伦理道德的影响因素等能力为目标[22]。

2.2 内容与环境嵌入

面向创新能力的、开放的嵌入式信息素质教育,应将信息素质教育内容从信息的检索、获取、分析与利用,逐步扩展到科学活动本身更为关注的科技趋势的分析、潜在知识的挖掘、科研线路的设计、复杂数据的处理、高效传播的利用等各种科学研究技能方面以及与此过程紧密相关的信息分析、知识发现、数据处理和学术伦理等诸多方面的知识和方法上来。

2.2.1 嵌入学科专业内容 跨学科和交叉学科的学习和研究越来越普遍,用户需要更加专业化的指导与支持。各国在通用信息素质能力标准体系的基础上,有针对性地根据学科差异,制定了具有学科特点的信息素质能力标准,从而使信息素质教育能够呼应不同学科深度研究的需求,满足跨学科和交叉学科的学科关联关系的需求,制定具有学科专业属性的信息素质教育内容,开展嵌入学科和专业领域的信息素质教育成为必要。

2.2.2 嵌入科研学习过程 根据英国科学与技术设施研究理事会(STFC)提出的面向未来的数字科研环境下的科研工作流模型,科学研究是一个从分析研究趋势、产生研究思路、设计和组织项目、申请项目、进行实验(广义的实验)到数据收集组织、数据分析、研究成果发布交流、成果保存的连续工作流[22];张晓林教授也曾提出一个科研活动的知识生命周期,包括把握趋势、探索解决路径、执行解决方案和知识组织与交流[23],并根据STFC科研工作流绘制了知识研究知识流程[24]。国内外的研究成果表明,科研遵循着共有的核心研究行为和工作流程(发现、收集、创造和共享)(见图1)。

同样,研究生作为信息素质教育用户的主体,对新型科研信息流具有更高的适应力,更愿意接受并且尝试使用新工具、新方法。但如果能够在他们完成学习任务的过程中,在他们遇到具体问题时,给予其发现信息、评价信息、使用信息、跟踪信息的有关工具、方法和知识的介绍,就可以有针对性地为其解决困难,切实提高他们的科研效率和水平,这也将从根本上提高研究生信息素养教育的效率,改善教育效果,从而影响整体科研人员的信息素养。张玲通过分析研究生科研学习任务的信息需求情境,提取信息素质相关知识单元与研究生典型工作任务之间的内在联系,构建信息素质导航图(见图2),从而为信息素质教育嵌入研究生典型工作任务中提供了依据[25]。

信息素质与用户所处的信息环境和用户所要完成的工作任务密切关联,用户类型和学习属性不同,科研学习过程中的信息需求也存在差异,应细化

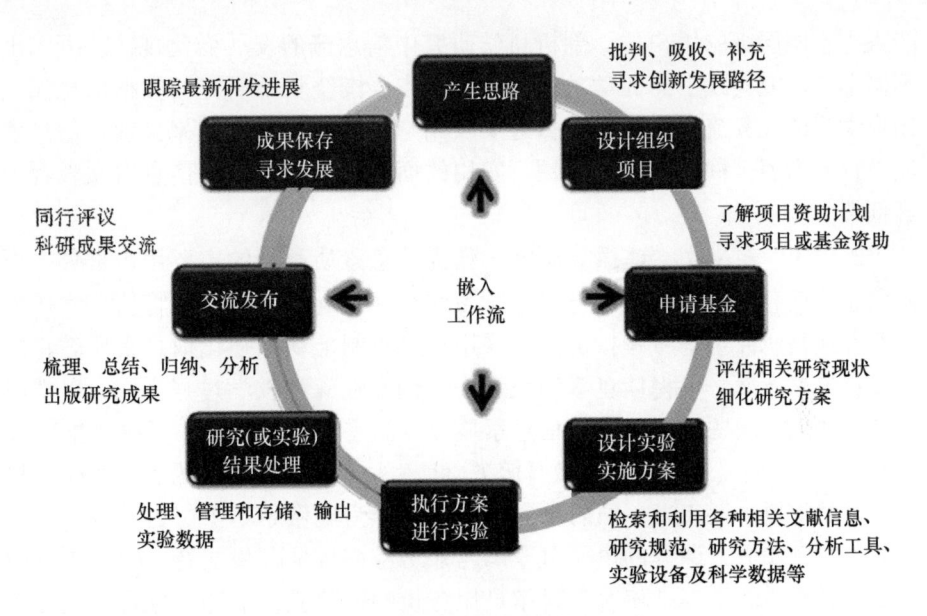

图 1　科学研究工作流程与信息需求

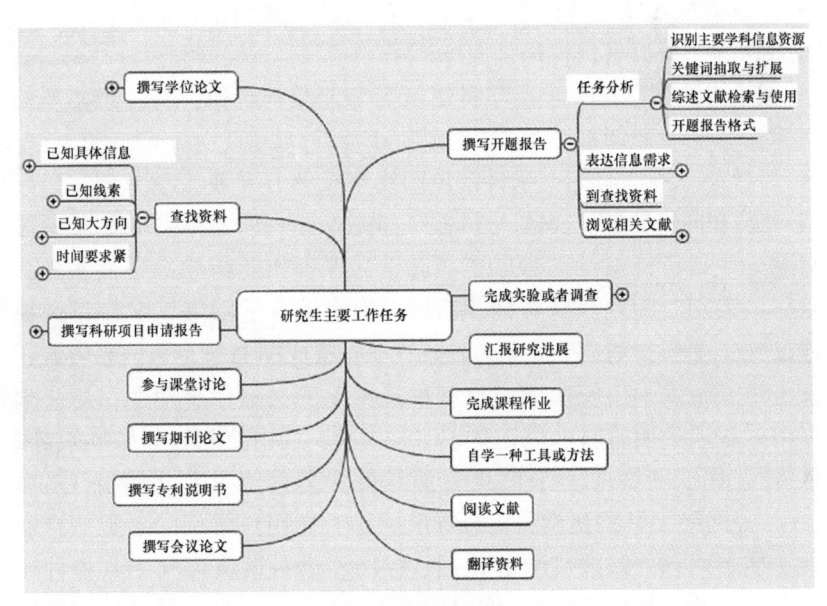

图 2　研究生主要工作任务流[26-27]

用户信息素质教育的粒度，锁定院系、研究所、试验室、教研室、项目组、

9

个人等不同层级的用户群，剖析科学研究中信息流的发展变化规律，凝练出不同学科研究实践中捕捉学术信息流的特点，围绕科学研究的数据信息流或用户学习的任务流，与科研项目进展及用户学习进度结合起来，确定信息素质教育的内容，构建合理、适用、实用的面向科学工作方法信息素质教育内容框架。

2.2.3 嵌入教学过程 研究生作为信息素质教育的主要用户群体，更倾向于将信息素质教育培训与日常学习结合在一起，一方面可将信息素质教育刚性地与研究生学习考核绑定，采用约束机制推动和强化信息素质教育的普及；另一方面，可将信息素质教育嵌入到专业课程教学过程当中，以学习任务中的现实问题拉动研究生信息素质教育的需求与热情，从而在"推"和"拉"两个方面促进信息素质教育服务落地生根，发挥作用，为教学和学习提供更好的支撑。近年来，国内外大学图书馆界为此做了不少努力并取得了积极成果，例如嵌入课程的电子教学参考服务、多媒体开发支持、学科信息门户及信息素质教学等。随着学科馆员服务机制的建立，上述服务有力地支撑了课程教学工作，主要服务形式包括：

● 开设信息素质培训课程：学科馆员以普通教师用户的身份，开设信息素质教育课程，为读者提供培训服务。

● 嵌入专业课程体系：由学科馆员与专业教师合作，将信息素质培训内容嵌入到院系的专业课程教学中。

● 教学参考咨询服务：学科馆员围绕本校核心专业教学方向，以网络交流工具（如 Blog、Wiki、SMS、Meebo、MSN、QQ 等）为主要服务手段，面向老师与学生提供针对性的教学资源筛选、课程作业指导等咨询服务，用户可以通过网络随时随地获取咨询和帮助。俄亥俄大学图书馆学科馆员根据课程需求制作了课程指南（Course Guides）[28]，集成图书馆专业信息资源、参考咨询服务等，帮助学生解决学习过程中最常见的文献信息问题，建议学生在课程学习过程遇到困难时，优先登录课程指南，从中获取答案与服务支持。

● 建立基于网络的学术信息资源导航：学科馆员利用诸如 LibGuides、Wordpress 等网络工具构建学科信息导航网站，把用户常用的各类信息资源分类汇总，便于用户一站式检索和使用，同时，学科馆员可利用其各种功能版块嵌入多种资源（视频、RSS、实时咨询等），使之成为教师教学与学生学习信息查找的主要工具。耶鲁大学图书馆学科馆员根据学科领域制作系列研究指南（Research Guides by Subject），为学生提供 11 个领域 53 个主题的研究指南，以帮助师生充分利用图书馆资源与服务支持教学与学习[29]。

● 嵌入虚拟学习环境的教学支持服务方式：虚拟学习环境（virtual learning environment，简称 VLE）是一种基于网络和多媒体工具建立的新型教育环境，目前有影响力的 VLE 平台主要有 Web Course in a Box（WCB）、Blackboard、eCollege、WebCT、Moodle 等。嵌入 VLE 的信息素质教育，为学生的自主学习创造了条件，有利于培养其终生学习能力，达到信息素质教育的效果，对图书馆员、教师和学生都有重大意义。Pamela Alexondra Jackson 对图书馆员利用课程管理系统的现状进行了调查，结果表明图书馆员利用课程管理系统有利于培养学生的信息素质能力，提升图书馆员的服务能力，并且建议要在全校范围内进行合作，以促进学生的学习[29]。Rob Lenholt 等人探索了在大学内部三个部门的合作下，成功地利用 Blackboard 上载与指定课程资源建立链接的 Word 讲义，提供图书馆利用指导培训[8]。学科馆员如能充分挖掘和利用 VLE 所提供的诸多课程元素与功能，如发布通知、作业题库、讨论区等，可大大提高工作效率，使图书馆资源服务与教学环境紧密结合，而不是与之割裂分离，从而使学生利用丰富的课程资源，如教学课件、自测题、参考资源等，实现自助学习，延伸教学空间与交流空间，提高学生学习的自由度，丰富课程教学资料，扩展教学的时空范围。

2.2.4 嵌入网络环境　数字网络时代新技术的发展，使得教师、学生、科研人员、图书馆员以及一般用户等不同角色的人相互交织、相互联系在一起，并使其拥有了更具个性化的网络空间，用户都有自己熟悉、常用的信息环境。调查显示，图书馆并不是用户首选的信息环境[30]，因此，信息素质教育不能局限在图书馆内，而要根植在用户自有或熟悉的环境中，包括他们自己的资源环境、交流环境、工具环境等，利用网络技术（如 Web 2.0、Learning 2.0 等），通过开发嵌入式工具条、网络插件，建立网络社区、交流组、博客、微博等，充分发挥用户主动创造知识的积极性，充分利用用户已具备的社区交互能力，改变以往教与学相分离的情况，通过建立协同工作机制，提供良好的环境和技术支持，加强教与学的交互和协作，使信息素质教育泛在化，促进用户实现主动学习、自助学习和协作学习，形成开放、灵活、有吸引力、可持续的用户信息素质教育服务机制。

2.3 机制嵌入

嵌入式信息素质教育需要刚性的制度与机制保障。因此，信息素质教育服务只有与现有的服务、人员、岗位绑定，将信息素质教育工作融入日常各项学科服务工作与产品当中，使参考咨询、学科资源试用评估、资源保障分析、学科情报研究、信息环境建设等工作不仅成为信息素质教育的有效手段，也成为传递新型信息素质教育理念、构建新型信息素质教育内容体系的平台。主要包括：

2.3.1 建立支持嵌入式信息素质服务的责任机制 建立图书馆员（主要是学科馆员）与用户之间的责任绑定关系，明确学科馆员在信息素质教育工作中的责任要求，与日常学科服务工作融合，建立信息素质教育服务的工作制度与工作标准，一方面针对责任服务对象用户，承担联系、调研、策划、组织等工作，将信息素质教育与培训推进到教研一线，并与科研工作流结合起来；另一方面针对教学支持需求，承担信息素质教育课程的设计、授课工作，并积极推进与研究生学习考核要求的绑定，推动信息素质教育嵌入专业教育过程。

2.3.2 建立保障嵌入式信息素质服务的考核机制 与学科馆员信息素质教育工作责任机制相结合，建立经常性、制度化的评估与考核要求，不仅可以避免嵌入式信息素质教育流于形式，保证服务落到实处，取得实际成效，还有利于规范学科馆员信息素质教育服务活动，促进教育产品共享，提高服务质量。根据 Lindauer 信息素质教育评估指标[36]，按信息素质教育服务类型（包括学分课程、在线课程、培训讲座、研习讨论会及个性咨询学习等）、学习环境（包括图书馆嵌入 VLE 和学校课程规划等）、学习成果（包括学生信息素质能力测试、调查、自我评估等）3 个方面对图书馆信息素质教育服务进行综合评估，并将之与学科馆员的发展、激励关联起来，同时也与图书馆制定嵌入式信息素质教育的整体设计规划关联起来，使信息素质教育规范化与制度化，形成长效机制。

3 嵌入式信息素质教育案例

3.1 中国科学院国家科学图书馆嵌入式信息素质教育服务实践

中国科学院国家科学图书馆自 2003 年首次推出"到馆一小时"用户培训活动以来，经过不断地发展和完善，建立了相应的学科服务与用户教育培训工作机制，从以图书馆资源服务为内容主体的、零散的、被动的用户培训服务，逐步推进到发展以用户科研学习信息流为内容主体的、体系化的、互动的用户信息素质教育服务工作，取得了一定的成效，积累了相应的实践经验。

在嵌入式信息素质教育服务机制方面，中国科学院国家科学图书馆与中国科学院研究生院（现名"中国科学院大学"）共同建立"研究生信息服务工作协调小组"，面向中科院研究生院、各教育基地，推进稳定、常态的信息素质教育合作服务协调机制，建制化地建立学科馆员与责任研究所的研究生部（研究生会、人教处等研究生工作单元）的责任服务关系，固化到所面向研究生的培训工作机制，并积极推进与研究生在所学习考核要求的绑定，推动信息素质教育的嵌入。

在嵌入式信息素质教育服务组织上，结合学科服务"融入科研，服务一线"的到所服务，针对研究所、试验室、项目组、个人等各级细粒度的用户需求，按类型、按需求推出多种教育与培训方式或组合方式，形成与研究室学术活动相配合、与项目组课题进展相结合、与研究生学习进度相契合的精细化信息素质教育服务方式。基于 Web 2.0 及社交网络技术，加强网络化的信息素质教育环境建设，完善网络参考咨询服务系统，开设服务博客与微博，建立或加入研究所用户（研究室、组及研究生）QQ 交流群，与重点用户建立 MSN、飞信等点对点在线服务联系，通过与用户的实时交互，提供网络咨询指导。国家科学图书馆建设的"中国科学院国家科学图书馆开放信息素质教育服务平台"（http：//il.las.ac.cn）围绕"创新型科研工作流"提供关于信息素质、科学研究、数据分析、科研道德规范等的教育培训活动，综合组织信息素质教育的各类素材，融汇相关的培训、咨询、检索、信息推送、社区网络研讨等多种服务，使之成为促进学科馆员合作共建、学习共享且可定制移植的教育培训支持平台。

2006 年，国家科学图书馆在研究生院开设"科技文献和网络资源实用技巧"学分课程，该课程超越传统的"文献检索"课程的单一技术式介绍与培训，依据"信息素质"教育框架体系，帮助研究生学习在数字信息时代，如何在学习和科研进程中进行信息的发现、识别、获取、分析、评价、管理、利用和交流，推行研究生信息素质教育。在该课程的基础上，国家科学图书馆继续扩展和深化对研究生信息素质的教育，使研究生信息素质适应数字化时代和 e-science 时代的要求，包括：① 扩大课程覆盖范围，改革教学模式，推出空中课堂、Learning Commons 研讨小课堂等；② 以工程硕士"信息检索"必修课程为抓手，积极推进按学院开设具有学科专业属性的信息素质教育课程；③ 深化针对专门信息能力和专门信息工具（包括 EndNote、SCI、情报分析、专利分析、专门科学数据资源、专门科技会议信息资源等非传统文献资源和超越"检索获取"的信息分析利用能力）的课程体系研究与设计，开设新型信息素质教育课程。

嵌入式信息素质教育在教育内容、教育方式、教育手段等方面，都有更进一步的要求，国家科学图书馆结合学科馆员学科与技能的优势特长，有部署、有要求地培养学科馆员的特殊技能，深入学科专业研究，融入科研项目进程，契合用户学习进度，灵活使用各种新型网络技术和交互工具，将嵌入式信息素质教育学科化、个性化、知识化、技术化的需求与学科馆员能力发展建设工作结合起来，培养学科馆员成为"学科通"、"工具通"、"专有知识（如专利知识）通"、"专有技能（如专利分析）通"等，联合数据资源提供商，挖掘和汇聚科研专业人员的智慧，促进科研人员参与到教育培训工作当中，以团队的力量应对嵌入式信息素质教育的复杂需求和深度需求。

3.2 哈佛大学嵌入教学支持服务[31]

哈佛大学图书馆以支持哈佛大学学术发展为根本服务目标。2009年底，哈佛大学改革工作组对73个图书馆就"图书馆在未来的5~10年内的3个主要的工作目标是什么"进行调查，结果显示"加强对教、学、研的支持"成为排在第一位的工作目标。

以哈佛大学商学院图书馆为例，该馆自2008年以来调整了工作目标和策略，确认的目标有三点，其中与教、学、研的紧密结合是放在首位的。根据这个目标，哈佛大学商学院图书馆调整了6项工作策略，再次强调了密切地与教、学、研结合的工作策略。为保证目标的实现和策略的实施，哈佛商学院图书馆优化组织结构。在馆长的领导下，55人共分为图书馆馆藏、图书馆服务、馆务运行、信息管理服务、信息产品等5个工作部门或团队，其中投入人力最多的是课程服务5人，研究服务8人，信息管理服务5.8人，其中，负责课程服务和研究服务的馆员，对他们学历、能力和工作经验的要求缺一不可。

在政策、人员的双重保障下，哈佛大学商学院图书馆教学支持服务取得了突出的成绩。从2007年的3门课程服务，快速增长到2008年的34门课程服务、2009年的78门课程服务。哈佛大学商学院图书馆的教学支持服务分为两个不同层次：一个是基本课程服务项目，另一个是深度课程服务项目，其中深度课程服务是通过图书馆员与教授密切沟通、联系合作，把信息资源、技术和个人智力融入课程教学全过程，在课程设计、学科发展、课程规划及学习资源方面提供来自图书馆的帮助。如表2所示：

表2 哈佛大学商学院图书馆提供的嵌入教学支持服务

基本课程服务项目	深度课程服务项目
• 教学准备服务：基于授课内容的最新信息-商业案例，企业及其领导人；课堂演示内容的展示如展览\图表\图像； • 技术帮助； • 课程网站/网页/平台建设； • 课程教材、教辅材料及视听材料等收集查找及保留； • 提供全文链接或信息导航	• 全程跟踪服务：与信息研究专家一起共同提供深度的专题服务； • 信息产品和学习资源的定制：为教师提供情报收集及相关领域的调研分析、预测报告、决策参考方案等； • 学生研究作业、课堂学习活动和项目内容设计； • 课程平台链接和课程阅读参考教参的设计； • 教师课堂研究报告所需研究技能以及如何查找相关资源

4 嵌入式信息素质教育服务的问题与发展

在图书馆嵌入式信息素质教育服务的研究与实践过程中，涉及技术问题、法律问题、管理问题、人员问题等多种问题。2001年JISC资助开展的"信息资源和学习研究门户：链接数字图书馆和虚拟学习环境"项目[33]从英国高等教育学习者的视角出发，分析了关于链接课程管理系统和数字图书馆的非技术问题、机构问题和最终用户问题。OCLC白皮书《图书馆和E-learning的促进》就图书馆和学习管理系统环境整合所面临的技术、标准等问题进行了专门的论述[34]。Penny Carnaby分析了数字图书馆和e-learning整合涉及的经济问题、著作权问题、5C（即connection，content，confidence/capatility，collaboration，continuity）等问题[35]。Kristie Saumure和Ali Shiri指出，数字图书馆与课程管理系统两大信息空间的整合主要涉及技系统、资源以及人三大问题[36]。

因此，推进嵌入式信息素质教育工作与嵌入教学支持的学科服务，应特别关注如下方面：

• 加强合作。图书馆要努力和科研管理部门、教务管理部门、信息系统管理部门、研究院所或院系展开合作，使决策层及各相关部门认识到图书馆嵌入式信息素质教育服务的必要性，促进科研教学过程与图书馆资源服务体系的整合，制定有效合作机制，促进学科馆员、图书馆资源提供商、科研教学管理人员之间的协作。

• 人员队伍。建立学科馆员制度，规划学科馆员队伍建设方案，充分挖掘图书馆现有人员队伍的潜力，加大高素质人才的引进，推动学科服务进程，使学科馆员积极走进科研一线、走进课堂，与科研人员和教师开展充分的交流与合作，提供基于学科、嵌入课题、嵌入课堂的深层次、个性化的图书馆服务，使馆员认识到嵌入式信息素质教育是实现学科服务的重要途径，是图书馆深化服务的有效渠道，是提升图书馆及其图书馆员在高校以及师生中地位的重要方式。

● 技术支持。积极推进图书馆集成化、定制化、工具化系统的开发，从而有效利用新技术（如 Web 2.0、云计算等）实现低成本、高效率的嵌入。

● 效果评估。嵌入式信息素质教育的学科服务具有重要的现实意义和价值，但同时也需要耗费大量的人力、物力，为了确保获得较高的投入产出效益，对嵌入效果进行科学的评估成为必不可少的环节。

信息素质是数字时代人们进入社会的先决条件，是人们终身学习、自主学习的必备基础。嵌入式信息素质教育极大地方便了读者，提高了图书馆的服务效率，它将更大程度地满足广大读者对信息服务的需求，显著提高用户对图书馆服务的满意度，进一步扩大图书馆在教育文化事业中的作用，服务前景会越来越广阔。

参考文献：

[1] Behrens S J. A conceptual analysis and historical overview of information literacy [J]. College and Research Libraries, 1994, 55(4): 309-322.

[2] American Library Association. American library association presidential committee on information literacy-Final report [M]. Chicago: ERIC Clearinghouse, 1989.

[3] Wikipedia. Information literacy [EB/OL]. [2012-07-01]. http://en.wikipedia.org/wiki/Information_literacy.

[4] Lloyd A. Information literacy different contexts, different concepts, different truths? [J]. Journal of Librarianship and Information Science, 2005, 37(2): 82-88.

[5] Warmkessel M M, Mccade J M. Integrating information literacy into the curriculum [J]. Research Strategies, 1997, 15(2): 80-88.

[6] Stone V L, Bongiorno R, Hinegardner P G, et al. Delivery of Web-based instruction using Blackboard: A collaborative project [J]. Journal of the Medical Library Association, 2004, 92(3): 375-377.

[7] Xiao J. Integrating information literacy into Blackboard: Librarian-faculty collaboration for successful student learning [J]. Library Management, 2010, 31(8/9): 654-668.

[8] Lenholt R, Costello B, Stryker J. Utilizing blackboard to provide library instruction: Uploading MS Word handouts with links to course specific resources [J]. Reference Services

Review, 2003, 31(3): 211-218.

[9] Brown C, Krumholz L R. Integrating information literacy into the science curriculum [J]. College & Research Libraries, 2002, 63(2): 111-123.

[10] Gibson N S, Chester-fangman C. The librarian's role in combating plagiarism [J]. Reference Services Review, 2011, 39(1): 132-150.

[11] Savery J R. Overview of problem-based learning: Definitions and distinctions [J]. Interdisciplinary Journal of Problem-based Learning, 2006, 1(1): Article-3.

[12] Winner M C. Librarians as partners in the classroom: An increasing imperative [J]. Reference Services Review, 1998, 26(1): 25-29.

[13] 胡芳, 彭艳. 美国高校图书馆开展嵌入式信息素质教育的实践及启示 [J]. 图书馆建设, 2011, (12):79-82.

[14] Stevens C R, Campbell P J. Collaborating to connect global citizenship, information literacy, and lifelong learning in the global studies classroom [J]. Reference Services Review, 2006, 34(4): 536-556.

[15] University minnesota libraries assignment calculator [EB/OL]. [2012-07-01]. https://www.lib.umn.edu/help/calculator/.

[16] 张玲, 初景利. 嵌入学位论文撰写过程的信息素质教育研究 [J]. 图书情报工作, 2011, 55(13): 16-19.

[17] 刘艳丽, 吴鸣. 嵌入研究生学位论文研究过程的信息素养教育策略研究 [C]//《图书情报工作》杂志社第23次图书馆学情报学学术研讨会. 海口:《图书情报工作》杂志社, 2010.

[18] 欧阳峥峥, 吴鸣, 刘艳丽, 等. 嵌入中科院研究生学位论文研究过程的信息素养现状调查研究 [J]. 图书情报工作, 2011,55(13):10-15.

[19] 马建霞, 田晓阳, 吴新年, 等. 嵌入研究生科研过程的信息素质教育探索 [J/OL]. [2013-10-11]. http://ir.las.ac.cn/handle/12502/4704? mode=full&submit_simple=Show+full+item+record.

[20] Edmund N W. The scientific method today [EB/OL]. [2012-07-01]. http://scientific-method.com/index2.html.

[21] Garfield E, Lederberg J. Essays of an information scientist [M]. Philadelphia: ISI Press,1977.

[22] STFC. The e-infrastructure for the research lifecycle [EB/OL]. [2011-11-25]. http://epubs.stfc.ac.uk/bitstream/3857/science_lifecycle_STFC-poster1.pdf.

[23] 张晓林. 从数字图书馆到E-Knowledge机制 [J]. 中国图书馆学报, 2005, 31(4):5-10.

[24] 张晓林. 研究图书馆2020: 嵌入式协作化知识实验室? [J]. 中国图书馆学报, 2012, 38(1):11-19.

[25] 张玲. 信息素养导航图在研究生信息素养教育中的应用研究 [D]. 北京: 中国科学

院研究生院, 2011.

[26] 张玲. 信息素质导航图研究基础 [J]. 图书情报工作, 2011, 54(1): 105-109.

[27] 开放信息素质教育服务平台 [EB/OL]. [2012-07-01]. http://il. las. ac. cn.

[28] Ohio University Subject and Course Guides [EB/OL]. [2012-07-01]. http://libguides. library. ohiou. edu/cat. php? cid = 12884.

[29] Jackson P A. Integrating information literacy into Blackboard: Building campus partnerships for successful student learning [J]. The Journal of Academic Librarianship, 2007, 33(4): 454-461.

[30] OCLC. Perceptions of libraries and information resources (2005) [EB/OL]. [2007-06-19]. http://www. oclc. org/content/dam/oclc/reports/pdfs/Percept_all. pdf.

[31] UCCS Kraemer Family Library. Information literacy program assessment [EB/OL]. [2013-07-01]. http://www. uccs. edu/library/services/infolit/assessment. html.

[32] 朱强. 变化中的美国大学图书馆服务与管理——几所美国大学图书馆访问观感 [C]//全国图书馆学博士生论坛资料. 北京: 北京大学信息管理学院, 2011.

[33] Currier S, Brown S, Ekmekioglu F C. INSPIRAL: INveStigating portals for information resources and learning [EB/OL]. [2012-07-01]. http://eprints. rclis. org/13184/1/strathprints014142. pdf.

[34] OCLC. Libraries and the enhancement of e-learning [EB/OL]. [2012-07-01]. http://www5. oclc. org/downloads/community/elearning. pdf.

[35] Carnaby P. E-learning and digital library futures in New Zealand[J]. Library Review, 2005, 54(6): 346-354.

[36] Saumure K, Shiri A. Knowledge organization trends in library and information studies: A preliminary comparison of the pre-and post-web eras [J]. Journal of Information Science, 2008, 34(5): 651-666.

作者简介

张冬荣, 中国科学院国家科学图书馆研究馆员。

网络在线教育课程：图书馆的机遇和作用

当前，网络在线教育课程正引领着全球范围百万量级用户的在线学习浪潮。2000年，麻省理工学院（Massachusetts Institute of Technology，简称MIT）提出了以互联网为平台，把MIT一流课程向全世界免费提供的开放课程网页（open-course ware，简称OCW）的概念，并于2001年正式启动，之后OCW成为一场影响深远、规模宏大的知识共享运动[1]。10余年来一直方兴未艾。包括网络在线教育课程在内的优质网络教育资源的开发、普及与共享，已成为国内外教育信息化建设的重点之一。

这些优质网络开放教育资源在世界范围得以共享的同时，也面临着资源获取不便等诸多问题。目前大部分研究多从教育技术学的角度对网络在线教育课程的各个方面进行研究，但从图书情报学的视角对网络在线教育课程进行研究几乎是空白。笔者于2014年4月22日以图书馆、慕课、MOOC、在线开放课程、网络数据库在线教育课程等为题名或关键词对中国知网、万方数据库、维普数据库进行了检索，检索对象限定为核心期刊，检索时间为2011—2014年，经去重得到12条检索结果，对这些论文通篇阅读之后，发现目前国内图书情报界对网络开放教育资源的研究还仅仅限于对发达国家在此方面研究的介绍和总结，且数量较少，而从图书馆资源建设、信息检索、知识组织的角度，探讨优质网络开放教育资源对图书馆的意义、机遇和作用的研究还是空白。

1 网络开放在线教育课程的发展和国内外主要在线教育课程平台介绍

1.1 网络开放在线教育课程的发展历程

2000年MIT提出"开放式课程网页"，在全球掀起了第一次在线课程建设热潮，开放共享教学资源成为深入人心的国际现象，耶鲁大学、斯坦福大学、剑桥大学、牛津大学等全球200多所名校纷纷加入，并成立国际开放课件联盟（Open CourseWare Consortium，简称OCWC），加速了世界范围内网络开放教学资源共享的形成[2]。继而出现了"大规模公开网络课程"（Massive Open Online Course，简称 MOOC）亦称慕课。慕课起源于发展多年的网络远程教育和视频课程，它的理想是将世界上最优质的教育资源，传送到地球上的每一个、角落，让人们能够有更好的职业生涯，提升知识水平。视频公开课是网络在线教育课程的 1.0 版，慕课是网络在线教育课程全新的 2.0 版。视频公开课只提供课程资源，而慕课实现了教学课程的全程参与。在这个平台上，学习者可以完成上课、做作业、考试、得到分数、拿到证书的全过程[3]。慕课的出现，揭开了高校教育模式的新篇章。

2001 年 8 月，教育部明确提出要"应用现代教育技术提升教学水平"，政府及其他机构开始陆续制作、翻译了一批视频课程。为促进国际教育资源共享，我国也引入国外大学的优秀课件、先进技术、教学手段，同时将高校优秀课件与文化精品推向世界，成立了中国开放教育资源联合体。该联合体设有视频课程专区，组织翻译了普林斯顿大学、加州大学伯克利分校、哈佛大学等学校的大量视频课程，其年点击率在 1 000 万次左右[4]。

2010 年 11 月，网易推出"全球名校视频公开课项目"被称为国内最大的公益性公开课网站，每天最多达百万人次同时在线学习。在网易的带动下，新浪、搜狐、土豆等网站也纷纷推出了网络视频课程，在国内掀起了视频公开课收看热潮。更丰富的课程宝库，当属教育部主持的国家精品开放课程资源库。从 2003 年起建设至今，它已积累了上万门课堂教学资料。目前有 286 门中国大学视频公开课程上网。国家"十二五"的建设目标是，要有 1 000 门高校视频公开课和5 000门高校资源共享课向公众开放[4]。我国的著名大学也不甘落后。2014 年，北京大学和清华大学宣布加入被视为"MOOC 三驾马车"（Udacity 与 Coursera、edx）之一的 edx，成为其新入伙的 6 所亚洲名校之一。复旦大学、上海交通大学两校率先与全球最大在线课程联盟 Coursera 建立合作伙伴关系，将和耶鲁大学、麻省理工学院等世界一流大学一起共建、共享全球最大网络课程系统。但需要指出的是，我国的网络开放在线教育平台，除了北京世纪超星公司建立的商业性慕课学习平台——尔雅通识课之外，还没有如慕课那种形式的全新 2.0 版的网络在线教育课程。这是我国与发达国家的巨大差距。

1.2　国内外主要在线教育课程平台介绍

1.2.1　Coursera（https：//www.coursera.org/）　Coursera 是美国斯坦福大学创立的在线教育平台，教学目的是期待在未来所有人都可以获得世界最高水平教育。目前 Coursera 有 740 多万学生、641 门学习课程，这些课程来自世界 108 所知名大学，其课程涵盖了计算机科学、医学、社会科学、数学、法律等 26 个学科，包括英语、法语、中文、西班牙语、德语等 13 个语种。根据课程名称、类别、大学或教师来查找，无其他关键词查找途径。如表 1 所示：

表 1 Coursera 课程分类情况

第一级类目	第二级类目	第三级类目
课程、专项课程	排序方式	即将开课、目前所讲、最新课程
	符合条件	专项课程、认证证书
	语言	英语、中文、法语、西班牙语、俄语、葡萄牙语、德语等
	类别（科目）	艺术、生命科学、商业和管理、化学、计算机科学、教育学等

1.2.2 edx（https：//www.edx.org/） edx 是 2012 年麻省理工学院和哈佛大学联手创建的大规模开放在线课堂平台，提供交互式在线课程以及来自于 MIT、Harvard、Berkeley 等世界最好大学的慕课课程，其主题有生物学、化学、计算机科学、经济学、金融、电子、工程等 400 多个，课程 170 多门。根据课程名称、学科类别、大学查找，无其他关键词查找途径。具体如表 2 所示：

表 2 edx 课程分类情况

第一级类目	第二级类目	第三级类目
所有课程	符合条件	所有课程、当前课程、新课程、旧课程
	学科	人文艺术、生物科学、商业管理、化学、计算机科学等
	院校	澳大利亚国立大学、伯克利音乐学院、波士顿大学、加州理工大学等

国外比较著名的还有：① 产生于 2011 年的 Udacity（https：//www.udacity.com/）。注册的学生有 16 万人，在计算机科学、数据科学、统计学和设计等领域开设了多门课程。根据课程名称、学科类别查找，只有第一、

第二级类目，无第三级类目。②欧洲11个国家于2013年联合推出的OpenupEd（http：//openuped.eu/），是第一个涉及全欧洲的慕课课程计划。它免费为大众提供12种不同语言的40门课程，课程涵盖数学、经济、文化、历史、教育、气象等领域，学习所有课程都会获得学分，得到官方认证，获得学位。可根据学校、机构和语言查找。③由孟加拉裔美国人萨尔曼·可汗创立的教育性非营利组织。可汗学院（Khan Academy）（https：//www.khanacademy.org/）现有数学、历史、金融、物理、化学、生物、天文学等课程（55门）。最突出的特点是每门课程，如世界史、税收密码学、信息理论等都有表征课程特征的标签，便于查找。

1.2.3 网易公开课（http：//open.163.com/） 2010年网易正式推出"全球名校视频公开课项目"。目前有2 356门课程，内容涵盖人文、社会、艺术、金融、政治、传媒等领域。网易公开课是一个公开的免费课程平台。每门课程都有表征课程特征的标签，用户自行定义关键字进行课程查找（见表3）。

表3 网易公开课课程分类

学科分类	一级目录	二级目录	标签
文学、数学、哲学、语言、医学/健康、美术/建筑、法律/政治、商业、传媒、宗教、心理学等	国际名校公开课	耶鲁大学、斯坦福大学、牛津大学、麻省理工学院、巴黎高等商学院	演讲、物理、文学、社会、媒体、环境、哲学、经济、艺术等
	中国大学视频公开课	北京航空航天大学、吉林大学、中国人大、东北大学、山东大学、武汉大学、浙江大学、复旦大学、南开大学、北京大学	文学艺术、哲学历史、经管法学、基础科学、工程技术、农林医药
	TED	TED 10	TED入门、TED2013精选、寻找真理、面对灾难等
		TED Studies	物理学、神经科学、海洋生物学、宗教等
		TED Talks	惊讶、说服、勇敢、创意、迷人、鼓舞、美丽、幽默、信息
	可汗学院	数学、科学、金融经济、考试准备、人文	无
	赏课	无	科技大战、关爱自己、警示未来、关乎孩子、艺术之美等
	Coursera	热门推荐、即将开课、最新加入	大数据、吉他入门、程序设计、经济决策、动物行为等
	公开课策划	无	公开课视角、赏课专辑、趣味课堂、活动专题等

1.2.4 国家精品课程资源网（http://www.jingpinke.com/） 国家精品课程资源网是教育部质量工程项目。网站主要涵盖了文学艺术、历史哲学、经济金融、基础教育等学科，其中本科课程14 348门，高职课程5 924门，建成了方便精品课程及资源存储、检索、服务所需要的支撑环境，为教育资源共建共享和可持续发展打下了坚实的基础。根据课程名称、课程分类、学科分类进行查找。每门课程都有表征课程特征的标签，用户自行定义关键字进行课程查找（见表4）。

表4 国家精品课程资源网课程分类

一级类目	二级类目	标　签
视频专区	文学艺术、哲学历史、经管法学、职业教育、工程技术等	中国大学视频公开课、2003—2010年度国家精品课程、名师名课
课程中心	本科课程、高职高专课程、课程培训、课程专区、开放课程等	文学、历史、农学、工学、哲学等
资源中心	本科资料库、高职高专资料库、共建共享资料库等	教学录像、电子教案、教学设计等
教材中心	教材、教辅、专著、考试等	本科、研究生、高中生、幼儿等

国内比较著名的还有：①新浪公开课（http://open.sina.com.cn/）。它将众多课程按照学科进行分类整合、提供快捷搜索等功能，汇集哈佛大学、耶鲁大普、麻省理工学院等世界各大名校著名教授视频课程964门，涉及人文、历史、经济、哲学、理工等各学科，打造网络视频教学无国界分享平台。用户自行定义关键字进行课程查找，每门课程都有表征课程特征的标签。②优酷公开课学堂（http://edu.youku.com/open）。2013年我国第一视频网站优酷与在线教育网站Udacity合作，成为现今全国唯一的Udacity课程发布渠道平台。优酷教育还在哲学、理工、法律、管理、艺术、文化等多个领域建立优酷公开课学堂。平台只有第一、第二级类目，每门课程都有标签，根据可供选择的课程类型、出品单位以及播放形式进行查找。③中国大学精品开放课程——爱课程（http://www.icourses.cn/home/）。爱课程网是教育部、财政部"十二五"支持建设的高等教育课程资源共享平台。该网站以高校学生为主要对象，同时向公众免费开放，有569门课程，主要涉及文学艺术、哲学历史、经济管理、工程技术等学科。只有第一、第二级类目，每门课程都有标签，根据课程名称、教师、学校名称来查找。除此之外，有一定影响

的还有：超星学术视频（http：//video.chaoxing.com/）、中国教育在线开放资源平台（http：//www.oer.edu.cn/）、中国网络电视台（http：//hd.cntv.cn/open）等。

从上面的列表可以看出，笔者主要对国内外主要平台的分类和查询途径情况进行了调查，从图书馆知识组织、信息检索的视角看，这些平台大部分分类粗糙，不科学，没有统一的标准，查询途径少，获取的难度大。这是存在的最重要问题。

2 网络在线教育课程：图书馆的机遇和相关案例

网络在线教育课程，特别是"慕课"，给图书馆的传统服务带来了巨大挑战。其全新的教学理念将不仅促使高校图书馆从被动、课外、辅助式服务向主动、课内、嵌入式服务发展，还必将给图书馆在服务、技术、资源、观念等方面带来一系列转变的机遇，并给图书馆带来建立与网络开放在线教育相适应的新型服务体系的机遇。

2.1 网络在线教育课程的缺陷和特点给图书馆带来的机遇

2.1.1 网络在线教育课程的缺陷给图书馆带来的机遇 《2013地平线报告》指出，网络在线教育课程，特别是慕课，首先是一组形式多样并且可扩充的内容集合，这些内容由相关领域学科教师、教育家、专家提供，汇集成一个中央知识库[5]。可是迄今为止，在国内，甚至在发达国家，网络在线教育课程仅仅只提供了构成课程要素的最基本部分：讲座录像。几乎所有其他的重要部分：精心策划的教材（包括内容目次、教学设计、考察评估项目等资料）和其他应当由学校提供的配套学术性服务（包括课程辅导和图书馆等学术性机构提供的服务）等全都是缺失的[5]。而学生的学习不论在网络外还是在网络上，都必须通过课堂学习、阅读教材、课程辅导等相关配套学术性服务来提高学习成效。因此，图书馆应充分利用自身在教学资源整合方面的优势，积极参与整个网络在线教育课程体系的构建过程，做好网络在线教育课程体系相应的各种资源的保障和支撑。

2.1.2 网络在线教育课程的特点给图书馆带来的机遇 网络在线教育课程的特点是"优质"教学资源的集成。网络在线教育课程不仅要开放最好的教师授课视频，还必须为学习者提供包括学习资料和学习辅导在内的一整套优质教育资源。网络在线教育课程彻底改变了以往将学生在每个知识点的听课、查资料、阅读、评测等全部学习过程截然分开的现象，将泾渭分明的课前、课中与课后的不连贯学习方式高度统一在一起[5]。因此，以往学生利用课外时间去图书馆查找、阅读资料的过程被融入了在线课堂中。同时，由于所有这些嵌入课程的材料都与完成学习任务密切相关，没有或者跳过这些材料就根本无法完成接下来的随堂作业和课程考核，因而学生必须进行广泛而认真地阅读，网络在线教育课程的这一特点促使大量的阅读需求导向图书馆。

2.2 网络在线教育课程给作为学习中心的图书馆带来的机遇

图书馆本身就是为学习者而存在的。学习在哪里，图书馆就该出现在哪里，图书馆不仅是资源中心，更是学习中心，这是全球图书馆人共同的职业信念。网络在线教育课程，对作为学习中心的图书馆提出了全新的服务要求。

目前，国内外与图书馆密切相关的各种文献载体慕课化的趋势越来越明显。图书慕课化、特色数据库慕课化、学术讲座慕课化、学术论文慕课化、科研课题慕课化都有所报道；图书馆员参与网络在线教育课程服务和协助在线教育课程教学活动的也不少。比如：人民卫生出版社成立全球首个医学慕课教育联盟——中国医学教育慕课联盟，未来将实现医学教材慕课化，将慕课与在校医学教育以及医学在线教育和线下教育有机融合，促进优质教育资源的广泛共享，首批课程计划于2014年内上线。教育部创业培训指导委员会主任李肖鸣教授编著的《大学生创业基础》教材和上海工艺美术学院的《微距摄影》则实现了图书慕课化，所有上海市高校在校生均可登陆上海高校课程中心学习。浙江传媒大学与华南理工大学将学术讲座"读百本书、看百部电影"慕课化，提供选修学分。另外，上海市宝山区图书馆对儿童文学家陈伯吹的馆藏资料建立一个慕课化特色数据库；西安医学院提出学位论文慕课化处理；北京世纪超星公司的"尔雅通识课"实现了图书馆员答疑功能。

2.3 图书馆参与、整合、组织网络在线教育课程的相关案例

2.3.1 宁波数字化学习平台 该平台是宁波数字图书馆二期建设项目，侧重教育资源建设，辅助在宁波高校教育教学及企业职业培训和市民个性化学习。数字化学习平台引进先进的慕课和互动学习理念，实现教学资源、文献资源的深度组合，实现教师网络授课、市民在线自主学习的目标。目前平台有1.5万门专业课程、10万个学习视频信息，涉及历史、文学、哲学、理学、医学、农学和艺术等12个学科。最具"宁波特色"的是，这个数字化学习平台除提供基础性、通用性网络课程外，还整合了16所宁波高校的网络课程，

实现各高校优质课程资源共享。目前，首期已整合宁波本地优质高校网络课程30余门，包括资源环境、医学保健、职业技能等十大类。这些课程对在宁波的高校学生、各类继续教育人员开放。

2.3.2 安徽省网络课程学习中心　安徽省高校数字图书馆二期项目建设重点是建立省内高校网络课程学习中心，计划建立一个以本省、全国乃至国外的开放精品课程资源为基础，高度整合与课程相关所有教学资源的安徽省精品课程资源库，并搭建一个集自主学习、交流互动、网络教学为一体的个性化学习平台，同时建立安徽省高校课程联盟。学习中心将利用安徽省高校数字图书馆平台，整合优质教学资源，通过合作共建共享的方式开展省内高校网络课程的建设，并在优质网络课程建设的基础上，逐步推进相关学分共享、互认以及合作培养等工作。项目的内容分为收集整理、课程制作、慕课制作和网上公开课4个部分。在给学生提供多元的学习选择、便捷的学习方式的同时，也为高校教师搭建了交流学习的平台。

2.3.3 中国科学技术大学罗昭锋的《文献管理与信息分析》慕课化课程　罗昭锋在中国科学技术大学开设了研究生公选课《文献管理与信息分析》，实现了从实体课程到网络在线公开课慕课化的转换。课程录制了视频，供免费下载和分享。该课程引入了Web2.0的理念，强调分享与互动，并与汤森路透公司和网易云课堂合作，是图书馆专业馆员参与MOOCS课程的有益开拓与尝试。课程受到校内外广大网友的好评。

2.3.4 即将举办的2014年度安徽省高校图工委组织的研究生信息素养夏令营　这次夏令营的主题为"熟悉网络课程，改善学习生态"，希望让更多的大学生了解、认识以及学习慕课，让慕课这种新的教育模式能够真正深入大学生的学习生活中，改善他们的学习生态。夏令营拟以网络课程学习小组为学习单元，信息素养课程现场授课和网络课程小组观摩相结合，通过小组内部学习和小组间交流的方式巩固学习成果，最后以网络课程学习小组为单元进行夏令营结业答辩。

2.3.5 慕课学习平台——尔雅　北京世纪超星公司的"尔雅通识课"（tsk.erya100.com）是一个全新的、致力于高校素质教育的通识课学习系统。目前，超星尔雅已与北京大学、清华大学、台湾大学、中国科学院、美国斯坦福大学等国内外最著名教育、科研机构的7 900余位专家名师达成深度合作。迄今已合作拍摄、制作课程视频逾12万课时。尔雅学习平台的突出特点是：具有完善的课程资源（课程考试、教学大纲、课程简介、课程作业、课程视频、重点难点、教材教辅、学术论文、参考视频），进行完善的学习流程管理，提供全流程全托管服务（软硬件运维、教务服务、学务服务）。

3 网络在线教育课程：图书馆的作用及服务创新措施

高校图书馆的核心任务之一就是为教学服务。发达国家图书馆界已经有图书馆和图书馆员直接为所在学校以及教师的网络在线教育课程建设提供支撑材料、进行全方位和全程服务的尝试。以为教学服务为己任的我国高校图书馆界，更应当积极探索在大规模开放环境下如何利用这些开放教育资源为用户提供更好的创新服务。

笔者建议图书馆界通过以下几方面对包括网络在线教育课程在内的优质网络教育资源进行服务创新，以发挥图书馆在网络在线教育课程建设方面具有的独特和重要的作用。

3.1 加强网络在线教育课程资源的分类和组织

知识组织和分类是图书情报学的核心工作。只有具备完善的分类体系、良好的资源和知识组织，网络在线教育网站才能够被需求者快速、准确地使用，也才能得到可持续发展[6]。遗憾的是，通过对这些平台的调研，发现目前国内外这些资源平台的分类不合理，划分层次较为混乱，严重影响用户的查准率和利用率。因此，科学地优化、细化、完善分类类目体系已经成为网络在线教育课程资源建设的当务之急。网络在线教育资源分类必须以学习教育资源的特点为基础，结合学科属性、课程类别、使用对象等建立科学的、较为统一的分类体系。

3.2 增加、完善网络在线教育网站的检索途径

大量的实践表明，社会标注能有效聚合教育学习资源，扩大检索范围，提高检索效率，节约检索时间，有效促进网络学习资源的发现、利用与共享。同时，社会标注已经被其他一些网络资源平台利用并被认可，用户愿意使用描述教育资源主题和内容的标签对网络资源进行揭示[7]，以提高检索效率。同时，应当考虑建立用户参与式的自动标引系统。这些是图书馆最有优势的服务方式，因此图书馆界应当尽快积极投入其中。

3.3 注重网络在线教育课程资源再加工服务

图书馆应当在网络在线教育课程资源平台中发挥信息向导和信息联结者的作用。如建立开放教育资源和网络在线课程的学科门户，按照学校的重点学科对全球的开放教育资源和在线课程进行更深层次的信息揭示和组织，提

供对开放教育资源和网络在线课程访问的链接等，引导用户获取可以参考的优质教育资源[8]，从而使图书馆在开放教育资源建设和网络在线课程获取方面起到核心作用。

3.4 提升和扩大移动图书馆服务水平和范围

移动图书馆满足了用户不受地域和空间限制，利用碎片时间使用图书馆资源和服务的需求，但目前移动图书馆的资源主要集中在电子期刊和图书等方面，很少涉及视频资源特别是网络在线课程。慕课课程的容量正好符合移动终端对视频资源的要求。慕课课程大多为时长 20 余分钟的视频[9]。因此，在移动图书馆中集成慕课课程将是未来移动图书馆最大的服务创新，也必将推动移动学习等学习方式和理念的深入普及，促使移动图书馆服务向更深入和更广泛的领域迈进。

3.5 图书馆信息检索课的教学创新和阅读推广活动的拓展

从纸媒时代到数字时代，信息和知识量大幅增加。为了应对海量信息带来的挑战，读者必须改变学习方式。因此，提升各类用户的信息素养尤为重要，这给图书馆信息检索课带来了更好的发展空间。图书馆可以系统性地引进慕课资源，结合用户需求，进行课程设计、作业布置、学分设置等，配合图书馆员的辅导，形成图书馆的在线课程。图书馆员还应当将现有的信息素养教育的内容扩展成一门更长的课程，将课程分为信息获取、文献管理、文献分析和创新论文写作四大部分，把信息社会个人成长的"四大法宝"：搜索引擎、RSS 订制、文献管理软件和思维导图等工具作为重点，以此丰富该类课程的深度和内容，然后将这些课程加入成熟的慕课平台，以满足不同需求的终身学习者的通识性和技能培训型课程的需要[7]。达到契合信息素养教育，助力科研、推动创新的教育目的。

由于慕课本身就是一种出版模式和信息资源，随着慕课商业性资源的成熟，还可以将网络在线课程平台上的合适课程纳入到图书馆的阅读推广工作中，从而有效地将该项工作的外延从单一的读书拓展到互动的课程学习。

3.6 为网络在线教育用户提供导读和课程建设提供材料支撑

网络在线教育课程服务中，图书馆员可以起到类似传统读者服务的导读作用。图书馆员帮助学生和教师评估其信息需求，帮助判别最需要、最有用的在线教育课程资源，从而提高其准确快速查找、获取、评估、管理以及综合使用在线教育课程资源信息的技能和水平。图书馆还应当主动嵌入网络在线教育课程建设的全过程，为网络在线教育课程建设提供材料支撑服务。网络在线教育课程建设是由课程讲座录像、精心策划的教材和配套学术性服务（包括课程辅导和图书馆等学校相关学术性机构提供的其他服务）组成[5]。图书馆应当发挥自己的资源优势，为教师的教学和学生的学习提供课堂学习和阅读教材等文献资源查找、本馆具有的课程相关软件工具应用、最新相关资源推荐、研究指南等其他学习资源配套服务，引导教师和学生获取可以参考的优质学术资源。

总之，网络在线教育课程，特别是慕课，可能成为撬动教育变革的支点。在不久的将来，图书馆必将会应对慕课式学习环境和用户服务，将以课外服务为主的传统图书馆被动服务模式转变为主动、"嵌入式"服务模式，从而建立起一套行之有效的管理机制和服务方法。

参考文献：

［1］ 李刚."超越象牙塔"麻省理工学院的开放课程运动[J].图书馆杂志,2011,30(11)：76-81.
［2］ 秦鸿.MOOCs的兴起及图书馆的角色[J].中国图书馆学报,2014,40(3):19-26.
［3］ 张春玲,朱江.国外开放教育资源(OER)建设情况分析及启示[J].图书馆论坛,2013,33(4):120-125.
［4］ 晏磊.国内外开放教育资源的分布及特点分析[J].图书与情报,2012,(1):56-61.
［5］ 叶艳鸣.慕课,撬动图书馆新变革的支点[J].国家图书馆学刊,2014,(2):3-9.
［6］ 陈凌,谢映萍.中澳教育资源库分类体系比较研究[J].情报科学,2013,31(5)：84-88.
［7］ 傅天珍,郑江平.高校图书馆应对MOOC挑战的策略探讨[J].大学图书馆学报,2014,(1):20-24.
［8］ 刘恩涛,李国俊,邱小花等.MOOCs对高校图书馆的影响研究[J].图书馆杂志,2014,(2):67-71.
［9］ 罗博.大规模在线开放课程(MOOC)与高校图书馆角色研究综述[J].图书情报工作,2014,58(3):130-136.

作者简介

秦长江,河南科技大学图书馆副馆长,管理学院副教授,博士,硕士研究生导师。

高校信息素养教育与 MOOC 的有机结合

1 引言

信息素养（information literacy）是目前信息化社会中人们的基本生存能力之一，了解信息资源，学会并掌握检索、获取、管理和使用信息资源的方法和技巧，也是当代大学生所必备的技能[1]。我国高校开展信息素养教育是从 20 世纪 80 年代开始的，到目前已经取得了长足的进步，无论是在内容主题、组织形式方面，还是在水平评测方面都进行了不断的尝试和创新。然而，随着大学生学习环境的快速变化，其对信息素养教育的需求也在不断拓展，从内容上要求信息素养教育逐步从检索能力扩展为支持学生学习能力提升的综合素养与能力，从形式上则要求信息素养教育能够嵌入新的学习环境当中，适应其在线化、移动化、碎片化、数据化等新特点。因此，面对这些挑战，高校信息素养教育工作需要不断探索新的教学方式和理念，来应对人力紧张、内容僵化、影响力与参与度低、缺乏有效评测等诸多亟待解决的问题[2-3]。

2 高校信息素养教育与 MOOC 结合的研究现状

2.1 高校信息素养教育与 MOOC 结合的研究动机

MOOC（massive open online course）是大规模开放在线课程教育平台的简称，最早是由加拿大爱德华王子岛大学网络项目负责人 D. Cormier 与国家人文教育技术应用研究院高级研究员 B. Alexander 于 2008 年联合提出的[4-5]。MOOC 课程有着大规模、自由参与、内容组织灵活、强调互动等特点[6]，其带来的新技术与新理念为高等教育的发展提供了更多可能，为此教育部也专门在 2015 年 4 月出台的《教育部关于加强高等学校在线开放课程建设应用与管理的意见》中明确肯定了 MOOC 在我国高校教育改革中的积极意义，并提出相关意见推动我国高校 MOOC 课程的建设工作。而对于高校信息素养教育而言，其同样需要利用 MOOC 的兴起，从多方面为自身寻找新的发展机遇，包括：解决影响力与覆盖面有限的问题，适应当今学生的学习生态；贴近需求与增加互动，实现讲解-练习-评测的一体化；解决与课程结合（嵌入）的问题，帮助专业课程自我完善；结合多种课程形式，完善信息素养教育内容体系；等等。

2.2 高校信息素养教育与 MOOC 结合的研究现状

随着 MOOC 研究的逐步升温，国内外已有很多针对 MOOC 对于高校图书馆工作的影响方面的研究，其中针对信息素养教育与 MOOC 相结合的研究，也有部分已发表的论文成果。

在国内研究方面，通过中国期刊网检索（信息素养 OR 信息素质）AND（MOOC OR 慕课），经过去重可检索到期刊论文 43 篇，均为 2014—2015 年发表。其中在理论研究层面，很多学者均提出将信息素养教育作为高校图书馆对 MOOC 的切入点，如韩炜探讨了 MOOC 给高校图书馆带来的诸多机遇与挑战，并提出以信息教育为切入点，多方面支持与服务 MOOC 的设想[7]；罗博、陆波、赵莉娜等也均在自己的论文中提出 MOOC 环境下高校图书馆可发挥的主要作用之一便是提供信息素养教育，而围绕 MOOC 开展信息素养培训则是图书馆重要的服务创新点之一[8-10]。也有关于 MOOC 对信息素养教育改进推动作用以及相应发展思路的研究，如刘峰峰探讨了 MOOC 对信息素养教育的改进作用[11]；周斌强调了 MOOC 环境下图书馆以及信息素养教育服务对象从本地走向公众的转变，并对 MOOC 环境下的信息素养教育提出了扩大受众面、增强针对性、灵活嵌入各种资源的发展思路[12]；卜冰华探讨了关联主义 MOOC 中对于学习者信息素养的要求和基于关联主义 MOOC 平台开展信息素养教育的模式，提出了针对性、个性化、分层次、多渠道的设计思路[13]。而在实践分析层面，既有对国内外现有信息素养 MOOC 课程实践进行的调研分析，如张艳婷等对国内外图书馆对 MOOC 的会议研讨、理论研究、实践等现状进行了一定的总结[14]，潘燕桃等针对国内外已有信息素养 MOOC 课程进行了详细的调研和分析[15]；也有针对信息素养与 MOOC 相结合的具体实例进行总结并给出相应可行方案的研究，如陆美提出图书馆可以通过嵌入 MOOC 课程和辅助 MOOC 课程的学习等方式服务于 MOOC[16]，王本欣等提出通过 SPOC（small private online course）模式来实现信息素养教育微课程的制作与嵌入[17]，孙辉探讨了如何基于 MOOC 实现高校信息素养教育的翻转课堂[18]，郑芬芳提出利用 MOOC 实现信息素养教育的线上线下双互动[19]，王春晓等提出高校图书馆除了信息素质教育内容外，还可以开设通识性内容的 MOOC 课程[20]，叶小娇对如何基于MOOC构建信息素养平台进行了探讨[21]。此外，已经在中国大学MOOC平台中开设了信息素养MOOC课程的武汉大学黄如花教授及其团队还在《图书与情报》（期刊）中针对信息素养类MOOC课程的研究发表了一组论文，其中不仅对国内外已有信息素养MOOC的教学内容、互动模式、课程认证、资金来源等进行了调研和分析，同时还就课程的教学、互动、评测的设计实践等方面进行了总结[22-23]。

从国外研究来看，在Google Scholar中检索["information literacy" AND MOOC AND (academic OR universit *)]则可以检索到英文文献记录416条。其中在理论研究层面，研究较为集中的主题同样为MOOC对高校信息素养教育的冲击和挑战以及图书馆应如何应对等，如K. Wu便详细地讨论了MOOC为高等教育带来的挑战和优势，并对高校图书馆在MOOC环境下所能做的工作进行了梳理和分析[24]，B. E. Massis提出图书馆员能够在利用MOOC实现"翻转课堂"的教学模式中起到十分重要的作用[25]，L. Testoni则探讨了MOOC为高校图书馆信息服务带来的影响，并认为参与MOOC对图书馆的宣传工作同样具有重要意义[26]，G. S. Gremmels在预测高校图书馆未来人员配置趋势时，也提出对MOOC的支持以及推广开放获取资源是图书馆未来重要的工作之一[27]；不少学者着重提出发展MOOC环境下的信息素养教育是高校图书馆重要的发展方向之一，如K. Wu提出图书馆员在MOOC课程建设中除了可以在版权、资源获取方面提供重要的支撑工作外，也可以尝试建立信息素养方面的MOOC或Mini-MOOC，并可以利用MOOC提升馆员自身能力[24]，G. Creed-Dikeogu同样提出了很多图书馆员参与MOOC的潜在方向，包括版权问题解决、资源获取、信息能力与素养的培训等[28]。在实践分析层面，同样有很多学者基于自身尝试进行了相关研究，如L. Sutton详细介绍了Wake Forest大学的Z. Smith Reynolds图书馆如何逐步独立完成MOOC课程"ZSRx: The Cure for the Common Web"的建设[29]；也有关于如何利用MOOC宣传图书馆、提高图书馆影响力、提升图书馆员相关能力和素养的研究案例，如ALA便与Canadian Library Association和Toronto iSchool联合推出了MOOC课程"Library Advocacy Unshushed"[30]，M. Stephens等则探讨了如何将自身建设的MOOC课程"Hyperlinked Library"发展成为图书情报学方面的专业学习平台[31]。

由已有研究可以看出，研究学者普遍都比较认同利用MOOC提供信息素养教育相关服务是高校图书馆融入MOOC环境中十分重要的一个发展方向，也均认为高校信息素养教育应该及时抓住这一契机，寻找适合自己的方法和模式来参与到MOOC课程的建设或支撑当中，其中也介绍了不少实践的案例。

而本文则希望针对现有发展阶段，总结几种较为可行的高校信息素养与MOOC结合模式，分析其特点、优势和具体实现过程，从而为不同条件和需求下希望参与MOOC建设的高校图书馆提供思路。

3 高校信息素养教育与MOOC的结合模式分析

3.1 国内外实践情况

在国内外各主要MOOC平台网站当中：爱课程网站的中国大学MOOC中与信息素养相关的课程有中国科学技术大学罗绍峰的"文献管理与信息分析"、武汉大学黄如花的"信息检索"、中山大学张志安的"网络素养"等；在Coursera平台中有北京大学凌斌的"论文写作与检索"、复旦大学程士安的"大数据与信息传播"、美国西北大学O.R.Youngman的"理解谷歌，理解媒体"等；此外，还有将相关信息素养教育内容融入其他课程的教学当中的案例，如多伦多大学W.Newman的Library Advocacy Unshushed：Values，evidence，action等。同时，随着国内高校逐步引入MOOC，其与各大MOOC平台的合作也在逐渐深入，MOOC已不仅仅是一个面向社会开放教育资源的手段，同时也通过与传统课程相结合，成为丰富教学手段与尝试改进教学理念的途径之一，当然，这也要求学生具备更高的信息素养与能力，使得信息素养教育逐渐成为MOOC教学内容的重要组成部分，并成为辅助学生完成MOOC课程学习的重要帮手。

3.2 信息素养教育与MOOC几种可行的结合模式对比分析

对于高校图书馆而言，人力与经费相对有限，在实际参与MOOC课程的建设过程中，更应该注重以下3个方面：一是要关注需求、明确目标，没有明确课程建设目标的MOOC课程通常都不会有好的参与效果，因而只有以师生需求为导向，同时平衡自身能力与发展期望，选择合适的结合方式，才能避免出现课程无人问津或是课程建设一半难以为继的情况产生。二是要充分利用已有的教学资源和基础，节省人力与时间成本，缓冲课程工作量的压力。三是要重视合作与团队建设，一方面要积极寻求与院系教师的合作，不仅让信息素养教育内容能够结合专业背景，增强吸引力与实用性，同时也便于信息素养教育逐步走进高校教学体系当中；另一方面则是构建课程建设的馆员团队，通过建立共建共享的机制，让所有团队成员各取所长，灵活分工，减少重复性工作。结合以上想法，下面对信息素养教育与MOOC相结合的6种模式进行分析：

3.2.1 基于现有信息素养教育课程建立信息素养 MOOC 课程

K. Mahraj 在 2012 年论述图书馆应如何参与 MOOC 时曾经提出"图书馆员介入 MOOC 最直接的方式就是开设自己的 MOOC 课程"[32]。目前，国内各高校均有信息素养教育方面的必修课和选修课，但由于授课教师有限，大多数课程并不能有效地覆盖全校有需求的师生。而基于这些已有课程的教学内容，图书馆则可便捷和有针对性地构建相应的 MOOC 课程，通过 MOOC 平台更加有效地扩大课程的影响范围和受益群体[33-34]。这种结合模式以图书馆员为主要建设者，以少数负责课程教学的馆员带领助教形成课程建设团队，该模式能够有效地利用图书馆已有课程大纲和教学资源，其对于原有信息素养教育的创新在于其不仅可以通过网络有效地扩大原有课程的受众面和影响力，同时还可通过线上与线下课程相结合的方式，实现"翻转课堂"的教学形式，线上自学、线下答疑，鼓励学生在学习过程中进行更多的自主思考、研讨与交流，有效提升学生对于课程学习的参与程度与主动性。SJSU School of Library and Information Science（SLIS）上线的 MOOC 课程"Hyperlinked Library"[31]以及国内刚刚上线的信息素养方面 MOOC 课程，如中国科学技术大学罗绍峰的"文献管理与信息分析"[35]、武汉大学黄如花教授的"信息检索"[36]等均是基于原有较为成熟的信息素养课程来建设的。

当然，MOOC 课程在具体建设时，虽然是在原有课程的基础上进行的，但无论是教学大纲和教学目标、教学内容，还是课程每一周的具体教案、讲授形式以及案例与习题，仍需按照 MOOC 课程的需求和要求重新设计、选择和调整，并且由于是图书馆独立建设课程，所以其中的课程录制、更新与在线互动答疑等工作也仍需大量的人力、资金支持才能完成。此外，根据课程内容和学生的具体需要，也可以尝试通过实体课程与 MOOC 课程同步进行、统一布置习题和进行考试的方式来完成教学，从而有利于图书馆逐步将课程教学过程过渡到 MOOC 平台当中，便于参与学生逐步适应，例如北京大学信息科学技术学院开设的 MOOC 课程"数据结构与算法"便是基于原有公共课设计的[37]、由不同教研组分工同步进行线上 MOOC 课程与线下实体课程的教学，并统一进行考核，从而有效扩大了原有课程的覆盖范围，同时也解决了原先不同教研组负责不同班级教学导致的进度不同步等问题。

3.2.2 基于现有信息素养教育讲座体系建立信息素养 MOOC 课程

图书馆可以根据已有的日常信息素养讲座体系或是针对某一学科或某一专题开设的系列讲座，构建相应的 MOOC 课程。这样不仅可以基于先前已经设计完成的讲座内容模块，直接制作完成各个独立的教学视频，同时也可对建好的独立教学内容按需进行任意组合和重复利用。这种模式的主要建设参与者仍是图书馆员，但与上一种模式相比，参与建设的馆员群体规模要大得多，由所有参与讲座教学和准备的馆员来形成课程建设团队的核心。这种模式的优势在于可以通过课程形式的转变使原有时间固定、参与名额有限的讲座，成为随时随地都可以参与且参与人数不限的在线课堂，不仅可解决信息素养教育讲座与学生专业课程、社团活动的时间冲突，还可以通过 MOOC 平台完备的课程体系，将原先很难独立进行的信息道德与法律等教学内容补充进来，完善信息素养教育内容体系，并让原本只有讲和听的教学模式，利用平台的评测与互动功能变为包含互动、交流、练习、互评的立体教学模式，提升信息素养教育讲座的教学效果。此外，这种模式还可以根据教学对象的实际需求灵活选择内容范围和课程长度（周数），包括提供 Mini-MOOC 在内的多种形态的 MOOC 课程，如 Wake Forest 大学图书馆便面向学校师生和校友开设了只有 4 周的 Mini-MOOC 课程"ZSRx：The Cure for the Common Web"，并充分利用和融合多种社交媒体来完善课程教学中的交流和讨论[38]，而美国 Align Degree Services（ALIGN）也为在线攻读学士学位的学生开设了为期 3 周的 Mini-MOOC 课程，为其提供学术学习与研究技能方面的培训，包括阅读与写作技能等内容[39]。

这种方式虽然在建设流程和工作量上仍然与上一种方式相近，但其优势在于系列讲座是由不同馆员组成的团队各自讲授的，内容也相对独立，因此在其 MOOC 课程的制作过程中，更有利于运用团队的力量，分工合作完成 MOOC 课程的制作与维护工作。

3.2.3 与院系合作开设信息素养 MOOC 课程　除了高校图书馆提供的信息素养教育课程外，国内还有很多高校的院系中均有专业课教师应学生需求开设了信息素养相关的讲座和课程，包括文献检索、论文撰写、学术软件使用等内容，图书馆则可以寻求与这些院系教师开展合作，共同设计和建立信息素养教育的 MOOC 课程。这种模式的课程建设参与者主要为院系任课教师与合作的图书馆员以及所带领的助教形成的团队。其优势主要体现在 3 个方面：一是通过与院系教师的合作，能够在信息素养教学过程中引入更多专业案例和实际应用，不仅有利于加强课程内容的实用性和针对性、提升课程的吸引力，也有利于学生对相关知识的理解和掌握；二是为图书馆与师生之间加强交流与了解提供了契机，对图书馆宣传自身资源与服务和推广信息素养教育都有非常好的效果；三是可以与院系共同分摊助教和建设成本，减轻图书馆在课程建设中的人力与资金压力。例如，北京大学图书馆便与法学院教授凌斌合作开设了信息素养相关 MOOC 课程"论文写作与检索"[40]，图书馆员将为原有实体课程"法律论文写作与检索"开设嵌入式讲座作为契机，逐步和院系教师奠定了良好的合作基础，并最终受邀合作开设了这门 MOOC 课程，课程从法学和相关学科学生在论文写作过程中面临的诸多实际问题出发，介绍了大量信息素养相关知识，其中图书馆员负责了课程 1/3 以上内容的教学。

这种模式由于仍需参与大量课程教学的设计和制作，所以工作量不容小视，但由于可以与院系教师共同承担助教、视频制作、课程维护等课程建设成本，所以仍不失为图书馆尝试信息素养 MOOC 教学的较好选择之一。

3.2.4 在专业课 MOOC 课程中灵活嵌入信息素养教育内容 课程嵌入式讲座是高校图书馆现有信息素养教育体系中非常重要的形式之一。为了便于与其他专业课程进行嵌入和融合，原先信息素养教育嵌入模块的内容均为提前设计完成，并需现场完成其讲授过程。但为了避免出现 1 节课中多个老师轮流上台授课的情况，一般都会将专业课程所需的信息素养相关知识汇总在 1 至几次课上集中讲解，而这也导致其不能与课程本身内容很好地结合。而 MOOC 课程则是进一步将讲授过程也提前录制完成，可以直接将所需知识点的讲解嵌入每周专业课教学的过程中，更加方便学生理解和掌握，也更加便于与不同课程的相互结合。因此，图书馆也可利用此契机，更加便捷地将提前设计完成的信息素养教学模块按照教师需求嵌入专业课 MOOC 课程当中。这种模式的课程建设主体则是院系教师和其助教团队，而图书馆员只负责其中零星知识点的教学。该模式的特点在于不仅可以将与课程紧密相关的信息检索技巧和知识无缝融合进专业课程教学，还可以在院系教师讲解到需要相关知识和技巧时，直接嵌入相应的信息素养教育模块，不仅保证了课程教学的连贯性，同时以需求为导向的教学形式也让学生能够更好地理解信息素养和专业课内容两方面的知识。

此外，也可以将原先很难单独讲授的重要内容，如信息意识的培养、信息道德与法律知识的介绍等制作成独立的微课程，既能更为灵活地嵌入到专业课程的教学过程中，进一步完善高校信息素养教育的内容体系，也方便对相应教学模块的重复利用，减少课程建设中的重复工作，例如复旦大学精品课程"医学信息检索与利用"教学团队制作的系列微课程"中文数据库检索讨论"、"西文医学数据库 MDLINE 检索"、"信息素养与科研"、"学术文献的载体类型"、"CNKI 数据库检索"，便可方便其根据院系教师的需求，将信息素养教学内容分段嵌入专业课[41]。

3.2.5 基于信息素养内容开展专业课 MOOC 课程学习指导　　MOOC 课程作为新兴的网络教学模式，融合了多类型学习资料和各种新兴社交媒体与软件工具，其对于课程建设者和参与学习者的信息能力都提出了更高的要求。而在各大 MOOC 平台中相关的教程和信息能力培训内容的欠缺也为图书馆提供了开展信息素养教育的新机遇：基于信息素养为广大参与 MOOC 课程学习但在某些方面（如课程学习资料的拓展检索与获取、课程所需工具的基本使用等）遇到困难的学生提供必要的学习指导。这种模式的主要参与者为高校图书馆员组成的团队，其服务对象主要定位于本校参与 MOOC 课程学习的师生，其实现的形式既可采用本地学习小组的方式面对面进行，也可通过 MOOC 平台交流论坛或利用社交媒体建立讨论小组等方式在线进行。这种结合模式是图书馆原有学科服务的一种延伸，将对原有学科专业课程学习的支持扩展为对 MOOC 课程学习的指导与支持，其不仅有利于 MOOC 课程在高校中逐步普及和顺利进行，也是从实际应用角度宣传信息素养重要性的良好契机，如加州大学伯克利分校图书馆便对从文献获取和研究技巧方面支持 MOOC 学习进行了有效的尝试[42]，而杜克大学的教学技术中心更是将图书馆员作为 MOOC 课程建设的顾问和指导，为 MOOC 课程的设计和构建提供全方面的帮助[24]。

3.2.6 利用 MOOC 平台构建信息素养教育平台　　除了上述面向教学的结合模式之外，还可以利用 MOOC 平台已有的评测功能和可扩展外链等特性，尝试构建高校信息素养教育平台，如叶小娇便基于 MOOC 平台的特点设计了包含个人中心、课程中心、学习论坛区和在线考试模块在内的信息素养教育平台[21]。这种模式的优势主要体现在：一是为原有不同方式和时间进行的信息素养教育提供了一个统一的、可随时访问的入口，既方便学习者查找、浏览和参与信息素养学习，也便于图书馆整合现有教学资源、统一管理相关教学工作；二是可针对我国高校信息素养教育缺乏统一有效的评测体系和机制的现状，通过制定适合本校的信息素养能力标准或框架，再利用 MOOC 平台的评测功能或外链的评测系统，让信息素养教育的教学内容与评测体系相互结合起来，形成完备的教学体系，如北京大学图书馆建立的"北京大学信息素养能力评测平台"[43]便可嵌入 MOOC 平台，为有需要的课程和师生随时提供多评测维度的信息素养评测；三是能够让高校师生实现边学边练、边学边测、边学边交流，随时掌握自身信息素养能力水平和问题所在，并有针对性地选择完成相应教学模块的学习和训练。与此同时，图书馆也可以通过平台获取包括师生测试统计、参与情况等在内的数据，从而准确了解全校师生的信息素养能力水平与特点，并针对其问题所在，完善相应的教学模块，甚至可以实现根据评测结果按需推荐学习内容。

以上总结的6种不同的结合模式均有各自的特色和优势，其对图书馆原有基础的要求不同，对图书馆工作量的需求也有较大差别（见表1），高校图书馆在融入MOOC这一大环境之前，还是应当根据自身的基础和实际需求"量力而行"，以更有效地让MOOC成为推广发展自身信息素养教育工作的助力，而非藉由热情开始而后成为难以为继的"负担"。

4 总结与思考

MOOC的出现为高校信息素养教育打开了另一条发展之路，虽然MOOC课程在其发展中仍然存在着不少争议和问题，但对于长期受困于人力短缺和影响力有限的高校信息素养教育工作而言，MOOC课程的大规模、自由参与等特点却切切实实地有助于解决信息素养教育发展中的相当一部分问题。值得欣喜的是，信息素养教育已有的模块化和视频课等尝试在很多方面都与MOOC课程的设计理念有着相似之处，在扩大影响力与受众范围的发展目标上也有着同样的初衷，利用这些已有的教学改进基础，可以让高校图书馆不用再从零开始，而是可以更加快捷地将MOOC引入高校信息素养教育工作当中。

当然，在利用MOOC平台为高校信息素养教育寻求发展的同时，也不能忽视MOOC课程制作与更新成本较高、版权问题限制资源访问、课程参与度高但完成度低、考评系统存在可信度问题等问题[44]。因而，如何将传统教学模式与MOOC课程相结合，充分发挥二者的优势，切实提高师生信息素养能力水平，还需要在未来的高校信息素养教育发展中去不断尝试和探索。

表1 不同信息素养教育与MOOC相结合模式的对比情况

结合模式	基于课程建设信息素养MOOC	基于讲座建设信息素养MOOC	院系合作开设信息素养MOOC	信息素养内容嵌入MOOC教学	信息素养内容辅助MOOC学习	利用MOOC构建信息素养平台
已有基础	较好	较好	一般	一般	较好	一般
工作难点	教案设计	教案设计、分工协调	教学内容的分工与衔接	按需设计	新工具、新技术的跟踪学习	评测指标与题库的建立
工作量	很大	很大但可分工	较大	一般	一般	一般
实施难度	较大	较大	一般	一般	较小	较小
特色	具备完整教学内容体系，线上线下教学可同步进行	使讲座形成体系，提升教学效果，课程长度较灵活	便于引入更多应用案例，提升实用性与吸引力	提升教学连贯性，让信息素养融入专业学习过程	提升学习效果，促进图书馆资源的利用	整合资源，实现以测促学和按需推送

39

参考文献：

[1] 黄霏嫣．新形式下大学生信息素养的现状分析及培养策略[J]．现代情报，2011，(3)：148-150．

[2] 陈志慧．高等院校信息素质教育模式的现状及重构[J]．图书馆论坛，2011，(4)：24-26．

[3] 邵川．高校信息素质教育体系的新构想[J]．现代情报，2006，(6)：200-203．

[4] 秦鸿．MOOCs的兴起及图书馆的角色[J]．中国图书馆学报，2014，(2)：19-26．

[5] Barnes C. MOOCs：The challenges for academic librarians[J]. Australian Academic & Research Libraries，2013，44(3)：163-175．

[6] 刘恩涛，李国俊，邱小花，等．MOOCs对高校图书馆的影响研究[J]．图书馆杂志，2014，(2)：67-71．

[7] 韩炜．面向MOOC的高校图书馆发展战略[J]．图书馆学刊，2014，(9)：112-115．

[8] 罗博．大规模在线开放课程（MOOC）与高校图书馆角色研究综述[J]．图书情报工作，2014，58(3)：130-136．

[9] 陆波．MOOC环境下的图书馆角色定位与服务创新[J]．图书与情报，2014，(2)：123-126．

[10] 赵莉娜．MOOC环境下高校图书馆学科馆员的角色转变[J]．图书馆学刊，2015，(3)：14-17．

[11] 刘峰峰．慕课环境下的高校信息素养教育[J]．情报探索，2015，(3)：52-55．

[12] 周斌．MOOC时代图书馆服务创新与发展研究[J]．图书馆学刊，2015，(4)：67-69．

[13] 卜冰华．关联主义MOOC的信息素养教育探究[J]．图书馆，2015，(4)：99-101．

[14] 张艳婷，杨洋．中外图书馆界对MOOC的研究现状与展望[J]．情报科学，2015，(4)：154-157．

[15] 潘燕桃，廖昀赟．大学生信息素养教育的"慕课"化趋势[J]．大学图书馆学报，2014，(4)：21-27．

[16] 陆美．美国图书馆应对MOOC的策略及启示[J]．图书馆，2015，(3)：49-52．

[17] 王本欣，何大炜．MOOC模式下高校图书馆发展趋势及对策[J]．图书馆学刊，2015，(3)：65-68．

[18] 孙辉．基于MOOC的翻转课堂在高校信息素养教育中的应用探讨[J]．甘肃科技纵横，2015，(2)：69-71．

[19] 郑芬芳．MOOC时代的信息素养教育探讨[J]．高校图书馆工作，2015，(1)：8-10．

[20] 王春晓，关雷．慕课环境下大学生信息素质教育模式探究[J]．中国教育技术装备，2014，(22)：57-58．

[21] 叶小娇．基于MOOC理念的信息素养教育平台设计研究[J]．鸡西大学学报，2014，(11)：156-158．

[22] 黄如花，钟雨祺，熊婉盈．国内外信息素养类MOOC的调查与分析[J]．图书与情

报,2014,(6):1-7.
[23] 黄如花,李白杨. 信息检索 MOOC 中的交互式问题设计与评分导向[J]. 图书与情报,2014,(6):14-17.
[24] Wu K. Academic libraries in the age of moocs[J]. Reference Services Review,2013,41(3):576-587.
[25] Massis B E. MOOCs and the library[J]. New Library World,2013,114(5/6):267-270.
[26] Testoni L. MOOCs and academic libraries a chance or a problem An overview[J]. Italian Journal of Library and Information Science,2014,5(1):241-263.
[27] Gremmels G S. Staffing trends in college and university libraries[J]. Reference Services Review,2013,41(2):233-252.
[28] Creed-Dikeogu G, Clark C. Are you MOOC-ing yet? A review for academic libraries[J]. Kansas Library Association College and University Libraries Section Proceedings,2013,3(1):9-13.
[29] Sutton L. A MOOC of our own[J]. Library Journal,2013,138(20):41.
[30] ALA. ALA joins Canadian Library Association and Toronto iSchool to offer 'Library Advocacy Unshushed' MOOC[EB/OL]. [2015-05-24]. http://www.ala.org/news/press-releases/2015/01/ala-joins-canadian-library-association-and-toronto-ischool-offer-library.
[31] Stephens M, Jones K M L. MOOCs as LIS professional development platforms: Evaluating and refining SJSU's first Not-for-Credit MOOC[J]. Journal of Education for Library and Information Science,2014,55(4):345-361.
[32] Mahraj K. Using information expertise to enhance massive open online courses[J]. Public Services Quarterly,2012,8(4):359-368.
[33] 秦静茹. 基于 MOOC 模式的《文献信息检索课》创新研究[J]. 河南图书馆学刊,2014,(5):90-92.
[34] Chant I. Opening up Next steps for MOOCs and libraries[J]. Library Journal,2013,138(21):38-40.
[35] 罗昭锋. 文献管理与信息分析[EB/OL]. [2015-05-24]. http://www.icourse163.org/course/ustc-9002#/info.
[36] 黄如花. 信息检索[EB/OL]. [2015-05-24]. http://www.icourse163.org/course/whu-29001#/info.
[37] 张铭. 数据结构与算法[EB/OL]. [2015-05-24]. https://www.coursera.org/course/dsalgo.
[38] Scardilli B. A single library tackles a MOOC[J]. Information Today,2013,30(8):34.
[39] ALIGN. Free mini-MOOC on academic skills required in U.S. Online bachelor's degrees [EB/OL]. [2015-05-24]. http://www.ireachcontent.com/news-releases/free-mini-mooc-on-academic-skills-required-in-us-online-bachelors-degrees-254250811.html.
[40] 凌斌,刘雅琼,游越. 论文写作与检索[EB/OL]. [2015-05-24]. https://

www. coursera. org/course/legalresearch.
[41] 复旦大学. 精品课程-医学信息检索与利用[EB/OL]. [2015-05-24]. http://www. jpkc. fudan. edu. cn/s/58/t/85/p/1/c/13885/d/13891/list. htm.
[42] OCLCResearch. MOOCs and libraries：New opportunities for librarians[EB/OL]. [2015-05-24]. www. youtube. com/watch? v = 3ebkaSjXtmk& list = PLLB61wwip Fo YfpA0r SB86XRnqL92Rkv8u.
[43] 北京大学图书馆. 北京大学信息素养能力评测平台[EB/OL]. [2015-05-24]. http://il. lib. pku. edu. cn/.
[44] 王文礼. MOOC的发展及其对高等教育的影响[J]. 江苏高教, 2013, (2):53-57.

作者简介

赵飞：负责文献与案例整理分析，论文撰写。

艾春艳：负责文献与案例收集。

基于 XMOOC 课程模式的高校图书馆信息素养教育研究*

有研究表明：当前国内外信息素养 MOOC 的建设尚属起步阶段，信息素养 MOOC 数量少，参与机构不多，参与主体仍然是高校，内容主要集中在数字素养和计算机素养等领域[1]。对于大多数高校图书馆而言，是否要参与信息素养 MOOC 建设受到诸多因素影响。首先，MOOC 本身存在诸多问题，如学生自制力不强、教师对学生的学习质量控制不够等[2]影响了 MOOC 的应用效果。其次，校园信息环境建设、师资力量、技术力量等使得高校图书馆自主开发信息素养教育 MOOC 难以一蹴而就。最后，课程主客体的习惯、特点、经验等诸多因素，也使得自建 MOOC 的应用存在相当的局限。

"以教师为中心"的传统模式导致信息素养教育中存在教学形式单一、局限于文献资源的提供、缺乏教学培训活动设计以及忽视获得反馈信息等问题，用户积极性不高，影响了教学效果。教育信息化的发展促使信息素养教育开始从"以教师为中心"向"以学生为中心"加速转变，这意味着：①学生角色从传统的单一的知识接收者开始转变为知识接收者与知识传播者；②加速实体学习环境向虚拟学习环境的转变，学生通过在学习中积极参与知识建构、交流与共享，促进用户的个性发展与集体智慧的增长；③必须创新教学方式，满足多样化的学习进而丰富学习体验。因此，对于大多数高校图书馆而言，充分利用 MOOC 全面、多样化、交互式的教学要素、结构化的课程设计等优势进一步改善和丰富当前的信息素素养教育是值得研究和实践的。

根据相关学习理论，MOOC 可分为基于关联主义学习理论的 CMOOC 和基于行为主义理论的 XMOOC[3]。XMOOC 由于课程资源来源于世界名校，教学模式基本上是高校内部教学模式的迁移或延伸，较好地适应了课程多样性的需要，因而备受欢迎。首先本研究选取了全球知名的美国三大平台 Coursera、Udacity、edX；其次，选取英国、澳大利亚国家代表性平台 Open2study 和 Fu-

---

* 本文系首都师范大学校级教学改革研究一般项目"图书馆用户培训模式改革与探索"（项目编号：20142042）和北京市教育委员会社会科学计划面上项目"国内外在线信息素质教育比较研究"（项目编号：SM201510028017）研究成果之一。

tureLearn。再次，由于xMOOC的教学设计与教学实践都受到Khan Academy的启发，本文亦将其纳入调查范围。具体做法是：对上述平台的平台介绍（about）、平台帮助（help）、平台博客（blog）、新闻（news）和快速问答（FAQ）等栏目中有关课程与教学的信息进行阅读、总结和比较分析，以期发现适用于"以学生为中心"信息素养教育实践探索的方向。

1 研究综述

1.1 国外综述

利用Web of Science数据库，以"主题=（MOOC OR xMOOC）AND（curriculum OR teach*）"为检索式（其他条件为：全部年限），可检索出40篇相关文献（检索日期为2015年10月3日）。从检索结果的学科分布看，研究集中在教育研究领域，研究主题有：①从教育者角度开展的研究，如教育者应用MOOC教学方法、翻转课堂等改善学分教育的经验[4]，MOOC在促进教师职业发展以及新技能在教学设计中的应用方面的价值[5]；②从学习者角度开展的研究，如利用学习者群体的特点来开发更能吸引学习者的MOOC课程[6]，设计和开发多媒体注释工具来提高用户与内容交互[7]，使用超越描述性统计的方法来深入研究学习者[8]等；③MOOC的影响、发展与挑战等方面的研究，比如是否改善了学习环境[9]、合作性MOOC课程设计[10]、XMOOC视频课程教程[11]、馆员在MOOC课程创建中的作用[12]。

通过对2007—2013年同行评审的学术文献和实践经验的比较研究发现[13]：当前是基于MOOC的学习体验和教学模式概念的实践阶段，MOOC的设计深受课程平台的结构化和模式化的影响，并且教学实践的基础与MOOC设计无关，进而影响了学习体验。因此，要想更好地发展和利用MOOC，教学实践基础的结构化和模式化是首要条件。

1.2 国内综述

利用中国知网的期刊数据库，以"主题=（MOOC OR 慕课）AND（课程模式 OR 教学模式）"为检索式（其他条件为：模糊匹配，核心期刊，全部年限），可检索出225篇相关文献（检索日期为2015年10月3日）。同时以"篇名=XMOOC"为检索式（其他条件为：模糊匹配，全部期刊，全部年限），可检索出11篇相关文献（检索日期为2015年10月3日）。从以上检索结果的学科分布看，研究集中在教育理论与教育管理领域，研究主题分布在MOOC的教学理论研究、对混合式教学的影响研究以及教学模式尤其是翻转课堂在化学、英语、数学等学科的应用研究等几个方面。进一步对发表在图书情报与数字图书馆领域的文章进行分析发现，研究主题涉及 MOOC 教学模式的特点[14]、MOOC 背景下信息素养教育发展[15]以及探索性的教学实践等。在实践中则多是借鉴和利用翻转课堂理念和模式，有代表性的是重庆大学的实践探索[16-17]，其借鉴"翻转课堂"的先进理念，充分利用 MOOC 技术手段和课程资源对教学框架进行结构性调整，包括尝试规模限制性在线课程形式，整合本课程教研团队的优势教学成果，构建固定班级授课和研讨式开放讲座相结合的混合式教学模式。

刘静静等[18]通过对 Coursera 平台的几门课程的研究以及文献研究，总结了 XMOOC 的课程模式并讨论了其应用与混合模式的优势，比如完整的课程结构设计、微视频的应用和交互功能的设计以及评价方式的多样化与反馈的及时性，但在个案设计以及案例实践中却侧重前端分析、资源设计、学习活动设计以及评价设计，并未论及课程结构、朋辈交互等方面的优势。

2　XMOOC 的课程模式

2.1　课程教学

课堂教学一般由视频教学（大多为 5~20 分钟）、课堂讨论、随堂测验等构成。通常先是视频教学，之后多是随堂测验或练习，偶尔安排主题讨论。但是平台课程的结构化程度并不相同。edX 创新了教学模式，采取短视频教学（时间少于 10 分钟），提供课程视频互动记录（interactive transcripts）[19]，并安排数量不等的小讨论，互动程度较高。根据有效学习的课程设计原则，FutureLearn 课堂结构包括讲故事、阅读以及经常性的主题讨论等。其首先通过高质量的音视频和文章介绍思想，然后讨论所学、互动测验并提供有用的反馈[20]。Udacity 课程结构化程度较高，由教学活动、课堂测验、课程录像、习题、教师或行业专家的短视频采访、基于项目的实践教学组成，每一步骤通常 5~10 分钟[21]。教授简单介绍主题后便由学生主动解决问题，采取了类似"翻转教室"（flipped classroom），并帮助学生通过博客、搜索引擎、游戏或应用程序等构建应用，通过技能展示开展学习[22]。

课后还提供配套学习，包括作业、习题、实验、考试等。Udacity 还有完善的网页编程环境、内置编程接口、论坛等。Khan Academy 则是利用任务和挑战两种方法来练习数学技能[23]，以及利用自适应技术去识别数学学习优点和学习差距。

2.2 学习支持

xMOOC 给予了多样化的学习支持。以提供支持的人员类别来区分，有两种方式：教师指导和学生互助。教师指导多以授课教师为主，还有个人教练（personal coach）和辅导团队等方式。授课教师主要在线通过虚拟教室的聊天框或者预约后一对一交流进行指导。FutureLearn 在行为准则（code of conduct）中明令禁止学生与教师私下联系。Udacity 则还提供了个人教练，并对授课教师和个人教练提供的课程支持做了详细说明。授课教师主要分享有用的学习技巧，对课程中的概念和编程练习提供详细的指导，并对课程中的项目建设给予个性化的反馈。而个人教练在整个课程阶段给予支持[23]，基础性学科如 Java 编程简介、Python 编程基础等还支持按需聊天（on-demand chat）。Khan Academy 采取由教练、父母、导师甚至是同辈来担任辅导团队[24]的方式，用以掌握学生的学习情况、回答学生的提问、帮助并鼓励学生。而学生互助则多以线上和线下两种方式进行。线上主要有课堂讨论、课程论坛、学习小组、社区学习等。课程专属论坛或讨论区是学生互助学习的通用方式。除此以外，、edX 还包括基于维基协作学习、学习进展评估以及在线实验室等其他互动学习方式[25]。FutureLearn 则提供基于情境讨论（discussion in context）和跟随功能（follow）的大规模社区学习支持方式，并通过建立"学习领袖"的方式，鼓励知识分享与学习互助。FutureLearn 和 Open2Study 都设置关注功能，系统会自动推荐选择同一门课的同学，在课程专属的即时聊天大厅或学习小组进行交流。线下则主要是学生自发组织的学习小组线下见面会。Coursera 和 Udacity 的学生分别在 1 400 个城市和 450 多个城市组织线下见面会。edX 现在有 202 个全球社区，新增 4 个，北京地区数量颇多[26]，可以自由组织线下见面会。

2.3 学习评价

学习评价具有多元化与交互式的特点，一般有课堂发言、作业、测验、考试以及项目实践等方式。客观题采取计算机评分，其余主观题与实践性项目则采取学生互评以及专家审核等手段。Coursera 在许多课程中对最重要的作业往往采取学生互评的方法，评阅他人作业对学生也大有益处。Coursera 做出规定以保证让学生完成互评，给出较为准确的评分并提出反馈意见。计分合理，比如取互评分数的中值计入，并以此确定期末成绩（the final classmate-given grade），若有自我评分（self-evaluation grade），则二者差值在 5% 以内时取最高分数[27]。而 Udacity 则需要专家审核，以证明学生完成课程项目工作的独立性。

2.4 学习数据分析

在线学习生成了丰富数据，包含学生的社会经济背景、学习策略与学习表现等客观信息，对其进行分析与应用可以进一步了解学生需求，完善课程建设，不断增强学习体验，进而开展教学研究。Coursera 和 edX 对这些学习数据进行收集和保留。

3 XMOOC 的课程模式特色因素分析

课程模式实践凸显了课程元素丰富、教学模式结构化、全面开展在线教学研究以及广泛支持朋辈互助等特点，对开放课程发展产生重要的影响。

3.1 课程元素丰富

Udacity 认为高等教育是一生的经历而不是一次性事件，应该让学生更少被动地听讲（不再是讲座），更多主动地行动，赋予学生取得成功的能力[28]。开放课程具有支持主动学习所需要的丰富的课程元素，如短视频、交互式讨论、练习与项目实践、协作学习等。edX 还通过工具、视频、游戏化实验如 3D 虚拟模型建设者（3D virtual molecule builder）等带来一流的在线学习体验。这对学习者有效完成课程，培养思维能力、专业技能与创新能力，实现发展目标非常关键。

3.2 教学模式结构化

结构化的教学模式具有模块性、平面性和整体性的特点。结构化教学模式有利于建立新的学习过程，而学习过程是认知结构的组织和重新组织过程。这对"以学生为中心"的信息素养教学有着决定性的影响。结构化的教学模式突出了短视频教学和学习交互与协作。短视频具有主题明确、专题结构化、内容模块化等特点。随着 XMOOC 的发展，视频及其在课程中的存在形式将成为开放课程领域的研究课题之一，它决定着课程的部分本质属性[29]。交互与协作则是通过学习者形成学习小组或活跃的社区，开展网络或面对面的互助式学习。

3.3 全面开展在线教学研究

对在线学习大数据的积累、分析和应用可以不断深化教学研究与实践。

作为创新者和实验者，edX在线教学研究包括：①在线教学功能开发，以MITx为基础，大学和机构可自行托管其平台，改进和增加教学功能；②在线教学技术应用，麻省理工学院和哈佛大学两校共享平台以促进现代技术在教学手段方面的应用，掌握技术对教学的影响比如学习与教学方式的改变，加强学生们在线对课程效果的评价；③混合教学模式研究，通过收集实验数据研究线上、线下混合教学的模式，提高线下教学效果。

3.4 广泛支持朋辈互助

全程、全方位地支持朋辈互助是MOOC教育价值的体现。FutuerLearn认为深入的辅导模式不能适用于大规模免费课程，须提供并支持在线大规模社会化学习（massive-scale social learning），以满足学生数量规模化和身份多元化将带来大规模的咨询、查找、培训等需求。朋辈互动（peer interaction）是学生互助的一种方式，其产生的解释、质疑、协商等活动能够拓宽学生对主题的理解，并形成观点[30]。互动途径有线上课程论坛，讨论版和其他朋辈（peer-to-peer）社交学习工具以及线下的学习小组。学生可以在课堂、课后任何一个有需求的环节寻求到来自朋辈的帮助，获得讨论与释疑。

4 对高校图书馆信息素养教育实践探索的启示

XMOOC独有的结构化教学设计理念、支持朋辈互助式学习与开展持续的教学研究对当前的信息素养教育实践具有重要的启示意义。考虑到教育基础和可操作性，信息素养教育可以从两方面进行改革：第一是在图书馆培训工作中建立协作化的朋辈培训模式，实践与探索学生间互助的方式与内容，寻求建立信息素养教育的新模式。第二是在学分教育中实现结构化以便实现从"以教师为中心"到"以学生为中心"教育理念的过渡并顺利开展教育实践。这也包括两个方面：①传统课堂内容的结构化设计与实现；②将在线教育与课堂教育进行功能的结构化设计，以便满足分层的学习需求。同时开展学习评价并辅以追踪调查研究。

4.1 建立协作化的朋辈培训模式

培训是一种有组织的知识传递、技能传递、标准传递、信息传递、信念传递、管理训诫行为。图书馆读者培训显然是以知识传递和技能传递为主的。而学生完成学习和科研不仅需要知识和技能，更需要具备正确思维认知。朋辈教育（peer education）是一种利用朋辈开展分享活动的教育形式，多被用在健康教育、社交和学生管理、课堂教学和大学新生的适应性教育中，比如新生教育。其最大的特点是尊重、平等、形式活泼和参与性强，以交流为核心，不以教会别人什么为目标而是追求在彼此讨论之后得出解决问题的方法或者改变态度[31]，有利于建立和培养思维认知。朋辈教育模式具有诸多益处。对教育者而言，朋辈教育最具影响力的元素是朋辈支持、有意义的贡献、教学/领导角色和学生的物主身份（ownership）[32]，这些元素在促进学生的可持续发展方面具有战略价值。对于学生而言，朋辈指导在促使学生更好地融入到大学生活、缓和紧张的师生关系、促进学术技能发展方面具有正面的影响[33]，从而改善学生的受教育经历，促进教育形式的多样化，提高弱势学生群体的学术成就如学业成绩[34]。

从学习支持的角度上看，教师主要是面向个别学生提供针对个人学习进展和困难的诊断。朋辈教育则需要考虑开放性、社会相互依赖关系和异质性以及小组形成过程、教师监督问题、同行之间的自适应学习和知识转移[35]。图书馆可以在读者培训中应用、摸索和总结朋辈教育，建立协作化的朋辈培训模式。理论上讲，图书馆可以在学习服务、写作服务、IT服务、学习支持服务、信息素养和教育技能培训、小组讨论与咨询等工作中通过讲座、现场观摩、戏剧表演等方式广泛应用朋辈教育模式[36]。

首都师范大学图书馆正在开展"朋辈风采讲堂"活动，实践证明朋辈培训模式取得了良好的效果。一方面，丰富多彩的主题和灵活多变的形式给图书馆培训注入了一股鲜活的力量。主题广泛涉及了文学作品比较、影视作品分析、体态语言应用、注释与参考文献的应用等，情景短剧、话剧等多样的形式被不断引入到培训活动中。有研究表明参与式戏剧能够促进学生参与朋辈教育活动，赋予其共同创造新知识的能力[37]。另一方面，有效培养了学生的综合素养。学生在不断的信息检索、观察与辨析、分析与讨论、总结与发言中获得全面的能力。2015年1月5日，ACRL《高等教育信息素养能力框架》[38]发布。基于集群互联概念（interconnected core concepts），该框架分别描述了学生、教师和馆员在信息素养教育中的不同责任，强调教育的活力、灵活性、个人成长和社区学习。因此，朋辈培训需要注意以下几点：①以学生团队为主体，以有助于学生的生活、学习和科研为原则，自由报名、组团、自主商定分享主题；②分割团队任务，发挥各自特长，促进学业相长；③强调馆员的指导作用，全程跟踪、指导和帮助学生，尤其在主题设定、活动设计等环节；④建立工作评价机制，进行协作评价和质量管理。

4.2 完善混合教学模式的结构化设计

结构化的课程设计包含两个层面：网络平台和物理课堂二者功能的结构

化设置、课堂教学内容的结构化设计。功能的结构化设置是指充分利用网络平台作为课堂教学的基础和延伸。国内外许多知名的教育科研机构如美国爱达荷大学、斯坦福大学、弗吉尼亚理工大学，中国的中国科学院文献情报中心、华东师范大学等自建了各有特色的开放式信息素质教育网站[39]，都建立了开放信息素质教育平台，适合于学生通过自学了解和掌握基础内容。而对于有精力愿意深入学习的学生，可以推荐MOOC课程，适当延伸课堂教学。有调查发现：截至2015年3月1日，国内外共有9个国家的35所大学或机构开设了37门信息素养教育类MOOC，包括英语、中文、德语、法语和阿拉伯语5种语言。这些课程不仅涉及数字素养、计算机素养、科学素养、媒介素养等方面，更将数据素养、视觉素养带入信息素养的教育范畴[40]。这些课程的引入和利用可以极大地丰富信息素养教育。

  内容的结构化设计则是指对课程元素的设计、教学内容的重组与教学形式的多样化。有研究表明：学生对MOOC教学元素认可度最高的是内容设计、视频质量、授课技巧、教学素材、实用程度等[41]。以一次课2个学时，即90分钟为例，长时间的讲授会将课堂变得索然无味。除利用多媒体技术外，课堂教学还要有丰富的课程元素，用以重组主题和清晰展示复杂课程内容。课堂设计如下：

  首先，利用短视频补充课堂讲授内容。以视频教学为主的教学模式仍然较为传统，互动性相对较差，适用于概论性、理论性与知识性较强的课程。从学生角度来说，5~8分钟解决一个关键问题的短视频则恰到好处，既丰富了课堂元素又可以引发主题讨论。短视频可以充分利用专家访谈、网络视频和教学视频（video lectures）等。教学视频一般有3种开发模式：以摄录编为主的电视模式、以录屏为主的软件模式和糅合各种技术的富媒体模式[42]。录屏软件模式简单易操作，亦不需要复杂、绚丽的文案设计，即能将检索等实践步骤动态近景呈现，实现与解决问题的较高关联度，还便于学生反复观摩和学习，实现教学效果。

  其次，设置主题讨论环节，加大创新思维训练的力度，扩展学习内容。主题讨论与课堂讲授紧密结合，有利于现场对学习的知识和技能加以应用，达到随学、随练、随掌握的效果。主题讨论能实现分享和辩论，了解其他学生的不同经历和观点，有效填补知识和技能空白，增强学习效果。ACRL《高等教育信息素养能力框架》明确提出"创造开始于多种形式的交流"，再次强调信息的交流、信息环境的动态与交互[43]。该框架主张学生以积极和开放的态度参与学术活动中的各种交流与会话，并指出信息交流的规范与道德。教师要设计主题讨论，并注意控制时间，引导主题讨论的大致方向。

最后，定向练习。定向练习以个人的作业为主，一般是选课初期选定一个研究主题，在不同的教学阶段进行定向的主题检索。课程结束后以其检索结果为基础，通过筛选与阅读文献加以利用，形成一个完整的主题检索报告，从而达到学以致用。

4.3 开展评价与研究

评价与研究是闭环教育的最后一个环节，其决定了教育研究和实践的质量，也有利于更好地建立朋辈培训模式，完善结构化的课程设计。首先，强化多元化的学习/活动评价，注重过程和结果。可以从实践性评价、参与度评价及满意度评价等主客观角度建立评价的指标体系[44]，掌握学生的学习效果，了解学生的学习期望并研究学生的学习行为，为构建"以学生为中心"的信息素养教育体系提供科学的理论和实践依据。其次，关注课程设计、实施与教育目标的实现。从课程的建设者、使用者与管理者角度开展多方参与的评价，以促进教师、学生、学校的发展为目的，致力于提升信息素养教育的价值。二者均以可量化、可操作为原则，用以指导阶段性的教育与教学的发展与实践工作。最后，辅以追踪调查研究。追踪调查侧重调查对象的发展轨迹，以准确找到某些规律性的信息为目标。追踪调查能够在反映现状的基础上，不仅为完善现有的信息素养教育提供数据支撑，更重要的是能够根据积累的数据为未来的信息素养教育实践提供先期的理论支持。教学理论产生的土壤不同就意味着教学实践是有条件的，不宜一味追求教学创新。因此，追踪调查可以从信息环境、行为习惯与综合素养三个大方面展开，通过收集能够表征大学生的世代特征，包括个性特征、学习方式偏好、信息行为特征、在不同信息环境中的需求变化[45]以及其他相关能力如自主学习、时间管理、沟通与协作等相关数据，为信息素养教育实践创新发现最佳切入点。

参考文献：

[1] 潘燕桃,廖昀赟. 大学生信息素养教育的"慕课"化趋势[J]. 大学图书馆学报,2014, (4):21-27.

[2] 隆茜."翻转课堂"应用于信息素养教育课程的实证研究[J]. 大学图书馆学报,2014, (6):97-102.

[3] 王萍. 大规模在线开放课程的新发展与应用:从 cMOOC 到 xMOOC[J]. 现代远程教育研究,2013,(3):13-19.

[4] Najafi H, Rolheiser C, Harrison L, et al. University of Toronto instructors' experiences with developing MOOCs[J/OL]. International Review of Research in Open and Distance

Learning,2015,16(3)[2015-03-20]. http://www.irrodl.org/index.php/irrodl/article/view/2073/3341.

[5] Salmon G, Gregory J, Dona K L, et al. Experiential online development for educators: The example of the Carpe Diem MOOC[J]. British Journal of Educational Technology,2015,46(3):542-556.

[6] Liyanagunawardena T R, Lundqvist K O, Williams S A. Who are with us: MOOC learners on a FutureLearn course[J]. British Journal of Educational Technology,2015,46(3):557-569.

[7] Monedero-Moya JJ, Cebrian-Robles D, Desenne P. Usability and satisfaction in multimedia annotation tools for MOOCs[J]. Comunicar,2015,22(44): 55-62.

[8] Wiebe E,Thompson I, Behrend T. MOOCs from the viewpoint of the learner: A response to perna et al[J]. Educational Researcher,2015,44(4):252-254.

[9] Bartolome A,Steffens K. Are MOOCs promising learning environments?[J]. Comunicar,2015,22(44):91-99.

[10] Castano C, Maiz I,Garay U. Design, motivation and performance in a cooperative MOOC course[J]. Comunicar,2015(44):9-18. DOI:10.3916/C44-2015-02.

[11] Catherine A, Yin Y, Madriz L F V. A phenomenology of learning large: The tutorial sphere of xMOOC video lectures[J]. Distance Education,2014,3(2):202-216.

[12] Cameron B. MOOCs: The challenges for academic librarians[J]. Australian Academic & Research Libraries,2013,4(3):163-175.

[13] Chiappe-Laverde A, Hine N, Martinez-Silva J A. Literature and practice: A critical review of MOOCs[J]. Comunicar, 2015,22(44): 9-18.

[14] 龚芙蓉. 基于文献调研的国内外高校信息素养教学内容与模式趋势探析[J]. 大学图书馆学报,2015,(2):88-95.

[15] 伦怡,张晓,杨洁. 高等院校信息素质教育的 MOOC 构想[J]. 教育理论与实践,2015,35(27):15-16.

[16] 李燕,陈文. 多维度立体式文检课教学模式的构建与实践[J]. 图书情报工作,2014,58(10):103-106.

[17] 李燕,陈文,刘京诚."翻转课堂"、"反慕课"影响下的研究生文检课改革探索与实践[J]. 大学图书馆学报,2015,(5):97-102.

[18] 刘静静,张立国. 混合学习环境下 xMOOC 应用模式探究——以 Coursera 平台为例[J]. 现代远距离教育,2014,(5):9-16.

[19] Do edX courses have transcripts? [EB/OL]. [2015-10-03]. https://support.edx.org/hc/en-us/articles/207205917-Do-edX-courses-have-transcripts-.

[20] Why it works[EB/OL]. [2015-03-20]. https://www.futurelearn.com/about/why-it-works.

[21] How can I find out how long an activity will take? [EB/OL]. [2015-03-20]. https://a-

bout. futurelearn. com/about/faq/? category = course-content-and-features.

[22] General[EB/OL]. [2015-02-02]. https://www. udacity. com/faq.

[23] How does Khan Academy measure my math knowledge? [EB/OL]. [2015-03-16]. https://khanacademy. zendesk. com/hc/en-us/articles/203605610-How-does-Khan-Academy-measure-my-math-knowledge.

[24] How to use Khan Academy as a coach[EB/OL]. [2015-02-24]. https://www. khanacademy. org/coach-res/k12-classrooms/why-ka-k12/a/how-to-use-khan-academy-as-a-coach

[25] What technology does edX use? [EB/OL]. [2015-10-05]. https://support. edx. org/hc/en-us/articles/213022717-What-technology-does-edX-use-.

[26] Global Community Meetup[EB/OL]. [2015-10-03]. http://www. meetup. com/edx-communities.

[27] 互评作业评分[EB/OL]. [2015-10-04]. https://learner. coursera. help/hc/en-us/articles/201893769-Peer-Review-Assignments.

[28] About us[EB/OL]. [2015-02-01]. https://www. udacity. com/us.

[29] 任友群,徐世猛. 开放课程的探索与思考——从学习者、决策者到建设者[J]. 现代远程教育研究,2013,(5):3-10.

[30] Hew K F, Cheung W S. Students' and instructors' use of massive open online courses (MOOCs): Motivations and challenges[J]. Educational Research Review, 2014, 12:45-58.

[31] 蒋海萍,朱开梅,覃耀飞,等. 大学生信息素养同伴教育模式初探[J]. 华夏医学,2009,(6):147-150.

[32] de Vreede C, Warner A, Pitter R. Facilitating youth to take sustainability actions: The potential of peer education[J]. Journal of Environmental Education,2014,45(1):37-56.

[33] Christie H. Peer mentoring in higher education: Issues of power and control[J]. Teaching in Higher Education,2014,19(8):955-965.

[34] Rios-Ellis B, Rascon M, Galvez G et al. Creating a model of latino peer education: Weaving cultural capital into the fabric of academic services in an urban university setting[J]. Education and Urban Society,2015,47(1):33-55.

[35] Konert J, Richter K, Mehm F, et al. PEDALE - A peer education diagnostic and learning environment[J]. Educational Technology & Society,2012,15(4):27-38.

[36] 姚玲杰. 同伴教育:高校图书馆服务新模式[J]. 图书馆建设,2012,(12):57-59.

[37] Orr S H. Training the peer facilitator: Using participatory theatre to promote engagement in peer education[J]. Ride - The Journal of Applied Theatre and Performance,2015,20(1):110-116.

[38] ACRL Information Literacy Framework for Higher Education[EB/OL]. [2015-03-06]. http://acrl. ala. org/ilstandards/wp-content/uplo ads/2015/01/Framework-MW15-Board-Docs. pdf.

[39] 王莲.中美开放式信息素质教育网站比较研究[J].图书情报工作,2014,58(6):90-95.

[40] 黄如花,李白杨.MOOC背景下信息素养教育的变革[J].图书情报知识,2015,(4):14-25.

[41] 黄如花,李白杨.用户视角下的信息素养类MOOC需求分析与质量反馈[J].图书馆,2015,(7):26-19.

[42] 韩庆年,柏宏权.超越还原主义:在线教育背景下微课的概念、类型和发展[J].电化教育研究,2014,(7):98-102.

[43] 刘彩娥,冯素洁.ACRL的《高等教育信息素养框架》解读与启示[J].图书情报工作,2015,59(9):143-147.

[44] 李金芳,刘霞.高校图书馆信息素养教育协商课程模式建构[J].情报资料工作,2014,(3):99-112.

[45] 周剑,王艳,Xie I.世代特征,信息环境变迁与大学生信息素养教育创新[J].中国图书馆学报,2015,(4):25-39.

作者简介

李金芳:设计调研提纲,完成半数以上的平台调研工作,撰写工作报告初稿,撰写论文并完成稿件的修改;

刘娜:根据调研提纲完成部分平台调研工作,并在论文撰写过程中提供所需数据;

王莲:参与调研提纲设计及调研结果整理;

祝欣:参与调研结果的整理工作。

MOOC 环境下混合式信息素养教学模式研究*

1 引言

教育部从 1984 年颁布 4 号文件要求全国高校开设文献检索与利用课至今，信息素养课程（由于各高校课程命名不同，本文统一用信息素养课程概括）不断的变革自身来应对环境的变化和要求，教学内容从单一的讲授信息检索拓展到信息管理、信息分析和信息利用，成为了培养大学生信息素养的重要途径之一。

为了实现全面培养大学生信息素质的教学目标，工作在一线的信息素养教师一直在积极探索教学模式的改革。笔者在 CNKI 数据库中检索信息素养课程教学模式方面的论文，根据被引量由高到低排序，概括出影响较大的教学模式有：分阶段全程教学模式[1]、互动式教学模式[2]、问题探究 5E 教学模式[3]、项目课程法教学模式[4]、嵌入式教学模式[5]。这些教学模式在实践教学面临几大主要难题：①信息素养课时一般以 16 或 32 学时为主，课时较少，传授的知识点较多，教师在有限的时间内，既要完成知识点的讲授，又要指导学生实际操作，同时还要与学生进行某些问题的深入探讨和研究，实施起来非常困难。②高校信息素养课程主要以选修课为主，学生来自于不同的院校，师生交流主要以课堂面对面交流为主，课下交流不充分，教师不能及时掌握学生学习过程中存在的疑点、难点，并将相关疑难问题反馈于教学中。③信息素养课程教师一般由图书馆馆员兼职担任，而且兼职教师不多[6]（笔者所在学校只有 2 名兼职教师），信息素养教师没有充足的时间和精力既完成课程的设计，又完成各专业数据库、文献管理软件和文献分析软件等课件的制作和更新。

2014 年 5 月和 9 月，《文献管理与信息分析》和《信息检索》两门信息

---

* 本文系 CALIS 全国农学文献信息中心研究项目"高校信息素养课程 HMOOCs 实证研究"（项目编号：2015015）和教育部教育管理信息中心项目"不同学科背景下基于 MOOC 学习有效性的分析研究"（项目编号：eijyb2015-040）研究成果之一。

素养MOOC课程分别在爱课程网上线,对信息素养教育的发展和革新产生了重要的影响,也为解决上述信息素养课程教改中存在的主要难题提供了新的探究思路。笔者尝试将两门信息素养MOOC课程和华南农业大学信息素养课程进行有机混合,对基于MOOC和翻转课堂的混合式教学模式进行初探,希望能改变目前高校信息素养课程课时不足、师资缺乏、师生课下交流不充分的现状。

2 信息素养MOOC课程和传统课程融合的可能性和必要性

基于MOOC的混合式教学（blending learning）是以建构主义理论等现代教育理论为依据[7],把传统面对面课堂教学、MOOC和网络教学平台的优势结合起来,将翻转课堂教学法与线上线下混合式学习理念相互融合,使在线学习和课堂教学形成互补,师生充分互动,进而提高教学效果,促进学生自主学习能力和终身学习能力的提高。华东师范大学李明华教授认为,"MOOC+本地大学教授面对面深度参与教学的混合教学模式是最有前途的教学模式"[8]。

在教学环境上,笔者所在的华南农业大学,信息化设施较为完善,学生宿舍基本上开通了校园网,无线网络已经覆盖教学楼和主要办公场所,本科生基本上都拥有个人电脑和智能手机,学生有条件利用课后碎片化的时间进行自学。本校信息素养课程在华南农业大学网络教学平台开设了站点,学生可在网络教学平台上浏览课件、完成作业和交流讨论等,方便学生自主学习。华南农业大学图书馆专门为用户信息素养培训设置了多媒体教室,可同时容纳90人上机操作,为混合式信息素养教学模式的开展提供了有力的保障。

在课程建设上,信息素养MOOC课程用机制强调教学团队[9],除了名师讲课之外,还有负责课程组织的组织人员、辅助学习者交流讨论的助教和专门的视频制作团队等,在课程开发和教学实践的不同环节发挥着各自的特长。团队精心设计了优质的课程内容,课程视频每周更新。因此,基于MOOC的混合教学模式,MOOC课程的团队建设弥补了传统课程中师资缺乏且教师单兵作战在素质、精力、经验等方面的不足,提高了整体教学水平和教学效率。

在课程内容上,信息素养MOOC课程包含了信息检索、分析、整理和利用4个模块,与传统信息素养教学内容相一致。MOOC课程课程内容的呈现采用了多种富媒体素材,包括视频、文本、图片等多种形式,其中,为了方便学生进行碎片化学习,课程视频多呈现时间短、数量多的特点[10]。另外,

MOOC具有大量互动环节，如人机互动的小测试、生生互动的课程作业、助教在线的各专题讨论区等，利于学习者进行自主学习，实现信息素养提高学习者自学能力的目标。因此，基于MOOC的混合教学模式，可缓解传统信息素养课程知识传授有限、教学资源更新不足以及师生课下交流不充分的局面。

在课程组织上，信息素养MOOC课程从"教"的设计转向对"学"的设计，实现了学习者自主掌握学习时间的非正式学习，为翻转课堂的开展提供了有效的保障。翻转课堂（flipped classroom），也就是将教与学的时间进行重新安排，课外的时间让学生在线或线下自学或者协作学习教师布置的教学内容，并针对学习疑虑提问，课堂内的时间由教师引导学生互动讨论或进行问题答疑[11]。基于MOOC的混合式教学模式，引入翻转课堂教学手段，让学生课下观看视频，自主学习，课堂上有更多的时间进行上机实习、探究性研究和项目协作，解决了信息素养课程课时不足的难题。

作为新生事物，信息素养MOOC课程也存在一些先天不足，如大规模学习者之间的信息素养层次参差不齐，无法深入了解学习者的个体差异，进行个性化内容的设置；MOOC课程缺少面对面的交流，无法现场指导学生上机操作以及有针对性地帮助学习者解决在实践中遇到的问题，不利于学习者的深度学习；缺乏有效的课程监督机制，自制能力较弱的学习者，难以保持课程学习的持续性，完成整门课程的学习。由此可见，将信息素养MOOC课程和课堂教学相互融合，优势互补，构建MOOC的信息素养混合式教学模式，有利于解决目前高校信息素养课程存在的主要难题，为课程改革与发展提供了重要条件。

3 混合式信息素养教学模式构建与实践

混合式教学的基本原理为：形式上是在线教学（on-line）与面对面教学（off-line）的混合，但更深层次上是基于不同教学理论（如建构主义、行为主义和认知主义）的教学模式的混合，教师主导活动和学生主体参与的混合，课堂教学与在线学习不同学习环境的混合，不同教学媒体和教学资源的混合等[12]。在此基础上，笔者进行了归纳和综合，尝试从教学内容、教学时间、教学方式和学习评价4个维度进行混合式信息素养教学模式的构建。

3.1 教学内容维度

丰富多彩的教学内容是混合式教学设计与实施的前提条件。高校信息素养课程的学生信息素养参差不齐，在教学内容的设置上，既要包含信息素养的4个模块，实现提高大学生信息素养的目标，又要注意内容设置的

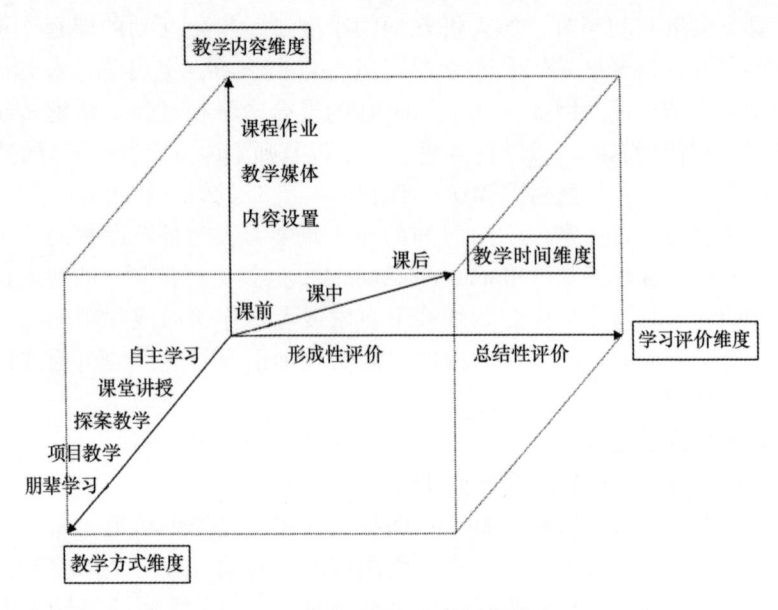

图1 混合式信息素养教学模式

层次性，易于不同层次的学生自主学习，具体内容设置见表1。其次，教学内容通过相应的教学媒体（文字、PPT、视频等）呈现在网络教学平台上，供学生自主学习。优质的视频是教学媒体的核心[13]，因此，在教学视频上，优先采用信息素养MOOC课程中的微视频和数据商提供的数据库培训视频。由于爱课程网没有提供课件下载，考虑到知识产权问题，华南农业大学图书馆在网络教学平台上仅提供了访问链接和说明，要求学生实名注册爱课程网进行自学。对于没有公开视频的教学内容，如计算机检索原理、经典案例检索和分析、开题前的文献调研等，笔者利用屏幕录像专家，根据知识点，选择自己录制教学视频。最后，融合了MOOC课程中的随堂测验、单元测试和传统课程的课题检索，在网络教学平台上布置了每个章节的测试题或作业，供学生进行有针对性的练习。因此，在教学内容方面，混合式教学模式提供了更加丰富、优质和立体的教学内容，进一步保障和提高了信息素养课程的教学质量。

表1 混合式信息素养教学内容

内容层次	信息检索与分析	信息管理与利用
基本内容	信息检索的基本原理 信息检索的基本方法 搜索引擎与网络学习 中文数据库简介常用英文数据库简介 常规文献筛选方法 经典案例检索与分析 RSS——同步追踪世界最新资讯	文献管理软件简介 NoteExpress 文献管理软件初级使用 文献综述的撰写 利用信息检索解决实际问题的流程
拓展内容	常用英文数据库的检索与分析 免费检索各类型文献资源 事实和数据型信息检索 思维导图及其在科研中的应用 Histcite 引文分析软件简介 开题前的文献调研	NoteExpress 文献管理软件高级使用 手把手教你使用 Endnote 团队协作及移动办公 信息检索在论文写作和项目申报中的应用 信息检索助你在商战中立于不败之地

3.2 教学时间维度

混合式信息素养教学模式在时间维度上，分为课前自主学习、课堂翻转教学、课后个性化辅导及知识拓展3个阶段。

3.2.1 课前在线自主学习阶段 在课堂教学活动开展之前，教师在网络教学平台上布置相关的学习任务和要求。学生根据个人情况，灵活安排时间，观看课件，初步学习并尝试理解检索知识与技术，完成相关的小测验。在学习过程中，学生记录遇到的难点和问题，及时通过网络教学平台、QQ群和MOOC平台等方式与教师、在线助教和同学讨论解决，互动的方式变得多元化。为了保证课下学生自主学习的效果，混合式信息素养模式将自主学习纳入课程考核范围，激励与约束相结合，激发学生学习的积极性。

3.2.2 课堂翻转教学实施阶段 翻转课堂把传统的教学过程翻转过来，课前完成知识传授，课堂完成知识的内化，进行更深层次的学习。信息素养课程是一门实践性和应用性非常强的课程，学生在课前通过观看视频等方式初步学习了检索知识与技术，课堂拥有更多的时间，开展答疑、探究、讨论和项目协作等活动。在教师的指引下，师生之间、生生之间针对课题的确定、检索策略的制定、检索结果的分析和检索结论的撰写等问题进行深度探索分析，在合作交流中完成知识的内化，提高大学生的信息检索、分析和利用的能力。

3.2.3 课后个性化辅导及知识拓展阶段　课后，对网络教学平台的学习进度数据进行提取，通过数据挖掘技术对学生的学习时间、学习次数、视频学习和练习完成等信息记录进行分析，了解学生的个体差异。对没有完成教学进度的学生及时督促他们完成学习；对学习困难的学生，通过专题讲座、个别答疑等方式进行个性化辅导；对学有余力的学生进行知识的拓展学习，鼓励他们积极参加大学生科技创新项目和教师的科研项目，在实际利用的过程中，提升信息综合利用的技能。

3.3 教学方式维度

在混合式信息素养教学模式中，为充分体现教师的主导作用和学生的学习主体作用，要求在教学过程中混合不同的教学方式，如自主学习（对于一些数据库实操方面的内容可安排学生课前自主学习）、探究教学（对具有代表性、针对性的问题，组织交流，探究如何解决问题）、案例分析（从选择相关数据库、确定检索词、调整检索策略、分析检索结果、跟踪最新进展等方面进行案例分析）、项目协作（学生小组按照设定任务目标、计划、决策、实施和评估等程序，协作完成项目）、朋辈学习（学生之间就信息素养课程学习进行经验交流）等。通过不同的教学方式，有针对性地培养学生的自学能力、信息利用能力、创新能力、团队合作能力和交流能力等。课程结束后，通过调查了解学生对混合式信息素养教学方式的接受程度，发现超过80.1%的大学生都喜欢这种混合式的教学方式，其中案例分析、探究教学、项目教学和自主学习这4种方式对他们提高信息素养课程的学习效果帮助最大。

3.4 学习评价维度

混合式信息素养教学模式在学习评价方面应强调非量化的整体评价，重点关注过程，兼顾结果，采用多元化的方式：一方面评价主体多元化，包括师生评价和生生评价；另一方面评价方式多元化，采用形成性评价和总结性评价相结合。

（1）形成性评价。主要对大学生线上线下的学习过程进行评价，占课程总评成绩的50%。线上评价占35%，主要利用网络教学平台的相关数据进行评价，包括登录次数、视频观看情况、在线测试成绩等。线下评价占15%，主要是对学生课堂表现进行评价，如问题回答情况、讨论是否积极、小组项目参与程度等。

（2）总结性评价。包括项目协作和电子资源推广，占总评成绩的50%。项目协作占30%，主要检验学生的信息检索和分析能力，评分指标由学生统一协商制定，由小组互评和教师评价共同确定分数。电子资源推广占20%，主要是鼓励学生面向非信息素养课程的学生推广电子资源，把学到的知识传递给周围的同伴，这既是知识的一种分享过程，也是对所学知识掌握程度的一种检验。

4 混合式信息素养教学模式教学效果分析

2014年9月—2015年7月，在这两个学期中，笔者分别挑选了一个全校性选修班，开展了32个学时的混合式信息素养教学模式的实践。课程结束后，通过成绩分析、问卷调查和访谈的方法，对参与学习实践的同学进行调查，了解他们对这门课程的评价和建议以及混合式信息教学模式的教学效果。

4.1 学生对课程的评价

在对混合式信息素养教学模式整体满意度调查中，学生对混合式信息素养教学模式，持非常高的满意度（超过90%的学生表示满意）。因此，学生学习的积极性和主动性都很高，课堂参与程度大大提高，学习效果明显优于原来传统教学模式，超过88%的同学认为混合式信息素养教学模式对大学生信息素养的提高是行之有效的，特别是使其信息检索、探究能力、自学能力和团队协作能力均得到了很大提高，如图2所示：

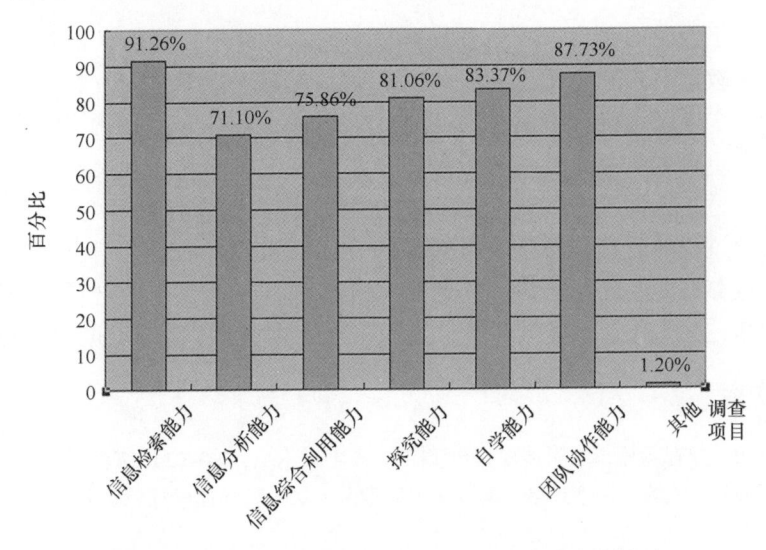

图2 混合式信息素养模式对大学生能力影响调查结果

4.2 课程学习效果分析

为了从客观上进一步了解混合式信息素养模式的教学效果,笔者以小组协作项目——课题检索与分析报告为基础,把实验班的29份报告和对照班的26份报告做了对比分析(见表2)。从表2中可见,实验班的学生在课题分析、检索词选取、检索式编制和相关文献对比分析上,能力明显优于对照班的同学,这也印证了,混合式信息素养教学模式在培养大学生的信息能力方面优于传统教学模式。

表2 实验后实验班、对照班的信息能力比较

CNKI项目协作评价指标	强(份)实验班	强(份)对照班	一般(份)实验班	一般(份)对照班	较差(份)实验班	较差(份)对照班	信息能力强所占比重(%)实验班	信息能力强所占比重(%)对照班
选题专指度	21	15	8	11	0	0	72	58
课题分析明确	23	13	6	13	0	0	79	50
检索词选取全面	25	18	4	8	0	0	86	69
检索式编制完善	25	18	4	8	0	0	86	69
检索结果合理选定	27	22	2	4	0	0	93	85
相关文献对比分析	21	11	8	15	0	0	72	42

5 结论与展望

在基于MOOC的混合式信息素养教学模式研究中,将信息素养MOOC课程、网络教学平台和传统课堂教学,从教学内容、教学时间、教学方式和学习评价4个维度进行有机混合。在此教学模式下,一方面强化了学生的主体地位,学生自主学习的时间有所提高,课堂有更多的时间开展探究研究和项目协作;另一方面充分发挥了教师的主导地位,教师有更多的时间和精力,注重教学过程的监督和学生学习效果的反馈。当然,混合式信息素养课程教学模式也存在一些问题,如信息素养MOOC课程未提供下载选项,布置作业次数太多,某些作业难度太高等,这些在今后的教学中需予以进一步的探讨。

参考文献:

[1] 杨玫. 文献检索课教学新模式初探[J]. 图书馆论坛,2004,24(3):164-167.
[2] 程发良,陈莉. 网络环境下高校文献检索课互动式教学模式探讨研究[J]. 图书馆论坛,2004,24(5):174-175.

[3] 相东升.基于"5E"教学模式的文献检索课探析[J].图书情报工作,2005,49(6):126-128.
[4] 杨光武,郭向勇.基于项目课程的文献检索课教学模式研究[J].图书情报工作,2009,53(3):70-73.
[5] 龚芙蓉.国外高校信息素质教育之"嵌入式教学模式"的思考与启示[J].图书馆论坛,2010,30(3):147-149.
[6] 吴海媛,赵海霞,杨丽杰.高校文献检索课现状调查——以大连部分高校为例[J].图书馆学研究,2012,(12):23-26.
[7] 陈亚峰,马连志,乔海霞.MOOC环境下的中职混合教学模式研究[J].职业教育研究,2014,(11):167-169.
[8] 李明华.MOOCs革命:独立课程市场形成和高等教育世界市场新格局[J].开放教育研究,2013,19(3):11-29.
[9] 王友富.MOOC背景下图书馆学课程建设的变化与因应[J].图书情报知识,2015,(1):33-40.
[10] 黄如花,钟雨祺.信息检索MOOC教学内容的设计思路[J].高校图书馆工作,2015,35(1):3-7.
[11] 陈肖庚,王顶明.MOOC的发展历程与主要特征分析[J].现代教育技术,2013,23,(11):5-10.
[12] 李克东,赵建华.混合学习的原理与应用模式[J].电化教育研究,2004,(7):1-6.
[13] 李燕,陈文.多维度立体式文检课教学模式的构建与实践[J].图书情报工作,2014,58(10):103-106.

教育类公共信息服务产品供给的社会共治

——以在线开放课程为例的分析[*]

公共信息服务是指对与公共利益、公共政策制定、公共管理制度安排与执行和公共事务管理活动等相关信息实施开放与开发服务的过程[1]。提升公共信息服务能力是近年来学术界的研究热点之一。从现有文献研究趋势来看，国外公共信息服务研究重点关注领域有用户研究（用户获取/需求/行为等）、公共信息服务机构的服务过程与管理政策研究、公共信息服务的技术应用研究、公共信息服务评估研究等；国内学者主要围绕基本理论、应用技术、案例与实践三个维度展开研究。已有成果主要集中于政府信息开放、科研数据开放、地理信息服务等领域的公共信息服务理论基础、公共信息服务平台与技术、公共信息资源开发政策与对策等，实践中出现的公共信息服务能力低下、公共信息服务质量不高、公共信息服务有效供给不足和无效供给过剩等问题尚待进一步进行理论层面的探讨[2]。社会共治作为强调在开放、复杂系统中发挥社会多元主体共同作用力的治理思想与模式，目前研究主要集中在食品安全领域、水污染领域、城市总体规划领域、消防安全领域等复杂共治系统中，具体针对公共信息服务领域的研究还较少涉及。

公共信息服务产品是对与公共利益、公共政策制定、公共管理制度安排与执行和公共事务管理活动相关的信息进行加工生成并传播利用的服务性产品。近年来，随着教育信息化的推进以及教育类信息产品需求的不断增加，我国正积极探索教育类公共信息服务产品提供的有效途径。

2015年7月1日，国务院颁布的《关于积极推进"互联网+"行动的指导意见》提出了探索新型教育服务供给方式的政策意见，要求通过开发数字教育资源、提供网络化教育服务、推动在线课程资源共享、推广大规模在线开放课程等网络学习模式，进而推动高等教育服务模式的变革。2016年7月27日，中共中央办公厅、国务院办公厅印发的《国家信息化发展战略纲要》中提出推进

---

[*] 本文系国家社科基金重点项目"公共信息服务的社会共治及其法治化研究"（项目编号：16ATQ001）研究成果之一。

教育信息化的基本思路，要求完善教育信息基础设施和公共服务平台，吸纳社会力量参与在线开放课程建设，推进优质数字教育资源共建共享和均衡配置，建立适应教育模式变革的网络学习空间，缩小区域、城乡、校际差距。

事实上，我国自2003年4月起就启动了国家精品课程建设。一方面实现了国家精品课程的网上免费共享，并在此基础上将其转型升级为国家精品资源共享课，另一方面也有计划地开始组织建设精品视频公开课。在中国，这些开放课程被通俗地称为公开课，中国门户网站网易、新浪、搜狐都设有网络公开课视频专区。现在规模最大、影响较深的是由教育部和财政部支持启动建设的高等教育课程资源共享平台——爱课程网。此外还有清华学堂在线、优课联盟、智慧树、超星尔雅等一系列在线课程联盟或服务平台。它们的目标人群不仅是高校师生，同时还面向社会大众，所有在线课程都可以免费观看或成本收费服务。上述在线开放课程建设与服务实践的一个显著特征是由政府、高校、企业或社会组织等多主体共同参与。可以认为，教育类公共信息服务产品正成为我国公共信息服务领域社会共治模式改革实践的先行者。

在终身学习理念得到普遍认可、在线学习成为常态的背景下，在线开放课程可以为更多的人提供免费或低成本学习的机会。高质、公开、共享、免费或成本收费也是我国在线开放课程的理念和特征。深入研究在线开放课程这类教育公共信息产品的供给模式和管理机制，对推动在线开放课程建设与服务的健康发展，总结并推广公共信息服务社会共治模式的运作经验等具有重要意义。

1　在线开放课程的内涵及其公共物品属性

1.1　在线开放课程的内涵

由于信息技术与教育教学融合的程度在不断加强，因此，在线开放课程的内涵极为广泛并处于不断发展变化之中。结合国内外相关研究，可以将在线开放课程定义为：在知识产权共享协议下，可以通过网络实现共享、获取或利用的各类课程资源。具体而言，在线开放课程是一个由多元主体共同作用于教学资源配置而形成的生态体系。据调查发现，目前国内外在线开放课程的生态体系主要包括政府、高校、企业、教师、学习者等主体的共生作用，包括视频课程内容、课程学习辅助资料、课程考试资源、课程服务技术平台、课程学习互动信息等核心要素。根据在线开放课程的不同目标定位、不用主体之间的相互作用关系，在线开放课程呈现出不同的产品类型与特点、不同的供给模式与发展态势。

1.2 在线开放课程的公共物品属性

在线开放课程投资属于公共教育产品投入，这种投资的长期收益无法进行精确计算和分配，因此一般应由政府或社会组织投资，从而强调其作为教育领域产品的公益性。但是，在线开放课程的"公共性程度"是相对变化的。

从实践上看，国外Coursera、Udacity、edX和P2PU是目前运行良好、用户众多和声望较好的大规模在线开放课程（MOOC）网站。虽然它们采用了不同的商业运营模式，但它们均不以在线开放课程本身为营利手段。前两者主要是通过一些附加服务收取费用（例如颁发认证的课程证书或选择由美国教育委员会授予学分的课程；某些课程通过与其他商业考试机构合作，提供学习者付费考取证书的机会；通过为毕业生找工作赚取介绍费等），而后两者则始终为非营利项目。无论是否营利，它们均强调首先要为学习者提供免费的课程学习机会，网站为学习者提供的基本服务均是免费的，这就使在线开放课程的"公共性"属性得到了基本保证。

从受众范围看，在线开放课程这种教育类公共信息服务产品的社会意义和服务目标是使每个公民具备自由获取同质知识或信息分配的机会或机制，但因先天技术和学习能力等的限制，目前并不能保证每个人都能实现这种权利。某些在线开放课程也会通过规则程序的限制，优先保证部分人群首先从中受益，这就使其公共性程度也随之降低。经济学上所谓的俱乐部物品或局部公共物品在在线开放课程这种教育类公共信息服务产品上也有所体现。由于MOOC的局限，小众在线专属开放课程（SPOC）就在使用上通过低成本收费、进入规则和技术等方面的限制，使其出现了排他性和竞争性问题。事实上，SPOC这种在线开放课程类型更多的是通过提供非视频材料、师生互动等附加服务来实现这种排他性和竞争性的，它也是为了针对性解决MOOC本身所存在的学习完成率低等问题。

2 在线开放课程的运行模式及其内在机理分析

2.1 国内外在线开课程运行模式比较

本文以国外受众面最广的三大开放课程平台Coursera、Udacity、edX，以及我国爱课程、清华学堂在线、智慧树为分析对象，分析目前在线开放课程的供给主体结构及其角色作用，从中总结当前在线开放课程的运行模式及其主要作用机理。为了比较上述在线开放课程平台在运行模式、参与主体分工与协作水平、盈利程度及途径等方面的差异，本文通过列表方式进行以下对比。详见表1所示：

表 1 在线开放课程的供给主体结构、作用及其运行模式分析

在线开放课程名称	供给主体结构及作用					供给客体——平台、课程及其他教学资源与教学活动	在线开放课程运行模式
^	政府	高校	企业	非营利性组织和其他	教师	学习者	^	^
Coursera[3-5]	家庭教育权和隐私权法案、数字千年版权法案、版权侵权政策、隐私政策、安全港隐私政策等法律政策的制定	28 个国家、146 个高校及机构参与课程建设；有些大学接受专项课程证书作为学分	多家企业进行风投，例如 Kleiner Perkins Caufield & Byers（KPCB）、New Enterprise Associates（NEA），世界银行下属投行机构国际金融公司（IFC），俄罗斯创投大亨尤里·米尔纳（Y. Milner），美国劳瑞德教育集团（Laureate Education）以及其他多家机构；与认证平台、搭建平台认证、按照人标准进行质量把定、为课程制作提供帮助指导，提供技术支撑	美国自然历史博物馆、现代艺术博物馆、雷曼基金会等为内容提供合作伙伴	Coursera 的创办者和发起者；3 149 位授课教师开设了 1 970 门课程	任何注册的学习者，目前注册学生为 68 万	安排学习活动；组织作业、测试、习题，组织线下活动；与学生沟通讨论；与合作机构沟通、座谈；提供视频课程信息、课程教学过程信息；搭建互动服务平台；学习测评	由斯坦福大学教授在 2011 年创立的营利性网站；修课免费，获得课程证书需要付费；提供学分；签名认证（Signature Track）证书收费，平台、高校和教师各自抽成；Coursera 的就业服务，雇主需要为获取学生信息支付费用；投资者的大量资金支持；企业借助该平台进行培训并支付相关费用

67

续表

在线开放课程名称	供给主体结构及作用					供给客体——平台、课程及其他教学资源与教学活动	在线开放课程运行模式
^	政府	高校	企业	非营利性组织和其他	教师	学习者		
Udacity[5~6]		众多高校提供相关课程教育资源	创建维护网站；由风投公司Charles River Ventures和创始人A. S. Thrun共同投资成立；与谷歌、微软等IT公司合作，科技企业参与课程设计		参与课程开设	任何注册学习者，目前有超过75.3万学生注册	联系教育机构及获取课程资源；提供课程教学信息；展示课程教学过程；组织课堂练习、作业和测试；跟进学习进程；安排线下学习小组活动；成绩评估和认证	由斯坦福大学教授创办的营利性网站，证书收费服务，使得学生通过网站找到工作；学生的简历制作服务及工作咨询服务；高科技领域和设计的课程赞助，如参与硅谷技术领域和实战项目，纳米学位认证等
edX[7~8]		与Kiron在线大学合作，为难民提供高等教育；麻省理工学院和哈佛大学的捐赠	创建维护网站；与亚马逊AmazonSmile合作，通过购物，亚马逊将购物资金的0.5%捐赠给edX	开通个人对edX的捐赠渠道	参与课程开设	任何注册学习者	提供课程信息，展示课程教学过程；联系教育机构及获取课程资源；安排学生课程学习；成绩评估和认证	由MIT和哈佛大学联合在2012年5月份推出的非营利性网站，享受免税政策，提供证书服务，提取少量费用，所收入费用用于支付困难的用户

68

续表

在线开放课程名称	供给主体结构及作用					供给客体——平台、课程及其他教学资源与教学活动	在线开放课程运行模式
^	政府	高校	企业	非营利性组织和其他	教师	学习者	^	^

| 爱课程[9] | 中国教育部、财政部推动成立并提供融资，外包在线开放课程的服务；遵守著作权法等国相关法律法规；《教育部关于加强高等学校在线开放课程建设应用与管理的意见》等政策的颁布；批准了2 911门"国家级精品资源共享课"并免费开放 | 承担在线开放课程建设应用与管理的主体责任；中国大学MOOC建设，支持高等学校在线开放课程的服务；作为等中"985"高等学校中收集39所高校的优质课程 | 网易公司联手高等教育出版社推出的云端在线教育平台；高等教育出版社负责网站的运行、更新、维护和管理 | | 参与课程开设 | 自由获取视频公开课和资源共享课可自由共享的课程资源；注册学习者可获取中国大学MOOC和中国职教MOOC；本校学生老师可获取在线课程中心资源 | 视频公开课和资源共享课程信息公开；中国大学过程公开，中国职教MOOC和其他只对注册学生公开；在线课程中心只对本校师生公开 | 非营利性。教育部、财政部支持建设在线高等教育课程资源共享平台，集中展示"中国大学视频公开课"和"中国大学资源共享课"，并对课程资源进行运行、更新、维护和管理，中国大学MOOC和中国职教MOOC仅对注册学生开放，支持高等学校在线开放课程建设，提供课程认证书；定制在线开放课程中心为全国高等专属云服务，网站利用现代化信息技术和网络技术，面向高校师生和社会大众，提供优质教育资源共享和个性化教学资源服务，具有资源浏览、搜索、重组、发布、互动参与和学入导学、发布等功能，备等功能 |

69

续表

在线开放课程名称	供给主体结构及作用					供给客体——平台、课程及其他教学资源与教学活动	在线开放课程运行模式
^	政府	高校	企业	非营利性组织和其他	学习者	^	^
清华学堂在线[10-11]	教育部在线教育研究中心的研究交流和成果应用平台；遵守著作权法等中国相关法律法规	清华大学是主要投资者，用于平台开发和引进独立开发课程；运行了60多所国内外高校的超过500门课程；学堂在线推出新型教学工具——雨课堂；中文在线是清华大学"学堂在线"的重要投资方；复旦大学经济学院签署金融学辅修专业第二学位合作协议；基于学堂在线平台完成教师教学和学生学习；清华学堂在线布局国内首个基于混合式教学模式工程硕士学位项目——"数据科学与工程"专业硕士项目	北京慕华信息科技有限公司成立该平台，负责该平台的运营；为合作机构提供定制化的教育云平台服务；学堂在线推进工程硕士在线课程建设；与法国慕课平台启迪签署股权投资1760万美元A+轮融资；学堂与西班牙电信达成合作协议；与MOOC合作协议机构联合认证	全国工程专业学位研究生教育指导委员会依托学堂在线推出两门新型教学工具——雨课堂；学堂在线与联合国教科文组织国际工程教育中心成立，学堂在线成为其在线教育平台	运行了60多所国内外高校的超过500门课程	提供课程信息；展示课程教学过程；成绩评估和认证	非营利性网站。通过来自国内外流名校开设的免费网络学习课程，为公众提供系统的高等教育；在SPOC业务上进行营利试点，为高校提供定制化的网上授课平台服务；提供证书服务

70

续表

在线开放课程名称	供给主体结构及作用					供给客体——平台、课程及其他教学资源与教学活动	在线开放课程运行模式
^	政府	高校	企业	非营利性组织和其他	教师	学习者	^	^

在线开放课程名称	政府	高校	企业	非营利性组织和其他	教师	学习者	供给客体——平台、课程及其他教学资源与教学活动	在线开放课程运行模式
智慧树[12]	遵守著作权法等中国相关法律法规	加入高校会员，拥有超过1 800家高等院校会员；现已有105所高校联盟；北京大学与智慧树网签订战略合作框架协议	上海卓越睿新数码科技有限公司创办，负责教学平台建设、学习包合作、完成在线教育收费、缴费业务；达素资本、永宣创投、新浪等企业参与企业融资	为教育部职业高等学院校外语类专业教学指导委员会提供平台服务	运行了45门共享课程	会员制高校的学生可参与课程学习与学分互认，当前覆盖500万在校学生	帮助会员高校同实现跨校课程共享和学分互认，完成跨校选课与学分互认，创建在线教育大课堂，实现在线教育运营；创建联盟在线服务平台；线上线下教学、管理、学习等服务支持，获得更好的效果；提供课程信息；展示课程教学过程；课程教学过程仪公开；测评仪对注册会员公开	营利性公司。智慧树为注册会员提供运营服务，机构用户的年费金额根据用户规模确定；高等学校集中付费；智慧树为消费主体，由高校集中付费，客户可以选择2种支付模式：一是消费主体，智慧树为注册会员提供课程服务，按不同类别课程报价，一次性支付课程开发费用；不支付课程开发成本、学校将课程收入一部分作为专业服务的回报；智慧树为注册会员提供一些必要的配套技术服务项目

71

2.2 在线开放课程的供给主体构成及其作用分析

从表1可以看出，无论是国内外，目前在线开放课程供给模式的显著特点之一是政府、企业等多主体共同发挥着不同作用以实现对各种教学资源的有效配置。

2.2.1 政府 提供公共信息服务是政府的基本职能之一。政府在公共信息服务过程中的主要作用是宏观调控、资源配置、财政支持、调节规范等。从实践看，在在线开放课程公共信息服务中，政府一般采用直接干预和间接干预相结合的方式。直接干预主要体现在政府直接通过行政或经济手段参与到在线课程平台的建设过程，例如政府的财政拨款、提供融资渠道、外包在线开放课程建设及服务等。我国的爱课程平台建设与运作便是政府直接干预的成果，通过教育部、财政部的直接干预，高等教育出版社迅速搭建起了在线开放课程资源整合平台，并依靠教育部的强有力政策导向不断吸纳新课程资源的主动融入。

间接干预则体现在政府的政策意图及其具体导向。在线开放课程作为一种新型的公共信息服务产品，在其供给模式构建与运行过程中涉及各类主体、客体、主客体要素之间的错综复杂的关系，这些关系亟须进行梳理和调节疏导。从实践层面看，国内的政策设计较为宏观。例如，我国颁布的《教育部关于加强高等学校在线开放课程建设应用与管理的意见》（教高［2015］3号），对教育部、高校、在线开放课程公共服务平台建设方都提出了要求，它侧重于强调对在线开放课程建设的政策引导。相对于国内引导扶持性的政策导向，国外的政策设计则较为务实具体，并落实在一些具体问题处理上，目前主要聚焦于知识产权管理、隐私保护政策、安全政策、教育政策等。

2.2.2 企业 企业性质决定了其天然具有营利性的动机。企业在技术能力、管理创新、资源配置等方面具有巨大优势，它们是在线课程平台有效运行的强大支撑。

在在线课程平台运营与服务中，企业参与程度和参与方式有着较大差异，这也一定程度上决定了其是否盈利以及盈利水平的差异。某些企业在参与课程平台运行中，主要承担包括课程准入标准制定、课程制作指导、技术辅助、课堂和线下活动组织、与学生沟通、与合作机构沟通、成绩评估和认证、网站创建和维护、个性化服务提供、收入管理等在内的一系列服务。也有部分企业更多关注对课程信息、对用户信息、对教师信息等的增值加工开发，从而形成增值性产品和服务，并通过这种增值服务获得收益。前者主要有国外的 edX 网站，后者则包括国外的 Coursera、Udacity，国内的智慧树等。无论企业以何种程度或方式参与在线开放课程建设与运营，也不管其盈利水平如何，事实上它都会不同程度地产生在线开放课程公共信息服务的客观公益效果。从国内外企业参与在线开放课程的动机及其实际效果看，国外企业更侧重于公益性，国内企业则更侧重于营利性。

2.2.3 高校 高校是在线开放课程建设与运行的重要参与者。在校内，高校是在线开发课程的组织者、推动者和执行者；对校外，高校是在线开放课程平台重要的合作者、参与者和贡献者。

在校内，高校通过积极宣传在线开放课程，并对教师提供在线课程制作培训，吸引一部分教师投入在线课程的制作，并完成对相关课程信息的收集整理工作；部分高校也承担在线开放课程建设、应用与管理的主体责任，例如爱课程平台；同时，部分高校会接受专项课程证书作为学分，间接认可并支持在线开放课程的运行与发展。在校外，部分高校与在线开放课程平台达成战略合作协议，基于平台完成教师教学和学生学习；部分高校依托在线开放课程平台启动专业学位项目，实现基于互联网的学位项目提供，例如清华大学依托学堂在线启动的国内首个基于混合式教学模式的学位项目——"数据科学与工程"专业硕士项目；部分高校会加入高校课程联盟，在联盟内部实现资源共享与学分互认，例如依托智慧树平台建设的高校联盟或课程联盟。

2.2.4 教师 教师群体是在线开放课程内容的设计者、讲授者和传播者，是保证课程质量的关键所在。教师利用新技术手段改革传统的教学模式，提供大量在线学习辅助资料，并通过在线课程教与学的互动，有针对性地改进课程教学中的问题，从而保证课程教学质量和课程完成率。

2.2.5 学生 公众对公共信息服务产品的满意度成为衡量信息服务效果的关键性尺度[13]。学生作为在线开放课程的使用者，是在线开放课程的主要受众主体。在接受服务的同时，也能及时对课程教学情况进行反馈，提供教学互动信息，促进教师完善教学内容和改善教学方法，提高教学质量与效果。同时，对学生所有学习行为的数据分析也可以为在线开放课程建设与开发提供决策指导。

2.2.6 其他组织和个人 其他组织和个人也可以成为在线开放课程建设与运行的重要参与者。它们主要是根据在线开发课程建设需求并结合自身的特点与优势，在某些方面形成一些专业化合作。例如，Coursera 与美国自然历史博物馆、现代艺术博物馆、雷曼基金会等就有良好合作，后三者就成为 Coursera 的课程内容提供方；学堂在线成为联合国教科文国际组织国际工程教育中心的教育平台；有关个人也加入到对 edX 的捐赠，等等。由于很多组织本身的局限及其与政府部门关系的模糊性，这可能也会限制其部分作用的发挥。

2.3 在线开放课程供给主体的作用力差异及其对公共信息服务的影响

从表 1 分析看出，目前国内外在线开放课程建设与运营均呈现出多主体共同参与的社会共治基本态势，但社会共治参与主体在在线开放课程运营及服务中作用程度的差异也导致了其运营模式的差异，并带来了公共信息服务的公共性程度差异。若依其发挥作用力大小进行归类分析，目前公共信息服务的社会共治模式主要呈现出核心行动者分别为政府、企业以及高校、非营利性组织和个人三种基本态势。如表 2 所示：

表 2 在线开放课程供给主体的作用力差异及影响

核心行动者	运营模式特点	平台范例	公共性程度差异
政府	政府主导，推动创办平台，财政投入支持，参与平台的管理、投资或参与课程等学习资源建设	爱课程"中国大学视频公开课"和"中国大学资源共享课"	课程全面公开，公共性和公益性强
企业	（国内）企业主导，以营利为目的，以平台建设为依托，部分参与课程资源制作或通过委托授权获得课程资源，提供课程推广服务，通过仅对入会会员提供课程服务（国外）企业主导平台建设，但仅通过增值服务部分，例如企业猎头服务、培训服务、学员工作咨询服务等营利。	（国内）智慧树（国外）Coursera、Udacity	（国内）课程局部公开，市场性强，伴随局部公共性和公益性；（国外）课程全面公开，公共性和公益性强；部分增值信息对企业和会员有偿公开，有一定市场性
高校、非营利组织及个人	接受社会、企业、个人捐赠；纯公益模式运行，部分增值服务所获收益仅用于继续建设课程平台；支持对弱势群体的课程服务	edX	全面公开，公共性和公益性强

以政府为核心行动者的社会共治模式是指在线开放课程平台的创办和运行一般由政府牵头组织，政府通过提供宏观指导、财政支持、平台搭建与管理、课程资源收集、政策制定等措施，促使该模式在课程资源免费获取、课程资源内容丰富提供、课程提供过程安全保障等方面呈现较大的公共性和公

益性。首先，在课程资源收费模式上，鉴于政府公共服务的公益性特点，政府主导型供给平台在课程信息、课程教学过程、服务平台、测评等方面都实行免费原则并全面开放，最大限度促进教育的公平性。例如，任何地区、任何人都可以免费自由获取爱课程网中"中国大学视频公开课"和"中国大学资源共享课"两个模块的所有课程信息，这最大限度地保障了课程资源的有效流动和合理配置，促进教育公平。其次，在课程内容提供上，鉴于政府强有力的资源动员与配置能力，课程平台在课程内容的丰富性、稳定性等方面都有很好的保障。例如，《精品资源共享课建设工作实施办法》对形成普通本科教育、高等职业教育、网络教育多层次、多类型的优质课程教学资源共建共享体系，为高校师生和社会学习者提供优质课程教学资源提出了具体要求；《教育部、财政部关于"十二五"期间实施"高等学校本科教学质量与教学改革工程"的意见》（教高〔2011〕6号）通过实施"本科教学工程"提出提高高等教育发展的质量并将相关课程纳入国家精品开放课程建设与共享利用。再次，在课程提供过程保障方面，我国通过各项政策的制定，具体在知识产权管理、建设资金保障、技术保障等方面为在线开放课程的运行保驾护航。例如，我国"爱课程"作为教育部、财政部支持建设的高等教育课程资源共享平台，得到了教育部的宏观指导和财政部的财政资助，《教育部、财政部关于"十二五"期间实施"高等学校本科教学质量与教学改革工程"的意见》（教高〔2011〕6号）、《教育部关于国家精品开放课程建设的实施意见》（教高〔2011〕8号）、《精品资源共享课建设工作实施办法》（教高厅〔2012〕2号）等政策文件均强有力地促进了平台的建设管理、安全运行、课程知识产权保护等。另外，在此类社会共治模式中，更多是由具有政府背景的企业来承担部分平台建设、管理、更新和维护工作，非营利性组织、教师、学习者一般是发挥配合辅助作用。例如，我国的爱课程平台依托高等教育出版社参与课程建设工作，教师承担课程开设任务和课程质量维护任务。但是，由于创办宗旨与管理手段的单一性，此类以政府为核心行动者的公共信息服务社会共治模式在对课程资源、教师资源、学生资源的开发能力上尚显动力不足。

　　以企业为核心行动者的社会共治模式是指由企业主导在线开放课程平台的建设与管理，并以最终实现盈利为目的。就实践情况来看，企业主导的在线开放课程平台盈利模式主要是：一是通过委托授权获得课程资源并进行课程的推广服务，通过选修课程收费；二是通过对课程认证证书收费；三是向雇主提供其所获取的学生信息，提供猎头服务而收取费用；四是成为企业的培训平台并收取费用；五是为学生提供简历制作、工作资讯服务而收取费用；

六是为高等院校提供云服务、定制化的网上授课平台服务而收取费用；七是创建联盟推行资源共享、学分互认服务，吸引高校参与联盟而收取费用。作为企业主导型的社会共治模式，目前国内外在线开放课程在供给模式上也呈现出不同特点。国外率先开始实施在线开放课程项目，在探索过程中更多采用免费提供课程，辅以增值服务以实现盈利，它较好地体现了教育类公共信息服务的公益性特点。例如，目前国外三大平台中 Coursera 和 Udacity 都定位为营利性企业，但是其在课程信息、课程教学过程、服务平台、测评等环节都实现了全面免费开放，只是在个人需要获得课程证书认证时才支付费用。此外，这两大平台也在不断探索针对企业、个人的其他增值服务。总体来看，当前国外的企业主导型公共信息服务社会共治模式体现了较强的公益性特点和一定的市场性特点。相反，目前国内的企业主导型公共信息服务社会共治模式则更多体现了市场性特点，伴随着局部附带的公益性。以智慧树为例，智慧树主要通过学习服务平台提供、课程推广中介服务以及学情数据分析等营利手段进行运营。智慧树平台是在适应高校课程资源共享、资源优化配置需求背景下产生的，因此，它以组建课程联盟等形式，实现跨校课程共享和学分互认，完成跨校选课修读，其所开设课程一般仅对联盟内的高校成员和在智慧树有偿选课的在校大学生开放。另外，在此类社会共治模式中，政府主要是通过法律与政策对在线开放课程建设与开发应用的各种矛盾冲突进行规制或协调，例如隐私权保护、知识产权管理、各类学习行为信息的安全管理等等，从而保障在线开放课程平台的顺利运行。高校、非营利性组织、教师及个人主要发挥配合作用，在参与课程建设、课程开设及提供等方面维系在线开放课程的运行。仅从公益性或公共服务目标而言，以企业为核心行动者的公共信息服务社会共治模式有其局限性，它不太适合成为公共信息服务的一般推广模式。

  以高校、非营利性组织及个人等为核心行动者的公共信息服务社会共治模式是指上述主体以非营利为目标，以接受各类公益捐赠为主要筹资渠道，实现所有课程全球免费无条件开放，最大限度地实现课程信息服务的公益性。以 edX 为例，它是在 2012 年由麻省理工学院和哈佛大学联合创办，创办之初便定位为非营利性网站，享受到政府的免税政策。其秉承着非营利的宗旨，实现了课程的全面免费公开，并且与 Kiron 在线大学合作，为难民提供高等教育服务。在资金方面，平台除接收到两所创办学校的捐赠外，还开通了社会和个人对 edX 的捐赠渠道；提供证书服务，但是仅收取少量费用，并且所收入费用继续用于支付困难学生的课程证书提供服务；与亚马逊合作，通过 edX 链接到 AmazonSmile 网站购物，亚马逊把购物资金的 0.5%捐赠给 edX。另外，在此类社会共治模式中，政府主要发挥对隐私权保护、知识产权保护、信息安全保护等基本矛盾冲突进行规制或协调的作用，企业有偿或无偿参与开放课程平台的建设。可以看出，这类供给模式最大程度显示出了公共性、公益性等特点，但其可持续发展也因多方面因素的影响而受到挑战。

3 提高在线开放课程供给服务社会共治水平的机制措施

3.1 公共信息服务专业化分工协作机制

从公共性表现和运营模式上看，Coursera、Udacity等在线开放课程平台有其独到之处。Coursera与28个国家的146所院校进行合作，直接获得这些高校的课程资源；Udacity有谷歌、微软等公司为其提供教材、导师和资金，有知名教授合作，由风险投资公司注资。可见，面向大众的在线开放课程平台会得到多元主体的支持。鉴于每个主体性质特点不一，建议在保证在线开放课程平台公共性、公益性的前提下，整合在线开放课程服务的组织结构体系，构建合作性组织网络和专业化建设分工与协作机制，从而在公共信息服务供给中形成良性互动的合作伙伴关系。

对政府而言，对在线开放课程服务平台的管理除进行直接财政投入外，还应把重心放在在线开放课程服务运行管理的制度建设上，并通过制度设计确立在线开放课程这类公共信息服务的供给决策和供给模式。以在线开放课程的有效供给为出发点，通过制度规范和界定政府、高校和服务平台之间的关系，把低组织化和非正式的政府基本公共信息服务供给行为转变成高度正规化和有组织的行为，并通过严格的供给立法程序和有关强制性规定，避免政府行为随意性所导致的服务边界膨胀或服务责任缺失，确保在发挥政府公共信息服务主导性、基础性和兜底性作用的同时，动员社会力量共同参与公共信息服务治理过程。结合公共信息产品属性以及在线开放课程的特点，政府的制度设计重点应是协调在线开放课程运行中的各种复杂关系和可能的利益冲突。例如，在课程信息产品生产到完成使用的整个生命周期里，课程运行的标准、课程质量的管控、课程与项目的考核、课程资源知识产权的流转归属、课程信息的保存分发、网络安全管理与个人隐私信息保护等问题都亟须法律法规的规制。

对企业而言，可以进一步探索与政府、高校和其他组织的合作模式，继续加强技术投入、资本投入、服务投入等，在保证公共性前提下，利用服务平台开展更多附加服务或课程资源增值服务，在满足用户需求基础创造更多盈利机会。

对其他组织和个人而言，重点是进一步吸纳专业性服务组织或个人加入在线开放课程服务体系。例如，通过吸纳专业性公共信息服务机构的加入，有针对性地开展在线开放平台课程信息采集、加工处理和利用等，从而确保对各类课程信息资源的有效管理；强化社会对在线开放课程的监督，扩大更多主体在课程建设中的质询和决策作用，提高公共信息服务的质量；邀请第三方认证评估机构的加入，秉承公共信息服务的公开性、公平性和社会效益最大化等评估准则，对在线开放课程进行评估，促进在线开放课程公共信息服务的持续改进；吸纳课程建设专业指导委员会等指导组织的介入，为参与在线开放课程建设的各方体提供培训服务。

对高校教师和学生而言，作为课程资源的制作者和接收者，两者之间关系的建立尤为重要。高校教师应认真研究分析学生的课程信息需求，形成由学生信息需求主导的公共信息供给机制；学生应深入了解课程信息内涵，保持与教师的互动。因此，通过在线开放课程平台建立师生双向信息互动反馈机制就成为保持在线开放课程活力的重要保障。

3.2 可持续发展生态系统运行机制

在线开放课程供给是当前公共信息服务的兴奋点，也是政府有关部门政策关注的重点，各类学校也投入大量财政经费用于课程建设。在这种供给竞赛过程中，如何加强对在线开放课程利用状况的评估，提高在线开放课程建设利用效率就是一个重要问题。失控或评估缺失的公共信息服务供给竞赛可能导致的后果是：公共信息服务供给可能不是基于公众的实际信息需求，而是基于政绩目标；公众的合理公共信息服务需求被无限扩大，致使公共信息服务的无边界问题日趋严重，并产生明显的供给失效。

为了预防或解决上述现象，制订与公众信息需求相适应的、符合当前我国高等教育发展特点的在线开放课程建设规划和管理办法等就是重要环节，其中在线开放课程考核认证、学分互认等政策或机制的建立是核心内容。目前我国各类教育普遍追求一种"社会认可"，这种"社会认可"主要体现在企业接纳和高校学分认可。因此，结合我国现有教育制度，考核认证、学分互认等环节就成为决定整个在线开放课程体系建设的关键所在。在我国，学习者应试心理较强，社会对学习者的"身份"接纳重于能力接纳。在校外推行资质证书认证、校内推行学分认证均是对学习者"身份"的一种认可。"考核认证""学分互认"等就成为牵动整个在线开放课程体系建设能否实现良性运转的关键所在。因此，构建规范化的课程需求信息采集系统，利用大数据技术分析课程学习背景数据、师生与生生互动数据、课程评价数据、学情数据等，建立课程建设决策数据模型，从而完善基于课程大数据分析的决策服务体系，这对形成有针对性的在线开放课程供给决策具有重要意义。此外，课程学习的持续服务机制、学分互认机制、课程平台与课程资源建设绩效评价机制等的建立，也有利于提高在线开放课程公共信息服务的有效供给水平。

3.3 在线开放课程公共信息服务标准机制

针对在线开放课程公共信息服务的特点，应以优质、规范、均等、可持续为基本原则制定在线开放课程公共信息服务标准。在线开放课程公共信息服务首要标准是优质化，它体现的是基本公共信息服务的质量，保障着服务使用者获得和享有公共信息服务的实际水平，因此，在在线开放课程建设中，从教学目标、教学内容、教学资源、教学设计、教学方法、教学形式等方面建立起相应质量标准就特别重要。其次，应分析研究在线开放课程公共信息服务的基本要求和平台系统管理特点，在学习环境软硬件条件规范、技术规范、道德伦理规范、运行流程规范等方面制定相应标准。此外，秉承公共信息服务的公共性、均等性等原则，应重点构建课程资源平等可获取、课程内容丰富化、教学帮助无差异性等服务标准。最后，从发展性、可持续性要求看，构建一个常态化的基本公共信息服务满意评价体系，吸纳学习者参与课程及服务的满意度调查，这有利于形成一个公共信息服务质量持续改进的闭环系统。

3.4 在线开放课程供给社会共治的法治机制

在线开放课程的建设和运行涉及多主体之间的复杂关系。如何梳理并妥善处理好这些复杂的社会关系就是决定在线开放课程公共信息服务秩序的关键因素。根据实践情况，在线开放课程供给服务社会共治的法治化应主要解决以下问题：不同主体责任归属、课程与其他学习资源的产权管理与收益分配、公共性基本方向和对弱势人群的援助、课程内容信息安全及课程学习者个人隐私保护、在线开放课程建设与运营主体的进入与退出规则、此类公共信息服务的政府兜底责任等。这其中，关于课程资源知识产权保护是一个核心问题。在线开放课程知识产权保护所涉及的具体问题有：教师与学校在课程资源开发建设中因分别承担知识、劳动投入和资金投入角色等而共同成为课程资源产权主体，教师与学校应签订有关在线开放课程版权共有确认以及使用许可授权协议，并约定双方的责任和义务；在线开放课程的知识产权内容十分丰富，权利主体在委托课程平台或服务商进行课程运营时，向课程平台运营或服务商的授权内容、形式和违约责任处理等均十分敏感,这需要研究制定专门的运营和保护策略。例如,在线开放课程及课程服务所涉及的著作权就包括署名权、发表权、修改权、保护作品完整权、复制权、发行权、出租权、展览权、表演权、放映权、广播权、信息网络传播权、摄制权、改编权、翻译权、汇编权及其邻接权等,权利主体向课程运营或服务商提供的可能仅是有限的网络传播权和销售权等,而就其他权利是否让渡以及如何处理等应制定相应策略;课程平台服务商在保护知识产权人利益不受侵犯的前提下,如何灵活运营课程资源的使用权让渡策略,推广在线开放课程的教学、研究、经营等公益或商业用途,从而最大限度地发挥在线开放课程的社会效益并实现部分经济效益也值得进一步探讨等。围绕上述问题加强政策研究和设计理应成为公共信息服务法律或制度研究的基本内容。

参考文献:

[1] 冯惠玲,周毅. 论公共信息服务体系的构建[J]. 情报理论与实践,2010,33(7):26-30.

[2] 周毅,吉顺权. 公共信息服务社会共治模式构建研究[J]. 中国图书馆学报,2015,(9):111-124.

[3] SIR J. Making sense of MOOCs:musings in a maze of myth, paradox and possibility[EB/OL]. [2016-10-10]. http://tonybates.ca/wp-content/uploads/Making-Sense-of-MOOCs.pdf.

[4] Coursera[EB/OL]. [2016-10-09]. https://www.coursera.org/about/terms.

[5] 李青,侯忠霞,王涛. 大规模开放在线课程网站的商业模式分析[J]. 开放教育研究,2013,(10):71-78.

[6] GM. 在线教育如何变现?Coursera 又出新招[EB/OL]. [2016-09-12]. http://36kr.com/p/200201.html.

[7] edX[EB/OL]. [2016-10-09]. https://www.edX.org/.

[8] LI Y, STEPHEN P. MOOCs and open education: implications for higher education[EB/OL]. [2016-10-05]. http://www.thepdfportal.com/moocs-and-open-education_101588.pdf.

[9] 爱课程[EB/OL]. [2016-09-11]. http://www.icourses.cn/home/.

[10] 清华学堂在线[EB/OL]. [2016-09-11]. https://www.xuetangx.com/about#history.

[11] 肖君,胡艺龄,陈婧雅,等. 开放教育下的 MOOCs 运营机制研究[J]. 中国电化教育,2015,(3):10-14,38.

[12] 智慧树[EB/OL]. [2016-09-11]. http://www.zhihuishu.com/.

[13] 夏义堃. 公共信息服务的社会选择——政府与第三部门公共信息服务的相互关系分析[J]. 中国图书馆学报,2004,(3):18-23.

作者简介：
　　白文琳：参与拟定研究问题，收集分析数据，撰写与修改论文内容；
　　周毅：拟定研究问题，提出论文研究思路，撰写、修改论文内容并定稿。

基于协同学理论的高校图书馆嵌入式服务研究*

1971年,德国物理学家哈肯(H. Haken)和他的学生格若汉姆(R. Graham)合作发表了《协同学:一门协作的科学》一文,阐述了协同学的思想和主要概念。此后,哈肯在《协同学导论》、《高等协同学》等著作中建立了协同学的理论框架。协同学主要研究由完全不同性质的大量子系统(诸如电子、原子、分子、细胞、神经原、力学元、光子、器官、动物乃至人类)所构成的各种系统,研究这些子系统是通过怎样的合作才在宏观尺度上产生空间、时间或功能结构的协同[1],是关于系统中各个子系统之间相互协同作用的科学[2]。协同学反映事物之间保持合作性、集体性的状态和趋势,探索系统中各子系统之间协调、同步、合作、互补的关系,揭示系统从无序到有序转变的规律和特征,研究新的有序结构的形成和系统发展的动力[3]。

图书馆嵌入式服务主要是指图书馆通过各种途径和技术手段,将图书馆员以及图书馆各种资源融入到用户教学环境、学习环境和科研过程,提供全程式知识服务的一种信息服务模式。尽管图书馆员、用户、知识 各种技术的属性不同,嵌入式服务既定目标的实现需要它们之间共同协作。可以说,图书馆员、用户、知识资源和各种技术之间相互影响、相互合作,共同构成了图书馆嵌入式服务系统。图书馆嵌入式服务系统的结构、特征和行为不是子系统的结构、特征和行为简单相加的总和。在图书馆嵌入式服务过程中,图书馆员、用户、知识资源和各种技术是协同作用的、有目的的、自组织的,图书馆员、用户、知识资源和各种技术的相互作用与自组织行为对嵌入式服务系统整体产生了协同效应,使图书馆嵌入式服务系统不断发展,实现图书馆嵌入式服务绩效的"1+1>2"。

近年来,国内外学者围绕嵌入式服务的概念、特征、模式展开了理论研究,国内外各种类型的图书馆进行嵌入式服务的各种实践探索。尽管刘颖[4]、

---

* 本文系2011年湖北省高校图工委研究基金项目"泛在知识环境下的学科服务创新研究"(课题编号:2011ZD09)和中南民族大学中央高校基本科研业务费专项资金项目"民族院校图书馆嵌入式服务的理论基础、服务模式与途径"(课题编号:CSY12029)阶段成果之一。

郭艳秋[5]、谢守美[6]等结合嵌入性理论对嵌入式服务进行了研究，但是关于嵌入式服务的理论基础，还没有形成统一认识。本文拟引入协同学理论，探索协同学理论的研究方法和研究成果对于高校图书馆嵌入式服务的启示，分析嵌入式服务的目标协同、主体协同、资源协同、过程协同和协同支撑技术。

1　嵌入式服务的目标协同

嵌入式服务的目标协同是指学科馆员、学科服务团队、用户及用户群体的目标应该基本保持一致。通过协同机制将个体或群体的目标统一起来，在协同环境中建立趋同的价值追求。

嵌入式服务的目标协同是基于面向用户的开放架构，针对个体用户或群体用户的学习、科学研究与决策咨询需求，通过图书馆馆藏资源的有机组织与揭示以及跨系统、跨机构、跨平台信息资源的组织、集成与整合，构建满足用户需求的学科资源和学科服务集成平台，采用各种途径与技术手段将图书馆的各种资源与服务嵌入到用户学习、工作和生活的物理空间与虚拟空间，有机地融入信息素养教育、科学研究和决策咨询的整个过程，提供深入的、主动的、个性化的知识信息服务，使用户处于图书馆服务无处不在、无时不有的环境当中。

具体而言，嵌入式信息素养教育主要是指图书馆员与专业教师协作，制定教学目标、教学设计、教学计划、教学大纲，嵌入到课堂教学或者Blackboard、WebCT等课程管理系统，将信息检索技能、信息意识和信息道德融入到专业课程内容，提高学生的信息素养，帮助学生更好地掌握专业知识。

嵌入式科学研究主要是指图书馆员融入用户科学研究，针对用户的科研方向和信息需求，从项目的选题、申报、研究、结题、成果评价和成果转化等各个环节提供全程式的知识服务，为用户提供研究背景、国内外研究现状、同行的最新研究进展、新兴或潜在主题等学术动态信息。

嵌入式辅助决策是图书馆员或整个图书馆组织运用专业知识和技术手段，在搜集、分析、选择和整理信息的基础上，融入到组织机构、职能部门的决策过程，以客观翔实的研究报告和充分可靠的数据资料为决策者提供信息保障和信息服务支持。

2　嵌入式服务的主体协同

所有的协同现象或协同效应都要有两个或两个以上的主体参与[7]。嵌入式服务的推进不能仅依靠用户或学科馆员，而需要所有的主体共同协作。嵌入式服务的主体包括个体用户、群体用户与学科馆员、学科服务团队。嵌入式服务的主体协同，主要是指用户协同组织、馆员-用户协同、学科服务团队协同。

用户协同组织包括个体协同组织和群体协同组织。所谓个体协同组织，是指个体用户以解决自身的信息需求为目的、以个体名义参与嵌入式服务的组织模式[8]。个体协同组织，能调动个体用户的参与积极性，便于满足用户的个性化、多样化需求。群体协同组织，是将用户按照研究方向、兴趣爱好等因素划分成若干个用户群体，使用户能够以群体方式参与嵌入式服务的组织模式[9]。群体协同组织，面向群体用户提供图书馆资源与服务，提高了用户协同的组织化程度，能够迅速形成规模效应，提升服务效率。

嵌入式服务，需要馆员与用户加强交流互动，与用户建立长期稳定的协作关系，构建协同工作机制，保证嵌入式服务的有效性与针对性。馆员-用户协同，一方面是指具有专业背景的学科馆员按学科专业对信息资源进行整合与组织，支持用户的协同学习和研究，为用户提供高水平、深层次的个性化知识服务；另一方面鼓励和引导用户提供院系的重点研究方向、科研课题及信息需求，参与信息资源与学科服务平台等信息环境建设。

学科服务团队是以学科馆员为主体，以用户为中心的专业化、知识化服务团队。面对复杂的学科服务任务，学科服务团队通过互动、合作、整合等方式，进行多层次、多形式、多渠道、多方位的协作，根据用户的具体问题和学科环境，直接融入为用户解决问题的过程中，提供支持知识应用和知识创新的深层次服务。中国科学院国家科学图书馆设立了6个学科馆员团队，在成员组成上打破各分馆、研究所地域界限，各团队之间相互支持，协同服务，定期研讨。

3 嵌入式服务的资源协同组织与整合

数字知识环境下，用户学习、教学和科学研究依赖各种类型的信息资源，包括图书、期刊、学位论文、会议论文、技术报告、专利文献、多媒体资源、超媒体资源、网络资源甚至实验数据等，希望图书馆服务能够集成学习、教学、科学研究过程涉及的文献、数据、机构、设施、人员和项目等各类资源，提供嵌入学习、教学、科研过程的数据分析工具，发掘隐藏在各种信息资源、各种活动过程和交互活动中的内在知识资源，支持灵活的知识发现。因此，将图书馆各种资源进行协同组织与整合，提供嵌入用户学习与科学研究过程的个性化服务，成为数字知识环境下图书馆服务的发展趋势。

嵌入式服务的资源协同组织与整合，是指通过统一技术路径和数据标准，将不同来源与不同通信协议的信息体系完全整合，实现不同平台、不同类型、不同格式的信息资源的无缝连接，形成具有集成检索功能的跨平台、跨数据库、跨内容的新型信息资源体系，嵌入到用户学习、教学和科学研究的整个过程及各种学习、教学和科学研究的系统平台。图书馆资源协同组织与整合，主要包括传统馆藏文献与馆藏数字化资源的协同组织与整合、馆藏数字化资源之间的协同组织与整合、馆藏数字化资源与网络信息资源的协同组织与整合[9]，通过基于 OPAC 系统、数字资源导航、跨库检索、超级链接与主题图实现图书馆资源协同组织与整合，有效组织无序的、异构的图书馆各种资源，在其间建立关联，使之系统化，实现图书馆资源的知识组织与整合。

4 嵌入式服务的过程协同

业务过程协同，是指通过业务过程进行双方或多方之间的一次或多次交互和协同，以完成这些参与方特定的目标[10]。嵌入式服务是一个由浅入深的过程，要求学科馆员与用户在学习、教学、科学研究与决策过程中进行交流互动，精诚协作，完成既定目标。学科馆员与用户的协同，可以在过程开始之前、进行之中或结束之后进行，包括前馈协同、同期协同与反馈协同。

- 前馈协同，是指在提供嵌入式服务之前，学科馆员与用户就嵌入式服务内容、方式、目的等进行交流沟通，达成一致意见。比如，嵌入式信息素养教育的前馈协同，是指学科馆员与用户共同制定教学目标、教学计划、教学大纲，并进行教学设计和实习指导等，将信息素质教育纳入到专业课程教育体系之中。嵌入式科学研究的前馈协同，是指学科馆员为用户提供研究背景、国内外研究现状等信息和科技查新服务，以帮助用户确定课题的切入点和创新点。

- 同期协同，是指在嵌入式服务过程当中，学科馆员与用户分工合作，协作完成既定的目标。比如，嵌入式信息素养教育的同期协同，是指按照预先制定的计划安排学科馆员融入专业课程教育，讲授专业数据库介绍、信息检索技巧、参考咨询服务、文献传递服务、知识产权等内容。嵌入式科学研究的同期协同，是指学科馆员参与用户的项目研究、调研与数据分析，撰写专题调研报告、学科领域的技术热点报告，提供同行的最新研究进展、新兴或潜在主题等学术动态信息。

- 反馈协同，是指在完成嵌入式服务过程之后，学科馆员与用户就嵌入式服务所存在的问题以及所取得的经验进行总结。比如，嵌入式信息素养教育的反馈协同，是指学科馆员参与课程作业评价与试卷评分，对课程学习前后大学生信息素养能力进行测试和分析，根据测试分析结果为学科和信息素养教学提供改进的参考建议。嵌入式科学研究的反馈协同，是指在项目完成后，学科馆员参与项目结题报告的撰写，提供引证分析、研发产出、未来研发趋势、技术革新贡献、市场竞争力等方面的分析与评价。

5 嵌入式服务的协同支撑技术

信息资源整合旨在将某一范围内原本离散的、多元的、异构的、分布的信息资源通过逻辑的或物理的方式组织为一个整体，使之有利于管理、利用和服务[11]。

嵌入式服务，要求图书馆采用标准协议，利用软件协同服务技术和语义互操作技术，将分散于各系统的具有分布式、异构性和自治性等特点的信息资源系统进行整合，实现跨系统协同信息服务。嵌入式服务的跨系统协同支撑技术包括跨系统协同服务的标准协议、软件协同服务技术与语义协同技术[12]。跨系统协同服务的标准协议主要包括 Z39·50/ZING、OAI-PMH/ORE、OpenURL 等，主要是制定统一标准协议，实现不同系统间的互操作；软件协同服务技术主要包括中间件技术、SOA 技术和网格技术，主要功能是实现信息服务系统相互通信和协作，形成协同保障与服务环境；语义协同技术旨在解决系统之间"相互理解"的问题，包括元数据互操作和本体互操作。

图书馆协同服务可以有多种实现方式，信息服务系统之间的相互协作方式和协同内容不是单向或线性的，而是多种多样的，呈网状的复杂关系，通过多种模式进行服务组织[13]，主要包括：联邦（federation）、收割（harvesting）、调用（invocation）、组合（composition）、聚合（mashup）与集成（integration）。与云计算相关的网络技术或服务，也将为图书馆协同服务带来新的机遇和挑战。

6 结　语

协同学理论认为，自然界存在着各种各样不同时间、空间跨度的系统，各个系统间存在着相互影响、相互合作的关系。在图书馆嵌入式服务的整个过程中，需要图书馆或图书馆员与用户团体、个体之间的相互配合与协作，共同推进嵌入式服务的不断发展，协同实现嵌入式服务的目标。

● 在图书馆嵌入式服务过程中，图书馆或图书馆员与用户需要协调双方的利益和目标，在目标整合的基础上明确趋同的价值追求，在协同环境中共同推进与实现协同目标。

● 图书馆嵌入式服务是建立在图书馆员与用户共同协商与沟通基础之上的，图书馆员需要通过各种途径和方式，加强与用户的交互协同，构建协同机制，提高嵌入式服务的质量和水平。

- 图书馆嵌入式服务需要采用相关技术，为用户提供嵌入教学环境、学习环境与科研过程的数据分析工具和集成图书馆各种异构资源的整合平台。
- 图书馆嵌入式服务是图书馆员与用户不断交互协同的发展过程，双方应该在整个过程中就嵌入式服务的内容、方式、途径、效果等加强交流，共同协作完成既定目标。
- 图书馆应采用标准协议、软件协同服务技术与语义协同技术实现图书馆跨系统协同信息服务。同时，图书馆也应该积极利用云计算、手机图书馆、RSS、桌面工具和各种多功能、个性化的工具条软件，提供多途径的图书馆嵌入式服务。

参考文献：

[1] 哈肯.高等协同学[M].郭治安,译.北京:科学出版社,1989.

[2] 吴妤,梅伟伟.协同学视阈下的乡村治理模式研究——基于乡镇政府与农民组织关系的探析[J].天府新论,2010,(2):11-15.

[3] 任福珍.协同学理论与情报信息交流系统[J].图书情报工作,2001,(8):27-29.

[4] 刘颖.嵌入式学科服务创新模式研究——基于嵌入性理论的思考[J].图书情报工作,2012,56(1):18-22,59.

[5] 郭艳秋.知识嵌入视角的学科化服务研究[J].图书情报工作,2012,56(13):49-52,58.

[6] 谢守美,黄萍莉,龚主杰.图书馆嵌入式服务的理论基础、模式和途径[J].图书与情报,2012(4):33-38.

[7] 张敏.跨系统协同信息服务的定位及其构成要素分析[J].图书情报工作,2010,54(12):64-68.

[8] 李玲,牛振恒,李卫红.学科化服务中的用户协同组织模式实证研究[J].图书馆理论与实践,2012,(1):39-41.

[9] 李阳晖.面向用户的图书馆信息资源整合模式分析[J].情报杂志,2005,(10):34-35.

[10] 卢亚辉,明仲,张力.业务过程协同模式的研究[J].计算机集成制造系统,2011,17(8):1569-1579.

[11] 苏新宁.论信息资源整合[J].现代图书情报技术,2005(9):54-61.

[12] 胡昌平,张耀坤.跨系统协同信息服务及其发展[J].图书馆论坛,2010,30(6):27-33.

[13] 张敏.图书馆协同信息服务的技术实现策略研究[J].情报理论与实践,2011,34(9):110-114.

作者简介

唐艺，武汉理工大学图书馆馆员，硕士；

谢守美，中南民族大学图书馆馆员，博士研究生，通讯作者。

建 设 篇

互联网思维下的在线课堂设计要素分析[*]

——以"数据分析"课程为例

1 在线课堂现状及存在的问题

1.1 国内外在线课程教学现状

2013年被称为"在线教育元年",美国 Stanford University、Harvard University、MIT 等名校率先创办了 Coursera 等大规模开放在线课程(MOOC)平台。2014年11月国家教育部等五部门联合下发《构建利用信息化手段扩大优质教育资源覆盖面有效机制的实施方案》[1],提出至2015年全国基本实现各级各类学校"互联网"全覆盖,自此"在线课堂"风潮渐现,传统课堂模式受到挑战。

1.1.1 在线课堂的分类描述 在线教育兴起时间虽不长,然而发展势头甚为迅猛,如今国内外许多高校、教育机构开创了多样的在线课堂。概括起来主要有三大类型:①传统课堂荧屏化的在线课堂。这是最主要的在线课堂形式,以国际名校公开课、中国大学视频公开课、中国国家精品课程为主要代表。采用的是传统教学模式,基本是传统课堂的重现,由各高校的在线课程制作团队自行录制或与学校电教中心合作录制,特点是将传统课堂以录像形式上传至网络供学生学习。例如耶鲁大学、斯坦福大学等都在2012年推出了对名师课程进行录制然后在网络上播放的公开课。②知识传授型交互式在线课堂。以可汗学院、Coursera、MOOC 学院等为代表,通常以具体课程为学习单位,需要学习者付出时间精力,完整完成一系列的学习过程。视频中授课者的讲解与课程相应的影像资料相结合,与传统课程中教师的"独角戏"状态有所不同,但仍采用以学生聆听为主的教学方式。③知识分享型交互式

---

[*] 本文系国家社会科学基金一般项目"数字阅读机制与导读策略研究"(项目编号:13BTQ023)和江苏省教育科学"十二五"规划课题"基于知识地图的大学专业课程资源组织与网站开发研究"(项目编号:D/2013/01/037)研究成果之一。

在线课堂。以 TED-Ed 为代表的在线课堂，是一种知识分享型在线课堂，旨在创建"值得分享的课程"。2012 年 TED 在 YouTube 开设了专门的教育栏目 TED-Ed，希望能够"邀请全球的教师提交他们最棒的课程"，所申请的课程一旦被批准，制作人员和教师本人会共同提炼课程信息，剪辑生成的课程视频包含字幕、动画以及互动式脚本，在不出现课程教授者一个镜头的同时，还拥有一个"Customize"即定制课程的功能，相当于以全动画形式授课，并且该动画可被学生编辑和分享。此举有利于引导、鼓励学生进行深入的自主学习。

目前，国内的在线课堂形式以上述第一种为主，即传统课堂荧屏化，以中国大学公开课、国家精品课程等为典型代表。也有少数高校推出了第二种类型的课堂，如上海交通大学、复旦大学等中国名校曾于 2013 年加入了 Coursera。

1.1.2 在线课堂存在的问题　尽管在线教育发展迅猛，但也面临一系列问题，诸如在线课程的学生保持率低，教师缺乏对在线课程的认同等。2012 年 7 月美国杜克大学宣布与 Coursera 合作，推出 8 门课程。大学教导技术中心主任琳恩·奥布赖恩发现，"没有一门课持续 14 周"[2]。宾夕法尼亚大学的一项调查也显示，100 万网络公开课的用户中仅有 4%的用户完成了其注册的全部课程[3]。同样情况也出现在国内在线教育中。依托高校名师的国家精品开放课程访问量低下、视频质量不高等问题屡被诟病。

不难发现，在线课堂存在一些共性问题：①在线课程的保持率较低；②网络授课中师生互动、学生间的互动尚且无法达成；③学生似乎并不想学习全部课程，他们只想按照自己的需求学习所需要的一部分。由此可见，在线课堂不可能照搬传统课堂的教学模式和课程设计，而是需要某种程度的"量体裁衣"[2]。

1.2　国内外在线课堂研究现状

作为互联网在教育领域的典型应用，在线课堂天然地具有互联网基因。相较于传统课堂中教师按照固有安排向学生灌输知识的学习形式，在线课堂更多的是学生自由选择之下的符合自身学习特性的个性化受教育体验，这也是在线教育兴起的原因。然而备受大众推崇的在线课堂实际上存在着诸多问题。伴随着各类在线课堂的面世，越来越多的学者从不同角度进行了研究。

1.2.1 国外在线课堂研究现状　"美国在线教育系列报告"是了解美国高校在线教育发展的重要资料。报告表明，美国在线教育呈稳定发展态势，

2002—2013年在线课程注册学生数持续增长，2013年至少注册一门在线课程的学生数从10年前的160万人增加到710万人[4]，且在线教育的质量逐步得到认可，颁发教育学位的在线课程逐渐增多。例如伊利诺伊大学图书情报学院的在线硕士教育项目Leep online learning[5]，学生只需在注册Leep项目之初，前往伊利诺伊大学的校园与教师和其他同学面对面互动交流，制定好包括2个核心课程和学习方向在内的年度计划，其余时间则可在网上完成大部分课程，通过考试即能取得专业硕士学位。

国外学者对于在线课堂设计的研究时间比较早，早在2001年就有学者提出在线课堂的设计要根据学习者的评价反馈来对教学活动作出调整。近年来研究方向集中于对教学设计、学生课堂反馈状态以及教学活动中教师角色的研究。

A. Driscoll等人以"社会学导论"课程为例，运用估计方法对在线课堂与传统课堂的效果进行了比较分析，认为运用良好的教学方法来设计在线课堂可以使其具备与传统课堂同样有效的学习环境[6]。Yang Yan等人比较了学生在在线课堂和传统课堂中的投入程度，研究认为提升在线课堂的价值和趣味有助于增加学生对在线课堂投入的精力[7]。最新的研究关注了在线课堂的设计者——教师本身。J. L. Knott指出教师的阅读喜好和教学经历反映在其使用超媒体进行在线课程设计的方式上[8]。虽然众多研究未明确提出要在在线课堂的设计中以互联网思维进行思考，然而在考虑教学设计时非常注重在线课堂的参与者，认为结合学习者的需求来进行在线课堂的设计是不可或缺的。

1.2.2 国内研究现状 国内研究起始于2009年，2012年以后在线课堂方面的研究呈井喷式增长，主要集中在梳理国外在线课堂的发展历程、探讨在线课堂中所用技术、在线课堂教学资源以及教学活动设计等方面。

邹自德等认为，在线课堂与传统课堂的最大区别是在线课堂是建立在用户体验的基础之上，是按照互联网思维进行总体设计，由此提出了按照互联网思维进行在线课堂设计的原则[9]。孙大雷等考虑到在线课程的互联网特质，提出应该建立起一个适合在线课程的质量评价体系[10]。

可以发现，从2014年开始，研究者逐渐意识到需要从互联网思维的角度出发，面向网络用户的学习习惯来进行在线课堂的设计。

所谓互联网思维，是指互联网时代的思考方式——零距离和网络化的思维，即以用户为中心的、以人为本的、重视知识分享与交流的、非中心化的一种思维方式。更有研究者提出"用户思维"是互联网的第一思维[11]。作为互联网的产物，在线课堂不仅在课程内容、推广平台等方面相较于传统课堂要做调整，更重要的是互联网环境下的学生是以自主学习作为主要学习方式的，学生由被动接受者转变为学习的发现者，因此研究如何应用互联网思维以设计出实现学生自主学习和个性化学习的在线课堂是具有重要意义的。

2 网络一代对在线教育的需求分析

美国未来学家唐·泰普斯科特把伴随数字与通信技术的发展而成长起来的一代青少年成为"N世代"[12]，也就是"网络一代"。中国正式进入国际互联网的时间不超过20年，"90后"被称为是中国的"网络一代"[13]。对于"网络一代"，互联网与家庭、学校带给他们的影响一样重要，他们的学习方式普遍基于互联网思维。

尽管"网络一代"群体仍然在形成过程中，人口统计特征的边界也没有形成共识，但已显示出一些共性，如：行为更加自主，思想表达更为自由，具有较强的信息意识，采用多线程做事方式等；但同时也表现出了另一些值得关注的特点，例如专注力持续时间短，注意力容易分散等。"网络一代"所拥有的以上特征，对互联网时代的教育、教学方式提出了新的要求。

"网络一代"习惯于利用网络媒体，主动运用和调控自身的元认知、动机和行为进行学习，在学习计划的制定、学习目标的选择、学习内容的安排等方面，都具有强烈的自主性，并能根据自身情况不断对学习过程进行调整。"网络一代"所具有的自主性和参与性较强等特性决定了其在学习过程中具备更多的自主构建知识体系的可能性。

此外，"网络一代"在长期的网络活动中培养出了一些迥异于既往人群的学习特征，具体表现在具有较强的自主知识发现和信息架构能力，对社区性交流平台具备良好的适应能力，能围绕探究目标、问题或主题等自主进行资料收集、分析、得出结论，并建构自己的知识结构体系。所谓探究式学习模式，其核心就体现在以问题为中心，基于相关的学习资源，以群组讨论和个人探究相结合的方式进行学习，在保持自主学习的同时，更注重知识经验的分享交流和自我评估。"网络一代"形成的这种探究学习模式使得他们不再满足于传统的灌输式教学，更不能接受网络课堂只是传统课程在网络的翻版，一旦他们觉得网络课堂是沉闷和不吸引人的，就会选择离开。

3 两类在线课堂设计之比较

在线课堂内面临着"网络一代"与生俱有的互联网思维的挑战。在线课堂能否留住"网络一代"，取决于能否运用互联网思维，根据学习者的切实需要定制课程。在线课堂要提供的不仅是知识本身，更是一个引导思维和拓展学习思路的平台。

本研究从案例入手，选择以 TED-Ed 课程为代表的知识分享型交互式在线课堂与以中国大学视频公开课为代表的传统课堂荧屏化的在线课堂，深入剖析这两类在线课堂在课程设计及教学方式上的差异，以期在一定程度上把握如何应用互联网思维指导创建和设计出优质的在线课堂。之所以选择 TED-Ed 课程与中国大学视频公开课课程进行比较，是因为中国大学视频公开课乃国内最为传统且最为普遍的一种在线课堂，而 TED 不同于大学等传统教育机构，它是互联网的产物，是线下线上知识分享和创意交流的公共平台。TED-Ed 作为 TED 的延伸与发展，天然地带有"互联网基因"——立足于教育领域，却又在互联网思想的指导下发展出了不一样的课堂模式。

首先，确定 TED-Ed 中"数据可视化（Visualizing Data）"与中国大学视频公开课中"大数据浪潮"这 2 组系列视频课程作为比较对象，这 2 组视频课程在授课对象、授课内容上有较大相似度，均围绕"数据分析"专题，课时长度接近，分别为 7 集和 6 集，因而具有可比性。其次，从这 2 组课程中分别选取具有代表性的单元视频课"人口数据金字塔：未来最有力的预言家（Population pyramids：Powerful predictors of the future）"与"大数据的未来"作为典型案例分析的对象。

3.1 教学内容组织

通过绘制知识点图谱，可以发现这 2 组课程在教学内容组织和侧重点上的差异，见图 1、图 2。图中实心圆表示每节课的知识重点，小方块对应每节课的知识发散点。通过对课程内容知识图谱的揭示和描述，可以发现两者在课程内容及其组织上的差异与各自特点。

3.1.1 TED-Ed 课程 "数据可视化（Visualizing Data）"系列课程包括 7 个单元，内容主题如下：①人口数据金字塔：未来最有力的预言家（Population pyramids：Powerful predictors of the future）；②近 10 年来的好消息（The good news of the decade?）；③全球 Twitter 数据可视化（Visualizing the world's Twitter data）；④舞蹈与 PPT，一个恰当的提案（Dance vs. PowerPoint, a modest proposal）；⑤一个单词的诞生（The birth of a word）；⑥数据可视化的美（The beauty of data visualization）；⑦你所见最好的统计数据（The best stats you've ever seen）[14]。

相应的课程内容知识图谱见图 1。

3.1.2 中国大学视频公开课 在"大数据浪潮"系列课程中，其 6 节

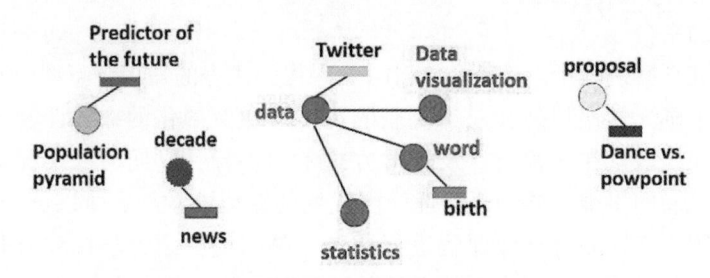

图1 "数据可视化（Visualizing Data）"
主题课程的知识点图谱

课的内容分别是：①大数据浪潮汹涌袭来；②大数据引领社会创新；③大数据激荡智慧生活；④大数据挖掘商业智能；⑤大数据隐私空间与取舍之道；⑥大数据的未来[15]。

相应的课程内容知识图谱见图2。

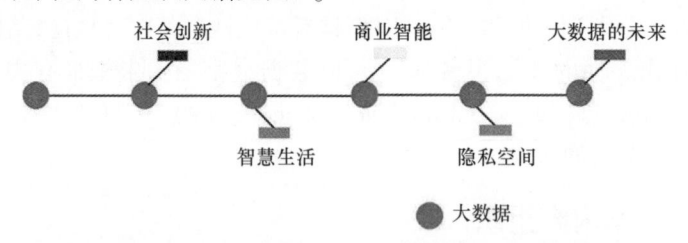

图2 "大数据浪潮"主题课程的知识点图谱

比较上述2份教学大纲和知识点图谱，"数据可视化"视频公开课，其课程内容安排围绕的中心无疑是"data"，在内容组织上具有较为明显的发散性，并不局限于一个知识点，7节课共有4个主要知识单元，每个知识单元内容是完整的，自成体系，反映了数据可视化的不同研究侧重点及应用领域，各个知识单元并无固定的前后学习顺序，也不存在按次序学习的强制性，体现出很强的专题性和实用指导性，其不足之处主要是课程发散性有余而体系性不足。

而"大数据浪潮"的主题知识点图谱呈明显的线性排列，6节课按照先后顺序，以"大数据"为主线，从总到分，顺序推进，开端是引论，结尾是展望。课程设置具有比较强的组织性和系统性，但也存在较大局限性，学生一旦跳过或漏掉一个学习单元，就无法顺利继续学习，对于学生进行自主学习有较大制约，在内容设置上知识灌输大于案例探究，教学视野较为狭窄。

3.2 课堂教学方式

"教学方式"在《教育大辞典》中被明确定义为："教学方法的活动细节。教学过程中具体的活动状态，表明教学活动实际呈现的形式，如讲授法中的讲述、讲解、讲演；练习法中的示范、模仿等"[16]。可见教学方式包含学生的学习方式、教师的教学方式、教师与学生的互动方式等。因此，本研究从学习、授课、师生互动3个角度，分别对2组课程的教学方式进行对比分析。

3.2.1 学习界面 从"人口数据金字塔：未来最有力的预言家"这一单元，可以领略TED-Ed学习界面的风格，使观众对各项功能有详细了解，详见图3。

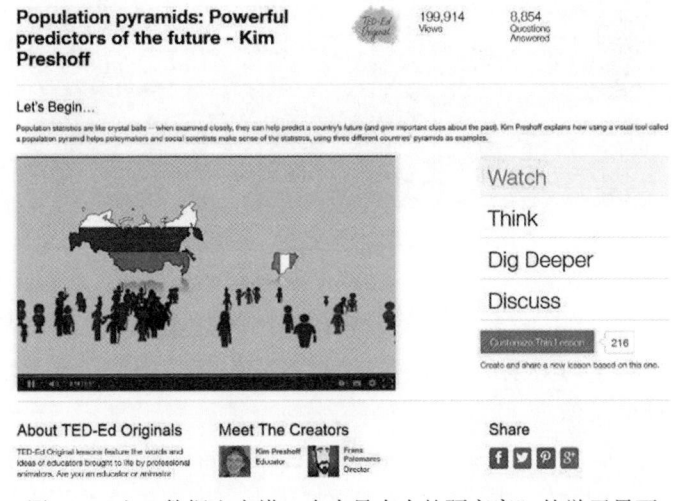

图3 "人口数据金字塔：未来最有力的预言家"的学习界面

图3中展示了TED-Ed教育动画视频的基本形式，其要素主要包括：①课程标题（lesson title），多采用较吸引人的标题；②视频播放区（press play/watch），点击播放或链接至YouTube播放器；③课程预习（let's begin），是课程课题的简介和问题的引入；④联系制作者（meet the creators），介绍这段课程动画的讲者和制作者；⑤思考题（think），提供与课程相关的若干主观问答题；⑥深入挖掘（dig deeper），提供了与课程学习相关的拓展材料；⑦分享按钮（share），一键将课程分享至各种社交网络平台；⑧定制课程（customize），TED-Ed个性化课程制作工具[17]。

可以看出，TED-Ed课程在制作中切合学生进行自主探究式学习的需求，课程引导部分可使学生对于课程预先了解，课后习题的设置与课程视频的再创造、分享功能则提供给学生拓展思路、开放思考的可能性。

相应地，图4为"大数据的未来"这一单元的学习界面，直观显现中国大学视频公开课的课堂功能：①课时标题，表明了课程标题以及正在播放的课时标题；②课时介绍，对本课时内容做简单介绍；③笔记、翻译，属于在线课堂的辅助学习工具；④字幕纠错、建议，对课程在物理形式上的反馈；⑤课程介绍，位于截图下方，有教师、课程内容、课时安排的简要信息；⑥发帖区，可以发帖与跟帖，属于课堂讨论区。

图4 "大数据的未来"学习界面

与"Population pyramids"比较，中国视频公开课没有体现出对于学生自主学习的要求和学习效果的监控，其表现形式仍然是传统课堂教学，本质上是一堂实体课的录像。

3.2.2 授课方式与课堂设置　TED-Ed的视频制作由课程录制者与TED-Ed工作人员共同完成，在绝大多数情况下，视频中基本不出现授课者本人，而是通过声音配以形象的动画来完成教学。这种精湛的视频制作技术有利于使课堂内容更加生动，学生的关注重点不再是传统课堂画面中的教师，而是知识本身，有利于开拓学生的思路、集中其注意力。而中国大学视频公开课则采用传统课堂的录播形式，教师的讲解配以辅助的PPT，学生负责听讲与做笔记。教学课件较为呆板，音频容易成为"背景音"。

在课堂时长的设置方面，TED-Ed课程的集数并不确定，少至3个，多至73个，分类的标准是依主题划分，"数据可视化"系列共有7集。尽管不同课程的集数是灵活的，但每一集的时长则有明确规定，一般控制在10分钟左右，上下以3分钟为梯度。TED-Ed对每个视频严格的时间要求是基于对用户学习习惯的精准把握而科学设置的，其限定所有的演讲者不能超过18分钟[18]，因为基于普通人能够连续集中注意力的最长时间而设定的，由此可保证学习者能较好地集中注意力。而"大数据的未来"共6集，每课时长为45分钟，其他视频公开课的集数长度虽依课程内容而定，但每课时基本都沿用传统课堂的45分钟。

3.3 教学效果评估

在"人口数据金字塔"课堂中，导航部分"Let's begin"起到一个引子的作用，通过提出问题，引发学习者兴趣，简单介绍作者以及讲课内容。课后思考"think"部分有5道客观选择题与3道开放性问题。客观题是一个由浅到深且具有引导性的设计，开放题型则是对在线教学内容进行归纳总结的能力进行考查。

TED-Ed学习社区主页上的TED-Ed community/Clubs是一种直接聚合TED-Ed用户的方式，这里的学习者之间可以进行丰富的线上交流以及线下club联系。TED-Ed还提供特有的定制课程（customize）功能，也是学生在网络环境下进行自主探究式学习的直接体现。学生在听完课堂讲解后，根据自己的理解或资源的积累，自行编辑课堂视频，自主提出问题，然后提交至网站管理中心或授课教师，或分享至本人社交平台，与授课教师、学习同伴、其他对课程感兴趣的网友进行互动与交流，是学习者根据自身学习情况反馈知识，进行再创造的过程，因此课堂效果的评估与反馈可以随着被定制的新视频课程被直观呈现。在此过程中，可以发现TED-Ed课堂效果的评估以自我评价为主、他人评价为辅。

对比而言，在"大数据的未来"中，课程引导主要体现在"课程介绍"与"课时介绍"中，"课程介绍"包括系列课程中的主题、内容安排、教学目的，属于50字左右的简单介绍，"课时介绍"是对本课时知识点的提要，是20字以内的介绍，均采用了专业性较强的语言来描述，课后思考主要体现在课后思考题和课题延伸性学习。课堂窗口的下方属于发帖区，对课程有想法的学习者可以在下面自由发帖交流。相比之下，中国大学视频公开课显得教学步骤较为单一，教师缺乏对学生的引导，学生也缺乏与教师互动的渠道。

4 运用互联网思维改善在线课堂设计

4.1 课程内容与课程结构的扁平化设计

以传统课堂模式为主的中国大学视频公开课，在课程设计上仍以教师知识灌输为中心，内容组织上注重系统性和层次性，具体表现为将一个专题领域的知识拆分为若干单元，每个单元并不自成体系，而是整个课程的一部分；课程结构采用"总—分—总"的框架，知识点被贯穿在一条主线之中。而TED-Ed课程中的内容则较为灵活，每节课均有一个独立的主题和切入点，围绕课程主旨，分不同话题进行剖析和探讨。如"数据可视化"课程在设计上包含了"未来数据预测"、"数据可视化"、"人口金字塔"、"Twitter数据分析"等单元，最终形成以"数据分析"为中心的扁平化、多元化的课程结构，每个单元都只进行小而精的知识点教授，包含大量与主要知识点相关的分散信息。扁平化网络课程设计能够涵盖更广泛的知识面，具有更强的发散性，课程结构更为扁平，整个课程分为多个模块，但每个单元模块自成一格，但各单元模块之间并非相互割裂，而是彼此关联，通过问题情境相互联系起来。"网络一代"习惯于通过互联网主动获取大量的碎片化、话题式信息，因此在互联网思维下，在线课堂采用扁平化、多元化的设计有助于提高学生的学习兴趣，达到较好的学习效果。

4.2 课堂教学策略以学习者为中心

首先是课堂引导，宜采用提出问题的方式切入教学，相较于专业术语的介绍和概念描述，生动的案例更利于知识点的讲授，能够更好地导引学生进入课程。

其次是课堂演示，课堂演示在网络教学中占绝对主导的地位。在现实课堂上，教师是主角，而在网络课堂中，演示才是主角。对于演示方式，传统课堂多以直接放映课件为主，以放映短篇视频、音频的方式为辅。而在以TED-Ed为代表的网络课堂中，活泼的动画、音乐、视频被有机融合进授课过程中，多媒体设备得到全面应用，在吸引学生关注、集中学生注意力方面有显著作用。

再次是课后反馈与效果评估。在线课堂师生不见面、教与学不同步、不可能有直接的课堂互动，因此课堂内容结束之后的课后反馈变得尤其重要，需要引导和有效推动学生进行课后练习，以巩固学习效果。在线课程的组织者通常较难直接了解到学生的学习情况、检测其学习效果，只能通过网页数据对教学效果做基本评估。TED-Ed的"customize this lesson"定制课程充分体现了"互联网"思维，非常值得推荐。它通过提供简单模板与工具，使学生可对视频做简单的编辑，将自己对课程的理解添加到课程视频中，并链接至Twitter等社交网站上与他人进行分享，学生有补充课程内容不足、剔除无用知识点、改造课堂形式等自由的学习方式，充分契合了"网络一代"具有的创造性与探究性共存特点，便于学生对于课程内容、课程学习的直接反馈，因此是评估教学效果的重要方面。

目前已有一些对在线课堂设计的研究朝着课程策略应以用户为中心的方向发展，如 edX 平台上加州大学伯克利分校的"统计学入门：描述性统计分析"，该课程发布详细的课程计划和说明，强调以学生为中心进行小组协作式学习，探究现实情境中真实问题的教学模式。

4.3 构建互动交流的在线学习环境

视频制作技术直接关系到在线课程的表现力，国家已经出台了《精品视频公开课拍摄制作技术标准》，目前的视频公开课基本上是以国家规定作为技术标准，录制的课堂视频呈现统一化、标准化的趋势。然而单调的录播方式、呆板的音像效果以及差强人意的教学效果，暴露了网络在线课程在课程制作和设计中不重视和关注学习者的体验的弊端，教学互动匮乏是目前国内公开课的最大短板。以中国大学视频公开课为代表的网络课堂，学生的课堂体验仅仅是观看录像视频，其积极性难以被调动起来，学生保持率低，学习效果被质疑的原因即在于此。

而 TED-Ed 系列视频课采用了完全的视频制作而非录播方法，通过精美的动画与契合度较高的配音，采用了大量活泼的动画元素、即时生成课堂所描述的画面，配音者的语速较快，在正常语速之上。所有这些要素使得在线课堂充满吸引力，为学生带来更加丰富的课堂体验。紧随课堂教学之后的定制课程更是赋予了学习者更多的自由，促进了教学双方以及同学之间的知识交流和经验分享。因此，对于网络在线课程而言，关注网络数字技术的发展，将其应用于课程设计中，创建互动教学环境是在线教育发展的关键所在。

5 结语

本研究采用案例分析法，比较了以 TED-Ed 为代表的新兴在线课堂与以中国大学视频公开课为代表的传统在线课堂的教学方式及课程设计，发现以 TED-Ed 为代表的在线课堂设计思路值得推荐。TED-Ed 与中国大学视频公开课这种系统性的课程不尽相同，然而 TED-Ed 课程设计中体现出的线上线下交互、知识分享与同伴激励等互联网思维正是在线课堂发展的方向。

就本文的比较分析而言，TED-Ed 的课程提供了灵活的知识点呈现方式，精美的动画在吸引学生眼球的同时，也是一种知识的直观演示。而以话题作为每集主题的课程设置方式贴合了互联网状态下即时、自由的知识获取方式，学生不需从头学起，只需根据自己的需要或者兴趣，就能从课程标题中做出选择。发散知识点式的教学大纲设置提供了一种选择的多样性、自由性；类似于定制课程 customize 功能的推出贴合了"网络一代"对新鲜事物的强烈参与特性，定制之后的"分享"功能则是一个交流课程以及展示学习成果的过程，社交网络中的"点赞"、"回复"等功能更能增强作品发布者的成就感，在帮助其收获他人肯定、吸引志同道合友人的同时，激励其进行深入探究。与此对应，在以"大数据的浪潮"为代表的中国大学视频公开课中，学生的学习必须按部就班，过程一旦中断就可能会造成对知识点理解上的困难。其教学模式也为较呆板，不符合"网络一代"的学习习惯。

相较于过去，"网络一代"具有更强的自主学习意识与探究能力，这就要求开放的在线课堂能够在传授知识、监管学习过程和学习质量的同时，留给学生发挥更大的自主性和灵活性的可能，赋予他们更宽阔的思考余地和自我探究与发现的空间。以学习者为中心，为学习者"量体裁衣"，设计出符合其学习方式并能满足其学习需要的课程内容和课程结构，不仅是在线课堂的价值所在，也是网络时代未来教育发展的趋向之一。

参考文献：

［1］ 构建利用信息化手段扩大优质教育资源覆盖面有效机制的实施方案［EB/OL］.［2015－08－02］. http://www.moe.edu.cn/publicfiles/business/htmlfiles/moe/s3342/201412/179124.html.

［2］ 沈敏."在线"教育改变大学［EB/OL］.［2015-02-15］. http://jjckb.xinhuanet.com/2013-07/26/content_457832.htm.

［3］ Penn GSE study shows MOOCs have relatively few active users, with only a few persisting to course end［EB/OL］.［2015-02-15］. http://www.gse.upenn.edu/pressroom/press-releases/2013/12/penn-gse-study-shows-moocs-have-relatively-few-active-users-only-few-persisti.

［4］ Allen I E, Seaman J. Changing course: Ten years of tracking online education in the United States［EB/OL］.［2015－08－02］. http://www.onlinelearningsurvey.com/reports/changingcourse.pdf.

［5］ Leep online learning［EB/OL］.［2015－02－15］. http://www.lis.illinois.edu/future-students/leep.

［6］ Driscoll A, Thompson G. Can online courses deliver in-class results?: A comparison of student performance and satisfaction in an online versus a face-to-face introductory sociology course［J］. Teaching Sociology, 2012, 40(4): 312-331.

［7］ Yang Yan, Cho Y J, Mathew S, et al. College student effort expenditure in online versus face-to-face courses the role of gender, team learning orientation, and sense of classroom community[J]. Journal of Advanced Academics,2011,22(4):619-638.

[8] Knott J L. Online teaching and faculty learning:The role of hypermedia in online course design[D]. East Lansing:Michigan State University,2015.

[9] 邹自德,李文斐,王学珍. 开放教育"在校课堂"与"在线课堂"的实践探索[J]. 中国远程教育,2014,(23):55-59.

[10] 孙大雷. 在线课程设计评价体系探究[J]. 价值工程,2013,(3):211-212.

[11] 赵大伟. 互联网思维之"独孤九剑"[J]. 科学之友(上半月),2014(5):13-15.

[12] 泰普斯科特. 数字化成长3.0[M]. 云帆,译. 北京:中国人民大学出版社,2009:69-72.

[13] Peet L. Pew:Millennials and libraries report examines millennial engagement, reading [J]. Library Journal,2014,139(17):19-20.

[14] visualizing-data[EB/OL]. [2015-02-15]. http://ed.ted.com/series/visualizing-data.

[15] 开启智慧的大数据[EB/OL]. [2015-02-15]. http://open.163.com/special/cuvocw/kaiqizhihuidedashuju.html.

[16] 顾明远. 教育大辞典[M]. 增订合编本上. 上海:上海教育出版社,1998:1697.

[17] TED-Ed Tour[EB/OL]. [2015-02-15]. http://ed.ted.com/tour.

[18] 王妍,马弋飞. 网络社区传播:美国TED品牌推广策略的启示[J]. 记者摇篮,2012,(4):73-74.

作者简介

刘禄:收集数据、资料,进行数据统计分析,撰写论文;

袁曦临:确定研究思路,修订论文;

刘利:分析数据,绘制图表。

国内外高校信息素养 MOOC 关键成功因素研究[*]

1 引言

信息素养是信息数据时代公民生存及发展所必需的一项基本素养与能力。高等教育机构出台了相关的能力标准,并开展形式多样的信息素养教育项目。近年来,对教育领域影响最大的莫过于大规模在线开放课程(massive open online course,MOOC)。MOOC 以学生为中心,为学生提供个性化的教育服务和支持,更加注重学生兴趣的激发和主观能动性的发挥,是对传统大学以教师单向传授为主的教学方式的颠覆。因此,MOOC 的兴起和独特优势适应了读者个性化的学习需求,也为高校信息素养教育改革和创新带来了新契机。

在此形势下,国内外一些学者开始致力于 MOOC 与信息素养教育方面的研究。2013 年国外学者 G. Creed-Dikeogu 等[1]从理论上阐述了 MOOC 环境下信息素养教育与学习者信息素养技能的提升。随后,L. Sutton[2]和 B. L. Eden[3]则从应用上阐释了维克森林大学(Wake Forest University)的 Z. Smith Reynolds 图书馆利用社交媒体开展信息素养课程"Lib 100:Acessing Information in the 21st Century"和纽约州立大学图书馆开设元信息素养 MOOC 的案例。P. Bond[4]研究了 MOOC 环境下信息素养教育的模式以及适应 MOOC 学习需求的信息素养能力标准。国内以黄如花为代表的学者对国内外信息素养 MOOC 及其富媒体素养采集特点等进行了调查与分析[5-6];基于用户视角对爱课程网"信息检索"MOOC 学员学习需求以及课程质量的反馈进行了分析[7];调查了 UNESCO、IFLA、ACRL 等机构对信息素养概念的最新定义与要求,以爱课程网开设的"信息检索"MOOC 为案例,提出了 MOOC 背景下信息素养教育变革的对策[8]。叶小娇论述了基于 MOOC 理念的信息素养教育平台的功能结构、教学流程和技术架构设计[9]。卜冰华

---

[*] 本文系国家社会科学基金项目"高校图书馆延伸服务的理论与实践研究"(项目编号:14BTQ016)研究成果之一。

构建了关联主义 MOOC 学习者应具备的信息素养内容框架,并对 MOOC 平台开展信息素养的教育模式进行了探究[10]。孙辉探讨了基于 MOOC 的翻转课堂在高校信息素养教育中的应用[11]。

综上所述,国外学者在理论上侧重于 MOOC 环境下信息素养技能、信息素养教育能力标准以及信息素养教育模式等方面的研究;国内学者侧重于国内外信息素养 MOOC 建设现状的调研、基于 MOOC 的信息素养平台设计、信息素养教育内容框架与教育模式以及翻转课堂在信息素养教育的应用等方面的研究。在已有理论和实践研究中,缺少对国内外信息素养 MOOC 的影响因素分析及关键成功因素总结研究,但这方面的调研分析和归纳总结对于国内高校信息素养 MOOC 建设和发展非常重要。本文在调研 27 门国内外高校信息素养 MOOC 的基础上,利用典型案例分析法和基于专家访谈的关键成功因素分析法总结信息素养 MOOC 的关键成功因素,旨在为国内高校信息素养 MOOC 的建设与发展提供参考。

2 现状调研与研究方法

2.1 信息素养 MOOC 建设与应用现状

英国国家和大学图书馆协会(简称 SCONUL)下属的信息素养咨询委员会于 1999 年提出"高等教育中的信息技能——7 项指标"模型[12];2011 年 SCONUL 发布新版信息素养七要素标准时指出信息素养是"一个覆盖数字、视觉及媒体素养、学术能力、信息处理、信息技能、数据监护及数据管理的涵盖性概念"[13]。基于 SCONUL 对于信息素养概念范围的界定,本文在已有文献[5]基础上,利用网络调研法对国内外主要 MOOC 平台上信息素养 MOOC 建设与应用情况进行调研。调研发现:截至 2015 年 6 月 12 日,在国内外 14 个 MOOC 平台上高校共开设 27 门信息素养类 MOOC,其中国外高校开设 17 门,占 63%;国内高校开设 10 门,占 37%。最早开设的信息素养类 MOOC 是多伦多大学于 2013 年 4 月在 Coursera 平台开设的"统计:让数据更有意义(Statistics:Making Sense of Data)"。

基于 SCONUL 新版信息素养七要素标准的范围界定,按照内容划分,信息素养 MOOC 主要包括:传统信息素养、数据素养、媒体素养、视觉素养和新时代信息素养 5 种类型。其中,传统信息素养 MOOC 有 6 门,占 22%;数据素养 MOOC 有 11 门,占 41%;媒体素养 MOOC 和视觉素养 MOOC 各有 4 门,各占 15%;新时代信息素养 MOOC 有 2 门,占 7%。可见,数据素养 MOOC 所占比例位居首位,其原因在于:大数据环境下,数据素养显得尤为重要，对数据的管理能力是未来信息素养的重要能力之一。新时代信息素养MOOC根据SCONUL信息素养新标准来设计教学内容的，仅有纽约州立大学的"元素养"和武汉大学的"信息检索"。此外，一些信息素养MOOC的学员关注度较高，报名注册的人数较多，结课率也较高。对这些信息素养MOOC的关键成功因素进行归纳总结对于信息素养MOOC的建设与实践具有重要参考价值和指导意义。鉴于此，本文在典型案例分析基础上运用基于专家访谈的关键成功因素法来分析和总结信息素养MOOC的关键成功因素。

2.2 关键成功因素法之专家访谈

关键成功因素（key success factors，KSF）分析法由哈佛大学教授W. Zani于1970年首次提出，是用来确定影响行业成功关键因素的一种研究方法[14]。关键成功因素分析法根据目标与影响因素的相互作用，通常结合专家访谈法、竞争分析法、层次分析法、因子分析法等来确定主要关键因素。本文基于典型案例分析和研究初步提出国内外高校信息素养MOOC的成功关键因素，采取常用的专家访谈对受访对象进行面对面、邮件等形式的深度访谈，以进一步分析和佐证成功关键因素。

专家访谈对象选取原则为受访对象具有代表性、权威性和可靠性。在受访对象选取时充分考虑了同质性（访谈对象均为图书情报界人士且曾参与过信息素养MOOC的授课或学习）和异质性（身份涵盖专家、学生、教师、图书馆员）问题，最终确定10名受访对象，包括：信息素养MOOC授课者2名、信息素养MOOC学员3名、图书情报专业学生2名、图书馆员2名以及专职教师1名。这些受访对象来自国内不同知名高校，且身份具备代表性；信息素养MOOC授课者为国内图书情报界专家，具有权威性和可靠性。访谈采取面对面和邮件的半结构化访谈方式。访谈内容主要包括：信息素养MOOC课程优势、信息素养技能提升、教学目标、设计思路、教学方法及内容设计、课程素材选取、制作与运维、课程互动与新技术应用、课程考核与结课率影响因素、课程评价与学员反馈等方面。

受访对象普遍认为信息素养MOOC与传统信息素养课程相比，最大优势在于提供了互动的机制，包括人机互动、师生互动和学生互动，为学习者提供了完整的学习体验。信息素养MOOC改变了传统以教师单向传授知识为主的教学方式，强调以学习者为中心、交互式学习、提供各种学习支持服务，更加注重激发学习者的学习兴趣和主动性；在教学目标和信息素养能力培养方面，信息素养授课者均紧密结合国际最新信息素养能力标准，将一些新信息素养技能和能力标准融入到课程中，注重信息素养技能培养的与时俱进；在教学总体设计方面，授课者信息素养教育要结合现实社会所需展开，具备解决实际生活中各种问题的能力；在课程素材选取、制作与运维方面，授课者注重图片、动画、电影等大量不同类型的媒体素材的应用，有利于激发学员的学习兴趣；在课程运维方面，MOOC团队负责课程的运行和维护，主要包括：负责QQ群、课程论坛、微博等的交流回复，负责单元测验和考试的评分，负责课程相关通知的发布等；在课程互动性方面，受访对象普遍认为课程互动与新技术应用是信息素养MOOC受到学习者欢迎的重要因素之一，授课者在课程设计时均充分考虑到互动性，为学生提供了各种用户交互性社区，同时也尝试引入QQ等社交媒体，并得到了学员的良好评价；在课程考核方面，考核成绩一般由多部分成绩组成，授课者鼓励学生进行互动式学习，将课程讨论纳入考核指标，并使其在课程成绩中占有较大比重，考核方式更加注重学生综合能力和实践能力的考核，而不仅是知识记忆能力；在结课率影响因素方面，学员普遍认为资源版权问题在一定程度上影响了结课率，学分和证书奖励是学员完成MOOC全程学习的重要激励因素。

3 信息素养MOOC关键成功因素分析

在典型案例分析和专家访谈基础上，本文根据教学设计所包含的教学设计、教学内容、教学方法、教学考核和教学效果5个主要环节[15]将国内外高校信息素养MOOC关键成功因素归纳如下：

3.1 教学总体设计注重实际应用

SCONUL信息素养模型从两方面诠释了高校信息素养教育的内涵：①围绕高校学习中所需的信息检索、分析和研究技能展开；②结合现实社会中的信息获取、管理和使用及在不同社会环境，围绕更为宽泛的信息素养技能展开。其中第二个方面强调了信息素养教育要结合现实社会所需展开，具备解决实际生活中各种问题的能力。由此可见，信息素养课程是一门应用性很强的课程，其宗旨是解决人们学习、工作、科研、生活中各种与信息相关的问题。

大多数信息素养MOOC在课程总体设计上非常注重实际应用，注重理论与实践相结合。在讲授检索工具或数据库使用方法时，不仅仅从功能、使用等方面加以介绍，更有大量生动的具体案例，便于学生通过案例掌握信息素养理论、技能和方法。例如，武汉大学的"信息检索"MOOC结合电影《搜索》片段介绍信息检索概念及其在实际生活中的应用；西北大学的"理解谷歌，理解媒体"MOOC 介绍 Google 等新媒体与出版、广告、视频、社会媒体、移动电话等的关联，课程内容与实际生活联系非常紧密。武汉大学"信息检索"MOOC 的学员反馈为："课程内容充实，既贴合实际生活又对专业知识做了讲解，收获很大；课程与实际生活联系紧密，为承担信息检索课程的工作人员的授课思路带来很大启发"。由此可见，注重实际应用的课程总体设计，不仅有利于学生掌握信息素养的相关知识和技能，还有利于真正达到学以致用的学习目标。

3.2 教学内容设计注重结合国际最新信息素养能力标准

2011 年，SCONUL 发布新版信息素养七要素标准；2014 年 11 月，美国大学与研究图书馆协会（Association of College & Research Libraries，ACRL）也推出了面向高等教育的信息素养框架第三版，对信息素养重新定义：信息素养的概念正不断扩大，还包括数据素养（data literacy）、视觉素养（visual literacy）和媒体素养（media literacy）等一些新兴信息素养技能，它们通常被称为 21 世纪的必备技能[16]。

通过对国内外高校开设的 27 门信息素养 MOOC 进行调研发现：数据素养 MOOC、媒体素养 MOOC 和视觉素养 MOOC 共占信息素养 MOOC 的 71%。由此可见，数据素养、媒体素养和视觉素养 3 类信息素养 MOOC 是高校信息素养 MOOC 的主力军，尤其是数据素养 MOOC 所占比例最高。调研发现：这 3 类信息素养 MOOC 大多数在课程教学目标和课程体系设计上体现了与信息素养国际最新能力标准框架相结合的特质，将其包含的数据素养、视觉素养和媒体素养能力要求融入和贯穿到整个课程中。如复旦大学的"大数据与信息传播"主要介绍人、媒介、信息在社会化媒体环境下的新规律，在课程内容设计上融入社会化媒体环境下信息传播新规律、数据分析工具和方法等知识点，课程教学目标之一就是提升学生在社会化媒体环境下处理和利用数据信息的能力，与 2011 新版 SCONUL 信息素养框架中数据素养的培养目标基本吻合。

相对于传统信息素养 MOOC，这 3 类信息素养 MOOC 更加容易引起学生的学习兴趣，学生关注度较高；缺点是对授课教师挑战较大，需要教师花费大量时间和精力设计教学内容和备课。国内信息素养 MOOC 则更倾向于将数据素养、视觉素养、媒体素养等新信息素养技能嵌入到传统信息素养课程中，其优点是一定程度上易实现与传统信息素养的整合；缺点是新兴信息素养授课时间有限导致内容介绍深度不够。例如：武汉大学的"信息检索"MOOC 第 12 讲中,介绍了大数据的概念和特点,并举例说明企业应该如何利用大数据进行市场分析,了解用户的需求[17];第 3 讲"如何利用信息检索提高综合素质"中讲授了如何利用新兴媒体工具(豆瓣、微博、网盘、论坛等)获取研究资料、竞争情报等有价值的信息[18]。可见,"信息检索"这门 MOOC 巧妙地将数据素养、媒体素养相关知识嵌入到整个课程中。专家访谈中,2 名信息素养 MOOC 授课者均表示课程教学目标与内容设计考虑到与国际最新信息素养能力标准相结合,将一些新信息素养技能和能力标准融入到整个课程中,并得到了学员的较好评价。由此可见,紧密结合国际最新信息素养能力标准的课程内容体系设计是信息素养 MOOC 成功的核心要素。

3.3 教学内容注重碎片化和模块化

MOOC 课程的特点之一就是微视频和知识内容的碎片化。2013 年,美国哈佛大学的一项研究表明,微视频有助于学习者保持注意力高度集中,从而提高学习效果[19]。通过调研发现:被调研 MOOC 微频长度一般为 10 分钟左右且教学内容相对独立和完整,非常注重知识内容的碎片化,方便学习者利用其碎片化的空闲时间随时完成课程内容的学习,受到了广大学习者的欢迎和认可。此外,MOOC 微视频教学内容按照主题和知识单元进行切分,内容设计相对独立和完整,充分体现了内容设计的模块化。以武汉大学的"信息检索"MOOC 为例,该课程采集的媒体素材多为短小精悍为主,视频素材多为片段形式,电影素材多以 3 分钟以内的片段为主;文本素材多为简洁的提纲式短语形式,知识内容条理清晰且便于学生掌握学习重点。按照学习对象的不同,该课程将教学内容分为 3 个模块,即公众模块、学习和科研模块、商业应用模块。公众模块在内容选择上多以生活中经常遇到的信息检索相关问题和生动有趣的案例、电影片段等为主;学习和科研模块主要讲授信息检索常用的基本方法、信息检索常用工具、使用方法和技巧,教学内容相对公众模块而言专业性更强,主要是以图像、文本和实例来辅助教学;商业应用模块总结了利用信息检索解决问题的流程,并采用多个贴近主题的视频,包括各种具有现实意义的访谈,结合案例讲解如何通过信息检索解决工作、生活中的各种问题。

3.4 教学方法强调交互式学习和新媒体运用

交互式学习是 MOOC 的一个显著特征,贯穿于测验、作业、考试等过程中。MOOC 的互动性为信息素养课程中学生的交流与互动创造了有利条件。通过调研发现：目前信息素养 MOOC 的互动模式包括线上互动和线下互动两种，其中大多数信息素养 MOOC 更注重线上互动，依托网上讨论区、社交媒体、QQ 群等进行互动交流。国内信息素养 MOOC 侧重利用网上讨论区、QQ 群进行线上互动。如武汉大学的"信息检索"MOOC 采用 QQ 群、课程论坛、微博等方式进行在线交流和讨论，其中课程讨论区包括：教师答疑区、课堂交流区、综合讨论区、师生实践互动区等版块。而利用社交媒体来增强学生互动性的模式多见于国外信息素养 MOOC。大多数国外的 MOOC 平台有其专门的社交媒体（如 Facebook、Twitter）登录接口，学生可以直接通过自己的社交媒体账号进行交流与互动，分享学习心得。例如，奥克兰大学的"洞察数据：数据分析导论"和德克萨斯大学阿灵顿分校的"数据，分析和学习"两门 MOOC 均利用 Twitter 等社交媒体发起讨论话题，并鼓励学生积极参与。大多数信息素养 MOOC 依托网上讨论区等进行线上交互，主要表现为：①师生交互，教师参与讨论区等进行在线辅导和答疑；②学生交互，学生之间围绕问题进行交流、互动与分享，营造协作式学习的氛围；③人机交互，系统会自动记录学习轨迹并对在线提交练习自动评分，学生可查看相关评估。

此外，被调研信息素养 MOOC 比较重视新媒体的运用，通常在课件中插入图片、动画、电影等大量不同类型的媒体素材。新媒体的运用不仅丰富了教学内容，而且还有利于激发学员的学习兴趣，带来全新的课程体验和学习感受。例如，武汉大学的"信息检索"这门 MOOC 包含了 1 500 余幅图像、28 段视频、2 段动画、1 段声音等[6]，在第 9 讲"求助专家"章节中，使用 8 幅生动有趣的图片，阐述了向图书馆员求助是解决信息检索难题的有效渠道。

综上所述，交互式学习注重学习渠道的建立，学生要探寻与各类信息资源的交互渠道以及与他人的交流渠道。新媒体的运用丰富了教学内容和教学形式，给学生带来了全新的课程体验和学习感受。由此可见，交互式学习和新媒体运用在一定程度上能激发的学生学习兴趣，促进学生主动思考，进而提高学生的学习效果。

3.5 建立多元的评价考核方式

大多数信息素养 MOOC 均采用多元的评价考核形式，考核一般由单元测验和单元作业、讨论互动和结课考试 3 部分组成。其中，单元测验和单元作业要求学生在规定时间段内完成并提交，单元作业主要是与课程内容有关的应用性练习，考核为方式多要求学生提交综述、论文、报告等，较之简单的测验,这种考核形式为学生以后独立从事科学研究奠定了良好基础。学生在准备撰写综述和论文过程中,锻炼了自己信息分析和归纳总结的能力。单元作业采取互评方式并通常规定了作业互评最少个数,学生只有提交作业后才能参加互评。讨论互动包括学生参与讨论区提出和回答问题的活跃程度以及单元作业互评的活跃程度。结课考试要求学生在规定时间段内完成并提交,考试包括单项选择题、论文等形式。例如,武汉大学"信息检索"MOOC的考核方式为单元测验占30%,单元作业占10%,课程讨论占30%,考试占30%[20];哈尔滨工业大学的"大数据算法"MOOC平时成绩和期末成绩各占50%,平时成绩是每次课布置的作业,每讲之后会有一个半开放式的作业,采取互评的方法打分,取最高两次分数的平均分作为平时成绩,期末考试是一篇结题论文,学生需要在结课之后2个月内完成初稿[21]。

由此可见,被调研的国内外高校信息素养MOOC多数采取多元化的评价考核方式,鼓励学生互动式学习,将课程讨论纳入考核指标,并在课程成绩中占有较大比重。多元化的评价考核方式更加注重学生综合能力(如逻辑分析、信息分析、归纳总结能力等)和实践能力的考核,而不仅是知识记忆能力,这种交互式学习和结题论文等考试方式对学生综合能力的提升大有裨益。此外,由于信息素养课程的实践性比较强,因此只有采用多元的评价考核方式才能达到课程能力培养的最终目标。

3.6 积极利用OA资源和证书奖励提升结课率

目前,MOOC发展面临的最大问题就是资源的版权问题。授课教师若直接使用数据库的资源作为链接,非本校学习者就不能访问资源,且会产生版权问题。这就导致MOOC课程在资料的利用深度和规模上,很难将学习资料无缝、全面、系统地融合到MOOC教学中。在被调研的信息素养MOOC中,大多数MOOC均非常注重对开放获取(OA)资源的积极利用,所使用的绝大部分信息资源都是可以免费使用的。随着OA运动的快速发展,OA资源占有越来越大的份额。国外综合性的OA资源网站有DOAJ、Seirus、OpenScienceDirectory、HighWirePress等。充分利用好这些OA资源,能在一定程度上解决MOOC发展面临的资源版权问题。例如,武汉大学的"信息检索"MOOC拓展阅读材料均来自网站公开的免费资料,视频均来自优酷、我乐等免费视频网站;中国科技大学的"文献管理与信息分析"MOOC在介绍信息跟踪与管理时利用免费、开源的软件工具阐述其功能和使用方法。因此,高校可借鉴这些做法,充分利用OA资源,在一定程度上解决信息素养 MOOC 所遇到的资源版权障碍难题。

在被调研的 27 门高校信息素养 MOOC 中,有 23 门 MOOC 提供证书,占总数的 85%。证书包括免费/付费证书、仅免费证书和仅付费证书 3 种类型,分别占 31%、52% 和 17%。提供免费/付费证书的 MOOC 如北卡罗来纳大学教堂山分校的"元数据：组织和发现信息"等；仅提供免费证书的如加州理工学院的"从数据中学习"等；仅提供付费证书的如伊利诺伊大学香槟分校的"数据可视化"等。国内高校信息素养 MOOC 提供的证书包括免费/付费证书和仅免费证书两类,其典型代表分别是中国科学技术大学的"文献管理与信息分析"和华中师范大学的"视觉信息设计"两门 MOOC。中国科学技术大学的"文献管理与信息分析"MOOC 声明：与其合作学校的学生选课并完成课程要求后,即可获得本校的学分,可获得有授课教师签名的结课证书；与其合作学校之外的其他高校及社会人士完成课程且分数达到及格线后,将获得中国科技大学和 TopU 共同提供的证书[22]。

综上所述,积极利用 OA 资源不仅可以保证学生能无障碍地获取课程相关教参资料,也有利于学生完成 MOOC 的全程参与和学习,一定程度上保障和提高 MOOC 的结课率。此外,学分和证书奖励既是鼓励学生完成 MOOC 课程学习的重要激励因素,也是提升学生结课率的关键影响因素。

4 总结与展望

随着新技术的不断涌现,学习者的学习习惯、学习行为、学习环境、信息需求等都在不断变化。高校信息素养教育也应与时俱进,不断更新其教学内容,借助信息技术手段,采取更适合的教学方式,不断提升新环境下学习者的信息素养技能。本文通过对国内外主要 MOOC 平台上的 27 门高校信息素养 MOOC 的调研,基于典型案例分析和专家访谈结果,根据教学设计的 5 个主要环节,将高校信息素养 MOOC 关键成功因素归纳总结为 6 个方面。本文对 MOOC 关键成功因素的总结,意义主要体现在两个方面：①关键成功因素的初步归纳,可为今后以实证研究为导向的研究和验证提供基础；②关键成功因素的识别有助于为国内高校信息素养 MOOC 建设和发展提供参考。国内高校可充分利用 MOOC 的优势与理念,将 MOOC 融入到信息素养教育中,借鉴国内外高校信息素养 MOOC 实践的成功经验,不断探索和推进高校信息素养教育的改革和创新。

参考文献：

[1]　Creed-Dikeogu G, Clark C. Are you MOOC-ing yet? [EB/OL]. [2015-05-15].

http://newprairiepress.org/cgi/viewcontent.cgi?article=1030&context=culsproceedings.

[2] Sutton L. A MOOC of our own[EB/OL].[2015-05-15].http://lj.libraryjournal.com/2013/12/academic-libraries/a-mooc-of-our-own.

[3] Eden B L. A review of "Metaliteracy:Reinventing Information Literacy to Empower Learners"[EB/OL].[2015-05-15].http://www.tandfonline.com/doi/pdf/10.1080/1941126X.2015.999568.

[4] Bond P. Information literacy in MOOCs[J]. Current Issues in Emerging eLearning,2015,2(1):1-19.

[5] 黄如花,钟雨祺,熊婉盈. 国内外信息素养类 MOOC 的调查与分析[J]. 图书与情报,2014,(6):1-7.

[6] 黄如花,李英子. MOOC 中富媒体素材采集的特点——以信息素养类课程为例[J]. 图书与情报,2014,(6):8-13.

[7] 黄如花,李白杨. 用户视角下的信息素养类 MOOC 需求分析与质量反馈[J]. 图书馆,2015,(7):26-29.

[8] 黄如花,李白杨. MOOC 背景下信息素养教育的变革[J]. 图书情报知识,2015,(4):14-25.

[9] 叶小娇,贺俊英,刘博影. 高校信息素养教育中 MOOC 与课堂混合教学模式研究[J]. 西昌学院学报(自然科学版),2015,(2):104-107.

[10] 卜冰华. 关联主义 MOOC 的信息素养教育探究[J]. 图书馆,2015,(4):99-101.

[11] 孙辉. 基于 MOOC 的翻转课堂在高校信息素养教育中的应用探讨[J]. 甘肃科技纵横,2015,(2):69-71.

[12] Use of SCONUL'S 7 pillars model for information literacy[EB/OL].[2015-05-12]. http://www.sconul.ac.uk/search?searchBox=information%20literacy&sort_by=created&sort_order=DESC&page=5.

[13] The SCONUL seven pillars of information literacy core model for higher education[EB/OL].[2015-05-12]. http://www.sconul.ac.uk/sites/default/files/documents/coremodel.pdf.

[14] 关键成功因素分析法[EB/OL].[2015-05-10]. http://baike.baidu.com/link?url=L0GTaJAX l8e4AvnfJJ7YA8HFpb7I9JNPpGXBTVLIQXXnSvlvoy7lj-9GAFQ21lP8ryWAJb_6nabI0o3G DwT4Rq.

[15] 教学设计环节[EB/OL].[2015-06-20]. http://zhidao.baidu.com/link?url=vZvzLJAEoi5diwj3o _ywkRGpxrlAarub5 ZiV8zdK5hVga_6qzqEr8T24K_4uuY-bfX1BHXtjZ_lomI2KxZVI5q.

[16] 黄如花,钟雨祺. 信息检索 MOOC 教学内容的设计思路[J]. 图书与情报,2015,(1):3-7.

[17] 如何利用大数据获取市场信息[EB/OL].[2015-06-25]. http://

www.icourse163.org/learn/ whu-29001? tid = 244006#/learn/content? type = detail&id = 520346.

[18] 如何利用信息检索提高综合素质[EB/OL].[2015-06-25].http://www.icourse163.org/learn/ whu-29001? tid = 244006 #/learn/content? type = detail&id = 520279.

[19] Massive open online course[EB/OL].[2015-06-25].http://en.wikipedia.org/wiki/Massive_open _online_course.

[20] 信息检索 MOOC 评分标准[EB/OL].[2015-06-25].http://www.icourse163.org/learn/whu- 29001#/learn/score.

[21] 大数据算法 MOOC 评分标准[EB/OL].[2015-06-25].http://www.icourse163.org/learn/hit- 10001? tid = 253002#/learn/score.

[22] 文献管理与信息分析 MOOC 证书要求[EB/OL].[2015-06-25].http://www.topu.com/mooc/ 3805? EDM0228.

作者简介

蒋丽丽：负责内容撰写、网络调研与案例分析、专家访谈问题设计与访谈、信息素养 MOOC 关键成功因素总结；

陈幼华：负责论文研究方向、框架设计及专家访谈问题设计指导。

国外高校图书馆嵌入课程管理系统研究

1 引言

课程管理系统（course management systems，CMS），又称为 courseware[1]、虚拟学习环境（virtual learning environments，VLEs）[2]、课程管理软件[3]（course management software，CMS）、课程管理系统包[4]（course-management software packages，CMSP）、学习管理系统[5]（learning-management system，LMS）、e-courseware、e-learning courseware、管理学习环境（managed learning environment，MLE）[6]等。高校图书馆嵌入课程管理系统这一命题，最早由 David Cohen 于 2001 年正式提出[3]，随后引起国外学者们的广泛关注。10年来，国外学者主要围绕嵌入意义、嵌入方法，嵌入内容以及嵌入面临的问题进行了研究。

2 研究的焦点

2.1 嵌入意义

嵌入意义，也叫嵌入的必要性，或者说驱动力。国外学者主要从以下两个方面论述高校图书馆嵌入课程管理系统的意义和必要性。

2.1.1 高校教学环境发生变化，需要图书馆提供与之匹配的服务

使用软件管理在线课程起源于广播通信技术在远程教育中的应用，在美国，休斯顿大学于 20 世纪 50 年代最先为学生提供电视课程[7]。如今的课程管理系统是在 20 世纪 90 年代中期开始发展起来的，伴随着网络技术对在线获取和分享信息的支持，课程管理系统逐渐从继续教育、远程教育渗透到普通高等教育的各个领域，Blackboard、WebCT 等课程管理系统被越来越多的高校引入，应用日益普及，逐渐成为高校教学的主战场，成为高校师生新的工作、学习空间。美国校园信息化计划调查结果显示，2010 年美国有 93.1%的高校采用了课程管理系统[8]。

另一方面，虽然很多课程管理系统提供教育资源中心模块，但这些模块通常指向的是那些需要购买才能获取的资源和那些提供低质量信息的免费网站，而对本校的图书馆资源没能有效揭示和链接，这一局面造成很多教师不得不自己从别处查找、下载资料或扫描纸质版资料，然后再上传到课程管理系统中，这种方式下，教师和学生均需要花费大量的时间查找、获取资源，效率低下，事倍功半，且有可能触犯版权法，引起法律纠纷。于是，这种基于课程管理系统的网络化学习环境对图书馆的信息服务提出新的要求，如何把资源和服务推广到师生们的教学环境中，为这种新的教学环境提供与之匹配的信息服务成为新时期高校图书馆面临的重要课题。

2.1.2 高校图书馆地位发生变化，泛在服务要求图书馆开展嵌入式服务 数字化和网络化环境给高校图书馆带来严峻挑战，其服务模式和服务内容需要做出重大调整以适应变化了的环境和用户需求。一方面，数字化和网络化促进了资源的可查找性和易获取性，丰富的数字化资源和Google等搜索引擎的强大功能与普遍使用，使图书馆不再是信息获取的唯一或首选方式，即使对于高校师生，图书馆也不再是其获取学术信息的首选，如2005年OCLC发布的关于大学生对图书馆及其资源认知的调查报告显示，89%的大学生使用搜索引擎开始信息检索，只有2%的大学生从图书馆网站开始信息检索[9]。网络环境下图书馆的信息中心作用逐渐被弱化，而且正如David Cohen所言，如果高校图书馆不能融入到课程管理系统的教学环境中，图书馆将面临严峻问题，其作为信息资源组织、筛选和建设者的作用也将减弱，更严重的是，大学图书馆员将失去其在促进大学学生学习和教师科研方面发挥作用的机会[3]。另一方面，网络信息巨量、芜杂，质量参差不齐，海量的网络信息造成信息超载，给用户甄别信息带来巨大压力。随时随地获取信息与指导的泛在服务模式成为当今用户的急需。以图书馆网站为阵地的被动式服务已经不能满足用户需求，把图书馆资源与服务嵌入用户的工作与学习环境，使用户在需要信息时不必离开自己熟悉的环境，随时可以利用图书馆，即嵌入用户环境的主动性嵌入式服务成为图书馆服务创新的趋势。而嵌入教学环境，即嵌入课程管理系统的高校图书馆服务，则是嵌入式服务的最重要途径之一。

2.2 嵌入方法

高校图书馆嵌入课程管理系统的必要性和意义很快引起国外学者和高校图书馆从业者的高度认同，而进一步的问题就是研究嵌入方法和策略，即如何嵌入的问题。关于嵌入方法和策略的研究，代表人物 John D. Shank 和 Nancy H. Dewald 分别提出了宏观图书馆嵌入法（macro-level library courseware involvement，MALLCI）和微观图书馆嵌入法（micro-level library courseware involvement，MILLCI），并且指出，宏观法的实施必须要与课程管理系统的开发者和程序设计者合作，使图书馆网站整体呈现在课程管理系统中[1]。由此可见，宏观层次是在一个定制化（个性化）程度较低的情形下对图书馆网站的整体嵌入。微观法则要求针对每门特定课程重新组织图书馆的资源和服务，将与具体课程任务相关的图书馆资源整合到课程管理系统中。也有学者将宏观和微观嵌入方法称为通用法（generic approach）和个性法（personal approach）[10]，这些嵌入方法理念被后来的学者们普遍接受和采纳，不同的高校图书馆根据自身情况分别采用了不同的方法进行具体的实践探索。

2.3 嵌入内容

关于嵌入内容的理论研究和实践探索是近年来的研究热点和重点。早先，David Cohen 就曾提出课程管理系统可以整合图书馆的资源、参考咨询服务系统、电子教参系统、读者培训服务以及元数据的应用等基本设想[3,11]，国外高校图书馆根据自身情况纷纷尝试将图书馆的资源和服务作为主要内容嵌入到学校课程管理系统中。

2.3.1 资源嵌入　资源嵌入即把图书馆的资源嵌入到课程管理系统中，以便师生们通过课程管理系统快速获取图书馆丰富的资源。具体地，又可分为以下几种形式：

● 将图书馆网站资源整体嵌入。这种模式是把图书馆资源作为一个整体，提供从课程管理系统进入图书馆的入口，提高图书馆的可见性[1]。一般通过在课程管理系统中添加图书馆主页链接，或者添加图书馆工具条的方式，用户通过点击直接进入图书馆网站或者直接进入图书馆检索界面。

● 将图书馆电子教参系统嵌入。Oya Y. Rieger 等人对康奈尔大学教师们的调查发现，教师们最希望在课程管理系统中嵌入的图书馆资源是电子教参和学科专业数据库，通常教师们不知道获取和处理电子教参的途径和方法，因此在课程管理系统中嵌入图书馆电子教参系统就显得尤为重要[12]。目前高校图书馆应用的电子教参系统主要有两种形式：一种是专门的电子教参系统，例如：Docutek Eres 等。另一种是图书馆集成化管理系统中的电子教参模块，例如：Exlibris 公司的 Aleph500、SIRSI 公司的 Unicorn 和 Endeavor公司的Voyager等系统中的电子教参模块。基于图书馆教参系统实施资源嵌入的方式适合于图书馆已有电子教参系统的高校，如Holy Cross学院实现了已有的Docutek Eres教参系统与Blackboard整合[13]。宾夕法尼亚州立大学使用SIRSI公司的Unicorn图书馆集成化管理系统中的教参模块与该校ANGEL课程管理系统整合[14]。而Charlotte Cubbage介绍了美国西北大学图书馆通过Blackboard使用电子教参传递系统的经验[15]。

● 嵌入课程级的图书馆资源导航。在课程管理系统中嵌入课程级的图书馆资源导航是目前国外高校图书馆采用最普遍，也是获得认可度最高的嵌入模式。通常由图书馆员，主要是参考馆员或学科馆员负责制定针对具体某一课程的图书馆资源导航网页，将该网页嵌入到课程管理系统的具体课程系统中。如Jacqueline Solis和Ellen M. Hampton介绍了北卡罗莱纳大学图书馆通过由图书馆员创建课程级别的网页向课程管理系统推送图书馆资源的具体做法，为其他学术图书馆提供了借鉴（使用统计数据表明，学生们比较喜欢使用该种方式获取图书馆资源）[16]。Kim Duckett等人介绍了北卡罗莱纳州立大学图书馆通过开发小插件Course Views实现为全校6 000多门课程提供课程级别图书馆资源服务的项目，分析了其系统设计、技术实现等相关问题[17-21]。Emily Daly介绍了杜克大学图书馆员与教师合作，以"课程创建者"的身份，利用LibGuides软件，创建课程级的图书馆资源网页，通过该校课程管理系统提供课程级图书馆资源和服务的实践，分析了其实现方式和最终效果，指出其优势与不足[22]。Peterson K.等人介绍了明尼苏达大学图书馆为该校5 000多门课程生成课程级图书馆资源网页的图书馆课程网页系统（library course page system，LCP）[23]。此外，如罗切斯特大学、布朗大学、威斯康星大学麦迪逊分校、俄勒冈州立大学等高校都在尝试将课程级的图书馆资源嵌入到学校课程管理系统中。除高校外，商业机构也对该课题产生了兴趣，如美国Springshare公司推出的产品LibGuides，支持图书馆创建学科级甚至课程级的图书馆页面，目前该产品已经在全球数百家图书馆得以应用[16]。

2.3.2 服务嵌入　服务嵌入是指把图书馆的服务嵌入到高校课程管理系统中，通常包括把图书馆的参考咨询、馆际互借与文献传递、读者培训等服务嵌入到课程管理系统中，使师生们通过课程管理系统直接获取图书馆服务。

● 直接嵌入图书馆服务系统。即在课程管理系统中添加图书馆相关服务系统的链接或插件，如在课程管理系统中添加诸如"Ask a librarian"、馆际互借与文献传递服务系统的链接，用户需要时直接点击即可进入相应服务系统，获取服务帮助。如杜克大学图书馆在 Blackboard 课程管理系统中嵌入 "Ask a librarian"，通过对学生的调查发现，如果课程管理系统设有图书馆的链接，65% 的学生在遇到问题时会考虑联系图书馆进行咨询，反之，如果课程系统中没有图书馆的链接，则只有 43% 的学生会考虑联系图书馆员进行参考咨询[24]。

● 嵌入式图书馆员。这种模式通常是由一个图书馆员嵌入到一个或多个课程中，提供比较深层次的个性化服务与指导，以满足师生们随时随地获取图书馆咨询与培训服务的需求。这些嵌入式的学科馆员或参考馆员一方面与课程老师协作，创建基于课程级的图书馆资源网页；另一方面，针对具体课程提供参考咨询和读者培训，通常会在课程管理系统中添加馆员的联系方式、照片或即时通讯聊天工具等。如 Amy C. York 和 Jason M. Vance 通过对图书馆员的问卷调查和文献调研，分析了通过在课程管理系统中配置嵌入式图书馆员实现信息素质教育的最佳实践[25]。Kara L. Giles 通过与教师建立合作关系，以"课程构建者"身份利用 Blackboard 为学生提供信息素质培训[26]。

● 在课程管理系统中开设信息素质培训课程。这是图书馆员应用课程管理系统的最早尝试，图书馆员以普通教师用户的身份，利用网络课程管理系统开设信息素质教育课程，实施读者培训服务。如 Nancy K. Getty 等人对利用 Web Course in a Box（WCB）、Blackboard、eCollege、WebCT 这 4 种不同的课程管理系统开展各种形式的图书馆使用培训进行了对比与分析[27]。Elizabeth W. Kraemer 对利用 WebCT 开展图书馆指导的优势与不足进行了分析，指出其优势主要包括 WebCT 的成绩册、分析、词表、选择性发布、可定制等功能的应用增加了学生利用新技术的各种体验，不足之处主要是在获取、测试题库建设、课程变化管理、自动测试等功能上存在问题[28]。Rob Lenholt 等人探索了在大学内三个部门的合作下，成功地利用 Blackboard 通过上载与指定课程资源建立链接的 Word 讲义，提供图书馆利用指导培训[29]。Barbara Burd 等学者研究了如何应用课程管理系统开展图书馆信息素质培训课程教学，以成功地满足网络一代学生的个性化学习的需求[30]。Pamela Alexondra Jackson 开展了图书馆员课程管理系统利用现状的调查，结果表明，图书馆员利用课程管理系统提升学生信息素质的能力有待提升，并且建议要在全校范围内进行合作，以促进学生的学习[5]。Maura A. Smale 和 Mariana Regalado 介绍了布鲁克林学院图书馆利用课程管理系统评估图馆指导和信息素质教育的实验项目,分析了该方法的适用性、优势和不足[31]。

以上内容是对目前国外高校图书馆嵌入课程管理系统的嵌入内容的梳理和归纳,当然,这些内容并不是严格区分的,很多图书馆是综合嵌入一种或多种内容,其目的是为了把图书馆的资源和服务以更方便的形式推送到用户教学环境中,促进图书馆发挥作用,提高资源与服务的利用率,辅助师生教与学。

2.4 嵌入所面临的问题

在开展图书馆嵌入课程管理系统的理论研究和实践过程中遇到一系列的问题,也引起了学者们的广泛关注和普遍探讨。总的来说,图书馆嵌入课程管理系统面临的问题主要包括技术问题、法律问题、管理问题、人员问题等。2001年JISC资助开展的"信息资源和学习研究门户:链接数字图书馆和虚拟学习环境"(INveStigating Portals for Information Resources and Learning：Linking digital libraries and VLEs，INSPIRAL)项目从英国高等教育学习者的视角出发,分析了关于链接课程管理系统和数字图书馆的非技术问题、机构问题和最终用户问题[32]。OCLC白皮书《图书馆和E-learning的促进》就图书馆和学习管理系统环境整合所面临的技术、标准等问题进行了专门的论述[33]。Penny Carnaby分析了数字图书馆和e-learning整合涉及的经济问题、著作权问题、5C's(即connection，content，confidence/capatility，collaboration，continuity)等问题[34]。Margaret Markland从技术和人两个方面,论述了数字图书馆系统与数字化学习环境整合面临的挑战,指出技术挑战主要包括跨库检索工具和资源目录管理、OpenURL以及元数据等;人的挑战来自多个方面,如图书馆员和教学人员两大群体业务过程存在不匹配现象、教师拥有的版权知识和对待版权的态度、人与人之间合作等问题[35]。Kristie Saumure和Ali Shiri指出,数字图书馆与课程管理系统两大信息空间的整合主要涉及技术/系统、资源以及人三大问题。其中,技术问题主要有系统界面、集中式的资源管理、互操作/元数据、数字权益管理/版权/e-reserves;资源问题主要有复用性、馆藏发展/管理等[36]。Susan Gibbons[37]指出,图书馆和课程管理系统整合的主要障碍是技术障碍和文化障碍。Sirje Virkus等人分析了图书馆嵌入课程管理系统面临的技术、人以及管理的问题与挑战[38]。

3 研究特点与趋势

3.1 理论研究与实践活动结合密切

高校图书馆嵌入课程管理系统这一命题是一个具有较强实际意义和价值的问题,在国外得到了理论研究者和高校图书馆从业人员的密切关注和高度重视,理论研究和实践活动同时进行,相互配合,理论指导实践,在实践中总结经验完善理论,取得了卓越的成就。

3.2 利用 Web 2.0、云计算等技术开展嵌入服务是未来研究和实践探索的重要趋势

在开展嵌入课程管理系统的高校图书馆服务过程中面临一系列的问题,如技术、人员、文化、法律等,而 Web2.0 和云计算技术以其独特的优势,如交互性强,互动性好,技术门槛低,经费、人员投入少等,在支持开展嵌入课程管理系统的高校图书馆服务方面具有较大的发展空间,成为该领域未来研究和实践的重要趋势之一。Jacqueline Solis 指出探索在课程级图书馆资源网页内嵌入更多 Web 2.0 技术的方法是未来发展趋势,如增加相关动态内容、添加 RSS、增加课程级的 del.icio.us 账号,以便于学生添加标注,分享课程相关的网站等[16]。而对美国高等教育利用信息技术的调查结果表明,云计算将是未来高校图书馆嵌入课程管理系统的重要发展趋势[39]。

3.3 嵌入效果评估研究将成为重要议题

高校图书馆嵌入课程管理系统具有重要的现实意义和价值,但同时也需要耗费大量的人力、物力,为了确保获得较高的投入产出效益,对嵌入效果进行科学的评估成为必不可少的环节,尤其是随着国内外开展嵌入课程管理系统的高校图书馆服务实践的深入,对嵌入效果评估的研究越来越重要和迫切,如何制定科学有效的评估方法将是该领域未来研究的重要议题。

4 对我国高校图书馆嵌入课程管理系统的启示

国外的理论研究和实践探索为我国高校图书馆嵌入课程管理系统提供了很好的借鉴和指导,研究发现,要成功实现高校图书馆嵌入课程管理系统,并真正发挥图书馆对高校教学工作的信息支撑作用,需要从以下几方面加强努力:

4.1 加强合作

图书馆要努力和学校教务管理部门、信息系统管理部门、各院系展开合作，使学校上层及各相关部门认识到课程管理系统和图书馆两大系统的整合应作为数字化学习环境建设的重要内容，建立引进、应用、评估课程管理系统等一整套管理制度，制定高校内部基于课程管理系统提供图书馆服务的有效合作机制，促进图书馆资源提供商、课程管理系统以及高校之间的协作，是实现高校图书馆嵌入课程管理系统的重要保障。

4.2 人员引导

充分挖掘图书馆现有人员队伍的潜力，加大高素质人才的引进，为馆员设计新的工作岗位，或为传统岗位赋予新的职责，引导馆员改变被动服务的理念，鼓励馆员积极地走出去，走进院系、走进课堂，与教师开展充分的交流与合作，提供基于学科、嵌入课堂的深层次、个性化的图书馆服务，使馆员认识到嵌入课程管理系统是实现学科化服务的重要途径，是图书馆深化服务的有效渠道，是提升图书馆及其图书馆员在高校以及师生中地位的重要方式。

4.3 技术支持

高校图书馆嵌入课程管理系统的深层次、高效率实施需要一系列的技术支持，研究和分析相关技术，积极推进图书馆集成化管理系统与课程管理系统之间的合作研发，有效利用技术实现低成本、高效率的嵌入是未来发展的重要途径和方向。

4.4 工作流优化

对图书馆的工作流程进行优化，努力把握课程管理系统用户的信息资源需求，构建基于数字学习需求的文献保障体系，开展与数字化学习环境相适应的资源服务，促进图书馆员与教师之间良好的合作，加强对师生信息素质的培训，使图书馆的一切工作都以基于课程管理系统满足全校师生的需求为出发点。

4.5 不断尝试

高校图书馆嵌入课程管理系统是深化图书馆服务的重要途径和方式，也是一个长期的探索过程，在现有情况下，各高校图书馆要根据自身情况选择可行的方案,加强实践探索,在实践中不断总结经验,加强交流与合作,而不是等待所有条件都成熟了或者是等待成熟的嵌入模式出现后才去实践。每个地区、每个学校、每个图书馆都有自己的特点和需求,应根据实际情况,选择国外适当案例作为参照,在实践中探索。

参考文献:

[1] Shank J D, Dewald N H. Establishing our presence in courseware: Adding library services to the virtual classroom[J]. Information Technology and Libraries, 2003, 22(1):38-43.

[2] Gibbons S. Strategies for the library: CMS integration barriers[J]. Library Technology Reports, 2005, 41(3): 24-32.

[3] Cohen D. Course-management software: The case for integrating libraries[EB/OL]. [2012-02-02]. http://www.clir.org/pubs/issues/issues23.html.

[4] George J, Martin K. Forging the library courseware link: Providing library support to students in an online classroom environment[J]. College & Research Libraries News, 2004, 65(10): 594-597,613.

[5] Jackson P A. Integrating information literacy into blackboard: Building campus partnerships for successful student learning [J]. The Journal of Academic Librarianship, 2007, 33 (4): 454-461.

[6] Gibbons S. Course-management systems[J]. Library Technology Reports, 2005, 41 (3): 7-11.

[7] Anon. 50 years of Houston PBS history [EB/OL]. [2012-02-02]. http://www.houstonpbs.org/site/PageServer? pagename=abt_history.

[8] Green K C. Capmpus computing 2010: The 21st national survey of computing and information technology in American higher education[EB/OL]. [2012-02-02]. http://download.1105media.com/EDU/ctll11/CampusComputing2011.pdf.

[9] College students' perceptions of libraries and information resources—A report to the OCLC membership[EB/OL]. [2012-02-02]. http://www.oclc.org/asiapacific/zhcn/reports/pdfs/studentperceptions.pdf.

[10] Bell S J, Shank J D. Linking the library to courseware: A strategic alliance to improve learning outcomes[J]. Library Issues, 2004, 25 (2):1-4.

[11] Cohen D. Course management software: Where's the library? [J]. EDUCAUSE Review, 2002,(5/6): 12-13.

[12] Rieger O Y, Horne A K, Revels I. Linking course web sites to library collections and services[J]. The Journal of Academic Librarianship, 2004,30(3):205-211.

[13] Porcaro P C, Cravedi E M. Librarians using courseware: What a 'Novel' idea[EB/OL]. [2012-02-02]. http://www.holycross.edu/departments/library/website/NER-

123

COMP_2003_Pub. ppt.

[14] McCaslin D J. Processing electronic reserves in a large academic library system[J]. Journal of Interlibrary Loan, Document Delivery & Electronic Reserve, 2008,18(3): 335-346.

[15] Cubbage C. Electronic reserves and blackboard's course management system[J]. Journal of Interlibrary Loan, Document Delivery & Information Supply, 2003,13(4):21-32.

[16] Solis J, Hampton E. Promoting a comprehensive view of library resources in a course management system[J]. New Library World, 2009, 110(1-2): 81-91.

[17] Duckett K, Sierra T. Connecting students to library resources through course views, poster presentation for EDUCAUSE learning initiative[EB/OL]. [2012-02-02]. http://www.educause.edu/Resources/ConnectingStudentstoLibraryRes/156666.

[18] Duckett K, Sierra T. Course views: A scalable project to connect students to library resources [EB/OL]. [2012-02-02]. http://www.lib.ncsu.edu/dli/projects/courseviews/educause-2007.ppt.

[19] Duckett K, Casden J. Scaling up library resources for students: Course views at NCSU [EB/OL]. [2012-02-02]. http://www.lib.ncsu.edu/dli/projects/courseviews/LITA-2008.ppt.

[20] Sierra T, Casden J, Duckett K. A scalable approach to providing course-based access to library resources[EB/OL]. [2012-02-02]. http://www.lib.ncsu.edu/dli/projects/courseviews/dlf-fall-2008.ppt.

[21] Casden J, Duckett K, Sierra T, et al. Course views: A scalable approach to providing course-based access to library resources [EB/OL]. [2012-02-02]. http://journal.code4lib.org/articles/1218.

[22] Daly E. Embedding library resources into course management systems: A case study at Duke University[EB/OL]. [2012-02-02]. http://www.slideshare.net/ekdaly/embedding-library-resources-into-course-management-systems-a-case-study-at-duke-university.

[23] Peterson K, Jeffryes J, Nackerud S. Library integration—5000 courses at a time[EB/OL]. [2012-02-02]. http://digitalcommons.macalester.edu/libtech_conf/2010/concurrent_a/29/.

[24] The embedded librarian: Integrating library resources into course management systems [EB/OL]. [2012-02-02]. http://www.slideshare.net/ekdaly/the-embedded-librarian-integrating-library-resources-into-course-management-systems.

[25] York A. Taking library instruction into the online classroom: Best practices for embedded librarians[J]. Journal of Library Administration, 2009, 49(1): 197-209.

[26] Giles K L. Reflections on a privilege: Becoming part of the course through a collaboration

on blackboard[J]. College & Research Libraries News, 2004, 65(5):261-263,268.

[27] Getty N K, Burd B, Burns S K, et al. Using courseware to deliver library instructions via the Web: Four examples[J]. Reference Services Review, 2000, 28(4):349-359.

[28] Kraemer E W. Developing the online learning environment: The pros and cons of using WebCT for library instruction[J]. Information Technology and Libraries, 2003, 22(2): 87-92.

[29] Lenholt R, Costello B, Stryker J. Utilizing blackboard to provide library instruction: Uploading Ms Word handouts with links to course specific resources[J]. Reference Services Review, 2003, 31(3):211-218.

[30] Costello B, Lenholt R, Stryker J. Using blackboard in library instruction: Addressing the learning styles of generations X and Y[J]. The Journal of Academic Librarianship, 2004, 30(6):452-460.

[31] Smale M, Regalado M. Using blackboard to deliver library research skills assessment: A case study[J]. Communications in Information Literacy, 2010, 3(2): 142-157.

[32] Currier S, Brown S, Ekmekçioglu F Ç. INSPIRAL INveStigating portals for information resources and learning: Final report [EB/OL]. [2012-02-02]. http://inspiral.cdlr.strath.ac.uk/documents/INSPfinrep.pdf.

[33] Online Computer Library Center (OCLC). Libraries and the enhancement of e-learning [EB/OL]. [2012-02-02]. http://www5.oclc.org/downloads/community/elearning.pdf.

[34] Carnaby P. E-learing and digital library futures in New Zealand[J]. Library Review, 2005,54(6):346-354.

[35] Markland M. Technology and people: Some challenges when integrating digital library systems into online learning environments[J]. The New Review of Information and Library Research, 2003,9(1):85-96.

[36] Saumure K, Shiri A. Integrating digital libraries and virtual learning environments[J]. Library Review, 2006, 55(8):474-488.

[37] Gibbons S. Integration of libraries and course-management systems [J]. Library Technology Reports, 2005, 41(3):12-20.

[38] Virkus S, Alemu G, Demissie T, et al. Integration of digital libraries and virtual learning environments: A literature review [J]. New Library World, 2009, 110 (3/4): 136-150.

[39] Campus computing 2011: The national survey of e-learning and information technology in American higher education [EB/OL]. [2012-02-02]. http://www.educause.edu/E2011/Program/SESS070.

作者简介

　　李晓娟，女，1964 年生，研究馆员，发表论文 20 余篇；
　　刘　兰，女，1983 年生，馆员，发表论文 10 余篇；
　　于　伶，女，1970 年生，助理馆员，发表论文 2 篇。

引入众包的 MOOC 在线问答系统实现研究[*]

1 引 言

大规模在线开放课程（massive open online course，MOOC）近年来开始引起关注并得到了广泛应用，包括斯坦福大学、普林斯顿大学、清华大学和北京大学在内的众多国内外著名大学都已经加入了开展 MOOC 的行列[1]。MOOC 支持传统的视频资源、文本材料等教学形式，但其更强调学习者之间要进行互动，从教师提供的资源出发，通过丰富的交互行为形成新的知识；MOOC 提倡学习者形成各式各样的在线学习小组，参与者根据不同的主题和方向可以在不同的社交网站上构建学习互助的亚群体，随着学习者的不断聚集衍生出课程的相关网站与资源库[2-3]。作为一种新的远程教学模式，MOOC 的出现依赖于以 Wiki、Facebook 和 Youtube 为代表的社交网络和云端服务平台的飞速发展，这些互联网平台极大地方便了人们的交流、沟通和协同工作，使得地理位置上的距离不再成为问题。

众包（crowdsourcing）是互联网带来的新的生产组织形式，由《连线》（Wired）杂志记者 J. Howe 于 2006 年首次提出，用来描述一种新的商业模式，通常指一个公司或机构把过去由员工执行的工作任务，以自由自愿的形式外包给非特定的大众网络的做法[4]。众包已经在世界范围内取得了巨大的商业成功，经典案例包括维基百科、智能手机应用平台等。众包拥有 3 个基本特征：①基于互联网：众包中企业利用互联网分配工作，以获取创意或解决技术问题，来自世界各地的众包参与者也通过网络获取任务[5]。②开放式生产：众包将产品的研发生产过程开放给外部资源，通过网络汇集公众的知识、技能、信息和技巧进行创新，是网络社会的开放式生产[6]。③自主参与和自主协作：众包基于个人的选择，参与者具有自主性，体现出一种公众的参与式文化[7]。众包作为一种分布式的问题解决和生成模式，

---

[*] 本文系国家自然科学基金青年基金项目"移动社会网络中基于信任关系的情境感知推荐研究"（项目编号：61303025）研究成果之一。

对问题的解决者依据其贡献进行奖励,具有良好的激励机制。针对当前MOOC问答系统存在的问题,本文将众包的激励机制引入MOOC在线问答系统,进一步促进该系统的协同工作和知识分享,提高教学质量。

2 MOOC在线问答系统现状概述

课堂问答是传统"面对面"教学模式中非常重要的组成部分。被誉为教育史上"一场海啸"、"一次教育风暴"[6]和"500年来高等教育领域最为深刻的技术变革"[8]的MOOC,利用在线问答技术还原传统课堂问答场景,促进课堂中师生的协同工作和知识共享。

Coursera[9]是最负盛名的MOOC平台,由美国斯坦福大学教师创办,旨在同世界顶尖大学合作,在线提供免费的网络公开课程。edX[10]是麻省理工学院和哈佛大学于2012年5月联手发布的一个网络在线教学计划,主要目的是配合两校的教学计划,提高教学质量和推广网络在线教育。Udacity[11]是一个私立教育组织,目标是利用MOOC平台实现普惠的教育。学堂在线[12]是由清华大学推出的全球首个中文MOOC平台。实际上当前的MOOC在线问答系统,并没有对"教师提问,学生举手回答"的真实课堂教学场景进行针对性设计。本文总结比较了现有MOOC系统[9-12]在线问答与真实课堂师生问答的过程,如表1所示:

表1 现有MOOC系统在线问答与真实课堂师生问答过程的比较

比较指标	现有MOOC系统在线问答	真实课堂
师生互动方式	教师提问,学生课后回答	教师提问,学生举手回答
老师是否点评	否	是
是否有激励机制	无	有
存在的不足	①缺少实时互动,教师无法及时了解学生对知识的掌握情况,亦无法随之调整授课内容。学生答案也无法得到教师讲评 ②缺乏激励机制,学生不愿意参与作答	①激励手段因教师而异,无成型的激励体系 ②作答的学生往往具有随机性,无法代表全班的水平

以上的调研分析表明当前MOOC系统的在线问答存在以下突出的问题,使其与真实课堂问答相比仍存在较大差距,难以达到预期的教学效果。

（1）在线问答缺乏实时性。Coursera[9]、edX[10]、Udacity[11]和学堂在线[12]等国内外主流MOOC系统均提供了在线问答功能，然而这些在线问答功能不具备实时性：据统计，著名MOOC网站Coursera问答平台中，问题的回答时间中值为22分钟[9]。MOOC需要用户面对终端设备长时间等待，使得教师无法尽快地掌握学生对知识点的掌握情况，学生也无法很快地获得教师的点评。这显然不能满足教学的实时性需求，意味着目前的MOOC还不能替代传统的"面对面"教学模式。

（2）在线问答系统缺乏激励机制。MOOC在线问答缺乏实时性的原因之一是缺乏有效的激励机制。学习者通过终端设备进行在线交互，比线下学习更耗费精力；没有适当的奖励，学习者会缺乏参与在线交互的积极性。目前的MOOC系统[9-12]除了为学习者提供结课证书外，没有其他系统化的学习激励方式，这不利于学习者完整地进行课程学习。虚拟的在线学习环境与传统的课堂教学环境有着明显的区别，教师和学习者基本处于不同的时空状态，学习者在拥有高度自主性的同时缺乏约束；如果没有内部的学习激励，考虑到如厌学、情绪不稳定等非理性心理因素，学习者很难在网络学习环境下具有外部学习动机[13]。

3　MOOC在线问答系统设计

引入众包的MOOC在线问答系统通过结合众包的激励机制与在线问答技术，模拟真实课堂中教师提问、学生举手回答的教学模式。该系统通过教师提问者设置一定的奖励分值来鼓励学生积极作答，并且对成绩差的学生适当给予更多的奖励，为教师选出一组成绩分布合理的学生，使教师能够通过少量学生的答案掌握学生的整体学习状况。

3.1　在线问答系统流程

MOOC在线问答系统流程如下：教师提出问题，并根据问题的难易程度设置相应的奖励分值；学生思考问题答案并自愿进行抢答；系统选出一组学生获得答题资格；获得答题资格的学生提交自己的答案；教师对学生提交的答案进行讲评；系统根据教师给每个答案的评分修改相应学生的历史错误率并对其奖励相应的分值。具体流程如图1所示：

教师提问模块的主要功能在于审查用户资格，记录并显示问题的主题、分值、内容、是否解决的状态等。通过点击提问按钮，教师可以进入提问模块：首先要审核用户的资格，若用户是教师，则可以进入提问页面。学生选择模块用于从抢答的学生中挑选出一组具有代表性的学生来回答问题。

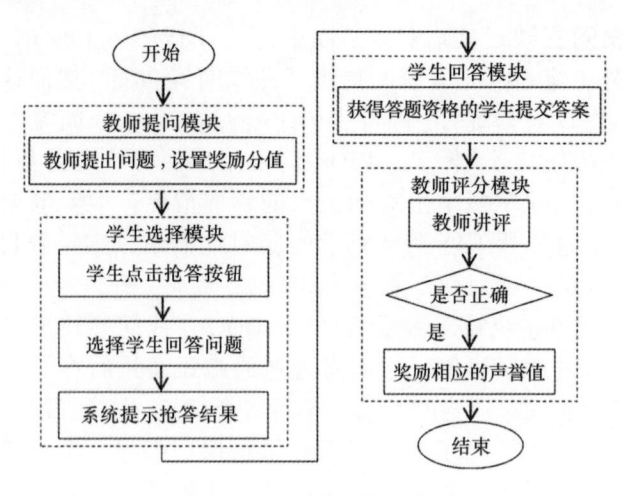

图 1　MOOC 在线问答系统流程

学生回答模块为获得答题资格的学生提供回答问题的功能。教师评分模块提供了评分功能，让教师能为学生提交的答案打分。

3.2　在线问答系统建模

根据 MOOC 在线问答系统的流程，本节将建模在线问答过程，即"教师提问，学生回答"的课堂教学场景。虽然作为商业模式的众包过程与课堂问答过程有着较大差异，但是众包模式良好的激励机制能够有效地激励学生参与 MOOC 在线问答，即教师提出问题后，众包的激励机制根据学生答题的情况自动地分配奖励分值，激励学生积极参与在线问答。

系统首先判断教师的身份，如果是教师则进入提问页，对问题进行设置，输入标题、奖励分值等相关信息。教师提问模块的业务流程如图 2 所示：

学生收到教师提问，点击抢答按钮抢答该问题，教师选择一组抢答的学生回答该问题（学生选择算法详见 3.3 节）。学生选择模块的流程如图 3 所示：

学生回答模块的流程见图 4。被教师选择的学生填写回答内容，确认有回答资格后，提交问题答案给教师。

教师评分模块流程见图 5。教师根据学生的答案，给出并提交相应的分数，并根据分数奖励相应的分值给学生，然后将问题的状态更改为"已解决"。接下来将对 MOOC 在线问答系统流程中的每个部分进行具体的建模。

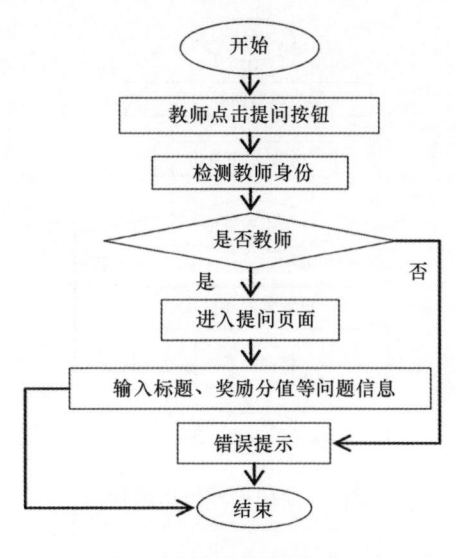

图 2　教师提问模块流程

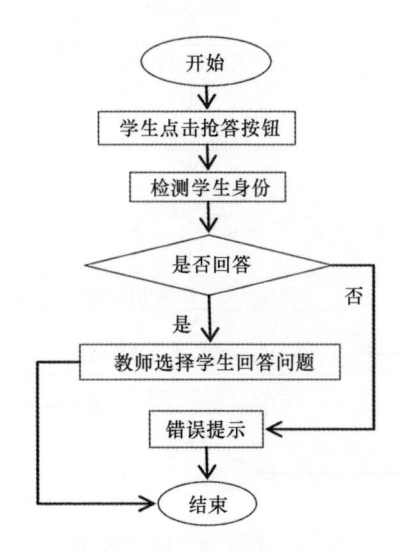

图 3　学生选择模块流程

3.2.1　问题的奖励分值　老师在提问时，根据问题的难易程度和重要程度手动设置相应的奖励分值。目前系统采取 1~5 分 5 种选项，教师可根据具体应用场景中的需要设定奖励分值。在设定奖励上限后，系统可以将不同的分值规约到 5 分制，用于后台计算。

131

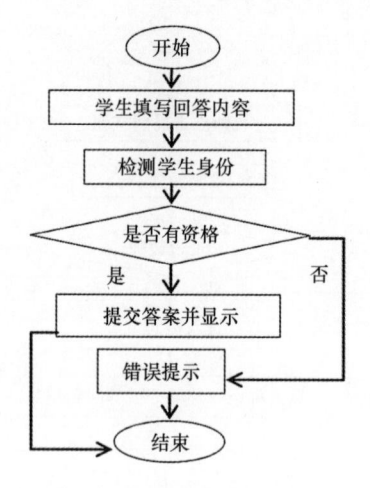

图 4 学生回答模块流程

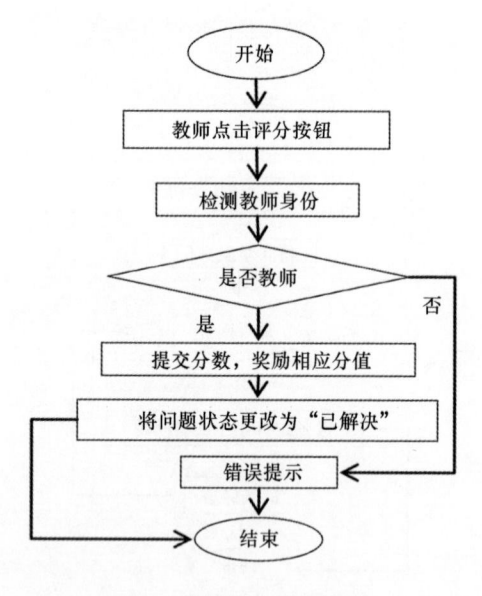

图 5 教师评分模块流程

3.2.2 学生历史错误率 学生的历史错误率（error）由学生的历史答题总数（ann），和学生的历史获得总分（sum）计算得到，如公式（1）所示：

$$e = \frac{sum}{ann} \times 100\% \qquad (1)$$

本文用历史错误率衡量学生成绩：历史错误率越低，说明该生成绩越好；反之该生成绩越差。

3.2.3 学生集合多样性度量 在所有抢答问题的学生中，系统选择其中 n 名学生回答问题。本文目标是使学生在成绩上，即历史错误率上的差异最大化，被选中的学生能尽可能覆盖不同成绩层次的学生，以便教师把握全体学生的学习情况。本文用多样性 div（S）来表示选择出的学生集合 S 中学生的成绩差异，多样性计算方法如公式（2）所示：将集合中所有学生之间的历史错误率差值的绝对值之和，作为该学生集合的多样性。

已知学生集合的历史错误率 E = $\{e_1, e_2, \cdots\cdots, e_n\}$，则：

$$\mathrm{div}(S) = \sum_{s_i \in S} \sum_{s_i \in S, s_j \neq s_i} |e_i - e_j| \qquad (2)$$

3.2.4 学生奖励分值 为了激励不同程度的学生积极参与 MOOC 的在线课堂问答，系统将相对调低成绩优秀学生获得奖励分值，并且相对提高成绩较差学生获得的奖励分值；学生将获得的奖励分值表示为 a_i，该生的历史错误率为 e_i。

学生在某次答题中获得的奖励分值必须有上下限，否则会产生成绩优秀学生获得的奖励分值过低或成绩较差学生获得奖励分值过高的不合理情况。本文设定学生所获奖励分值上限为 B×30%，下限为 B×10%，B 为教师设定的奖励预算。此范围可由教师进行调整，如果侧重于激励，则可调高奖励上限；如果侧重公平，则将奖励的上下限设置得较为接近；如果题目耗时较长，可以将奖励的上下限均设置得较大，目的是选取较少的学生。学生在某次答题中获得的奖励分值可由公式（3）计算：

$$a_i = \begin{cases} \int(a_i) \times e_i & B \times 10\% \leq e_i \leq B \times 30\% \\ \int(a_i) \times B \times 10\% & e_i < B \times 10\% \\ \int(a_i) \times B \times 30\% & e_i > B \times 30\% \end{cases} \qquad (3)$$

其中 $\int(a_i)$ 为学生 i 获得的教师评分，a_i 为该生获得的最终奖励分值。

3.3 学生选择算法

在对 MOOC 在线问答系统进行建模之后，需要根据众包模型选择学生回答教师提出的问题，具体来说：

给定：问题以及问题的奖励预算 B，m 个抢答问题的学生以及每个学生的历史错误率。

目标：从中选出一组学生 S = $\{s_1, s_2, \cdots, s_n\}$，为 S 中每个学生设定奖励 A = $\{a_1, a_2, \cdots, a_n\}$，使得在满足约束 $\sum_{k=1}^{n} a_k \leq B$ 的情况下，div(S) 最大。已知学生集合 S 的历史错误率 E = $\{e_1, e_2, \cdots, e_n\}$，div(S) = $\sum_{s_i \in S} \sum_{s_j \in S, j \neq i} |e_i - e_j|$，div(S) 越大，即选取的学生多样性越大，越能代表学生的整体学习情况。

根据图1所示流程以及公式（2）计算方法，要找到 div(S) 最大的一组学生，如果直接计算，需要遍历所有的学生集合，并计算每个集合的多样性，再选择多样性最大的集合作为最终结果，其时间复杂度为 O(n!m!)，这样的时间复杂度使得计算代价极高，无法应用于真实系统。

为了提高选择学生的效率，本文设计算法1，从 m 个抢答问题的学生中选出一组学生 S = $\{s_1, s_2, \cdots, s_n\}$，并且满足上述选择学生的目标。

算法1. 选择回答问题的学生集合 S.

输入：m 个抢答问题的学生集合 S′，奖励预算 B，学生的历史错误率 e，选择学生人数 n

输出：最优的学生集合 S

1. S = ∅；
2. S = S ∪ $\{s_1\}$，$e_1 = \min_{s_i \in S'} e_i$；S′ = S′ − $\{s_1\}$；
3. S = S ∪ $\{s_2\}$，$e_2 = \min_{s_i \in S'} e_i$；S′ = S′ − $\{s_2\}$；
4. for each s_x in S′
5. if |S| < n then
6. S = S ∪ $\{s_x\}$，$e_x = \max_{s_i \in S'} \text{div}(S)$，$\sum_{k=1}^{|S|} a_k \leq B$；
7. S′ = S′ − $\{s_x\}$；
8. end for
9. return S

算法首先将 S 置为空集（第1行），然后在集合 S′ 中选择错误率最低的学生 s_1 加入集合 S；更新集合 S′，即将 s_1 移出集合 S′（第2行）。接下来从新的集合 S′ 中选择错误率最高的学生 s_2 加入集合 S（第3行），这样就可以保证当前的 div(S) 最大，并且不会超过奖励预算，因为每个学生获得奖励的上限为 B×30%，此时集合 S 中只有两个学生。假设教师至少会选择两个学生，接着算法需要进行判断，如果集合的基数已经达到教师要求的学生人数，则算法即可停止；否则对于 S′ 中的每个学生 s_x，在满足预算约束的条件下，选择最大化 div(S) 的学生（第4-9行）。

以 n=3 为例，对算法 1 进一步进行说明。

选择学生 s_1：从集合 S′中选取所需奖励最低的学生；如果多名学生拥有相同最低的所需奖励，则在其中任选一名；

选择学生 s_2：从当前集合 S′中选取所需奖励最高的学生；如果多名学生拥有相同最高的所需奖励，则在其中任选一名；

选择学生 s_3：从当前集合 S′中选取所需奖励最低的学生，因为可以证明此时多样性与 s_3 所需奖励并无关系，并且每个学生获得奖励的上限为 B×30%，因此选择 3 个学生，其所需奖励不会超出预算 B。当前的 div（S）= ｜e_1-e_3｜+｜e_1-e_2｜+｜e_3-e_2｜；根据前面的步骤，无论 s_3 如何选取，有 $e_1<e_3$，$e_3<e_2$，则 div（S）= $2e_2-2e_1$，即此时的 div（S）与要选择的第三个学生的所需奖励分值无关，可以直接从当前集合 S′中选取所需奖励最低的学生作为 s_3。

同理可以证明，根据算法 1，如果选择 n 个学生，在不超出预算的情况下，第 n 个学生的选择与学生所需的奖励分值无关。

4 系统实现与实验结果

4.1 系统实现

MOOC 在线问答系统由 PHP+Apache+MySQL 开发环境实现。系统分为教师提问、学生选择、学生回答和教师评分 4 个模块，系统主界面如图 6（a）所示：

该系统应用于武汉大学《数据库原理与应用》在线课程的问答环节；学生在学习该门 MOOC 课程时，可以通过在线问答系统实时地回答教师提出的问题，回答正确的学生将获得一定的分值（计入平时成绩）作为奖励。

教师提问模块的主要功能在于审查用户资格，提供让教师提出问题的对话窗口，记录并显示问题的标题、主题、分值、内容、是否解决的状态等。图 6（b）为教师提问模块的界面。

学生选择模块的主要功能为审查用户的抢答资格，并为具有"学生"身份的用户提供"抢答"按钮，从点击"抢答"按钮的学生中选出一组符合要求的学生，回答老师的问题，并发送提醒。该模块通过学生选择算法自动地选择学生，无独立的界面。

学生回答模块主要用于审查学生的答题资格，并为之提供回答问题的功能。图 6（c）为学生回答模块的界面。

教师评分模块主要用于教师对学生提交的答案进行评分，并且据此修

(a) 系统主界面

(b) 教师提问模块界面

(c) 学生回答模块界面

(d) 教师评分模块界面

图 6　MOOC 问答系统界面

改学生的总分值、历史错误率等信息。图 6（d）为教师评分模块的界面。

4.2　用户满意度调查

笔者调查了 212 名选修《数据库原理与应用》课程的学生和两位任课老师对该系统"教师提出问题、学生举手抢答、选择回答学生、学生回答问题、教师对答案评分"的整个流程的用户满意度。两位教师对"教师提出问题、选择回答学生、教师对答案评分"3 个阶段作出评价；学生对"学生举手抢答、学生回答问题"两个阶段作出评价。评价等级分为 3 个，3 为最优，1 为最差。多个阶段的平均分即为每个用户的总体满意度。

最终的评价结果中，教师的总体满意度为 2.5 分，显示出教师较为认可 MOOC 在线问答系统的功能。其中"教师对答案评分"这一阶段两个教师均给出了2分,满意度最低,说明还需要进一步改进该阶段的功能和界面,尤其是教师表示对不同问题手动设置奖励分值具有随机性,影响了奖励机制的公平。学生的总体满意度为2.65分。学生对这种实时的在线课堂问答方式表现出很浓厚的兴趣,表示该系统提高了其学习的积极性和趣味性。

现有的MOOC问答系统仅能供教师和学生进行非实时的交流,且无法选择学生并对答案进行评分。相比于现有的系统,本文实现的MOOC在线问答系统能够支持师生实时的问答交互,并且引入众包,增强了问答过程中的激励机制。

5 结论与展望

在互联网,尤其是移动互联网改变或者某种程度上支配了人们日常生活的背景下,MOOC已经成为远程教育不可逆转的趋势。然而MOOC概念2008年才被提出,基于MOOC的正式系统2012年才开始出现,这意味着当前的MOOC系统还存在着各种问题,尤其是MOOC在线问答技术无法支持真实的课堂提问场景,不利于提高教学质量。众包作为一种新的商业模式,已经在世界范围内取得了巨大的商业成功。引入众包的MOOC在线问答系统,旨在将众包的激励机制与在线问答技术相结合,模拟现实课堂中教师提问、学生举手回答的教学模式,激励学生积极参与课堂问答,提高MOOC的教学质量。

本文实现的MOOC在线问答系统目前是一个原型系统,后续研究将尝试使用多媒体技术增强教师和学生的互动体验,并依据大数据分析教师和学生的问答数据,针对不同问题回答自动地设置奖励分值。此外,利用已有的答案对学生的提问进行自动回答也是今后值得关注的研究方向。

参考文献:

[1] 陈肖庚,王顶明. MOOC的发展历程与主要特征分析[J]. 现代教育技术,2013,23(11):5-10.

[2] 李华,龚艺,纪娟,等. 面向MOOC的学习管理系统框架设计[J]. 现代远程教育研究,2013,(3):28-33.

[3] 张振虹,刘文,韩智. 从OCW课堂到MOOC学堂:学习本源的回归[J]. 现代远程教育研究,2013,(3):20-27.

[4] 张志强,逢居升,谢晓芹,等. 众包质量控制策略及评估算法研究[J]. 计算机学报,2013,36(8):1636-1649.

[5] 张鹏. 基于委托代理的众包式创新激励机制研究[D]. 成都:电子科技大学,2012.

[6] 王左利. MOOC：一场教育的风暴要来了吗？[J]. 中国教育网络, 2013, (4)：10-14.
[7] 谭婷婷, 蔡淑琴, 胡慕海. 众包国外研究现状[J]. 武汉理工大学学报(信息与管理工程版), 2011, (2)：263-266.
[8] 李迎迎. MOOCS 在高校图书馆的推广及其有益借鉴[J]. 情报资料工作, 2014, 35(3)：107-108.
[9] Adams S. Is Coursera the beginning of the end for traditional higher education? [J]. Higher Education, 2012, (7)：12-13.
[10] Breslow L, Pritchard D E, DeBoer J, et al. Studying learning in the worldwide classroom: Research into edX's first MOOC[J]. Research & Practice in Assessment, 2013, (8)：13-25.
[11] Chafkin M. Udacity's Sebastian Thrun, godfather of free online education, changes course[J]. Fast Company, 2013, (12)：14-31.
[12] 孙茂松, 奚春雁, 彭远红. 以翻转思维对接 MOOC 教育新范式[J]. 计算机教育, 2014, (9)：1-2.
[13] Lewin T. Universities reshaping education on the Web[J]. New York Times, 2012, (7) 17-20.

作者简介

洪亮, 武汉大学信息管理学院讲师。

冉从敬, 武汉大学信息管理学院副教授；余骞, 武汉大学计算机学院博士研究生。

我国高校 MOOC 平台知识转化功能完善[*]

——基于知识管理的 SECI 模型

1 引言

MOOC 是教育革命的新工具,也是知识传播、知识转化、知识创新的平台。在此每一个学习者都将成为知识的来源[1],在大规模开放化的 MOOC 环境中进行显性、隐性知识[2]的交流和转化。高校 MOOC 的知识复杂性更强,互动性要求更高,这也给高校 MOOC 平台的知识转化功能设计提出了更多要求。分析当前国内主要高校 MOOC 平台的知识转化功能设计,在形成深度交流的学习"聚落"[3]、建立并记录高效快捷的知识学习路径方面仍有提升空间。知识管理的 SECI 模型是研究隐性知识和显性知识转化过程,推动知识创新的经典理论,MOOC 平台要更好地实现知识创新必须完善知识转化功能。因此,笔者利用 SECI 模型来探求我国高校 MOOC 平台内的知识转化过程及问题,并提出功能完善意见。

以"MOOC"、"慕课"、"知识"、"知识管理"、"知识共享"、"knowledge"、"knowledge management"、"knowledge sharing"为关键词搜索中国社会科学引文索引和 WOS 核心集,发现当前国内知识管理角度的 MOOC 研究主要集中于以下内容:①总体的 MOOC 知识观探讨。主要从连通主义角度强调知识传播的网络化和去中心化、非权威化等特点,认为 MOOC 环境下知识的生成、传播和活动过程发生了转变。如王宁认为 MOOC 消解着传统的"权威——边缘"知识逻辑[4];黄小强等分析了 CMOOC 的知识观,将知识看做主体间的协商对话[5]。②MOOC 与知识传播和共享关系的研究。学者们认为传播渠道、传播管理和传播主客体都发生了改变,给知识资源的整合与共享提供了新机遇。如柴玥等分析了 MOOC 时代知识传播的主客

---

[*] 本文系湖南省哲学社会科学基金一般项目"文化强省战略背景下湖南数字出版资源协同整合研究"(项目编号:13YBB212)研究成果之一。

体、传播渠道和管理的新趋势[6]。扬劲松等人认为 MOOC 在高校知识资源整合与共享中的载体、学术社交等优势[7]。③MOOC 与个人知识管理研究。主要分析 MOOC 给个人知识管理带来的机遇以及对个人搜索、聚合、创新、共享等过程的影响。其中，国内学者主要分析了中国大学 MOOC 中的个人知识管理[8]；国外 M. Saadatmand 等人认为以学生为中心的个人学习环境可以为学生提供更多的机会和资源[9]。④知识管理理论指导 MOOC 实践。国外学者 A. Fidalgo-Blanco 等运用知识管理能力等将 xMOOCs and cMOOCs 结合起来，并用这种方法论指导建立一种新型 MOOC 平台的技术架构[10]；Peng Jinyu 等学者用知识维度模型来打破 MOOC 和传统的在线教育之间的鸿沟，给教师提供从传统在线教育到 MOOC 转化的知识管理环境[11]。

总的来看，相比国外而言，当前国内 MOOC 知识管理类研究的理论思辨性较强、研究对象还不够细化。将 MOOC 知识转化作为主要研究对象的研究文献暂时较少。因此，从隐性知识和显性知识的转化角度分析我国高校 MOOC 平台的知识转化过程，并对当前高校 MOOC 平台实现知识转化的问题进行完善具有重要的研究价值。

2　SECI 模型与高校 MOOC 平台知识转化过程

2.1　SECI 模型

1995 年享有世界"知识运动之父"美誉的竹内弘高（日）和野中郁次郎（日）教授在《知识创造公司》一书中提出了企业创新过程中显性知识与隐性知识之间互相转化的四大过程——社会化（潜移默化）、外化（外部明示）、组合化（汇总组合）、内化（内部升华）。4 种转化不断循环，呈现螺旋上升局面。此即著名的 SECI（socialization, externalization, combination, internalization）模型[12]。

知识转化 4 个阶段对应着 4 个场（Ba）：创出场（originating Ba）、对话场（interacting Ba）、系统场（systemizing Ba）和实践场（exercising Ba）。知识从创出场开始"社会化"，通过 4 个场所对应的知识转化，4 种模式得以放大，并且在更高的层级上固定下来，形成"知识螺旋"[12]，以加速知识创造进程。

2.2　高校 MOOC 平台的知识转化过程及要求

将 SECI 模型运用至高校 MOOC 平台，模拟师生交流、生生交流的过程中实现知识的相互转化、增值创新的过程。其运作模式如图 1 所示：

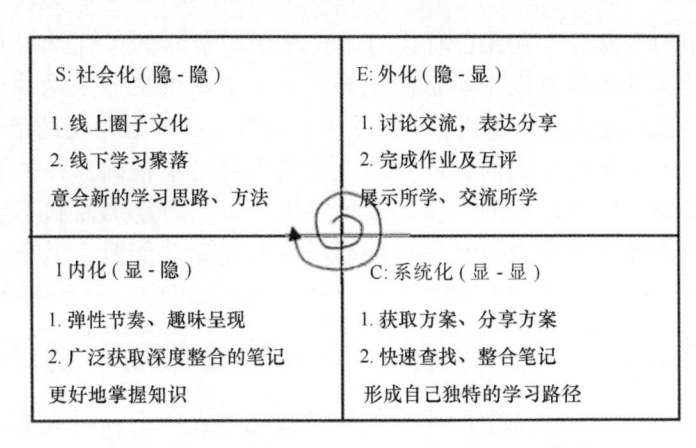

S:社会化（隐-隐）	E:外化（隐-显）
1. 线上圈子文化	1. 讨论交流，表达分享
2. 线下学习聚落	2. 完成作业及互评
意会新的学习思路、方法	展示所学、交流所学
I 内化（显-隐）	C:系统化（显-显）
1. 弹性节奏、趣味呈现	1. 获取方案、分享方案
2. 广泛获取深度整合的笔记	2. 快速查找、整合笔记
更好地掌握知识	形成自己独特的学习路径

图1 高校MOOC中的SECI知识转化过程螺旋

2.2.1 高校MOOC的知识社会化和外化 根据SECI模型理论，社会化通过观察、模仿、实践的方式，潜移默化地实现隐性知识到隐性知识的转移。线上通过学习社区或社交工具建立学友圈，形成"圈子文化"[3]；线下通过宣传及活动，或者依托学校固有的社交关系[13]建立隐性知识社会化场所，推动线下学习聚合群落的形成。共同的学习动机和从众压力使得学员在观察其他人的笔记、动态、方法及其他行为时，受到潜在的影响，从而实现隐性知识的转移。

外化是通过类比、隐喻、假设、模型和概念等方式，通过语言或显性化的概念，使隐性知识显性化的过程。MOOC平台中建立讨论区，鼓励学员对所学知识进行表达梳理、交流分享，从而将默会性、个体性的隐性知识转化成概念化显性知识。同时，参与作业完成以及作业互评也是知识外化的重要环节。

高校注重培养学生的思考力和创造力，因此用户群以学生为主的高校MOOC平台所传递的知识更具开放性，更注重知识的生成[5]。所以进行高校MOOC平台的"社会化"、"外化"功能设计时应当注重互动性和开放性。

2.2.2 MOOC的知识系统化和内化 组合化即将显性知识通过分类、取舍、提炼的方式进行解构与重构，从而使显性概念系统化、组合化的过程。MOOC平台中，可以通过获取或分享学习方案，得到知识系统化路径的总体框架；可以通过对已学知识的快速查找，进行知识的搜集聚合；可以利用笔记功能的整合记录作用，分类、组合自己的知识系统。

内化即对组合化之后的系统知识进行消化吸收，并使其成为自己隐性知识体系中的一部分。MOOC时代遵循自己认知节奏的弹性学习和新技术带来的生动课堂体验有助于学员内化知识。除了提供更加生动的课程，从优化知识内化功能的角度而言，MOOC平台可以完善学习路径的记录方式。

高校MOOC平台知识内容的开放性使其不再简单精确，每一个学员都是知识的来源，生成知识的内容多、频率快，知识的复杂性和不确定性增强[5]。因此在设计高校MOOC平台的系统化和内化功能时，需要注重广泛性和深刻性。

3　高校MOOC平台知识转化功能"场"的缺陷

从SECI模型来看，MOOC平台的知识转化过程离不开对应的创出、对话、系统和实践场。因此，完善知识转化功能应从优化"场"入手。现有的高校MOOC平台知识转化"场"存在以下缺陷：

3.1　进行深度交流的学习"聚落"较少，创出场和对话场功能欠缺

根据SECI模型，基于信任表露认知与情感的创出场为知识的"社会化"提供场地。以开放心态分享交流，推动知识创新的对话场为知识的"外化"提供环境。创出场强调无意识表露，而对话场是有意识表达。两种理论意义上的"场"都离不开实际意义中的互动交流环境——围绕MOOC形成的"聚落"[3]。这样的"聚落"包括大小规模、线上线下以及长期固定或短期松散的各种组织。

为了解当前高校MOOC平台的创出场和对话场功能现状，笔者对当前主要的4个高校MOOC平台从"聚落"形成方式、类型、功能与实现方面进行调查，结果如表1所示：

表1 MOOC平台"聚落"形成、类型与功能现状

功能名称	"聚落"形成方式 自发生成	"聚落"形成方式 固有社交	"聚落"类型 线上	"聚落"类型 线下	"聚落"功能与实现
学堂在线	1. 以课程为单位的线上"聚落": 讨论区; 2. 分期课程内MOOCer沙龙	招募本校学员参与线下经验交流活动	课程讨论区	1. 学习经验交流（单次）; 2. MOOCer沙龙（分期）; 3. 学员PK活动（单次）; 4. MOOCer计划鼓励学员自发组织小组（暂时单次）	1. 利用QQ等社交工具视频分享; 2. 讨论区发帖实现互动; 3. 线下交流活动
吉林大学在线学堂	以课程为单位的线上"聚落"——讨论区	大部分课程针对的是本校学生提供服务	课程讨论区	暂无官方消息	点进他人主页，发邮件或消息
中国大学MOOC	1. 以课程为单位的线上"聚落"——讨论区; 2. 借用"爱课程"网的学友圈	通过学友圈可以邀请其他社交工具中的好友	课程讨论区 学友圈	宣讲会与小组交叉讨论MOOC（单次）	1. 课程内添加讨论区子板块; 2. 添加好友, 发表动态, 相互关注; 3. 线下交流活动
好大学在线	以课程为单位的线上"聚落"	依托某高校举行"翻转课堂"活动	课程讨论区	翻转课堂活动（分期）	1. 分板块发发讨论帖; 2. 线下交流活动

注: 以上数据主要通过平台内新闻动态、微博微信和互联网新闻资源进行判定, 资料搜集截止日期为2015年1月7日12:00

143

据表1可见，从"聚落"形成方式来看，高校MOOC平台主要重视自发生成的学习"聚落"而忽视了对固有社交关系的挖掘。除为本校师生服务的吉林大学在线学堂，其他几大平台当前暂时缺乏聚集某高校成员、对其特定需求进行服务、从而挖掘其固有社交关系来建立"聚落"的措施；从"聚落"类型来看，除好大学在线、学堂在线定期举行"翻转课堂"活动，线下"聚落"多是零散的、一次性的，缺乏线下学习小组的建立和持续激励；从功能实现来看，学员互动以发帖方式为主，或借用上级平台和其他社交工具，互动功能设计处于起步阶段。高校MOOC平台更重视知识生成，更需要关注互动性和开放性，因此功能转化的改善需要深入挖掘动机，增强互动性，同时也需要营造一个平等的、人性化的交流场所来实现开放性。

3.2 记录学习路径的立体设计缺乏，系统场和实践场功能受限

系统场对应知识组合化阶段，是显性知识重组、创造新的系统显性知识的场所。实践场代表内化阶段，是通过观摩或实际演练，促使显性知识转化为隐性知识的场所。MOOC环境下，知识的系统化和内化过程面临着"网络迷航"[14]现象和自身学习毅力的挑战，但弹性学习节奏带来的个性化知识整合吸收也能为系统化、内化知识带来机遇。

当前，虽然部分平台拥有字幕栏链接相应视频内容的定位功能，以及观看视频过程即时插入笔记的功能，但是在大数据时代，知识不仅局限于课堂内容本身，还潜藏于学习行为和过程；知识的记录不仅是平面的，更是立体的建构。因而，MOOC平台对于知识的系统化和内化仍有提升空间。通过体验式调查，笔者对几个平台的系统场和内部场的概况进行了记录。

表2 MOOC平台知识系统化和内化推进方式

名称	知识系统化及内化的推进方式
好大学在线	1. 单击字幕板定位视频进度和关键词查找（课堂知识定位） 2. 在讨论区搜索讨论帖，通过讨论、投票等类型搜索自己参与的讨论（学习过程知识定位） 3. 可以及时提问、及时做笔记（知识系统化平台）
学堂在线	1. 根据字幕板定位视频进度（课堂知识定位） 2. 在讨论区进行讨论帖搜索，通过讨论、投票等类型搜索自己参与的讨论（学习过程知识定位） 3. 不提供笔记功能，但在微信平台上鼓励学员分享笔记

续表

名称	知识系统化及内化的推进方式
中国大学 MOOC	1. 可以查看平台提供的系列课程（新的知识路径框架） 2. 利用上级课程平台爱课程网的学习社区写、搜、查看学友笔记以及设置关键词和分类等对笔记进行管理（知识系统化平台）
吉林大学在线课堂	课程资料可下载（课程知识的定位）

注：以上内容主要通过注册体验、浏览微博微信等方式搜集判断。截止日期为 2015 年 1 月 8 日 12:00

从表2可知，4个平台对于课堂知识定位、学习过程知识定位都有创新性的设计。但仍然存在3个方面的不足：①提供的新的知识系统化路径不够。仅注重教师和平台的提供而忽略了 UGC（用户生产内容）方式；②对知识的查找定位主要着力于单个课程视频，对于整套课程以及学员学过的所有课程的回顾定位则涉及较少；③对学习过程中产生的知识，例如笔记和讨论区中的知识挖掘不够，且笔记功能也只局限于文字等单一形式，设计不够立体。

高校 MOOC 平台的知识复杂性和不确定性高，因此在知识转化过程中必须重视知识的广泛性和深刻性。广泛性是指要实现一切形式的知识的便捷性获取；深刻性则是指要提供更加深入的知识管理或分析工具。

4 高校 MOOC 平台知识转化功能的完善

结合 SECI 模型完善高校 MOOC 平台知识转化功能，应从解决知识转化"场"的问题入手。根据调查结果和高校 MOOC 平台的知识转化要求，当前我国高校 MOOC 平台的知识转化"场"存在两大问题：①深度交流不足，知识的社会化和外化难以深入开展。当前线上"聚落"还未能突破单一课程的局限，社交互动性较弱，而线下的"聚落"多为零散的、短期性的。因此交流范围受限，也难以持续深入；②记录学习路径的设计不够立体。知识的系统化和内化需要快速回顾、高效记录。因此，打破课程对于知识查找定位的限制，设计知识记录的方式来实现"广泛摘取、深度整合"，是完善 MOOC 平台知识转化功能的关键。

4.1 成立学习"聚落"，实现知识深度交流

4.1.1 引入游戏理念，深入挖掘动机　对于线上聚落，不仅要以课程为单位，还要鼓励线上自发成立以兴趣为导向的"聚落"并通过建立完善的

社区功能进一步挖掘学员们的聚合动机：借鉴 QQ、微信社交工具的相关功能，实现学员的即时联系、即时互动；将学员升级制度作为激励机制；添加游戏环节，学员之间可以共同参与学习竞赛类的益智游戏或者放松心情的娱乐游戏；利用游戏理念。例如可以将整个学习过程设置为一次"模拟人生"的旅行，并通过邀请好友共同完成任务等方式来增强学习过程的参与性与互动性。兴趣相投是内部动机，合作学习和游戏理念是外部动力，将内外部动力结合起来对于挖掘学员的聚合动机、加强学员在合作学习中的深度交流、强化共同兴趣、形成良性循环具有重要作用。

4.1.2 尊重"聚落"需求，推动聚落持续　对于线下"聚落"的形成，除了利用线上课程组织课下活动之外，还可以针对某高校提供适合的课程、讨论、测试等服务，从而利用高校本身的固有关系建立学习聚落。基于地理优势和已有的社交关系，学习聚落将更容易建立和持续。

对于线下"聚落"的持续，必须贴近其实际需求。例如当某线下"聚落"一定百分比内的学员顺利完成某项学习任务时，MOOC 平台将对整个团队给予认可；奖励方式方面，由于参加 MOOC 学习的学员大部分是以知识技能提升为目标的，因此为其提供技能和知识提升机会，例如实习面试机会、名师推荐信等将具备更长远的吸引力。

4.1.3 添加人性化设计，去除交流障碍　MOOC 大规模开放容易导致学员水平参次不齐。为缩减知识鸿沟，避免马太效应，可以在线上讨论区添加知识的超链接以及关键词检索功能，令参与者及时跟进交流，减少交流中知识沟的阻碍；同时，在线下讨论区，为了避免心理因素对于知识交流传递的影响——"水平高"者主导话语权而不是知识本身主导话语权，可以制定类似"头脑风暴"[15]的讨论规则，设定一个相对客观中立的主持者以推进讨论深入开展。

4.2　实现立体化设计，优化知识整合路径

4.2.1 获取、分享学习方案，优化知识整合蓝图　在海量的知识系统化的过程中要避免迷航现象，可以从 3 个方面入手：①获取平台内整合的系列课程，为知识的系统性学习划定蓝图，如国外 MOOC 的"专项课程"；②获取教师的课程规划设计，如学堂在线的某些课程通过划定节点，可以形成个性化的学习路径；③促进来自学员自身的探索发现和方案分享。前两种途径强调获取，它的质量取决于平台或教师的编辑能力和把控能力，第三种途径的实质是充分利用用户生产的内容。虽其专业性和权威性不及前两者，

但它是基于学员实际经历产生的经验,真实性和可信度较高,因此不容忽视。

具体实行措施可以包括:在学习社交圈中开辟学员学习方案分享区,对分享的用户施以奖励;根据方案的获赞数量或好评率进行排行,并在首页推送;设置检索栏进行方案分类检索等。

4.2.2 全方位检索,快速定位知识 学员要系统化地整理知识、实现知识内化,首先必须快速对所学知识进行回顾和定位。而要在海量的知识内容的 MOOC 环境下进行知识复习和系统化,必须依靠便捷快速的知识定位技术手段。

学堂在线和好大学在线已经进行了有益探索——两者都在单节课程视频旁边设置了字幕栏。通过单击字幕板可以链接到相对应的视频内容。好大学在线还增加了检索栏,通过输入关键词可以快速查找本节课程中对应的视频内容。这是创造快捷便利的知识定位方式的良好开端。但是知识的回顾不应当仅仅限制在单节课程之中,具体改进措施如下:①从单个课程而言,可以对课件的价值进行深度挖掘,制成支持检索的小型数据库;②从课程平台的角度,学员不仅应能通过课程视频旁的检索栏找到自己学过的知识,更需要在脱离单个课程的检索总栏查找文字材料,甚至直接链接到教师的讲解视频的相应部分;③讨论区、社区所产生的知识不容小觑。将学习者的学习行为作为知识进行定位也正在并应当得到发展。除了现阶段通过对讨论区帖子搜索来查找内容外,学员还可以对自己发布的内容设定关键词以及对他人的分享收藏进行标注甚至添加至笔记等。

4.2.3 立体化笔记,系统整合知识 做笔记是知识系统化和内化的重要手段。调查显示,除好大学在线可以在视频播放某个节点插入文字笔记,其他平台暂未在此方面进行优化。笔记功能的完善可以从以下方面入手:①从来源看,不仅是单一的文字录入,教学视频、互动讨论、测试资源、手写笔记都可成为笔记的来源。教学视频或其他课件的重点知识、互动讨论区遇到的重要话题、测试与作业的重点难点题目等,都可以保存至笔记库,并可以添加或导出自己和其他学员的心得到笔记库。由此实现知识的"广泛摘取"。②从形式来看,变文字笔记为视频、音频、图文结合的立体化内容集成库,学员可在此基础上对自己的笔记进行深加工,从而形成个性化学习路径记录。③从工具来看,知识图谱、超链接、知识分类导航等将进一步推动笔记的个性化和立体化,为"深度整合"提供便利。

5 结语

MOOC 学习本质上是隐性知识和显性知识的转化,完善 MOOC 平台的知识转化功能需要优化知识转化"场"。通过 SECI 模型分析高校 MOOC 平台的知识转化过程,并从知识转化"场"的角度分析当前国内高校 MOOC 平台的缺陷,所得的结果不仅有助于 MOOC 平台某项功能的改进,更有助于高校 MOOC 平台更好地帮助师生完善知识转化过程。知识的转化有助于知识创新,因此 MOOC 作为一种新的知识管理平台,亟待研究者从知识管理角度给予深入分析。

参考文献:

[1] Dron J, Ostashewski N. Seeking connectivist freedom and instructivist safety in a MOOC [J]. Educacion Xx1, 2015,18(2):51-76.

[2] 王竹立. 关联主义与新建构主义:从连通到创新[J]. 远程教育杂志,2011,(5):34-40.

[3] 田阳,冯锐. 社会资本理论视域下 MOOC 课堂互动策略分析[J]. 中国电化教育,2014,(9):59-66.

[4] 王宁. MOOC:多中心知识治理的机遇与挑战[J]. 内蒙古大学学报(哲学社会科学版),2014,(6):64-67.

[5] 黄小强,柯清超. cMOOC 的内涵及其主体观、知识观和学习观[J]. 远程教育杂志,2014,(2):48-57.

[6] 柴玥,武文颖,杨连生. 慕课构建新型知识传播模式研究[J]. 当代传播,2015,(2):77-79.

[7] 杨劲松,谢双媛,朱伟文,等. MOOC:高校知识资源整合与共享新模式[J]. 高等工程教育研究,2014,(2):85-88.

[8] 张蝶,陈玄凝. 基于慕课的个人知识管理研究[J]. 科技视界,2015,(25):154,214.

[9] Saadatmand M, Kumpulainen K. Content aggregation and knowledge sharing in a personal learning environment serendipitous and emergent learning in open online networks[C/OL]. [2015-08-08]. https://www.researchgate.net/publication/261196651_Content_aggregation_and_knowledge_sharing_in_a_personal_learning_environment_Serendipity_in_open_online_networks.

[10] Fidalgo-Blanco A, Echaluce M L, Penalvo F J. Methodological approach and technological framework to break the current limitations of MOOC model[J]. Journal of Universal Computer Science, 2015,21(5):712-734.

[11] Peng Jinyue, Jiang Dongxing, Liu Cong, et al. Knowledge dimension management: Bridge the gulf between WAC and MOOC[C/OL]. [2015-08-08]. https://www.researchgate.net/publication/269304794_Knowledge_dimension_management_Bridge_the_gulf_between_WAC_and_MOOC.

[12] 竹内弘高,野中郁次郎. 知识创造的螺旋 知识管理理论与案例研究[M]. 李萌,译.

北京:知识产权出版社,2006.
- [13] 付小龙. 在线教育畅想:互动的平台[J]. 中国教育网络,2013,(4):66-67.
- [14] 孙立会. 开放教育基本特征的变迁——兼议 MOOC 之本源性问题[J]. 远程教育杂志,2014,(2):30-38.
- [15] Bryceson K. The online learning environment-A new model using social constructivism and the concept of 'Ba' as a theoretical framework[J]. Learning Environments Research, 2007,10(3):189-206.

作者简介

汪全莉:研究选题、研究计划的制定,论文总体框架的把控,文章语言的规范化,论文定稿;

王嘉:调研计划的落实,论文初稿的撰写、修改。

MOOC 教育资源语义化关联研究*

1 引 言

近年来，随着开放获取理念与运动的发展，网络上的开放教育资源（特别是开放课程）日渐丰富。2012 年兴起的大规模开放式在线课程（massive open online course，MOOC）即是开放课程（open course ware，OCW）发展到更高阶段的产物，并进一步推动了开放理念的发展。MOOC 是针对大规模用户参与而设计的、通过网络提供可开放获取的在线课程[1]，具有开放参与、课程碎片化、注重在线交互和学习反馈、提供基于学习大数据的个性化服务等特点。目前，国际上已形成了 edX、Coursera、Udacity 三大 MOOC 平台提供商。国内北京大学、清华大学、复旦大学、香港大学、香港科技大学等著名高校与国际上著名 MOOC 平台合作，积极参与 MOOC 课程制作。这些平台提供了丰富的课程及其他教育资源，如 Coursera 提供 600 多门课程[2]、edX 提供近 200 门课程[3]，北京大学计划在 5 年内开设 100 门 MOOC 课程[4]。这些 MOOC 课程资源数量巨大，但是处于碎片化状态，通常以知识点/知识体作为资源的组织模式，难以被用户发现及重用，一定程度上造成了学习的松散性。要想使用户在丰富的 MOOC 课程资源中能快速地将主题相同、相关的内容模块串联起来，并及时根据用户需求推荐其他优秀资源，使之发现新的知识点，MOOC 平台需要具备强大的知识组织能力和有效的链接技术。语义网关联数据正是可用来实现 MOOC 教育资源组织与连接的契合技术。

关联数据是一组最佳实践的集合，它采用 RDF 数据模型，利用 URI（统一资源标识符）命名数据实体来发布和部署实例数据和类数据，从而可以通过 HTTP 协议揭示并获取这些数据[5]。其重要价值在于通过资源描述框架数据模型，将网络上的非结构化数据和采用不同标准的结构化数据转换成遵循统一标准的结构化数据，实现数据的相互关联、相互联系和有益于人机理解的语境信息[6]。关联化的 MOOC 教育资源数据对于教育资源的发现、重用、

---

* 本文系深圳市哲学社会科学"十二五"规划课题"深圳市高校教育资源语义化关联研究"（项目编号：125B084）研究成果之一。

融合与互操作具有重要作用。本文针对 MOOC 教育资源知识组织碎片化的问题，探讨如何运用关联数据技术将 MOOC 教育资源关联起来，使之成为丰富的知识网络。

2 研究现状

国内外已有不少文献探讨利用关联数据来实现网络教育资源的关联发现。国外（主要是欧洲）在理论和实践两方面都有较为成熟的探索。在理论方面，不少文献研究网络教育资源关联的数据集、方法、技术及相关案例，如 M. d'Aquin 等[7]调研了当前教育领域中关联数据集的数量、类型、属性、资源重用情况等整体情况，发现来自 22 个不同的数据端点的 146 个教育关联数据集。S. Dietze 等[8]提出整合异构网络教育资源并与其他关联数据集进行互连的通用方法，并提出教育关联数据的三层框架。M. d'Aquin[9]、T. G. Halaç[10]、C. Kessler[11]分别介绍了英国开放大学、土耳其艾杰大学（Ege University）、德国明斯特大学（University of Muenster）利用关联数据技术实现网络教育资源数据关联集成的实践经验。N. Piedra 等[12]设计了在 MOOC 环境下基于关联数据技术的开放教育资源集成与重用框架。

在实践方面，欧洲也保持领先水平，涌现出一些优秀的案例，包括英国联合信息系统委员会资助的 LUCERO 项目（下文将详细提及）和 SemTech 项目、欧洲 eContentplus 基金资助的 mEducator 项目、意大利国家研究委员会资助的 data.cnr.it 服务项目、英国开放大学的开放学习关联数据（Open Learn linked data）项目等。

国内也有不少文献研究教育资源或课程资源的语义组织，但大多介绍国外的项目，或探讨课程本体的建设，具体实践项目较少。如吴鹏飞等[13]介绍了 SemTech、mEducator 和 LUCERO 3 个国外关联数据教育应用项目的内容、关键技术应用和成果等；李满玲等[14]利用语义 Web 技术构建了精品课程资源库本体。

以上理论及实践研究为 MOOC 教育资源的关联提供了重要基础。语义关联化的实现步骤是 MOOC 教育资源关联所需解决的重要问题。在国内目前缺少相关实践项目的背景下，以国外先进案例为基础，研究总结 MOOC 教育资源关联的关键步骤对于国内高校开展具体实践具有重要的指导意义。

3 英国开放大学教育资源关联数据应用案例分析

英国开放大学（The Open University，简称 OU）是第一个创建跨部门、跨系统，集成多种教育资源关联数据平台的教育机构。在其影响下，英国的南安普顿大学、牛津大学、德国的明斯特大学、土耳其艾杰大学、希腊的塞萨洛尼基亚里士多德大学（Aristotle University of Thessaloniki）、芬兰的阿尔托大学（Aalto University）、捷克的布拉格大学（Charles University）纷纷建立类似的大学开放教育关联数据平台[15]。鉴于其所拥有的重要影响力，本文重点介绍英国开放大学在网络教育资源关联数据化领域中的实践，进而提出MOOC教育资源语义化关联的关键步骤。

  OU[16]成立于1969年，是英国最大的专业远程教育和网络公开教育大学，拥有每年25万的选课学生以及8 000多名合作教师。2012年12月，开放大学主导并联合数十家知名大学合作创立了英国第一个本地的MOOC平台——FutureLearn。截止到2014年2月，FutureLearn平台共有26所大学参与，包括英国的诺丁汉大学、伦敦大学国王学院、爱丁堡大学等23所高校，澳大利亚的莫纳什大学，新西兰的奥克兰大学，爱尔兰都柏林圣三一学院，此外还有大英博物馆、英国文化协会和英国图书馆3个非大学机构也参与加入[17]。OU在远程教育和网络教学资源方面的优势为其MOOC平台的创建推广奠定了良好的基础，而其在网络教育资源关联数据化上的探索给FutureLearn MOOC平台内教育资源的互联也带来了新思路。

  OU的关联数据探索起始于英国联合信息系统委员会（JISC）的LUCERO（Linking University Content for Education and Research Online，大学在线教育和研究内容关联）项目，该项目重点研究开放大学课程数据发布为关联数据的工作流以及如何以可持续的方式保证关联数据支持在线教育和科研的组织关联。在此项目的指导下，OU建立了一个关联数据平台[18]，发布了多个关联数据集，如表1所示：

表1   OU关联数据平台的主要数据集

数据集类型	数据量	数据描述字段
课程信息	580多门开放大学所提供的课程	课程简短描述、学分、适用学级、主题、报名条件、注册信息、学费等，主要重用了Courseware[19]和AIISO本体[20]，并自定义了多个本地扩展元素
研究出版物	16 000多篇（种）来自开放大学老师和研究者的文章、著作和其他出版物	标题、作者、主题、摘要、出版信息等，该数据集主要重用了BIBO本体[21]
播客	3 800多个开放教育资源的视频、音频数据集	播客描述、主题、封面图片、所属课程、语言、长度、格式、版权许可等

续表

数据集类型	数据量	数据描述字段
开放教育资源	开放大学的 OpenLearn 网站上 650 多个学习模块下的学习资料	单元描述、主题、注释标签、语言、内容的许可证等
YouTube 视频	900 多个发布在 YouTube 上的公开教学视频或者宣传视频	视频描述、缩略图片、注释标签、主题、下载信息等
大学建筑	开放大学的主校区以及区域中心点 100 多个建筑的地理位置	建筑类型、地址、建筑图片、楼层说明
图书馆书目	12 000 多本与开放大学课程关联的图书	书名、作者、出版机构、主题、ISBN、相关的课程
其他	知识媒体学院（KMi）	人物档案、KMi Planet Stories 等

OU 基于这些开放数据集和部分已有教育资源关联数据集开发了多个应用，包括 DiscOU、RED Author、RADAR（Research Analysis with DAta and Reasoning）、wayOU 等。DiscOU 是基于关联数据的语义发现服务，通过和 BBC 关联数据的集成，用户在检索时，能够进行语义检索，并返回和用户检索内容最匹配的 OU 视音频资源[22]。RED Author 应用可以显示学生和老师阅读过的书籍或者其著作，并从 DBpedia 自动抓取书籍的摘要、主题分类、评价等信息[23]。RADAR 能够自动抓取研究者正在研究的出版物、KMi 人物档案等多个数据集中关于研究者科研项目和科研成果的信息，并利用可视化工具自动地为研究人员提供图表分析[24]。

4 MOOC 教育资源语义化关联的关键步骤

英国开放大学的关联数据探索是网络教育资源走向语义化的一大跨越，尽管只是在小范围内实现了部分网络教育资源的互联，但其为 MOOC 教育资源的语义关联化提供了借鉴。根据开放大学的关联数据探索及国内研究关联数据发布与应用的文献（如夏翠娟[25]、沈志宏[26]等人的文章），本文将 MOOC 教育资源的语义关联化实现分为两大步骤：其一，发布 MOOC 教育资源关联数据集；其二，利用 MOOC 关联数据。

4.1 MOOC 教育资源关联数据集的发布

发布关联数据集是让 MOOC 教育资源成为更加开放的资源以及走向语义互联的第一步。

关联数据的发布从技术上只需要遵循两条基本准则：利用 RDF 数据模型在万维网上发布结构化数据和利用 RDF 链接不同数据源的数据。主要步骤包括：用 RDF 数据模型描述要发布的数据资源，为其生成 HTTP URI 和 RDF 描述文档；在数据与数据之间建立 RDF 链接；在 Web 上发布 RDF 文档；提供一个标准开放的访问接口，支持使用 RDF 的标准化检索语言 SPARQL 对 RDF 数据库进行检索[6]。

上述过程仅从技术层面解答了如何发布关联数据，具体到教育关联数据领域中，关联数据集的发布不仅仅是单纯的 RDF 化，还包含领域建模、组织、法律和技术等多方面的复杂过程。

MOOC 教育资源关联数据的发布主要包括以下步骤：

4.1.1 定义数据　定义和识别哪些 MOOC 教育资源数据需要发布成为关联数据，一方面需要确认我们所需要访问、获取的原始数据的来源，另一方面也需要评估它们将如何被用户使用以及其是否具有重要价值。如出版物是网络教育资源中的重要组成部分，在定义 MOOC 出版物时，需要确认出版物的范围，了解谁提供的出版物数据来源比较稳定。在出版物的元数据描述上，需要明确哪些属性对用户发现和理解教育资源有意义，出版物的主题分类是否比标题、作者等更重要等。

4.1.2 关联数据建模　这一步主要是选择合适的描述词汇和本体以及选择建立本体的工具。LinkedEducation 网站对教育领域的相关本体、词汇表、开放数据集进行了归类[27]。如包括有描述课程的 ReSIST Courseware Ontology、描述机构的 AIISO、引用类型本体（Citation Typing Ontology）、出版物本体（FRBR-aligned Bibliographic Ontology）等。

数据重用和互操作性是关联数据的重要原则，因此在选择词汇表和本体的过程中应该尽量使用已有的关联数据集，如开放大学在发布关联数据集时尽可能重用已有的关联数据集和本体。此外，还应根据自己的需要选择合适的元素，如果没有合适的可重用元素，则需要增加本地化的元素，OU 的课程数据集就在重用的基础上添加了大量本地扩展元素。

4.1.3 数据转化　确定词汇后，接下来需要将原始数据转换成 RDF 形式。现阶段已经有很多可以提供 RDF 转化功能的工具或平台，如 Drupal、Fedora、Dspace、ePrints 等内容管理系统都支持 RDF 的转换[28]。此外，还有一些将关系型数据转换为 RDF 的工具，如 Triplify、D2RQ 等。W3C、MIT、CSAIL 共同发展的 SIMILE RDFIzer[29]提供多个 RDF 转换器（RDFizer），能够将不同格式的数据转换成 RDF 数据，其中和教育有关的 RDFizer 转换器包括

MARC RDFizer、OAI-PMH RDFizer、OCW RDFizer。

4.1.4 与其他关联数据集的互联　能够连接到其他可用数据集或让其他数据集关联自己的数据集是关联数据的根本所在。互联有两种方式：一种是直接引用已有的 URI，另一种是利用 OWL 中的 owl：sameAs 属性。

4.1.5 数据发布　经过前面阶段的处理，数据即可发布到互联网上。在数据发布中需要核定数据使用许可，特别是要针对发布数据的访问、复制、再利用等知识产权权利进行说明。可利用已有的一些协议，如开放数据共用（Open Data Commons）、开放政府许可协议（Open Government License）、开放数据库协议 Open Database License、CC0、CC-BY-SANC 等[30]。

4.1.6 提供数据发现端口　关联数据发布的最后一步是提供数据可发现、可消费的接口，一般提供 SPARQL 查询端点，或提供基于 SPARQL 的 API 接口。

4.2 利用 MOOC 教育资源关联数据

MOOC 关联数据发布到互联网后需要重点考虑如何利用关联数据。MOOC 关联数据的利用主要有以下 3 类：

4.2.1 第一类，资源浏览和导航　资源导航可以利用基于关联数据结构的丰富的元数据描述，并通过这些元数据来获取外部的信息。通过构建和发布领域本体，使得在 MOOC 的碎片化学习过程中，计算机可以通过本体关系帮助学生组织学习内容，让原本分散的内容在网络上有序地按照知识组织体系进行整合。此外还可通过 RDF 最小三元组的处理整合异构系统或格式的相关资源。如在英国开放大学的移动应用"Study At the OU"中，用户选择一个主题后，系统通过开放大学的关联数据平台直接进行语义查询，可自动发现并推荐用户博客、Youtube 视频以及 Open Learn 等网站上和主题相关的内容，实现资源的无缝集成。

4.2.2 第二类，资源的发现和推荐　资源的智能发现和自动推荐一直是网络资源组织的重点应用。在 MOOC 教育资源关联中，这类应用类似于豆瓣的推荐阅读、Amazon 的推荐购买，不同的是前者是根据大量的用户行为进行数据分析和挖掘后获得，而在关联数据中，主要是通过实体之间的关系重用而实现。如 Talis Aspire Community 应用[31]允许大学教师创建和管理自己的课程阅读资源列表，而这些阅读列表内容是通过关联数据的形式进行描述的，学生可以很容易地找到某一门课程的参考书，教师也可以发现其他讲师所参考的书籍。

4.2.3 第三类，个性化和互动学 MOOC 的一大特点是丰富的网络互动，关联数据应用能够很好地帮助学生在学习中发现互动对象。英国开放大学开发的应用于 Facebook 中的 APP 应用"Course Profile"程序[32]，以开放大学课程目录关联数据集作为基础，当学生添加他们学习过、正在学习、打算学习的某一门课程时，应用程序会自动关联到其他学习该门课程的学生，方便学生之间互动，同样也可以将关联对象扩展到其他学校开设类似课程的教师。

5 图书馆在 MOOC 教育资源语义化关联中的作用

图书馆作为高等教育中重要的教辅部门，一直以来是实现信息资源和学习之间联接的支持机构。在新的 MOOC 网络教育环境下，信息资源和学习过程结合得更加紧密，这也给传统图书馆工作带来一定的挑战。理想情况下，学生在学习 MOOC 过程中可以直接获得网络参考书，但事实上，目前还没有任何一个平台可以做到 MOOC 课程和网络参考书的无缝结合。这为图书馆参与 MOOC 教育资源语义化关联提供了新的机遇。图书馆可从以下 3 个方面参与 MOOC 教育资源语义化关联实践：

5.1 帮助建立 MOOC 资源知识组织框架

一个可靠的 MOOC 资源知识组织框架是 MOOC 教育资源语义关联化的基础。图书馆领域中的分类法、元数据，规范控制等技术一直在网络知识组织领域中发挥着重要作用。图书馆能够利用自身在知识组织、语义网方面的优势，帮助 MOOC 平台商或者高校 MOOC 教育部门创建规范的元数据标准和学科本体。

5.2 提供关联数据知识服务或建立 MOOC 关联数据平台

图书馆是较早探索和应用关联数据的机构之一，主要表现在关联数据集的发布和关联数据应用开发方面。目前已经发布成为关联数据的有：词表、分类法、主题规范档、名称规范档、叙词表、书目数据等。因此，图书馆在关联数据应用方面有着丰富的实践经验。相比而言，关联数据在教育领域中还未广泛普及，开展的项目较少。MOOC 平台中关联数据的应用还需要诸多准备，包括教育资源领域本体（如课程本体、学科分类本体）的建立、MOOC 资源的 RDF 化、MOOC 资源关联数据集的发布等。图书馆可以帮助研究并参与 MOOC 关联数据平台的建设，或者提供 MOOC 关联数据发布和消费应用等方面的咨询和知识服务。

5.3 将图书馆的书目、机构知识库、电子教参系统和 MOOC 关联数据集互联

根据 MOOC 环境下图书馆的角色与作用[33-34]，图书馆的一项重要功能即是向参与 MOOC 的师生提供各种类型、各种格式的数字资源的访问，这不仅是指视频或数字期刊，还包括图像、数据集、模拟结果、视频游戏等。因此，图书馆参与 MOOC 教育资源语义关联最实际的选择是将图书馆目前所拥有的资源与 MOOC 课程所需要的教材、案例、延伸阅读资料等进行关联。

为此，图书馆首先需要识别其可为 MOOC 教育资源语义关联提供的数据集类型。目前，书目、机构知识库、电子教参系统是图书馆可以进行关联的最佳数据源。书目是图书馆最常发布的一种关联数据，瑞典、德国、西班牙等国家图书馆以及 OCLC 均发布了数量巨大的书目关联数据。图书馆可尝试对机构知识库、电子教参系统等资源进行语义化关联，将其发布为可重用的关联数据。目前，已有相关的研究与尝试，如王思丽和祝忠明[35]以中国科学院机构知识库平台 CASIR 为基础，研究利用关联数据实现机构知识库语义扩展，其思路对于电子教参资源的语义扩展同样有参考意义。当书目信息、机构知识库及电子教参系统都以关联数据发布后，MOOC 课程平台即可重用这些资源，使图书馆的资源成为 MOOC 学习资源的一部分，实现图书馆资源和 MOOC 教育资源的相互关联与融合。

6 结 语

MOOC 教育资源关联化可有效连接网络上分散的 MOOC 资源数据，提高 MOOC 教育资源的发现与利用率。本文仅提出了实现 MOOC 教育资源关联数据集的关键步骤，尚未进行具体实践，这是本文的一大不足之处。未来将应用所提出的关键步骤，实施图书馆的资源与 MOOC 课程的关联，探索具体实践的技术与方法。

参考文献：

[1] Massive open online course[EB/OL].[2014-03-16].http://en.wikipedia.org/wiki/Massive_open_online_course.

[2] Coursera[EB/OL].[2014-03-14].https://www.coursera.org/.

[3] edX[EB/OL].[2014-03-14].https://www.edx.org/.

[4] 北京大学：以 MOOC 建设引领国内高等教育改革[EB/OL].[2014-03-14].http://www.xxhjy.com/cdb/1605.html.

[5] 刘炜.关联数据：概念、技术及应用展望[J].大学图书馆学报,2011,(2):5-12.

[6] 夏翠娟,刘炜,赵亮,等.关联数据发布技术及其实现——以 Drupal 为例[J].中国图书馆学报,2012,(1):49-57.

[7] d'Aquin M, Adamou A, Dietze S. Assessing the educational linked data landscape[C]//Proceedings of the 5th Annual ACM Web Science Conference. New York:ACM, 2013:43-46.

[8] Dietze S, Yu Hongqing, Giordano D, et al. Linked Education:Interlinking educational resources and the Web of data[C]//Proceedings of the 27th Annual ACM Symposium on Applied Computing. New York:ACM, 2012:366-371.

[9] d'Aquin M. Linked data for open and distance learning[EB/OL].[2014-05-29]. http://www.col.org/PublicationDocuments/LinkedDataForODL.pdf.

[10] Halaç T G, Erden B, Inan E, et al. Publishing and linking university data considering the dynamism of datasources[C]//Proceedings of the 9th International Conference on Semantic Systems. New York:ACM, 2013:140-145.

[11] Kessler C, Kauppinen T. Linked open data university of muenster—infrastructure and applications[C/OL].[2014-05-29]. http://www.eswc2012.org/sites/default/files/eswc2012_submission_333.pdf.

[12] Piedra N, Chicaiza J A, López J, et al. An architecture based on linked data technologies for the integration and reuse of OER in MOOCs Context[J]. Open Praxis, 2014, 6(2):171-187.

[13] 吴鹏飞,马凤娟.国外关联数据教育应用项目研究与启示[J].电化教育研究,2013,(4):114-120.

[14] 李满玲,杨志茹,罗花芝.基于语义 Web 的精品课程资源库本体的建立[J].计算机与现代化,2010,(6):104-107.

[15] Linked universities[EB/OL].[2014-05-29]. http://linkeduniversities.org/lu/index.php/members/.

[16] The open university[EB/OL].[2014-03-29]. http://www.open.ac.uk/.

[17] Futurelearn Wiki[EB/OL].[2014-03-29]. http://en.wikipedia.org/wiki/Futurelearn.

[18] Data.open.ac.uk[EB/OL].[2014-03-29]. http://data.open.ac.uk/.

[19] Courseware ontology[EB/OL].[2014-03-29]. http://courseware.rkbexplorer.com/ontologies/courseware.

[20] Academic Institution Internal Structure Ontology (AIISO)[EB/OL].[2014-03-11]. http://vocab.org/aiiso/schema.

[21] Bibliographic Ontology[EB/OL].[2014-03-11]. http://bibliontology.com/bibo/bibo.php#.

[22] d'Aquin M, Allocca C, Collins T. DiscOU: A flexible discovery engine for open educational resources using semantic indexing and relationship summaries[EB/OL].[2014-03-29]. http://ceur-ws.org/Vol-914/paper_20.pdf.

［23］ LUCERO. Connecting the reading experience database to the Web of data［EB/OL］.［2014-03-11］. http://lucero-project.info/lb/2011/03/connecting-the-reading-experience-database-to-the-web-of-data/.

［24］ d'Aquin M. Putting linked data to use in a large higher-education organisation［EB/OL］.［2014-03-29］. http://ceur-ws.org/Vol-913/01_ILD2012.pdf.

［25］ 夏翠娟,刘炜.关联数据的消费技术及实现［J］.大学图书馆学报,2013,(3):29-37.

［26］ 沈志宏,刘筱敏,郭学兵,等.关联数据发布流程与关键问题研究——以科技文献、科学数据发布为例［J］.中国图书馆学报,2013,39(2):53-62.

［27］ Linked Education［EB/OL］.［2014-06-11］. http://linkededucation.org/.

［28］ 郑磊,祝忠明.主流机构仓储软件系统对RDF支持情况调查研究［J］.情报杂志,2011,(12):157-164.

［29］ SIMILE RDFIzer［EB/OL］.［2014-03-11］. http://simile.mit.edu/wiki/RDFizers.

［30］ 张春景,刘炜,夏翠娟,等.关联数据开放应用协议［J］.中国图书馆学报,2012,(1):43-48.

［31］ Talis Aspire Community［EB/OL］.［2014-03-11］. http://community.talisaspire.com/.

［32］ Course ProfileApp［EB/OL］.［2014-03-11］. http://apps.facebook.com/courseprofiles/.

［33］ 傅天珍,郑江平.高校图书馆应对MOOC挑战的策略探讨［J］.大学图书馆学报,2014,(1):20-24.

［34］ 罗博.大规模在线开放课程(MOOC)与高校图书馆角色研究综述［J］.图书情报工作,2014,58(3):130-136.

［35］ 王思丽,祝忠明.利用关联数据实现机构知识库的语义扩展研究［J］.现代图书情报技术,2011,(11):17-23.

作者简介

陈大庆,深圳大学图书馆副馆长,副研究馆员;

丁培,深圳大学图书馆助理馆员;

叶兰,深圳大学图书馆馆员;

胡燕菘,深圳大学图书馆研究馆员。

面向 MOOC 的大学图书馆资源建设策略探讨

1 研究的状况及意义

MOOC（massive open online course）是为了增强知识传播而由具有分享和协作精神的个人组织发布的、散布于互联网上的开放课程[1]。其突出特点是以小段视频为主传授名校名师的教学内容，以即时测试与反馈促进学员学习，并基于大数据分析促进教师和学生改进教与学。根据《NMC 地平线报告：2013 年高等教育版》预测，在接下来的一年内，MOOC 将在高等教育中得到广泛应用[2]。MOOC 借助互联网技术与信息技术所提供的全新的知识传播模式和学习方式给世界各地的高等教育带来了巨大的冲击，也深刻地影响着图书馆的思想理念、自身发展及服务传递。对此，国内外图书馆界给予了积极关注，目前，相关研讨主要集中于图书馆参与 MOOC 的主要任务、角色定位以及开放 MOOC 中学习材料的版权问题及其对图书馆发挥作用的影响等方面[3-6]。对于图书馆的资源建设与服务传递在 MOOC 环境中需要完成的使命，还缺少关注与研究。笔者认为，MOOC 的学习过程是以学习资源为载体、以服务为支撑、以满足各种学习需要为目的的认知建构与知识创造过程。MOOC 所带来的教学活动混合化、受众规模化、学习个性化和交流社区化，使用户信息需求的主要指向和查找、利用信息资源的方式都发生了重大变化。图书馆作为教育模式中的组成部分，努力探索和建立与大规模开放学习相适应的采购模式、配置模式和服务模式，满足用户对馆藏建设的新期望，以支持一个进化的教育环境，十分必要并具有重要的现实意义。

2 MOOC 环境下用户的资源需求

2.1 个性化与特色化

MOOC 学习最突出的特点是自主性。用户可以根据自己的兴趣，自主选择课程，制定学习目标。不同的认知特征，不同的兴趣爱好，不同的学习要求，使得用户的信息需求在内容性质、深度和广度上各不相同。

2.2 精准性与实用性

参与并完成 MOOC 学习的人，往往是对课程内容有浓厚兴趣的人，其学习是有深度的、拓展的，需要围绕知识点进行深入的学习。学习过程中需要根据自己的学习目标和学习进程获取适用的学习资源，以提升学习效率。

2.3 便利性与即时性

MOOC 基于网络 7×24 小时全天开放的知识传播和学习方式，为用户提供了方便灵活的学习机会和广阔空间。学习者希望能在任何地方、任何时间，获取泛在的学习资源，体验随处可学的乐趣。

2.4 联通性与系统性

MOOC 教学平台集合了讲座录像、教学大纲、课堂笔记等各种不同的学习资源，为学习者提供了基于某个共同主题的系统化学习。多维度及个性化教学导向使资源需求趋向多线程、立体化。要求信息资源按照学科、专业、项目的内容主题系统化，构建具有活性的知识网络。每个学习资源都可以作为资源网络中的结点，按照某种规律进行联结，根据用户的不同需求实现学习内容重组。

2.5 综合化与多元化

MOOC 支持成千上万的学习者参与。庞大的学习群体对资源的需求层出不穷，且涉及众多领域。用户不仅需要传统的纸质文献资源，同样希望获取从研究论文到期刊，从多媒体内容到学生作业等的网络内容，丰富海量的学习资源是基本保障。

3 大学图书馆资源建设遇到的问题及挑战

3.1 用户需求分析不深入

在 MOOC 课程和平台的设计中，每个学生在学习过程中的学习行为都被记录下来。数以百万计的学生在线学习的相关数据汇集起来，形成了庞大的"学习大数据"。图书馆对这些数据进行整合与分析，可以再现学生个性特点、阅读兴趣与潜在需求，以此进行有针对性的资源采选。由于信息技术人才、数据处理技术和硬件基础设施等的缺失，图书馆目前对原始数据的分析还很有限，对用户行为的研究仅停留在直观数据量的统计上，对于用户行为分析和特征提取、用户行为模式的生成等方面的研究还比较欠缺。如何把握大数据带来的技术优势与数据分析方法，提高图书馆能够分析的数据比例，为图书馆资源的进一步优化和完善提供现实依据，并基于对用户数据的分析，提升个性化服务的水平，是当前所亟须研究解决的问题。

3.2 资源采选缺乏用户参与

目前，我国高校图书馆的资源采选方式主要有3种：①图书馆采购人员自主选购；②由教师或学科专家部分参与采购；③由学科馆员参与选购。虽然图书馆不断尝试通过多种渠道来实现"读者荐购"的目标，但无论是书展选书、书目圈选还是读者网上荐购，都需要图书馆员逐条审核和订购，最终的决策采购者还是图书馆员。由于MOOC的"教"、"学"主体大大突破了传统学校系统的范畴，在大规模开放环境下，以馆员为主的资源采选模式很难全面把握用户的使用现状、实际需求以及变化的趋势，无法精准地提供资源。相关调查表明，图书馆经常被访问的信息资源只占馆藏量的20%，一般被访问的信息资源占馆藏量的26%，基本不被访问的资源占40%之多[7]。图书采选与用户需求的供需矛盾日益突出，提高资源建设的实效性成为图书馆资源采购工作的重中之重。

3.3 数字资源建设缺乏总体规划

MOOC改变了传统的知识获取形式，开辟出另一种不受时间、空间和环境束缚的网络教学模式，数字资源没有时间、空间和其他供应瓶颈的限制，是MOOC环境下图书馆具有竞争力的资源传播与利用的形式。国外大学图书馆利用数字资源为远程教育服务已经发展到相当先进的程度。美国哈佛大学图书馆、明尼苏达大学图书馆在远程学习服务、扩展服务、市民参与等方面都很有知名度[8]。我国数字图书馆的资源建设尚处于一种无序状态。不少图书馆在数字图书馆建设中对数字资源采购、网络数字资源下载保存、OA资源收集等多层次的数字资源整合缺乏有效的规划和协调，未能制定和实施统一的技术规范和标准，著录格式各异，形成了许多局部范围内组织良好但整体上分散独立的信息孤岛，并未形成标准化的、有效的数字馆藏，资源共享存在障碍。各馆自建数据库在原始文献选择、资源库建设范围、资源建设广度和深度等方面顾此失彼，导致资源筛选不科学，资源质量参差不齐，在低水平上重复，有价值的信息资源缺乏。

3.4 教学参考资源之间缺乏整合与关联

教学参考资源作为信息资源的重要组成部分，在提高教育教学质量、挖掘教育的发展潜力上发挥着重要作用。MOOC提倡问题导向、主动探索的教学方式，教学参考资源体现为知识关联、富媒体化、社交化并集学习工具于一体，围绕"微课程"的各个环节和主题，层层递进式发现知识。近年来，图书馆加大了对教学资源的收集力度，与之相关的纸质文献、数字资源以及网络免费学术资源等不同载体形态的信息资源虽然增长很快，但各自独立，集成度低，资源之间内在的语义关联被不断扩充的资源数量所掩盖，没有形成主题鲜明、类型多样、结构紧凑的"主题单元资源包"。在构建具有一定伸缩性、涵盖各类知识资源的聚合关系网络等方面还需要进一步的开拓。

3.5 资源的共享和交流不够顺畅

"大规模开放"要求图书馆以用户为中心、因需而变，实现资源利用和获取的开放。我国高校图书馆的运作还比较封闭，各自独立发展的意愿强于协调合作的意愿，馆际之间的合作交流与资源共享的意识还比较薄弱。虽已建立了以CALIS、CASHL为代表的全国性联盟以及BALIS（北京地区高校图书馆文献资源保障体系）、TALIS（天津高等教育文献信息中心）等一批颇具特色的区域性联盟，在资源联合采购、共建共享方面开展了积极有效的工作。但总体来看，各类高校图书馆信息资源共享联盟/联合体的数量还很有限，成员馆的覆盖率还比较低。CALIS虽然已拥有1 061个成员馆，但覆盖率只达到38.96%，CASHL的覆盖率则仅为21.63%[9]。各个联盟/联合体信息资源重复建设现象严重，共享的资源还非常有限。联盟与联盟之间，特别是跨行业、跨系统的相互交流和开放基本上处于空白状态。

4 应对MOOC挑战的大学图书馆资源建设策略

我国"高等教育司2014年工作要点"明确提出国家要以MOOC为手段进行教学改革、推动教育公平、提高教学质量[10]。高校以学生为中心，结合学科和专业优势，创造更多协作学习的机会，塑造自己的品牌和竞争力是大势所趋。应对MOOC式教育发展趋势及用户需求的变化，图书馆必须超越简单的资源收集的思维，扩大资源采集与引进的关注范围，构建面向需求、适应变化、快速反应的信息资源保障体系，强化对于MOOC学习过程的影响力，从而提升自身在学校中的影响力。

4.1 基于数据分析制定采购策略

图书馆借助于大数据与云平台的支持,开展基于服务对象特征和需求的用户研究,进一步提升自身对 MOOC 用户个性化学习的资源保障能力,是一种与时俱进的趋势。以某校 MOOC 平台的"网络安全保密基础知识"课程为例,课程注册人数 6 039 人;课程点击量 93 万人次;课件下载 8 254 次;第一段"微课"视频"网络安全知识概论"学员平均停留时间 2 分 53 秒,针对该视频的提问 59 个,该视频后的"交互式练习"共有 5 871 人次参与答题[11]。课程的注册人数、点击量及下载次数可以反映教学资源的使用情况以及学习者对某类资源的需求意愿;交互式练习的答题情况可以分析出学生整体认知水平、接受能力以及综合应用能力等。图书馆可以跟踪和获取 MOOC 平台的注册人数-点击量,同时在线人数-每门课程的注册人数-每个用户在线时长等学习行为数据,与学习者的流通借阅数据、数据库检索数据与浏览数据等信息行为数据相关联,利用聚类分析、可视化分析与数据挖掘技术,通过有效性测试和变化趋势分析了解用户的信息使用行为,籍此划分资源需求不同的权重系数和保障层次系数,确定不同类型资源的建设范围和层次,客观地为采购提供方向和依据,从源头上将资源建设和用户需求结合在一起,为学习者个性化学习提供保障。

4.2 建立以用户需求为导向的资源采购模式

MOOC 环境下,信息服务向长尾方向迁移,用户更加关注图书馆能否提供为我所用的资源。图书馆改变资源建设策略,"按量计费"、"你读书我买单"的"按用付费"模式或许将成为资源订购的主要方式[5]。近年来,一种新的以用户为主导的文献资源建设模式 PDA(patron-driven acquisition,用户驱动采购)正在欧美大学图书馆展开。国外图书馆的 PDA 有两种类型:一种是把馆际互借请求转化为纸本图书的订单,另一种是读者在 OPAC 中发现 MARC 数据并发起购买。美国丹佛大学图书馆 2010 年开展了电子书的 PDA 采购试验。将 2 万条 MARC 记录导入本馆 OPAC,通过免费浏览(限时阅读)、短期租用(按次付费)、触发购买等方式,实现数字馆藏的即时获得和按需购买。期间,读者共免费浏览 5 397 种、短期租借 2 988 种、购买 255 种,总计 8 640 种图书,图书馆只用了 5.9 万元,相当于全部采购这些电子书的 9% 的费用[12]。从其他美国大学图书馆实施读者决策采购项目的典型实例来看,基于读者需求的采购,为用付费,降低了资源建设的成本,读者可以精准获取自己所需的文献资源,提高了读者的满意度[13]。我国大学图书馆可借鉴这种新型的采访模式,改进现有的"读者荐购"流程,制定清晰明确的采购标准,设置合理的购买参数和采购范围,对符合标准的荐购图书简化审核程序,使资源建设从预购大量文献资源向适时提供合用资源的方向转变。同时,逐步进行小规模的 PDA 实践,积极探索单篇采购机制(pay per view)、电子优先政策(electronic priority、electronic preferred)等以用户需求为导向的不同模式的采购方式,向为用户提供"单本"、"单篇"的精细化服务迈进,提高所购资源的实用性。

4.3 科学规划数字资源的建设与发展

便利性、随时获取是人们在资源检索与使用方面永恒的期望。图书馆应根据学校自身的定位与特点,遵循采购与自建并重的原则,做好数字资源的发展规划:①从数字资源的内容价值以及用户需求的程度和层次出发,对品种多样、内容丰富、功能迥异的数字资源划分相应的采集与存储的级别,根据实际需要进行永久保存级(如自建特色资源)、镜像级(如电子书、讲座视频)、服务级(如学术期刊库)、链接级(如网上公开课)等不同级别的分层次建设,在云计算技术的支持下,实现各种数字资源之间的关联性和共享性,支持学习者基于 MOOC 的自主学习。②结合本校办学特色,开发特色选题,规划实施特色资源数据库的建设。采用《中国数字图书馆标准规范建设》项目所推荐的相关标准,遵循数据建设规范和标引细则,创建通过图片、文字、视频、音频等方式保存特色资源的数据库,实现特色数据资源集成共享、统一管理,并利用特色资源配合学校开发 MOOC 课程内容,推动学校办学质量迈上新台阶。③鉴于 MOOC 教学形式具有比传统课堂更严格的版权限制,校内校外学生在信息资源的使用方面存在信息差异,图书馆需加大力度关注免费的学术资源,将免费学术资源纳入整个学校的数字资源集合。对于有保存价值的资源,下载保存;对于有使用价值、限制下载的,遴选、整理分类后提供导航服务;对于有价值需长期保存的开放资源,尽可能保存相关作者和原始网站的信息等,作为受版权保护的课程资料的替代品,使 MOOC 用户可以不受限制获取学习资源。

4.4 整合与优化教学参考资源

MOOC 教学并非无本之木、无源之水。优质 MOOC 实际上是用现代技术手段对知识进行富集、重构、再利用的一种全新知识组织方式。这种方式使教学参考资源的形态和服务模式发生了变化。国外发达国家高校普遍形成完善的教学参考资源数据库，由图书馆配合学校教学系统，对纸本与数字化的教学参考资源进行收集、加工、著录、揭示，通过图书馆的电子教参服务系统直接推送资源至本校的课程管理系统，实现学校课程系统与图书馆资源的有效交互，为MOOC环境下图书馆构建融入教学的教参系统结构提供了思路[14]。大学图书馆应以教学需求为前提，对国内外多种格式、多种类型的教学参考资源进行收集、整理与优化，形成以文本、音频、视频等为主要载体，以教程、讲义、参考资料、作业测验等为主要内容的多维度、多层次、多样化的资源发展模式。这些资源以"知识点"为核心，进行"碎片化"拆分和"关联性"整合，最终形成以知识点为前端显示，不同格式的资源为后台数据支持的覆盖包括课前的教学设计和预习、课堂教学、课后作业或反馈以及课外拓展阅读等完整教学过程的立体化、智能化教学参考体系[15]，并基于Web 2.0、Lib 2.0的社交互动功能，依靠博客、播客、即时通讯以及维基百科等网络服务工具，加强与用户的沟通与交流，使教师能发布教学内容、参考资料，学习者能上传学习成果，馆员、教师、学生成为合作者，实时提供动态且丰富的相关资源。

4.5 加强交流与合作，促进资源的协同与共享

MOOC学习者是一个无限扩充的群体，图书馆只有实现资源共享，才能最大限度地满足日益深化和多样性的用户需求。图书馆联盟通过馆际互借与文献传递、数字资源的联合采购与共享、网络门户与系统支持等方式，在扩展资源建设的深度与广度方面可以实现1+1>2的效应。土耳其的安那托利亚大学图书馆联盟（Ana-tolian University Libraries Consortium，ANKOS）通过合作，丰富了联盟的全文数据库资源，全文下载量从2001年的140多万篇增长到2007年的1 244万多篇，增加了近8倍[16]。大学图书馆应自觉纳入区域性、全国性乃至更高级别的高校图书馆联盟，通过联盟推行稳健的、共享的资源建设框架，增进各图书馆之间的协作和效率。使用能方便图书馆之间合作的资金支持模式，合理规划资源采访与获取，形成独具特色的馆藏体系，减少某一学科领域内信息资源建设中的无序和重复现象，从整体上提高信息资源的保障能力，促进资源的高效利用。我国已形成教育部、文化部和科技部分别组建的中国高等教育文献保障系统、全国文化信息资源共享工程和国家科技图书文献中心三大系统图书馆联盟，如果能够通过有效的管理措施和技术手段，打通不同类型图书馆联盟间的隔离瓶颈，构建一个跨行业、跨地域的泛合作圈，实现大学图书馆、公共图书馆和研究型图书馆共享联盟体系的"大对接"，无缝地动态地交互地融入MOOC学习的过程之中，就能在知

识产权合法条件下,打破馆内读者与馆外读者的藩篱,为 MOOC 用户提供以全国乃至全球图书馆的文献收藏为后盾的持续、有效的泛在化信息资源与服务支持,体现图书馆的服务本质,实现其社会使命。

5 结 语

MOOC 反映的以"学"为本的教学价值取向,与图书馆"一切从用户出发"的服务理念相契合。图书馆因学习者而存在,资源建设必须应用户需求而变,由静态和封闭走向开放和共享,努力为用户营造一个全面、泛在、交互的学习环境,以彰显自身在教育中一直具有的独特作用。

参考文献:

[1] 百度百科. 慕课[EB/OL]. [2014-08-10]. http://baike.baidu.com/view/10629886.htm? fr=aladdin.

[2] NMC. Horizon report 2013 higher education edition[EB/OL]. [2014-02-22]. http://www.nmc.org/pdf/2013-horizon-report-HE.pdf.

[3] 秦鸿. MOOCs 的兴起及图书馆的角色[J]. 中国图书馆学报,2014,(2):19-26.

[4] 罗博. 大规模在线开放课程(MOOC)与高校图书馆角色研究综述[J]. 图书情报工作,2014,58(2):130-136.

[5] 叶艳鸣. 慕课,撬动图书馆新变革的支点[J]. 国家图书馆学刊,2014,(2):3-9.

[6] 刘姝. 面向 MOOCs 的图书馆泛在化服务对策研究[J]. 图书馆学研究,2014,(1):75-77.

[7] 白新勤. 图书馆实施读者决策采购(PDA)的基本路径探讨[J]. 图书情报工作,2013,57(5):76-80.

[8] York A C, Vance J M. Taking library instruction into the online classroom:Best practices for embedded librarians[J]. Journal of Library Administration, 2009, 49 (1/2):197-209.

[9] 官凤婷,高波. 我国高校图书馆信息资源共享现状研究[J]. 图书情报知识,2012,(3):55-61.

[10] MOOCS 能否倒逼传统教育改革?[EB/OL]. [2014-03-30]. http://learning.sohu.com/20140228/n395836855.shtml.

[11] 叶昭晖,邹刚,柯水洲,等. 基于 MOOC 理念的军校网络教学资源整合及共享研究[J]. 高等教育研究学报,2013,(4):13-16.

[12] 刘华. 以读者为主导的文献资源建设——美国学术图书馆读者决策采购(PDA)研究[J]. 图书情报工作,2012,56(5):89-93.

[13] 刘甦,曹均. 读者决策采购——为用付费[J]. 四川图书馆学报,2013,(3):41-44.

[14] Working together:A strategic framework 2010-2013[EB/OL]. [2014-02-12]. http://

www.lib.cam.ac.uk/strategic_framework.pdf.
［15］ 傅天珍,郑江平. 高校图书馆应对 MOOC 挑战的策略探讨[J]. 大学图书馆学报, 2014,(1):20-24.
［16］ Erdogan P, Karas zen B. Portrait of a consortium: ANKOS[J]. The Journal of Academic Librarianship,2009,35(4):377-385.

作者简介

沈秀琼，闽南师范大学图书馆副研究馆员。

服 务 篇

高校图书馆"3+2+1"慕课化信息服务模式探索

1 引言

慕课作为一种新型的教育模式,自2008年兴起以来,以其鲜明的特点受到各国高校的广泛重视,许多高校纷纷推出了自己的慕课课程或慕课平台,参与学习者如云。2013年,慕课进入我国并快速得到推广应用。高校图书馆作为信息资源的主阵地、信息服务的主推者,清醒地感知到"互联网+"社会大背景催生的慕课及由此带来的信息服务领域最新变化,也敏锐地发现了这一新生事物给高校图书馆信息服务模式创新带来的机遇和面临的挑战。2014年起,我国图书馆界的多位学者积极地开始了对慕课的关注、讨论、研究和实践,同时各类图书馆也开始积极地为用户提供形式多样的面向慕课的信息服务。

综合笔者从CNKI下载并研读的百余篇国内学者对高校图书馆慕课化服务之研究成果,现有研究的着力点主要集中在4个方面:①介绍慕课的发展及特性,分析慕课对我国高校图书馆服务带来的冲击或影响;②由国外图书馆慕课化服务实践引发的思考、启示、设想或建议等;③阐述高校图书馆开展慕课服务的必要性、可行性及重要作用,探讨高校图书馆在慕课化中的角色定位及应对之策;④探讨高校图书馆慕课服务实践的方法、模式、途径等。这些研究成果对我国图书馆界更新观念、提高认识、促进慕课服务工作的开展起到了极大的推动和指导作用。但是,我国高校图书馆慕课化服务目前尚处于探索启动期,亟须在现有研究的基础上解决好两个问题:①强化理论研究与实践应用的结合度,应有丰富的操作性较强的案例来提供实践指导和参考借鉴,避免雾里看花;②慕课化服务模式要有体系化、层次化的系统性建构,避免片面性和浅层化。正是出于解决以上问题的考虑,笔者试对高校图书馆慕课化信息服务模式做深度的探索。

2 高校图书馆"3+2+1"慕课化信息服务新模式的研究目标及意义

2.1 研究目标

2.1.1 理念创新 慕课化是高校图书馆信息服务转型升级的新引擎、新动能。信息服务慕课化就是以慕课为服务支点或服务平台不断创新信息服务内容、方式、方法的过程。2015年5月13日发布的《国务院办公厅关于深化高等学校创新创业教育改革的实施意见》中明确指出:"各地区、各高校要加快创新创业教育优质课程信息化建设,推出一批资源共享的慕课、视频公开课等在线开放课程。建立在线开放课程学习认证和学分认定制度"[1]。由此可见,慕课建设在我国"十三五"高等教育改革中具有非常重要的作用和影响,慕课化为高校图书馆信息服务拓展提供了新契机。慕课的受众面大、开放度高、在线授课与学习互动、完整的课程等特性与高校图书馆信息服务愿景高度契合,与高校图书馆开展信息服务的使命目标、服务对象、服务形式、资源要素等方面具有高度的一致性。基于这些契合点,慕课化将高校图书馆信息服务与慕课建设深度融合,成为高校图书馆信息服务拓展的新引擎、新动能,会推动高校图书馆信息服务新技术的应用,促进服务功能的拓展,带来服务效率的提升。在"互联网+"的时代背景下,用户需求、服务理念、技术平台的日新月异要求高校图书馆信息服务的内容及模式与时俱进、转型升级,高校图书馆理应顺势而为,在慕课化的新服务、新创造中拓展新功能、塑造新形象,增强现实价值。慕课化信息服务新模式为高校图书馆绘制出了一条新的发展路径。

2.1.2 模式整合 建构系统性、层次化的服务模式新体系。高校图书馆的服务宗旨和愿景决定了慕课化信息服务不应局限于单一的、片面的方式,应该是多维度立体的、全方位多层次的服务模式;慕课化信息服务的用户不同、需求不同、服务能力不同等必然导致所提供信息服务的层次不同;慕课化信息服务在资源支持、人力配置、平台对接等方面存在着密切的系统关联,需要相互协同。因此,建构一个系统性的、初、中、高各级、各层次深浅协调有序的、实现各种慕课化信息服务模式整合的新体系才能全面展现高校图书馆信息服务拓展之新面貌,也有益于高校图书馆慕课化信息服务的可持续发展。

2.1.3 案例丰富 为慕课化实践提供实用性参考。实践案例的选取突出典型代表性、通用可借鉴性、真实可靠性,同时兼顾国内外实践案例的有机结合,国内案例有本土化、易借鉴的特点,在案例选用时优先考虑;国外案例有国际化、新颖性的特点,其服务内容的创新是对国内案例的有益补充,是不可或缺的重要组成部分。通过案例枚举,一方面复证高校图书馆慕课化信息服务新模式的科学合理性;另一方面,也是更重要的:为高校图书馆展开慕课化信息服务提供务实可用的实践参考。

2.2 研究意义

由上述研究目标可以看出,研究"3+2+1"高校图书馆慕课化信息服务新模式的意义主要体现在4个方面:

2.2.1 为高校图书馆转型发展提供新支点 以"3+2+1"慕课化信息服务新模式为支点,能够推动高校图书馆组织机构、人员配置及业务流程的优化重组,实现人力物力整合,资源配置更高效。新模式可根据不同层次的慕课信息服务需求,调整和匹配相应的人力、物力资源,带动图书馆空间再造和功能转型,促进工作人员的在岗学习和学科馆员的转岗提升,提高资源的有效综合利用,进而形成新的良性服务机制,迸发出服务创新和拓展的新动能、新活力,创造出高校图书馆信息服务的新业态。

2.2.2 助力高校图书馆实现信息服务多角度创新和转型 多层次、体系化的"3+2+1"慕课化信息服务新模式能够助力高校图书馆实现信息服务多角度创新和转型。推动实现由封闭的读者拉动式服务转变为开放的主动推送式服务;由资源提供型服务转变为综合教育型服务;由单一的流程式服务转变为聚合的多样化服务;由粗放的广播式服务转变为精准化的互动式服务;由传统的事后响应服务转变为在线的实时支持服务;由个体式咨询服务转变为团队化知识服务。服务模式的转型能够进一步带动服务水平和服务效益的提升。

2.2.3 能带给高校图书馆层次清晰的慕课化信息服务新架构 新模式使高校图书馆慕课化信息服务工作重点明确、难点突出、思路清晰,方便了高校图书馆的具体组织实施。可先易后难、逐步推进,由基础服务做起,重点做好核心服务,在取得成效和经验后,不断地积累资源和力量,最终在深度服务上取得突破。

2.2.4 有助于高校图书馆资源建设投资的合理化 当前,高校图书馆在科研用信息资源的配置比例及资金投入上远远大于教辅用信息资源,慕课化信息服务新模式将促使高校图书馆加大教辅用信息资源的建设,进而有益于高校科研与教学的协调发展。

3 基于慕课的"3+2+1"高校图书馆信息服务新模式

3.1 高校图书馆慕课化信息服务调研及"3+2+1"新模式的实证依据

为了全面深入地了解和掌握国内外高校图书馆慕课化信息服务的现状，笔者对高校图书馆围绕慕课开展的各项工作进行了为期3个多月（2015年5月初至8月底）的大量的案例调查，收集了丰富的第一手案例素材作为分析研究的依据。

3.1.1 数据来源　国内的调查数据来源于两个方面：（1）优选的高校图书馆官网平台，包括112所"985"、"211"院校图书馆（其中39所"985"院校均在"211"院校之列）和34所地方院校图书馆的官网。国内官网平台优选的规则主要是：①"985""211"院校有较多国家精品课程、网络开放课程为基础，在我国较早地开设了慕课或建设了慕课平台，这批一类高校的图书馆更有条件开展慕课化信息服务，因此按教育部公布的名单全部采选；②兼顾调研数据的覆盖面，从我国34个省级行政区域中各选取了1所有影响力及区域特色的地方高校图书馆；③在选取地方院校时，优先采选已在主要慕课平台开设了慕课的高校图书馆。在采集具体的官网数据时，网站浏览查阅深度一般为3-5级页面，以慕课栏目设置、服务内容、进展程度、新闻报道、相关链接等为数据采集项。（2）中国知网。在中国知网中以"（TI=高校图书馆＊（MOOC+慕课））＊（PY≤2015年12月31日）"为逻辑关系表达式进行高级检索，获得112篇论文文献，其中2014年21篇、2015年91篇，以涉及的慕课服务工作为数据采集项。

国外的调查数据来源是：优选30所主要分布于欧、美、澳的高校图书馆官网平台，优选的规则主要是：①国外专业文献研究中报道其提供慕课信息服务的高校图书馆；②在Coursera、Udacity、eDX三大主要国际慕课平台上开设慕课较多的高校图书馆；③兼顾区域的覆盖面，不以大学排名为采选依据。具体的数据采集项同国内。

3.1.2 研究方法　依据上述案例调查所获得的国内外高校图书馆开展慕课化信息服务的实践案例数据，结合慕课的重要特点和高校图书馆信息服务的重点、难点问题，笔者应用案例实证研究的方法进行统计分析和总结凝练，提出"3项基础服务+2项核心服务+1项深度服务"的高校图书馆慕课化信息服务新模式：

3.2 3项基础性的慕课化服务

3.2.1 慕课资源导航服务 这是高校图书馆可开展的基本的慕课服务模式之一,在国内外调查数据中均占比最高。已建成的开放慕课课程本质上就是一种新型开放的富媒体数字资源。高校图书馆通过在官方网站上设立相应的栏目,为读者提供海量慕课资源导航服务的新方式极大地方便了读者获取慕课信息。如兰州大学图书馆在其首页的"电子资源"专栏中设置"在线课程"栏目,为读者提供国内外网络公开课和慕课资源链接[2];中国科学技术大学图书馆在首页设置"查找文献"栏目,其中包括查找网络公开课选项,提供国内外网络公开课和慕课资源[3]。类似的将网络公开课和慕课放在一起向读者推荐的还有武汉大学图书馆主页的"网上开放课程"[4]。有的高校图书馆则是将慕课推荐加入到读者服务栏中,直接提供慕课资源导航。东莞理工学院图书馆则发布近期"MOOC开放式课程导航",方便读者及时选修[5]。国外的图书馆中,新墨西哥大学图书馆在其主页的研究导航栏设置了开放教育资源与慕课导航[6];澳洲的莫那什大学图书馆在"构建英语技能"导航中,向读者推荐了慕课平台Coursera和Futurelearn,建议读者参与这两个平台的英语类慕课[7]。美国沃什特瑙社区学院贝利图书馆(Washtenaw Community College-Bailey Library)在首页的研究导航中开辟了慕课专栏,不仅列出了常见的慕课平台导航,还拍摄了视频用以向学生详细介绍什么是慕课[8]。

3.2.2 慕课资源推介服务 慕课作为一种全新的资源形态,高校图书馆许多读者对其还比较陌生,利用高校图书馆信息资源推介的特殊地位和传统优势,大力宣传、推广慕课资源是新时期高校图书馆信息服务的又一新的领域。将慕课资源推介作为基本的慕课服务模式在国内外调查数据中占比较高。如厦门大学图书馆宣传月"我的网络style"开辟慕课专题讲座,讲授慕课学习资源与使用方法[9];电子科技大学图书馆举办"慕课"文化主题月活动[10],鼓励学生使用慕课,加入到慕课学习群体中;安徽农业大学图书馆则将慕课知识引入到研究生新生培训讲座中[11];有的高校图书馆利用读书日举办慕课论坛,向读者宣传慕课资源和使用方法,并进行现场答疑。

3.2.3 慕课线下学习的场所提供和组织服务 慕课的学习需要优质的虚拟网络学习环境,更需要交流互动、讨论共享的实体空间。高校图书馆物理空间相对宽余,也有辅导资源应用和组织学术讨论的人力及经验,可结合各自馆情,因地制宜地开展此类基础服务。目前该服务模式在国内外调查数据中也有相当高的比例,国内如九江学院图书馆从2015年3月起,将电子阅览室的部分区域开辟为慕课学习区,供读者免费使用,并有专业老师指导[12];国外如2014年7月,俄亥俄州立大学图书馆的版权资源中心针对由杜克大学、艾莫利大学和北卡罗莱纳大学联合开设的——"教育工作者和图书管理员所需版权知识"慕课举办了每周一次的线下讨论,以回顾每周的授课内容和研讨学习者提出的问题[13],威斯康星大学麦迪逊分校2015年2月开设了为期4周的"大湖区天气和气候变化"的慕课,该校与威斯康星图书馆服务公司合作,联合全州21个公共图书馆,提供该慕课课程的线下交流服务,即参与该慕课的学生将在这些图书馆与来自威斯康星大学、国家气象服务中心的学生、科学家、工作人员进行面对面的交流和讨论[14],参与该项目的密尔沃基公共图书馆(Milwaukee Public Library)就在其主页发布了该慕课开课期间分别在中心馆和东部分馆举行的线下交流和讨论的具体时间及地点。

3.3 2项核心的中级慕课化服务

3.3.1 高校图书馆信息素养课程的慕课化服务　高校图书馆广泛开设的信息素养类课程进行慕课化改造具有得天独厚的优势,信息素养慕课的成功建设能够对高校图书馆慕课化信息服务起到示范和引领作用,因此说这是最重要的核心服务拓展创新之一。这一服务模式在国内的调查数据中占比尚可,遗憾的是信息素养慕课建设在高校图书馆官网平台的少,依托超星慕课、中国大学MOOC、学堂在线等公共平台的多[15];高校图书馆官网参与度高但建设的程度多为公开课,与慕课的要求还有较大差距;该服务在国外的调查数据中表现较好。我国多所高校图书馆正在加快类似的慕课建设和开设,中国科学院大学初景利教授开设的"图书馆发展战略与趋势"慕课、武汉大学黄如花教授开设的"信息检索"等慕课都广受欢迎,选课学习者众多。美国维克森林大学的Z.史密斯雷诺兹图书馆(Z. Smith Reynolds Library)的终身学习项目ZSRx就是由图书馆自行开设的面向维克森林大学学生的、旨在帮助其与校友、父母、家庭沟通新的学习技能和学习思想的慕课课程。已开设的课程有讲授互联网搜索工具和技术、信息评价技能、网络隐私权等相关问题的"The cure for the common Web";有向读者介绍电子图书、自出版及数字出版前景的"Digital publishing"[16]等,这两门慕课实际上是以提高学生的信息素养为目的的。

3.3.2 嵌入学校慕课化教改的慕课馆员服务　充分利用高校图书馆丰富的馆藏资源和技术力量,主动参与学校的慕课化教学改革,为慕课的开发建设提供资源配置及课程制作技术支持服务,是高校图书馆信息服务拓展创新的另一种核心模式。调查数据显示：国外高校图书馆在这一模式上已有诸多实践案例；国内是关注度很高、发展潜力巨大。这一模式具体实施起来既需要高校图书馆梳理和重构现有各类电子资源，又需要专业人员进行知识转型并加强团队协作，因此，核心的慕课化信息服务开展需要一个过程。目前在我国高校图书馆，这一核心服务尚处于起步探索阶段，现有的学科馆员可通过学习实现转型，担当慕课服务馆员，为慕课化信息服务发挥作用。

在国外这一服务模式已不乏案例。国外提供资源支持的先例是大英图书馆：2013年4月，其宣布与慕课平台FutureLearn合作，为参与FutureLearn平台MOOC的学习者提供免费的数字资源访问，这些资源包括800余份中世纪的手稿、4万册19世纪的图书和5万份录音，且提供的数字资源的数量将每年持续增加。为了实现更进一步的合作，2014年初，大英图书馆还以租赁的方式为FutureLearn团队提供了位于圣潘克拉斯主馆的办公场所。2015年，该馆又与诺丁汉大学合作开设慕课"Propaganda and ideology in everyday life"（日常生活中的宣传思想），课程资源使用的是大英图书馆2013年的展览"Propaganda：power and persuasion"（宣传：强大的说服力）的内容，该课程也成为首次使用大英图书馆馆藏制作的慕课[17]。

为慕课提供深层次技术支持等其他服务的案例有：斯坦福大学图书馆除提供慕课版权支持服务外，还通过名为"学术计算团队"和"学术技术专家计划"为慕课的视频和多媒体制作提供技术支持[18]。此外，在Coursera和edX平台上，一些参与慕课建设的高校图书馆已开始直接参与课程的教学和实践[19]。

3.4 1项深度的慕课化服务——为慕课教学提供版权解决方案

在开放的网络环境下大规模地共享前人知识成果，如何解决知识传播与知识产权保护的矛盾已成为慕课浪潮无法回避的重大课题。高校图书馆可利用自身与出版上游和发行渠道中游密切联系的优势，探索解决慕课教学知识产权问题的途径和辅助服务，这是高校图书馆开展深层次信息服务的新方向，必将对当前和未来慕课的发展发挥重要作用。目前由于慕课多由高等院校开设，因此提供慕课版权支持服务的也以大学图书馆居多。调查数据显示，这方面国内高校图书馆研究探索者多，具体实践应用者少。国外高校图书馆已取得较成熟的实践经验，可供我们参考借鉴。

2012年起，以杜克大学图书馆为代表的国外大学图书馆就已经在着手开展针对慕课的版权支持服务。杜克大学版权与学术交流办公室（Office of Copyright and Scholarly Communication，简称OCSC）实习馆员L. Fowler和首任主任K. Smith 2013年8月发文详细介绍了杜克大学图书馆为慕课提供的版权服务方式和探索过程。这些服务主要包括：①制定版权指南，即指导和帮助慕课教师合理使用受版权保护的资料，指南中对于文本、图像、视听资料的合理使用给出了详细的指导建议；②帮助慕课教师查找可替代的开放获取资源，鼓励教师尽可能使用这类资源；③与版权所有者沟通或协商以帮助慕课教师获取其版权许可。杜克大学图书馆在慕课版权支持服务运行一年后对这项服务进行了评估，听取了慕课教师的意见，并进行了服务改进[20]，2013年8月后还开设了慕课"教育工作者和图书管理员所需版权知识"专题，其制定的版权服务指南也成为其他大学图书馆开展慕课版权服务的"指南"。

宾夕法尼亚州立大学图书馆在其主页的"MOOCs for Educators"中提供了在Coursera平台开设慕课的一般性版权指南、已获得版权许可的资源的使用指南、音频资料存储的版权指南，同时还提供了开放获取资源和一些已获得版权许可的资源导航。为使读者能够全面地了解版权知识，该馆还提供了creative commons（知识共享）、哥伦比亚大学图书馆版权咨询办公室、达特茅斯大学图书馆版权服务页面链接。值得一提的是，K. Smith在杜克大学图书馆的个人主页链接也被列出，上面有其详细的联系方式，以便人们在遇到版权问题时与其联络咨询。

俄亥俄州立大学图书馆的做法则有所不同，其版权资源中心提供了有关版权法律法规、机构导航等信息，这些信息被分成若干版块，如"常见问题""版权基本知识""版权课程""开放资源""公共领域""讲义和模板下载"等，而慕课涉及的版权知识则被归到"E-learning"版块，列举了学生和老师在使用和建设慕课时要思考和注意的一些基本版权问题，并给出了相关文件和机构的导航[21]。可见，该馆很重视用户的版权教育和版权服务，针对慕课提供的版权服务只是其整体版权服务的一部分。科罗拉多大学卫生科学图书馆除参考杜克大学图书馆的做法提供慕课版权指南外，还设置了校园版权代表（CU campus copyright representatives），为教师和学生提供版权支持服务[22]。采取类似方式提供慕课版权服务的国外高校图书馆还有很多，如斯坦福大学图书馆、北卡罗莱那大学图书馆、马里兰大学图书馆、美国西北大学图书馆、不列颠哥伦比亚大学图书馆、谢菲尔德大学图书馆等。我国的香港科技大学图书馆和香港理工大学图书馆也在图书馆网页上列出了用于慕课制作的免费和开放资源。

4 结语

高校图书馆开展慕课化信息服务已是大势所趋,基础性的服务模式易于实施和见效,核心的服务模式是关键也是难点和重点,深度的服务模式需要资源积淀和团队实力。慕课化"3+2+1"高校图书馆信息服务新模式的探索旨在为现阶段高校图书馆开展慕课化信息服务提供一种具有较强操作性的有益的实用参考,各高校图书馆可结合实际由易到难、由基础服务到深度探究展开实践。相信随着实践的逐步深入、"互联网+"新技术的不断涌现以及用户需求多样性的提升,基于慕课的高校图书馆信息服务新模式一定会得到进一步的演进、丰富和突破。

参考文献:

[1] 国务院办公厅.国务院办公厅关于深化高等学校创新创业教育改革的实施意见[EB/OL].[2015-05-13].http://www.gov.cn/zhengce/content/2015-05/13/content_9740.htm.

[2] 兰州大学图书馆.网络公开课和MOOC资源[EB/OL].[2015-12-05].http://lib.lzu.edu.cn/zxkc/info-9524.shtml.

[3] 中国科学技术大学图书馆.查找网络公开课[EB/OL].[2015-12-05].http://lib.ustc.edu.cn/查找文献/查找网络公开课/.

[4] 武汉大学图书馆.网上开放课程[EB/OL].[2015-12-08].http://www.lib.whu.edu.cn/web/index.asp?obj_id=641.

[5] 东莞理工学院图书馆.MOOC开放式课程导航[EB/OL].[2015-12-08].http://www.lib.dgut.edu.cn/daohang/index.html.

[6] The University of New Mexico. Open education resources and MOOCs[EB/OL].[2015-05-05]. http://extendedlearning.unm.edu/online/mooc/lib-guide.html.

[7] Monash University Library. Building English skills[EB/OL].[2015-05-05]. http://guides.lib.monash.edu/content.php?pid=319555&sid=2615462.

[8] Washtenaw Community College-Bailey Library. Massive open online course-MOOCs[EB/OL].[2015-05-05]. http://libguides.wccnet.edu/content.php?pid=380412&sid=3142248.

[9] 厦门大学MOOC校园大使.厦门大学图书馆宣传月"我的网络style"专题讲座mooc专场[EB/OL].[2015-05-05].http://mooc.guokr.com/post/610794/.

[10] 许茂林.电子科技大学图书馆举办"慕课"文化主题月活动[EB/OL].[2015-05-05].http://special.univs.cn/service/uestc/uestczxxy/2014/1115/1068529.shtml.

[11] 安徽农业大学图书馆.图书馆开展2014级研究生新生培训讲座[EB/OL].[2015-05-05].http://lib.ahau.edu.cn/ArticleShow.aspx?Section_ID=485&Channel_ID=

141&articel_id=2432.

[12] 滑红彬. 图书馆免费开放电子阅览室和MOOC学习区受到师生欢迎[EB/OL]. [2015-05-05]. http://www.jju.edu.cn/info/1048/44625.htm.

[13] The Ohio State University Libraries. Copyright Resources Center hosting OSU discussion group for copyright MOOC[EB/OL]. [2015-05-05]. http://library.osu.edu/blogs/copyright/2014/06/24/copyright-resources-center-hosting-osu-discussion-group-for-copyright-mooc/.

[14] LEE M. Public Libraries, U. Wisconsin-Madison team up on climate change MOOC[EB/OL]. [2015-05-05]. http://lj.libraryjournal.com/2015/03/ed-tech/public-libraries-u-wisconsin-madison-team-up-on-climate-change-mooc/.

[15] 鄂丽君,张雪红,王启云. 高校图书馆开展慕课服务的现状与对策[J]. 图书情报工作,2015,59(24):78-82.

[16] Z. Smith Reynolds Library. ZSRx:lifelong learning[EB/OL]. [2015-05-05]. http://zsr.wfu.edu/outreach/zsrx/.

[17] The British Library joins forces with The University of Nottingham to offer a free online course[EB/OL]. [2015-05-05]. http://www.bl.uk/press-releases/2015/february/propaganda-mooc.

[18] CALTER M. MOOCs and the library:engaging with evolving pedagogy[EB/OL]. [2015-05-12]. http://www.chinalibs.cn/ArticleInfo.aspx?id=348972.

[19] 郑伟,梁霞. MOOC背景下的高校图书馆服务探索与思考[J]. 图书馆理论与实践,2014,(9):59-63.

[20] FOWLER L,SMITH K. Drawing the blueprint as we build:setting up a library-based copyright and permissions service for MOOCs[EB/OL]. [2015-05-05]. http://www.dlib.org/dlib/july13/fowler/07fowler.html.

[21] The Ohio State University Libraries. Copyright resources[EB/OL]. [2015-05-05]. http://library.osu.edu/projects-initiatives/copyright-resources-center/copyright-resources/.

[22] CU Health Sciences Library. CU MOOC copyright guidelines[EB/OL]. [2015-05-05]. http://hslibraryguides.ucdenver.edu/mooccoprightguidelines#_ednref3.

作者简介

艾兵(ORCID:0000-0003-3238-315X),自动化管理中心主任,副研究馆员。

利益相关者视角下的图书馆 MOOC 服务合作研究*

MOOC（massive open online course，大规模在线开放课程）的目标是让优质教育资源在全球范围内得到开放与共享，拥有社会教育职责的图书馆必须积极投身 MOOC 浪潮，主动提供 MOOC 服务，这已成为一种共识。在国外，杜克大学图书馆、斯坦福大学图书馆、宾夕法尼亚大学图书馆、大英图书馆、纽约公共图书馆等已开始提供 MOOC 服务。在国内，深圳大学图书馆、中国科学技术大学图书馆、武汉大学图书馆、山东大学图书馆、东北师范大学图书馆、杭州图书馆等也已开始提供 MOOC 服务。但目前提供 MOOC 服务的图书馆尤其是国内图书馆为数还不多，且图书馆 MOOC 服务水平普遍不高，还处于起步阶段。图书馆要想提升 MOOC 服务水平，可从 MOOC 利益相关者的角度谋求共同参与机制。在 MOOC 这场谁都输不起的教育大变革中，图书馆与 MOOC 利益相关者之间良好、稳定、广泛、多样化的合作，既能实现双方利益的共赢，也能合力促进 MOOC 的可持续发展。瑞典卡罗林斯卡学院图书馆在开展 MOOC 服务的过程中，就与教师、学生、律师、档案管理者以及学校的行政部门等进行合作，积累了一些经验[1]。然而，目前尚未有学者对图书馆 MOOC 服务合作问题开展专门的理论研究，只是有些学者在论述图书馆 MOOC 服务发展策略时略有涉及，如董晓莉提出"探索跨行业合作模式"[2]，彭立伟提出"多方合作，提供 MOOC 支持"[3]，莫振轩提出"建立 MOOC 服务协同"[4]。本文拟从利益相关者的视角来探讨图书馆在 MOOC 服务中如何与 MOOC 利益相关者开展合作，以期对图书馆开展 MOOC 服务起到一定的借鉴参考作用。

---

* 本文系 CALIS 广西壮族自治区文献信息服务中心预研项目"高校图书馆 MOOC 服务探索研究"（项目编号：CALISGX201503）研究成果之一。

1 利益相关者理论应用于图书馆 MOOC 服务合作的适应性

1.1 利益相关者理论

20 世纪 60 年代初，美国斯坦福研究院（Stanford Research Institute）首次明确提出了利益相关者的概念，指出："企业中的利益相关者与企业本身有着密切的关联，利益相关者一旦退出了企业或者拒绝与企业的合作，企业就无法进行正常的生产和经营活动"[5]。但这一定义只考虑到了利益相关者对企业单方面的影响，尚未考虑到企业发展对利益相关者的影响。随后，瑞安曼（E. Rhenman）对利益相关者给出了较为全面的定义："利益相关者通过企业来实现其目标，同时也对企业实现目标产生影响"[6]。此后，诸多学者从不同角度对利益相关者进行定义，其中以弗里曼（R. E. Freeman）的观点最具代表性。弗里曼在《战略管理：一种利益相关者的方法》一书中提出："利益相关者是能够影响一个组织目标的实现，或者受到一个组织实现其目标过程影响的所有个体及群体"[7]。从以上这 3 个利益相关者的代表性定义可知，企业组织目标的实现与企业组织的发展离不开各利益相关者的广泛支持和有效参与。

1.2 MOOC 的诸多利益相关者

虽然在利益相关者理论研究的初期，企业一直是其绝对的研究主体，但是从 20 世纪 90 年代初期以后，该理论研究开始从企业扩展到政府、社区、城市、社会团体及相关的经济和社会环境等[8]。笔者认为，MOOC 是在教育领域兴起的一种社会现象，MOOC 的利益相关者就是那些与 MOOC 有着密切的关联，能够影响 MOOC 的运作与发展，并且 MOOC 的良好运作与发展能为其带来有利影响的组织和个人。MOOC 是一项较为复杂的系统工程，主要由教学团队、技术团队和支撑团队构成，每个团队又由相关部门和成员组成，这些具体的相关部门和成员即可视为 MOOC 的利益相关者，具体包括教师、学习者、MOOC 平台运营商、学校、政府、图书馆等。根据这些利益相关者对 MOOC 运作与发展影响力的大小，可将其分为 MOOC 的核心利益相关者、MOOC 的重要利益相关者、MOOC 的次要利益相关者 3 个层次。

1.2.1 MOOC 的核心利益相关者　教师是 MOOC 课程资源的提供者，学习者是 MOOC 课程资源的使用者，MOOC 平台运营商是连接教师和学习者的中介，可将教师、学习者和 MOOC 平台运营商视为 MOOC 的核心利益相关者。

1.2.2 MOOC 的重要利益相关者　学校是 MOOC 课程的主要组织者和出资方，政府主管教育，其政策会极大地影响 MOOC 的长远发展，图书馆具有资源、空间、人才等先天优势，对于 MOOC 的可持续发展具有不可替代的作用，可将学校、政府、图书馆视为 MOOC 的重要利益相关者。

1.2.3 MOOC 的次要利益相关者　这类利益相关者群体的范围很广，学校的信息技术机构、行政部门、出版商等都会为 MOOC 的运作和发展提供一些支持，皆可被视为 MOOC 的次要利益相关者。

1.3　利益相关让图书馆 MOOC 服务合作具有可行性

威廉森（O. E. Williamson）指出，利益相关者之间的合作与协调是组织可持续发展的关键环节[9]。图书馆以及其他 MOOC 利益相关者共同投身 MOOC 建设可以说是 MOOC 可持续发展的决定性因素。利益是对人或物有良性影响的事物，对利益的追求，可形成人们的动机，是推动人们采取某一行为的动因[10]。而合作是个人与个人、群体与群体之间为达到共同目的，彼此相互配合的一种联合行动、方式[11]。图书馆与其他 MOOC 利益相关者有着一个共同的目标，即都希望 MOOC 能够良性、快速、持续地发展，因为 MOOC 能否可持续发展对图书馆以及其他 MOOC 利益相关者都至关重要，所以在 MOOC 服务中图书馆能够也必须与这些利益相关者合作，共同推动 MOOC 的发展，从而提高自身的 MOOC 服务水平。由此可见，利益相关者理论适用于图书馆 MOOC 服务合作。

2　利益相关者在图书馆 MOOC 服务中的合作内容分析

2.1　MOOC 的宣传推广

2008 年，MOOC 一词由加拿大学者布赖恩·亚历山大（B. Alexander）和戴夫·科米尔（D. Cormier）首次提出[12]。2012 年，随着 Udacity、Coursera、edX 三大 MOOC 平台的陆续问世，MOOC 在世界范围内逐渐走入公众视野。由于 MOOC 是近几年兴起的新生事物，很多社会人士包括一些图书馆员、高校教师、社会学习者等都对 MOOC 不甚了解，甚至从未听说，因此，对 MOOC 的宣传推广是利益相关者在图书馆 MOOC 服务合作中的首要任务。MOOC 的宣传推广，单单只靠一个图书馆、一个高校、一个机构之力是远远不够的，若想让 MOOC 广泛快速发展，必须通过合作宣传推广来增强社会的

MOOC意识。在MOOC的发源地美国,其宣传推广走的就是校际合作的发展之路。鉴于图书馆拥有数量庞大的读者群,在宣传推广方面也有着丰富的经验,图书馆可充当MOOC宣传推广的主力军。图书馆与其他MOOC利益相关者可通过海报、宣传册、讲座培训、研讨会、网站专题、微博、微信、MOOC宣传周(月)等多种途径,在社会群体中大力宣传介绍MOOC的定义与作用、MOOC的发展现状与主要平台、MOOC的选择与利用等相关知识,提高其社会认可度,扩大其社会影响力,让更多的人成为MOOC内容的提供者和MOOC内容的学习者。例如,2014年11月16日,中国科学技术大学图书馆和果壳网合作在中国科学技术大学东区学生活动中心五楼报告厅召开MOOC分享会议[13]。2014年11月,电子科技大学图书馆联合MOOC学社发起"MOOC文化主题月活动"[14]。对MOOC的合作宣传推广也可为MOOC赢得更多来自政府机构、学术机构、企业机构的政策支持、经费支持与技术支持。

2.2 MOOC课程制作的支持

MOOC课程制作包括课程设计、课程录制、课程资源收集、课程后期制作等一系列环节,是决定MOOC课程质量的关键因素,在MOOC课程制作中需要图书馆与其他MOOC利益相关者的大力支持。对MOOC课程制作的支持主要包括版权服务支持、技术支持和场地支持3个方面:①版权服务支持。MOOC与传统的授课方式不同,其课程制作需要收集大量的资源,在收集使用资源时很容易产生侵权风险。图书馆与相关机构可联合为教师提供MOOC版权服务支持,主要包括提供版权咨询、版权指南、版权谈判、版权清理等方面的服务支持,从而让教师无心理负担、无障碍地获取更多所需的课程资源。目前,一些世界知名大学的图书馆已经开始与任课教师、学校法律顾问等合作,共同解决MOOC所涉及的版权问题。例如,斯坦福大学图书馆就与学校的法律顾问办公室合作制定了版权指南[15]。②技术支持。MOOC由一系列视频组成,在制作过程中需要进行视频的录制、剪辑等,会运用到很多设备与技术手段。图书馆的技术人员可与专门的信息技术部门人员联合为教师制作MOOC提供技术支持,技术支持既包括向教师提供MOOC视频制作的硬件设备、传授MOOC视频制作的技术方法,也包括亲自参与MOOC课程某些环节的制作。③场地支持。图书馆一般建筑面积大,场地资源丰富,可为MOOC课程制作提供场地支持。FutureLearn就与大英图书馆签订了一份为期3年的租借办公场所的商业租赁协议,从2014年1月底开始,FutureLearn有近60名员工进驻大英图书馆从事业务活动[16]。

2.3 MOOC 课程学习的支持

MOOC 课程制作的目的是为了让更多的社会公众学习优质课程，MOOC 课程学习是否广泛与高效最终决定了 MOOC 能否实现自身的目标。对 MOOC 课程学习的合作支持主要包括提供学习资源、提供学习场地、组织学习讨论小组和提升学习技能 4 个方面：①提供学习资源。图书馆拥有丰富的资源，尤其是数字资源的使用可以突破时空限制。图书馆可以利用自己与教师、MOOC 提供商、出版社等其他利益相关者之间的长期合作，通过多方协调和谈判，寻求一种合适的价格模式及开放存取的 MOOC 模式，将图书馆已有的电子期刊和数据库等以合理的访问条件开放给相应的 MOOC 使用者，帮助他们完成各项课程学习或作业[17]。图书馆可以根据学习者的个性化需求，通过馆际互借、文献传递等方式提供学习资源。此外，图书馆还可通过合作提供一些免费的开放获取资源来协助学习者学习 MOOC 课程。②提供学习场地。有调查显示，58%的人希望大家结成团队一起学习 MOOC 课程[18]。另有一项调查显示，集中学习 MOOC 课程可为学习者带来高度满意的学习体验[19]。故图书馆要充分发挥自身在学习环境、学习氛围和软硬件方面的优势，为学习者提供集中学习 MOOC 课程的场地，甚至形成专门的 MOOC 学习中心。同一片区的高校图书馆可联合为所在区域的在校大学生甚至非在校的社会学习者提供 MOOC 学习场地，公共图书馆更要联合为那些非在校的社会学习者提供 MOOC 学习场地。③组织学习讨论小组。美国里奇菲尔德图书馆发现面对面的小组讨论能降低 MOOC 的"辍学率"[20]。纽约公共图书馆就很注重通过合作的方式联合组织一些 MOOC 学习讨论小组，例如，纽约公共图书馆和宾夕法尼亚大学共同为 MOOC 参与者提供线下讨论支持[21]；纽约公共图书馆与 Coursera 合作在布朗克斯区和曼哈顿区的几个分馆每周举办一次现场 MOOC 学习小组讨论活动[22]。④提升学习技能。在 MOOC 这个"微视频"的世界里，学习者要顺利完成学习任务，必须具备一定的学习能力，其中高效获取、正确评价以及综合利用信息对 MOOC 学习者至关重要。图书馆有信息素养教育的传统和优势，可通过内部合作和馆际合作来联合举办信息素养类讲座、开设信息素养类 MOOC 或者以嵌入的方式来直接引导 MOOC 的学习。edX 所有合作院校的图书馆联合起来组成两个工作小组，其中一个工作小组就专门探讨 MOOC 所需要的研究技能以及图书馆如何帮助学习者培养这些技能[23]。

2.4 MOOC 学习行为的研究

网络使得基于 MOOC 平台的自主探究性学习得以实现，网络也提供了记录学习者隐性学习行为的载体，这些隐性学习行为潜藏着能折射学习者真实思维和学习情况的底层规则[24]。麻省理工学院、哈佛大学、斯坦福大学已经基于已有的 MOOC 平台产生的数据开展了学习行为的研究，并取得了一定的成效[25]。图书馆可与一些信息统计分析部门以及 MOOC 平台运营商合作开展对 MOOC 学习行为的研究。对 MOOC 学习行为的研究不仅是可行的，而且是必要的，它有助于教师有针对性地优化 MOOC 教学内容、提升教学质量与教学水平，有助于学生提高学习效果和课程通过率，同时也有助于图书馆准确把握学习者的真实需求，从而有针对性地推荐其所需的个性化学习资源。在不影响 MOOC 平台使用的情况下，MOOC 平台运营商要准确、自动地获得更多、更全的 MOOC 学习行为信息，然后由图书馆以及相关信息统计分析部门运用数字挖掘技术对这些海量的、多样化的 MOOC 学习行为数据进行科学分析，形成可视化的分析结果。主要的分析内容包括：①对 MOOC 学习者整体特征的分析。具体包括对学习者的性别、年龄、学历、职业、国别等情况进行分析。②对 MOOC 学习者参与度的分析。具体包括对学习者仅注册而不参与课程学习、只看教学视频而不做测试题和考试题、既看教学视频也做测试题和考试题、自主参与论坛讨论、完成所有学习任务并获得证书等情况进行分析。③对 MOOC 学习者行为特征的分析。具体包括对学习者注册课程的时间、学习者在何种时间与何种课程交互、学习者与课程如何交互以及交互的程度等情况进行分析。④对 MOOC 学习者学习成绩的分析。具体包括获得优秀等级的学习者人数、各个分数段的学习者人数、学习成绩的相关影响因素等情况进行分析。

2.5　MOOC 课程的开发

除了为 MOOC 的建设提供支持服务外，条件成熟的图书馆可以依托馆藏资源优势，通过图书馆与图书馆之间的合作、图书馆与其他机构之间的合作共建一些具有特色的 MOOC 课程。国外许多图书馆已成为 MOOC 内容的创建者，并通过合作共同致力于 MOOC 课程的开发。例如，2015 年 2 月，大英图书馆与诺丁汉大学开展合作，通过 FutureLearn 推出"日常生活中的意识形态宣传"课程[26]；21 家公共图书馆与美国威斯康星大学麦迪逊分校合作共建有关气候变化的 MOOC[27]。此外，图书馆之间还可以依托已有的信息素养教育基础，共享教学人力资源，完善信息素养课程体系，合作共建一些优质的信息素养类 MOOC。

2.6 MOOC 平台的建设

图书馆可充分发挥自身优势联合相关机构进行 MOOC 平台建设,合力进行 MOOC 平台建设是图书馆 MOOC 服务水平达到一定高度的充分体现。在合力进行 MOOC 平台建设的过程中,图书馆要与合作机构根据各自的特点和优势做好明确分工,根据实际情况循序渐进地扩大 MOOC 平台的建设规模,可先致力于一个区域或跨区域的 MOOC 平台建设,待经验慢慢积累、条件日益成熟后,再致力于全国性或国际性的 MOOC 平台建设。FutureLearn 就是由大英图书馆联合大英博物馆、英国文化协会以及一些知名大学等文化教育机构推出的 MOOC 平台[28]。

3 利益相关者在图书馆 MOOC 服务中的合作实现策略分析

3.1 培养合作意识

意识是行动的先导,合作意识是指个体对共同行为及其行为规则的认知与情感,是合作行为产生的一个基本前提和重要基础,需要通过某种活动,通过人和人的交往过程,通过共同完成任务和对各种结果的经历以及成果的分享和责任的共同承担的关系去培养[29]。合作意识是参与方采取合作行为的内在动力,要充分调动图书馆与其他 MOOC 利益相关者合作开展 MOOC 建设的积极性,同时要想使合作机构在 MOOC 建设中进行更大范围、更深层次、更多形式的合作,必须优先培养各 MOOC 利益相关者的合作意识,让其意识到合作共建 MOOC 的必要性,并可以斯坦福大学图书馆、杜克大学图书馆等的成功合作为典型案例,展示合作共建 MOOC 的可行性与有效性,从而使利益相关者的合作意愿更强烈、更持久。当这种合作意愿达到了一定的强度时,便会驱使图书馆与其他 MOOC 利益相关者合作,共同投身于 MOOC 建设的浪潮中。

3.2 健全合作机制

健全的合作机制是各 MOOC 利益相关者在图书馆 MOOC 服务中顺利开展合作的保障,主要包括沟通机制、保障机制、评估机制 3 个方面:①沟通机制。合作是一个人际交往、感情沟通的过程,在图书馆 MOOC 服务的合作过程中,各合作方可通过电话、Email、QQ、微信、研讨会等途径建立多元化的有效沟通机制。定期的多元化的有效沟通交流不仅会促进更多合作行为的发生，而且给各利益相关者提供了切实可行的合作途径。②保障机制。MOOC是教育领域的一个新生事物，其建设发展需要政府层面的支持，政府部门制定与MOOC相关的制度、政策可为合作提供有力保障。例如，2015年4月13日教育部颁布的《教育部关于加强高等学校在线开放课程建设应用与管理的意见》就明确提出："鼓励平台建设方、高校协同建设和运用在线课程大数据，为高校师生和社会学习者提供优质高效的全方位或个性化服务"[30]。③评估机制。合作就是为了使绩效最大化，没有绩效的合作是无效的合作。要定期对各MOOC利益相关者在合作过程中投入的资源和获得的效益进行科学评估，评估指标主要包括各合作方利益被满足的程度、各合作方利益被满足的速度、各合作方主动合作的参与度等。利用科学的评估机制，既可判断前一阶段的合作目标是否实现以及实现的程度，同时也可为下一阶段制定合作目标与合作任务提供依据。

3.3 组建专业队伍

人是事业发展的根本，合作归根结底是由人来实施完成的，MOOC涉及资源、技术、版权、教学、管理等诸多方面，要想图书馆与其他MOOC利益相关者顺利实现合作，必须组建一支全方位、多层次、高素质、互补型的专业队伍。首先，这支专业队伍要有人员数量的保证，并且来自于不同的领域与机构，具体包括图书馆员、课程录制人员、多媒体制作人员、视频剪辑人员、法律咨询人员、数据统计分析人员、平台开发与维护人员等。其次，这支专业队伍要有人员素质的保证，人员要有较高的MOOC专业素养，具备相应的特殊技能，并且还要有较强的学习能力、沟通能力和良好的合作精神。要有计划、有步骤地通过持续自主学习、定期交流分享、开展专门培训、学习MOOC课程、参与MOOC建设项目等途径来培养和组建这样的专业队伍。随着时间的推移，这支专业队伍的人员数量会越来越多，综合素质也会越来越高，合作共建MOOC的实践经验也会越来越丰富，从而使得合作的效率与水平越来越高。

3.4 构建合作联盟

新英格兰大学图书馆通过建立诸如图书馆间的非正式合作联盟等形式，减轻了图书馆向学生及教师提供MOOC服务的压力，同时也提高了图书馆MOOC服务的效率[31]。截至2014年年底，我国大陆地区就至少有32所高校已经开展了MOOC教学[32]，以后会有更多的高校加入MOOC教学的行列。为提高合作建设MOOC的水平，在当前情况下，可考虑由CALIS牵头组建一个图书馆层面的 MOOC 服务合作联盟。CALIS 已与过来人 MOOC 平台合作构建了高等教育数字图书馆 MOOC 资源库[33]，CALIS 可继续发挥自身资源、平台、人员、管理等优势，推动高校图书馆间 MOOC 服务的协同发展，构建高校图书馆间的 MOOC 服务合作联盟。待条件日益成熟时，可构建更大范围、更高层次、更多 MOOC 利益相关者参加的合作联盟。MOOC 合作联盟的主要职责为健全各合作方之间的协作机制、科学合理安排各合作方应承担的任务与职责、缓和各合作方在合作中的利益冲突、评估各合作方合作行为的成效等，从而确保合作可持续地顺利开展。

4 结语

MOOC 作为一种新型的教育方式，为图书馆服务的创新发展提供了机遇，图书馆应积极探索在 MOOC 这一新环境下自身的新角色与新功能，充分发挥自身优势提供 MOOC 服务，MOOC 服务也定会成为图书馆延伸服务的一块新阵地。鉴于图书馆 MOOC 服务刚刚起步，图书馆与其他 MOOC 利益相关者开展合作，充分发挥这些 MOOC 利益相关者的正能量，是图书馆提升 MOOC 服务水平的有效途径。在当前的 MOOC 服务中，虽然图书馆与某些 MOOC 利益相关者的合作已有所体现，但是合作的广度、深度以及形式还有待于进一步拓展，深层次、多样化、高效率、持续性的合作可使图书馆的 MOOC 服务逐步走向科学化、规模化、规范化与常态化。

参考文献：

[1] Ahlberg C. MOOCs at Karolinska Institutet University Library[J]. Insights, 2014, 27(2): 160-165.

[2] 董晓莉. MOOCs:图书馆信息服务新思路[J]. 图书馆建设, 2014, (12):48-50,54.

[3] 彭立伟. MOOCs 时代的高校图书馆：机遇与挑战[J]. 图书与情报, 2014, (3):79-86.

[4] 莫振轩. 基于 SWOT 分析的我国高校图书馆 MOOCs 服务发展策略研究[J]. 图书馆学研究, 2014, (24):51-57.

[5] 徐旭. 利益相关者合作伙伴关系对建设项目绩效的影响[D]. 成都：西南交通大学, 2012.

[6] 牟静. 大数据环境下的高校图书馆阅读推广研究——利益相关者共赢视角[J]. 图书馆研究, 2015, (1):72-75.

[7] 利益相关者理论[EB/OL]. [2015-10-08]. http://baike.baidu.com/view/970800.htm.

[8] 吴雪芝. 高校图书馆岗位社会化实践及对策研究——基于利益相关者的视角[J]. 图书馆建设, 2014, (9):75-80.

[9] 高峻, 孙瑞红, 李艳慧. 生态旅游学[M]. 天津：南开大学出版社, 2014:56.

[10] 利益[EB/OL].[2015-10-08].http://baike.baidu.com/subview/508359/8046126.htm.

[11] 合作[EB/OL].[2015-10-08].http://baike.baidu.com/subview/183582/5063860.htm.

[12] The CCK08 MOOC-Connectivism course[EB/OL].[2015-10-10].http://davecormier.com/edblog/2008/10/02/the-cck08-mooc-connectivism-course-14-way/.

[13] 安徽省高校数字图书馆召开MOOC分享会议[EB/OL].[2015-10-10].http://news.ustc.edu.cn/xwbl/201411/t20141118_205487.html.

[14] 图书馆举办"慕课"文化主题月活动[EB/OL].[2015-10-10].http://www.new1.uestc.edu.cn/?n=UestcNews.Front.Document.ArticlePage&Id=4498.

[15] MOOCs and the library：Engaging with evolving pedagogy[EB/OL].[2015-10-10].http://library.ifla.org/160/1/098-calter-en.pdf.

[16] FutureLearn to lease office space at the British Library[EB/OL].[2015-10-11].http://www.bl.uk/press-releases/2014/january/futurelearn-to-lease-office-space-at-the-british-library.

[17] 张云丽.MOOCs环境下高校图书馆及馆员的参与模式研究[J].图书馆,2014,(4):124-126,134.

[18] 张艳婷,付志义,刘青华,等.高校图书馆的MOOC服务探索研究——以东北师范大学图书馆的MOOC服务为例[J].图书馆学研究,2014,(18):77-80.

[19] Li Nan, Verma H, Skevi A, et al. Watching MOOCs together：Investigating co-located MOOC study group[J]. Distance Education,2014,15(2):217-233.

[20] 杨杰,袁永翠.美国公共图书馆MOOC服务实践及启示[J].图书馆建设,2015,(1):97-100.

[21] NYPL and U. Penn partner for in-person MOOC support[EB/OL].[2015-10-11].http://lj.libraryjournal.com/2014/09/academic-libraries/nypl-u-penn-partner-for-in-person-mooc-support/.

[22] NYPL partners with Coursera[EB/OL].[2015-10-11].http://lj.libraryjournal.com/2014/05/ed-tech/nypl-partners-with-coursera/.

[23] A New Polemic：Libraries, MOOCs, and the Pedagogical Landscape[EB/OL].[2015-10-11].http://www.inthelibrarywiththeleadpipe.org/2013/a-new-polemic-libraries-moocs-and-the-pedagogical-landscape/.

[24] 刘钟情.数据挖掘技术在MOOC中的应用研究[J].江汉大学学报(自然科学版),2015,(4):367-370.

[25] 大数据时代的MOOCs与学习分析[EB/OL].[2015-10-12].http://dianda.china.com.cn/news/2014-01/21/content_6628297.htm.

[26] The British Library joins forces with the University of Nottingham to offer a free online course[EB/OL].[2015-10-12].http://www.bl.uk/press-releases/2015/february/

propaganda-mooc.

[27] Public Libraries, U. Wisconsin-Madison team up on climate change MOOC[EB/OL].[2015-10-12].http://educationxpress.mit.edu/news/public-libraries-u-wisconsin-madison-team-climate-change-mooc.

[28] About[EB/OL].[2015-10-12].https://www.futurelearn.com/about.

[29] 合作意识[EB/OL].[2015-10-12].http://baike.baidu.com/view/3082703.htm.

[30] 教育部关于加强高等学校在线开放课程建设应用与管理的意见[EB/OL].[2015-10-12].http://www.moe.gov.cn/publicfiles/business/htmlfiles/moe/s7056/201504/186490.html.

[31] 郑伟,梁霞.MOOCs背景下的高校图书馆服务探索与思考[J].图书馆理论与实践,2014,(9):59-63.

[32] 崔璨,刘玉,汪琼.中国大陆地区2014年高校慕课课程建设情况调查[J].中国电化教育,2015,(7):19-24.

[33] 高等教育数字图书馆MOOC资源库[EB/OL].[2015-10-12].http://mooc.calis.edu.cn/.

作者简介

万文娟 (ORCID：0000-0002-7141-8231)，副研究馆员，硕士。

高校图书馆应对 MOOC 高辍学率的策略探讨[*]

1 浪潮下的阴影——MOOC 高辍学率

MOOC 是 massive open online course 的缩写，意为大规模在线开放课程，中文译为慕课。作为新型的在线教育课程，MOOC 多由世界名校教授专门为学生录制。每门课程有固定的开课时间，由若干个小视频组成，每个视频大约 5~20 分钟不等。每门课程还设置了作业和考试，顺利通过各阶段测评后会被授予认证证书。

大规模、开放性、在线互动交流这些显著的优势使得 MOOC 自 2011 年一经推出，就以星火燎原之势席卷各国教育界：美国顶尖高校，如麻省理工学院、斯坦福大学率先设立网络学习平台，并对公众开放一系列教育资源；英国、中国、澳大利亚等国家的大学紧随其后。截至 2015 年，世界范围内提供 MOOC 课程的大学约有 550 所，共提供超过 4 200 门的课程[1]。在学科类型上，也由起步时人工智能等理工科目逐步拓展到计算机科学、金融管理、人文艺术等多元领域。学习人数呈几何级数增长，从最初的万人课堂发展到如今的百万人课堂。

短短几年时间，MOOC 运动发展得如火如荼。然而，任何事物都有其两面性，MOOC 在拥有众多教学优点的同时，也免不了存在种种弊端或不足：在线学习者数量庞大，教师在课堂上难以兼顾所有学生，交流和答疑会出现延时现象；远程授课和测评，使得教学质量难以保障，考试作弊更为容易；尽管拥有完整的教学模式，却仍然无法复制传统校园文化给予学生的文化浸润和文化陶冶；在人脉拓展、社团活动以及社会体验等方面也存在欠缺……其中，由弹性、无强制的教学特质所导致课程的高辍学率已成为 MOOC 发展进程中尤为不乐观的一个现象[2]。

---

[*] 本文系 2016 年国家社会科学基金重点项目"网络时代开放教育资源引进与利用中的知识产权问题研究"（项目编号：16ATQ002）和 2015 年天津市哲学社会科学规划重点项目"MOOC 背景下的图书馆应对策略研究"（项目编号：TJTQ15-001）研究成果之一。

据估测，2015年MOOC总注册人数达到3 500万人[1]，但其中真正完成课程学习并获得证书的人却寥寥无几。2013年发布的《"慕课"和开放教育：对高等教育的意义》白皮书显示，斯坦福大学、麻省理工学院、加州大学伯克利分校3所大学"慕课"的辍学率高达85%~90%。在欧洲，"慕课"通过率最高的5个国家其实也并不高，希腊为13.6%，西班牙为13.1%，斯洛文尼亚为13.0%，德国为12.8%，捷克为10.1%。全球范围内获得"慕课"认证证书的平均比率仅为4.3%[3]。全球最大的中文MOOC学习社区——果壳网MOOC学院于2013-2015连续3年发起了MOOC中文用户在线学习大调查，有效样本累计达到22 000余份。数据统计显示，我国MOOC的辍学率与其他国家大体相仿：以2015年数据为例，仅有17%的中文学习者完成了全部课程，24%的注册用户连一门课程也没完成[4]。与传统大学教育相比，MOOC辍学率始终居高不下，如不及时改善这一状况，将严重阻碍MOOC的可持续健康发展。

2 MOOC高辍学率归因分析

MOOC辍学的归因分析涉及学习者、课程、教师、教学平台以及学习环境等多方面。本研究围绕MOOC的主角——学习者，阐述种种导致辍学的直接或间接的主要影响因素。

依据MOOC的教学模式和特点，本研究将完整的学习流程划分为注册选课、听课、讨论答疑、完成作业和考试、取证等若干阶段（见图1）。基于果壳网MOOC学院连续3年的采样数据，本研究对每个学习阶段中阻挠中文用户完成学业的直接或间接因素（图1中1-8）剖析如下：

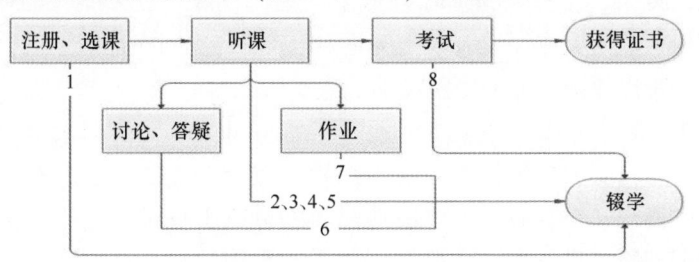

图1 MOOC学习流程及辍学因素

2.1 注册和选课阶段

注册成为MOOC用户，并选择合适的课程是MOOC学习的第一步。这一阶段，学习者与MOOC初相识，两者间的匹配程度为日后的学习质量和效果奠定了基础。缺乏全面、准确的自我认知是本阶段学习者最为突出的问题。

自我认知是指个体对自身的洞察和理解。面对即将开始的MOOC学习，自我认知是指学习者对学习目标、自学能力以及现阶段是否具备学习条件等多方面的综合性评估。一个全面、准确的自我认知，对于新生顺利接纳、快速融入MOOC学习模式将大有裨益。

但实际上，大多数用户不具备自我评估的专业能力，MOOC课程本身以及各教学平台又暂不提供此类专业性评估和指导，使得用户初涉MOOC时缺乏客观的自我认知，不但在选课过程中容易仓促、盲从，而且在学习过程中，也会频频出现学习与预期有落差、个人行为拖延、投入时间不足等种种问题，最终导致课程半途而废。

2.2 听课阶段

观看并学习完整的课程视频是MOOC学习的核心任务，也是决定学习者能否顺利完成学业的关键性阶段。由于MOOC的教学主体已由教师转移到学生身上，因此课程的完成度在很大程度上依赖于学习者个人因素。此阶段4个影响因素会制约课程的辍学率：

2.2.1 学习动机单一，与课程吻合度低 调查数据显示，用户选择MOOC课程的初衷多半出于个人兴趣。在缺乏课程了解、专业指导和外界约束的前提下，单凭着个人好奇心和一腔热情，不少用户在听完第一堂课后，会发觉课程内容与预期不符，于是兴趣索然、学习动力大幅减弱，导致自主性学习难以持久。被誉为MOOC领域中"三驾马车"之一的Cousera上某些课程的注册人数与完成课程人数比例是60∶1[5]，也间接证明了仅仅依靠个人兴趣爱好是难以保障学业的完整度的。

2.2.2 学习者知识储备与课程不匹配 MOOC无门槛入学的特点，容易导致学习者自身的知识储备与所学课程不完全匹配的问题。若在前期不及时弥补这一鸿沟，在日后学习中所遇障碍将会越来越难以逾越，学习者很难领会到课程精髓，也不利于学科知识体系的整体掌握，这对以自学为主导的MOOC持久性学习会产生相当大的消极影响。

2.2.3 外文课程学习存在语言障碍 目前全球MOOC课程中有超过80%的课程授课语言为英语。以Cousera为例，该教学平台共有751门课程，其中英文课程641门，占所有课程的85%。相比而言，中文课程仅有49门[6]。地域文化、语言习惯以及社会价值观三大差异，成为中文用户学习英文课程最大的拦路虎。在中文用户调查采样数据中也印证了这一问题，"语言障碍，无法适应英文授课"始终占据着辍学因素的前三位。

2.2.4 学习成就感不能立竿见影 如果说纯粹的好奇心和兴趣爱好是学习的敲门砖，那么所学知识的价值体现和成就感则是自主学习路上的持续动力。"计算机科学""计算机语言学习"这类课程的教学任务要求有较强实际操作能力，但MOOC远程虚拟课堂的缺陷使得学习者在学习过程中缺少实景模拟或亲身体验的机会。若长期处于纸上谈兵的状态，学习的价值和成就感得不到及时体现，容易造成知识的碎片化和浅层吸收，学习者也易产生倦怠情绪，间接影响学业的顺利完成。

2.3 讨论、答疑和完成作业阶段

课下讨论、答疑、完成作业是与课堂学习相辅相成的必备环节。为此，MOOC设置了课程论坛，鼓励同伴在论坛中互相交流和答疑；并布置了大量练习题来巩固所学，除了教师评分外，学生之间还可以互相评阅。此阶段有两个主要问题影响着课程辍学率：

2.3.1 缺失"同伴学习"和"面对面交流" MOOC在课程中融入"同伴学习"的情景设计，以期减少单个人面对网络的孤独感，并寄希望于这种"非强迫的方式"来鼓励学习者完成课程[7]，但实际效果却不尽人意。尽管虚拟论坛和互评作业为学生们提供了交流平台，但由于个体认知差异、知识背景差异、网络语言等问题，学习者仍旧缺少真实伙伴间的亲近感和扶持力量。没有"面对面"的讨论、切磋以及情感交流，会导致师生之间、同伴之间的情感淡化，学生与课堂黏性不足，愈发滋生学习者"一个人在战斗"的孤单无助感。一旦遇到了学业困难，学习者就会很容易轻言放弃。

2.3.2 信息素养能力不足，知识拓展受局限 MOOC的学习和作业不仅仅包含视频课程中所教授的知识，经常还会涉及相关领域的延伸信息，如学科的前沿动态、与其他学科的交叉研究等。这需要学习者具备一定的信息素养能力，能够熟练使用搜索引擎，运用恰当的检索技巧，来拓展、丰富所学。若学习者的信息素养能力，尤其是信息检索能力不足或缺失，就如同雄鹰折翅，会大大影响课程学习的饱满度。

2.4 考试和认证阶段

与传统教学相同，MOOC的学习效果同样以考试作为衡量标准。学习者的目标之一是顺利通过各阶段的考试并最终获得认证证书，这将为MOOC学习之路画上圆满的句号。此阶段外界的约束条件和驱动力不足会直接影响学生的毕业率。

学业的顺利完成通常需要内因和外因的相互作用。MOOC 学习仅仅依靠学习者自身的兴趣爱好和毅力是远远不够的，还需要强大的外界因素来共同推动。MOOC 的外部环境包括教育环境和社会环境两大部分，其中教育环境指的是传统的高等教育环境，目前多数高校对 MOOC 学分的认定模糊，使其无法与传统课程获得的学分相衡量，对学生毕业不存在决定性影响；社会环境指的是社会工作环境，由于 MOOC 属于新生事物，多数用工单位对其了解不足，对其证书的认可度也不高。外部约束条件的不足和激励机制的不成熟，导致学习者缺少学习的持续动力，MOOC 求学之路则很难走远。

3　高校图书馆应对策略的探索

2013 年初，当 MOOC 概念初次出现在我国教育界时，图书馆界就以积极姿态投入到服务、助力 MOOC 教学的浪潮之中。其中，高校图书馆的众多学者和工作者在围绕 MOOC 的视频制作、资源存取、版权服务等方面进行了深入的理论探讨和多样化的实践探索。同样的，在面临课程高辍学率问题上，高校图书馆也可凭借自身丰富的文献资源和多元化的服务而大有作为。

调研数据显示，中文 MOOC 用户中约有 53% 的学习者是在校学生[4]。可见，在校大学生是我国 MOOC 用户的主体。因此，以高校图书馆为服务主体，高校 MOOC 学习者为服务客体，所实施的应对策略和改善性举措皆具有理论可行性和实践有效性。

基于图书馆界已有的研究成果，结合果壳网 MOOC 学院连续 3 年的调研数据，同时借鉴商业服务领域聚拢客户的成功经验，本研究对高校图书馆如何降低 MOOC 辍学率作粗浅探讨。

从资深学科馆员中选拔优秀人才来组建 MOOC 课程服务小组，围绕MOOC 不同学习阶段，高校图书馆可尝试开展一系列有针对性的应对策略，具体服务如图 2 所示：

3.1　筛选服务——优化学习者

筛选服务，顾名思义，是从数以千万的注册用户中筛选出真正适合MOOC 的学习者，这是降低课程辍学率的第一步。在 MOOC 中完成一门课程归根结底需要学习者的自觉性和自控能力，并不是所有的学习者都适合MOOC 的学习模式[8]。在正式学习之前，学习者有必要对自身进行客观而真实的评价。

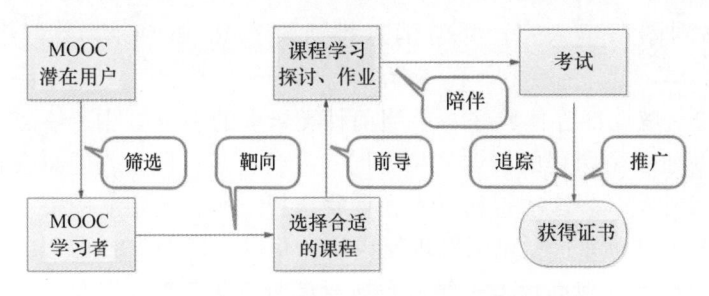

图2　MOOC高辍学之高校图书馆应对策略

高校图书馆坐拥丰富的心理学馆藏资源和专业背景的学科馆员，可为用户提供权威的测试量表：①心理、行为、习惯等量表，可指导用户清晰地认识自我；②学习能力、信息需求等量表，可帮助用户正确衡量自身能力并明确需求。一系列专业的评估有助于用户做出是否参与MOOC学习的正确选择。尽管这一环节会流失相当多的注册人群，但保留下来的少数学习者会与MOOC教学模式更加匹配，相应的课程毕业率也会较高。

3.2　靶向服务——为学习者量身选择MOOC课程

靶向服务，是指帮助准MOOC学习者精确选择课程的过程。在数以千计的课程中选课，其标准一是选好课，二是选对课。所谓选好课，是选名校名家、具有代表性的课程；而选对课，则是要选自己真正感兴趣、最需要且最适合的课程[9]。为准MOOC学习者量体裁衣、精准定位到最优课程，是降低辍学率的重要保障，也是高校图书馆能为其后续学业提供有效服务的必备前提。

3.2.1　课程导航　目前，MOOC课程依托于国内外数十个教育平台。多平台的并行发展使得刚刚接触MOOC的新人在选择课程时往往会感到茫然、无可适从。为避免遗漏，新用户需要在不同教育平台一一登录、浏览和比较，徒增了选课难度和压力，也不易做出恰当的选择，间接影响课程的毕业率。

高校图书馆凭借多年来文献资源整合的成熟工作经验，将众多MOOC课程进行系统梳理并非难事。携手MOOC教学平台，高校图书馆可为学习者搭建统一、专业的课程导航平台，并提供"一站式检索"的便捷服务；还可依据学科、受欢迎程度、选课人数等标准，制定多样的MOOC排行榜。当一幅幅清晰的课程导航图展现在用户面前，学习目标也随之变得明了。

例如，东北师范大学图书馆每月会收集整理国内外MOOC课程，将课程名称、开课学校、授课教师、学习时间等信息做成详细的课程表，用海报的形式张贴到图书馆入口,并将消息推送发布到 MOOC 学员群进行宣传推广[10]。

3.2.2 增设试听体验课 在当前种类繁多的 MOOC 中,不乏主题相近的课程,尽管各个课程的授课风格不同,内容也各有侧重,但总会存在一定程度上的专业重合。这使得初学者在课程选择上举棋不定。图书馆身处高等学府,利用其便利条件,可向管理层申请、获取本校 MOOC 课程的免注册试听权限,并联合其他高校图书馆,将所有试听资源共享、整合,提供给在校MOOC 学习者;对于部分不便获取的外文 MOOC,可请授课教师协助列出该课程的学习目标、学习难度以及适合群体,供用户参考。

试听体验课可以使准 MOOC 学习者亲身感受和了解课程内容、进度以及教师授课风格,会大大提高最终选课与学习者的吻合度。只有当"对的学习者"遇到"对的课程"才可能达到学习效果最大化,从而间接降低辍学率。

3.3 前导服务——完善课程知识背景,使学习者更快进入学习状态

如同体育竞技中运动员赛前需要热身一样,准学习者们在 MOOC 学习之前,也需具备过硬的心理素质、足够的知识储备以及出众的信息素养技能作为前期铺垫。但在实际学习中,由于时间成本、信息渠道等原因,大多数准学习者欠缺此项能力,使得学习状态进入缓慢、学业途中又多遇瓶颈,容易导致辍学率增加。应对于此,专业前导服务就显得尤为重要。

3.3.1 课前热身 准学习者欲顺利完成 MOOC 课程并拿到证书,了解并熟悉 MOOC 的学习流程和课程相关内容是系统学习的第一步。MOOC 学习分为在线注册、选课、观看视频、完成课后练习、参与课题讨论、通过考试和评价认证等环节。高校图书馆可以将以上学习流程做成活泼有趣的动画短片。通过直观易懂的视频传播,使准学习者对 MOOC 教学模式了若指掌,更快进入学习状态。除了普及课程流程,图书馆还需向学习者提供与课程有关的小贴士,如教学周期、课程特色、教师资历,等等,旨在帮助准学习者尽快熟悉所学课程。

例如,芝加哥克利夫公共图书馆为用户提供专业的 MOOC 指导服务,在其网站上开辟专栏介绍 Gale Courses(一个 MOOC 平台)的课程类型、课程周期、收费情况等,还介绍了选修 MOOC 的步骤[11]。

3.3.2 信息素养技能的培养 传统大学教育中,信息素养是一门独立学科,也是学习其他学科的有力工具,为每位学生所必备的学习能力。目前,

国内大多数高校已面向全校学生开设了信息检索课，由图书馆馆员教授基础的理论知识和必备的检索技能，帮助学生建立检索、筛选、提炼信息的能力。同理，信息素养技能的学习在网络教学过程中也必不可少。

仿照其他MOOC课程，高校图书馆可将信息素养的课程内容制作成馆员自己使用的培训或教学的MOOC，将其作为每门学科的"前导课程"，以"即插即用"通用教育插件的形式嵌入到不同MOOC课程中[12]。

华盛顿大学图书馆将现有图书馆网站部分内容和参考咨询常见问题整合成一门MOOC，另将传统的文献检索课的内容制作成MOOC[13]。国内方面，武汉大学的黄如花教授在中国大学MOOC平台开设了信息检索MOOC课程[14]；中国科学技术大学的罗昭锋老师开设了文献管理与信息分享MOOC课程[15]。

3.4 陪伴服务——打破信息屏障和摆脱学习孤独感

MOOC为虚拟课堂，尽管听者人数众多，但由于学习者之间信息不透明、交流不顺畅，在学习过程中容易产生信息阻断以及心理孤独感和无助感。若这种学习劣势和消极心理长期得不到帮助和排解，必会加重学习倦怠情绪，导致学习者中断或放弃学业。为了弥补这一缺失，高校图书馆可在MOOC环境下以信息专家和学习伙伴的新角色全程参与到教育教学活动中，通过线上和线下相结合的支持性服务来满足学习者的信息需求和情感需求。

3.4.1 扫清信息屏障 有调查显示，学习者遇到学习困难会优先在教学平台求助[16]。edX发布的《探究全球性课堂中的学习：基于edX首门慕课的研究》报告中也指出，超过90%的学习者论坛在线时仅仅浏览之前存在的帖子，不会回帖或评论问题[16]。因此，图书馆员有必要"嵌入"人人、豆瓣、果壳等社交网站和论坛中向学习者提供一系列有针对性和交互性的在线学习帮助：①根据授课进度，定期推送课程的延展阅读。②通过随堂问题和单元测验情况揭示出欠缺的知识点，将典型性问题采用"常见问题"给予群发消息，对于非典型性问题采取一对一的解答。譬如，斯坦福大学计算机A. Ng教授在讲解"机器学习"MOOC课程时，查阅后台数据发现有约2 000人做题犯了同样的错误，他针对错误答案以群发的形式统一给予问题解答[17]。另外，图书馆馆员还可以结合MOOC碎片化学习的特点，在信息推送形式上，以移动图书馆为主，辅以邮件、QQ、微信平台等社交媒体来推送信息，使得学习者可以随时随地享受图书馆服务。

3.4.2 打造富媒体化数据库 富媒体（rich media）即丰富的媒体应

用，其本身不是某种具体的互联网媒体形式，而是指多种媒体交互性的信息传播方法。在信息定向准确的前提下，辅助富媒体会带来更好的传播效果[18]。为契合时代发展，高校图书馆可尝试将富媒体概念运用到MOOC主题特色数据库的构建上。特色数据库不仅要求内容丰富全面、结构层次分明，且文献载体上需更具多样化和时代感。除了文字和图片等传统的纸质载体，还需涵盖动画、视频、互动、音乐和语音等多媒体资源，以强大的感官冲击来吸引学习者，强化教学效果，增强课堂黏性。

3.4.3 提供FTF学习场地支持　FTF（face-to-face，即面对面沟通）学习是高校传统的教学模式，优点是学生之间交流顺畅、反馈及时、易于形成浓厚的学习氛围，不足之处是受到物理空间和时间的制约。高校图书馆应充分发挥学术交流中心的职能，向本校MOOC学习者提供适合的场地和资源，并鼓励他们自发结成学习小组，通过定期的线下学习和讨论，以弥补课堂上的情感缺失，增加MOOC组织的归属感。

例如，南开大学图书馆为MOOC的线下活动提供了多个集体研修间，并配备电子白板、大屏触控多媒体等配套设施，方便学生线下及时沟通和合作学习；东北师范大学图书馆进行MOOC服务试点，每周开放培训室，免费向读者提供学习硬件设备，如电脑、网络等[10]。

3.4.4 增设线下实践环节　通常，MOOC每节课5~20分钟的微视频教学有助于学习者保持高度集中的注意力，提高课堂吸收率，但由于视频总量较多，随着时间推移，容易造成记忆遗忘。一项关于记忆持久性的实验中表明，人们一般借助声音会记住10%的信息，借助阅读会记住20%的信息，通过观察范例会记住50%的信息，而通过亲手操作，哪怕只是一个模拟训练，则能记住90%以上的信息[19]。

对于一些操作性较强的MOOC课程，适时增加动手实践环节应是高校图书馆线下服务的重要内容。具体实施时，可由图书馆牵头，提供活动场所和软硬件资源；联合专业院系共同设计活动方案，并在场同步指导。通过寓教于乐、亲身体验的方式，使MOOC学习者巩固学习成果，增强学习成就感，从而激发他们继续学习的热情和主动性。

3.5　后期追踪服务——为下一次MOOC学习未雨绸缪

MOOC课程的结束，意味着教师授课将告一段落，但图书馆服务仍不会停止。MOOC教育平台会详细记录下参与课程学习者的所有信息，包括学科背景、听课频率、研讨热度、测验成绩以及最终是否拿到毕业证书，等等。

高校图书馆可通过对学习大数据的分析，揭示出毕业生和辍学者之间的差异，提炼出影响学业的显著性因素，为用户下一次的 MOOC 学习提供专业的指导和规划，以期降低日后课程的辍学率。

美国麻省理工学院、哈佛大学以及斯坦福大学，基于已有的 MOOC 平台数据，开展学习研究并取得了一定成效；新英格兰大学图书馆通过数据挖掘等技术对大量的 MOOC 教学数据进行分析，分析学习者的学习规律和学习行为，以此作为高校制定 MOOC 教学发展政策时的参考[20]。

3.6 社会推广服务——提高 MOOC 的社会认可度和支持度

现阶段，学习者选择 MOOC 多源于内因，如满足个人兴趣、了解新领域、提高职业技能等[4]。而诸如高等教育体系、用工市场、社会大环境等外界刺激因素尚未成熟，社会认可度也有很大的提升空间。将 MOOC 纳入高校课程体系已有先行案例：edX 推出的项目"全球新生学院"（Global Freshman Academy，GFA）与亚利桑那州大学合作，该校学生通过完成相应的 MOOC 课程会获得学分用于毕业[21]。

我国高校图书馆也可学习、借鉴这种做法，充分发挥自身知识辐射的职能：①通过线上和线下多渠道向在校师生宣传、推广 MOOC 学习；②辅助本校特色院系筹建 MOOC 课程，并向公众推送；③配合教育部 2015 年发布的《教育部关于加强高等学校在线开放课程建设应用与管理的意见》，在 MOOC 学分认定、学分转换以及学习过程认定等环节上贡献自己的一份力量。通过推动高校对 MOOC 学分的认定，来带动社会用工企业对 MOOC 证书的认可，从而增加 MOOC 课程的含金量和竞争力，必将有助于 MOOC 辍学率的进一步降低。

4 结语

"将世界上最优质的教育资源，送达到地球最偏远角落"是 MOOC 的教育目标[22]。正如这一信念所示，MOOC 是一种全新的知识传播模式和学习方式，也是现行大学传统教育的重要有益补充。作为高等教育的辅助者和推动者，高校图书馆有义务也有责任将这一新型教学的优势发挥到极致，同时也要最大限度地完善其发展过程中出现的种种不足。

本研究通过国内外专业机构对 MOOC 学习者的调查数据，从学习者角度出发揭示出高辍学率背后的种种影响因素；将 MOOC 完整的学习流程划分为前期、中期、后期三个阶段，针对每个阶段高校学习者不同的特点和需求，高校图书馆来对症下药，尝试采取筛选、靶向、前导、陪伴、追踪以及推广等一系列应对策略和改善性服务，以期丰富 MOOC 教育环境，降低课程辍学率，为求学者顺利完成学业保驾护航。现阶段，国外 MOOC 还尚未实现设计者最初的理想，国内 MOOC 体系也在发展、探索之中。期望本文所提出的一些可行性措施，为今后 MOOC 的对策研究起到抛砖引玉的效果。

参考文献：

[1] 李志民．大规模开放在线课程(MOOC)系列谈(三)——国际上 MOOC 的发展历程、现状[EB/OL]．[2016-06-16]．http://www.360doc.com/content/16/0523/20/8268174_561699044.shtml．

[2] MOOC 的优缺点及其未来发展[EB/OL]．[2016-06-16]．http://blog.sina.com.cn/s/blog_85ca39ac0101mzie.html．

[3] 姜朝辉．"慕课"高辍学率亦不妨理性看待[N]．中国教育报，2014-09-24(2)．

[4] 果壳网 MOOC 学院．2015 在线学习者全画像[EB/OL]．[2016-06-16]．http://mooc.guokr.com/post/645533/．

[5] MOOC 学习辍学原因？[EB/OL]．[2016-06-16]．http://www.zhihu.com/question/21176394．

[6] 罗晔，李阿利．MOOC 高辍学率原因及对策分析[J]．教育理论研究，2015，(5)：139-140．

[7] 常宁．被捧上天的 MOOC，辍学率却高达 75-95% 如何继续？[EB/OL]．[2016-06-16]．http://www.donews.com/idonews/article/7033.shtm．

[8] 汪基德，冯莹莹，汪莹．MOOC 热背后的冷思考[J]．教育研究，2010，(34)：104-111．

[9] 焦建利．给慕课学习者的十个建议[EB/OL]．[2016-06-16]．http://wenku.baidu.com/link?url=7FEGPm0Y2cH5iTv5PyWkfzL7zaxe4IM7HLE3nhwZuUIozVs70w3Bc_wzuD_4PqV6K9022OVQvYD7aKFJPi3f7kDXdgrJM4d8JPAnw_SwELS．

[10] 张艳婷，付志义，刘青华．高校图书馆的 MOOC 服务探索研究——以东北师范大学图书馆的 MOOC 服务为例[J]．图书馆学研究，2014，(18)：77-80．

[11] 杨杰，袁永翠．美国公共图书馆 MOOC 服务实践及启示[J]．图书馆建设，2015，(1)：97-100．

[12] 蒋丽丽，宋海艳，陈幼华．试论 MOOC 背景下高校图书馆的服务创新[J]．图书馆工作与研究，2015，(11)：79-82．

[13] 杨杰，袁永翠．美国高校图书馆开展 MOOC 服务的实践及启示[J]．图书馆学研究，2014，(19)：85-89，30．

[14] 黄如花．信息检索[EB/OL]．[2016-08-01]．http://www.icourse163.org/course/whu-29001#/info

[15] 罗昭锋．文献管理与信息分析[EB/OL]．[2016-08-01]．http://www.icourse163.org/course/ustc-9002#/info

[16] 唐孙茹. MOOC学习者学习现状研究——以国内一般本科院校学生为例[D]. 南宁: 广西师范学院, 2014.

[17] 马晓军. MOOC环境下高校图书馆信息服务创新研究[J]. 中国劳动关系学院学报, 2015, 29(2): 121-123.

[18] 流媒体、富媒体、多媒体到底有什么区别?[EB/OL]. [2016-06-16]. http://www.zhihu.com/question/19963923.

[19] 陆楠. 探索记忆规律 提高学习效率[J]. 科教文汇, 2008, (3): 61.

[20] WRIGHT F. What do librarians need to know about MOOCs[EB/OL]. [2016-08-01]. http://www.dlib.org/dlib/march13/wright/03wright.html.

[21] 董晶, 李平. 我国图书馆领域MOOC热点服务方式分析[J]. 新世纪图书馆, 2016, (1): 92-96.

[22] AGUADED I. The MOOC revolution: a new form of education from the technological paradigm[J]. Comunicar, 2013, (41): 7-8.

作者简介

马迪倩: 确定文章框架, 收集资料与撰写论文;

张立彬: 指导选题与写作。

高校图书馆嵌入式课程服务的探索与思考*

——以重庆大学图书馆为例

1 引言

图书馆嵌入式服务发端于 20 世纪六七十年代的医学图书馆领域，学者们提出了馆员嵌入临床服务的理念[1]。1993 年 M. Bauwens[2]首次提出"嵌入式"(embedded) 概念，认为图书馆员应融入用户，与用户紧密合作，为学校教学科研信息服务一体化体系提供学科服务。2010 年美国大学与研究图书馆协会（ACRL）[3]提出高校图书馆发展十大趋势之一是：加强合作将会增强图书馆在机构中的作用，嵌入式馆员与教师合作，将图书馆资源整合到课程教学之中，并且对学生进行信息素养教育。在当前泛在信息社会环境下，如何更好地将图书馆的资源和服务融入教学，促进师生教学工作，一直是高校图书馆的努力方向。近年来，高校图书馆逐渐开展嵌入式学科服务，"嵌入式服务"与"嵌入式馆员"得到了图书馆界以及用户的认可和欢迎，被认为是图书馆学科服务转型的必然方向和发展趋势[4]。

课程服务即面向教学的学科服务，高校图书馆开展嵌入式课程服务，将信息素养教育嵌入到学生专业课程的教学中，将图书馆的文献资源融入到教学中，是高校图书馆为教学和科研服务理念的重要体现。嵌入式教学（embedded instruction），即图书馆员作为教学助手嵌入到课堂或者网络教学平台中，将信息素养与专业课程有机地结合起来，把信息检索技能、信息意识和信息道德融入专业课程教学内容中，通过与专业教师的协作使学生掌握专业课程的基本知识，提高学生的信息素养，增强学生的自学能力和科研创新能力[5]。

嵌入式课程服务可以让学生在学习专业知识的基础上，学会获取与利用所需文献信息的方法和技巧，并发现图书馆拥有的相关文献资源。目前，国

---

* 本文系重庆大学教学改革研究项目"高校课程文献资源中心建设机制及其实践应用研究"（项目编号：2014Y36）研究成果之一。

内高校嵌入式课程服务的实践进展较慢，效果不甚理想，但是课程服务并不缺乏理论建树，究其原因，就在于缺乏操作性强的实践模式和运行模式[6]。重庆大学图书馆在借鉴国内外先进理念和实践应用的基础上，形成了：①以用户为中心、服务于教学、注重提高学生信息素养能力的课程服务模式，围绕重点学科和重要课程开展嵌入式课程服务；②学科馆员深入课堂，帮助同学们掌握获取专业文献的技能，提升学习效率；③依托图书馆海量的文献资源体系，围绕专业课程建立课程文献资源中心，提升课程资源服务于教学的针对性。本文以重庆大学图书馆嵌入式课程服务的实践为例，阐述嵌入式课程服务内容、课程服务方式、课程服务运行模式以及服务中存在的关键问题和对策，以期对国内高校图书馆开展嵌入式课程服务提供参考和借鉴。

2 国内外课程服务现状

2.1 国外课程服务现状

国外高校图书馆嵌入式课程服务的发展经历了由传统的课程资源服务到电子课程资源服务的转变，相对于实体课程资源服务，电子课程资源服务更受欢迎[7]。电子课程资源是课程资源的电子化形式，是集教学信息、文献资源、多媒体课件、开放性电子资源为一体的互动交流平台，需要功能强大的系统给予支持。由 Docutek 公司开发的 Eres 软件进入市场较早，被全世界现有 400 多个图书馆使用，是目前用户最多的软件系统[8]。哈佛大学图书馆[9]电子课程资源系统提供多种检索方式，包括根据课程名称（代码）、教师名称、课程关键词、HOLLIS 编号等供学生检索查询，还提供课程资源工具（Reserves），帮助教师管理课程内容和教学进程。芝加哥大学图书馆也提供多种检索方式来获取教参资源，资源内容涵盖电子教参和纸质教参并由 Chalk 工具嵌入到电子课程资源平台中[10]。宾夕法尼亚大学、杜克大学等利用 Blackboard 为师生提供方便快捷的在线使用课程资料的平台[8]。杜克大学超过 70% 的课程资源都是通过 Blackboard 系统提供给学生，并且将图书馆链接嵌入到 Blackboard 课程管理平台，馆员可以在课程页面建立"图书馆指南"栏目，从而将用户引导到课程服务系统平台[11]。普林斯顿大学图书馆[12]允许教师通过 Blackboard 系统提交课程资料、电子书籍、音视频资源等，学生则可以通过多种方式检索所需资源；其电子课程资源平台还能够进行实时交互的课堂讨论，提供众多的交互工具，如讨论板、邮件列表、在线评估等，并提供参考咨询、预约定制服务功能[13]。可以看出，课程服务已经成为国外高校图书馆的一项重要服务，为读者提供多种检索方式获取课程资源和教参资源；并有专门为教师提供的提交教学参考信息的入口，方便教师提交教参，为电子课程资源系统提供资源保障。

2.2 国内课程服务现状

20世纪90年代，我国一些大学图书馆在借鉴国外嵌入式服务的基础上，开始尝试在教学过程、科研过程和学习过程中开展嵌入式服务，主要形式是馆员作为教学助手嵌入到学生课堂或者网络教学平台（例如Blackboard、WebCT)[14]。

国内高校图书馆嵌入到课堂的课程服务取得了不错的成效，受到读者的欢迎和好评。厦门大学图书馆[15]提供嵌入教学过程和学习过程的课程服务，以临时课堂、专题座谈会、小组讨论会等方式嵌入教师的教学活动中，在主动、开放和交互的课堂氛围中开展信息素养教育。北京大学图书馆[16]把信息素养、资源检索与利用等技能融入到大学的课程教学当中。清华大学图书馆[17]积极尝试嵌入式教学服务，即在院系专业教师的教学活动中，嵌入针对该课程相关的文献检索与利用内容。

嵌入到网络教学平台即图书馆通过建立教学参考信息系统（以下简称"教参系统"）来提供课程服务。为深入了解国内教参系统建设现状，笔者对39所"985工程"院校图书馆进行了调研（调研时间：2016年3月15日~25日）。调研发现，共有22所图书馆建有教参系统。目前高校教参系统的建立主要有两种方式，一种是联合建设，以复旦大学图书馆承建、81所高校图书馆参建的CALIS重点建设子项目"高校教学参考信息管理与服务系统"为代表[18]，通过优势互补的形式有效实现了教参资源的共建与共享；二是图书馆自建或商业协建，更好地体现了本校特色，代表高校有上海交通大学、清华大学、电子科技大学等。上海交通大学图书馆[19]的教参系统融入学校教学环境，实现了与教学信息服务网的无缝融合，助力以学生为中心的自主学习模式，学生可一站式获取所选课程指定的教学参考资料，并支持教学参考资料的电子版全文阅读。清华大学教参服务平台[20]提供本校本科生和研究生的课程教材，师生可以检索、浏览本学年开设或选修的课程，可以检索部分课程指定的参考书书目信息，部分教参可以阅读全文。电子科技大学图书馆[21]的自主学习系统与OPAC相结合，提供纸本和电子教参书、课程视频、PPT课件资料。中国科学技术大学图书馆[22]的教参系统可通过实名制方式为学生提供交流的平台，并针对用户需求进行个性化的资源推荐。

2.3 国内外课程服务现状对比分析

由于国内外教育体制以及教育观念的不同，高校图书馆在对教学参考服务、课程服务的认识以及重视程度不一样。国外高校图书馆非常重视课程服务，一般都会在图书馆主页的醒目位置设有课程服务的链接，满足用户随时根据课程名称获取服务的需求；嵌入式服务更加普遍和深入，馆员和教师的参与度较高，馆员甚至协助建立课程网站，教师制定教参后可直接上传到课程管理系统；不仅重视教参资源建设，而且重视师生之间的交流与互动，注重形成本校特色。相对而言，国内高校图书馆更加倾向于与教务处联合建立一个统一的课程资源平台，提供课程材料的收集、整理，教学课件、视频以及多媒体信息的共享，为师生提供电子教参等资源服务，但是集成的资源更多地局限于教材教参信息，资源的丰富性不够；馆员和教师的参与度不高，互动性较差；图书馆倡导的馆员嵌入式教学服务与教参系统的建设相对独立，没有形成系统的嵌入式课程服务体系。

3 重庆大学图书馆嵌入式课程服务实践

重庆大学图书馆从 2013 年开始尝试性地开展嵌入式课程服务，即在各专业教师的教学活动中，根据授课教师的要求将信息素养教育嵌入教学过程中，取得了不错的教学实践效果，得到了学校教务处的认可。为了更好地嵌入学生的教学与学习过程，图书馆还建立了课程文献资源中心，不仅提倡嵌入式课程教学，同时整合了由馆员和教师共同整理的权威教学参考资料，不仅包括电子教材和教参信息，还有电子期刊、学习视频、考试题库等丰富资源。文献资源中心有效提升了课程资源的管理水平，一站式地为学生提供课程资源服务，有效提高了学习效率。同时学生可以在文献资源中心和教师、馆员以及同学开展交流讨论，形成数字化学习和交流平台。

3.1 嵌入式课程服务的内容

3.1.1 课程资源服务 传统的服务模式下，馆员与用户之间是彼此分离的，图书馆提供的很多资源或服务用户都不甚了解，图书馆只是作为一个信息中介存在，并没有充分发挥其服务于教学的作用。课程服务顾名思义是图书馆围绕课程教学与学习而提供的特色服务[23]。图书馆利用基于 DC 元数据标准的 RISS2 资源管理平台，建设了汇集全校精品课程资源管理平台，资源包括电子教材、电子教参、教师推荐阅读的电子期刊、教师上传的课程课件、学习视频、考试题库等，部分课程还提供了往年课程试题和学生的学习笔记，丰富的课程资源构成了课程服务的资源基础。

资源供给是课程服务的保障，图书馆拥有教学参考资源的文献优势，并且与学校教务处、各学院保持良好的合作关系。在每学期开设课程前，馆员根据教务处提供的课程目录，从图书馆文献资源数据库中自动匹配和查找课程所需的教材、教辅资料和多媒体资料，并可直接链接至图书馆 OPAC 系统和文献数据库，尤其重视电子图书、参考试题、学习视频等电子资源的提供。课程所需要的 PPT 课件、课后习题等，需在课程开课前由教师提交给图书馆课程管理平台，馆员负责对资源进行收集、组织、整理，提供给学生。课程管理平台还提供了丰富的外国教材信息。重庆大学图书馆作为 13 个外国教材中心建设的参建馆之一，拥有丰富的外国教材资源。

在资源的获取方面，用户可通过多种检索途径、检索策略获取相应权限范围内的资源。课程管理平台上的资源是按照主题相关度、点击量、聚类等方式排序，用户可根据课程名称、课程代码、任课教师、资源名称等进行检索；另外提供高级检索方式，采用布尔逻辑、模糊匹配等信息组配技术，提高查全率或查准率。如果用户在本校图书馆资源库中未找到所需资源，系统会自动链接到 CALIS 高校教学参考信息中心，采用合作共享的方式，开展课程的在线学习，资源馆际互借以及电子资源在线阅读、下载等。

3.1.2 深层次的课程知识服务　知识服务就是对海量信息进行整合处理，从各种显性和隐性知识资源中按照人们的需要有针对性地萃取和提炼知识，用其解决用户问题的高端信息服务过程[24]。课程知识服务包含知识咨询服务和知识增值服务，因此要求课程馆员不仅具有较强的信息检索能力，还要有相关的学科背景，以便为用户提供更具专业化、个性化的课程知识服务。在嵌入课堂的课程服务中，馆员应深入教学一线，与任课教师一起参与课程规划、课程设计，以及在资源提供方面给予帮助和支持，提供课程的全程跟踪服务。馆员需要根据师生的不同需求，提供诸如信息素养教育、专题课程咨询、相关课程资源推荐、资源收集、检索与利用等服务，提供深层次的知识咨询服务。例如学科馆员在电子科学与技术专业所开设的专业英语课中进行嵌入式检索教学[25]，为学生介绍图书馆外文文献资源的检索与利用提供适用于光电专业的外文图书、期刊、专利及学位论文等数据库的收录内容和范围、检索技巧、文献分析、全文获取以及参考文献管理软件的使用等；馆员在参与教学的过程中帮助学生解决资源获取和利用等方面的问题；根据某学院学生的专业特点，结合特定案例，介绍科研课题不同阶段文献检索的关注点和方法等。课程馆员属于复合型、高素质的学科馆员,要以用户需求为目标,提供知识创新与增值服务。例如专门为研究生提供学术论文写作技巧,与学生交流写作经验;介绍科技查新的目的、用途和基本流程,论文收录与引用证明的查证方法和检索技巧,为师生进行课题申报和个人成果鉴定提供指引和参考等。

3.2 嵌入式课程服务的方式

图书馆嵌入式课程服务的方式有两种,分别为嵌入到课堂教学和嵌入到学习过程。要嵌入到课程教学,须加强馆员与教师的联络。馆员会主动联系任课教师,协助教师将信息素养内容纳入教学大纲和课程计划,使得馆员有机会与教师一起完成1~2次的课程教学活动,嵌入资源检索技巧、文献分析、学术规范、文献管理等信息素养内容,有效提升学生的信息素养和获取课程资源的能力。同时,通过课程教学开展平台宣传工作,引导师生了解和使用课程资源管理平台。另外就是嵌入到学生的学习过程,将课程学习需要的各类资源(电子教材、教参、学习视频、课件、试题等)整合到课程资源管理平台,方便学生的一站式获取;同时,为师生提供交流和讨论平台,提升学习效率。

3.3 嵌入式课程服务的运行模式

图书馆课程服务应有效发挥跨部门、跨业务协同联动职能,通过部门间协作、学科馆员间协作、课程服务小组团队协作等方式,充分发挥集体智慧和力量,弥补单兵作战在素质、精力、经验等方面的不足,利用整体合力解决课程服务前进中的问题[26]。

图书馆目前组建了6支主要的课程服务团队,由不同的课程服务馆员负责相应学部,包括人文学部、社会科学学部、信息学部、理学部、工程学部和建筑学部。课程馆员具备相应的学科专业知识,负责图书馆与各学院之间的沟通协作,通过不同团队内部及团队之间的协调合作,取长补短,优势互补,不断提升图书馆课程馆员的综合素质,旨在为全校师生提供更为专业且独具特色的课程服务。

图书馆课程服务采取的协调与运行方式主要有:① 通过与教务处的合作,提前收集并将专业课程与教材教参信息导入课程资源平台;② 通过与各院系任课教师的合作,将信息素养教育纳入部分课程的教学大纲,同时嵌入到课堂开展信息素养教育;③招聘教学助理,收集学生需求,同时协助提供课件资源共享、学习笔记共享等服务,加强灰色文献的整理与利用,通过关键词订阅方式汇集期刊论文和学位论文资源，吸引更多学生使用课程资源平台；④ 图书馆学科服务与咨询部定期召开信息素养系列讲座，例如"如何围绕课题开展文献检索"、"文献检索与知识创新原理与方法"等，通过讲座的方式宣传课程服务；⑤ 在图书馆主页和教务处主页设立"课程服务"链接，提升课程服务的知晓度。

4 嵌入式课程服务实践的关键问题与对策

4.1 资源建设问题

课程服务的核心是围绕教师教学与学生学习进行课程文献资源配置及服务[7]，资源建设是嵌入式课程服务建设的重要内容。在嵌入到课程管理平台方面，除了纸质教参以及电子教参外，还应注重对已购文献数据库资源、开放获取资源以及网络公开资源的收集与组织，将教学信息、教参资料、多媒体资料以及其他相关资料经过收集、加工、整理、组织整合到课程管理平台，以便用户在统一的界面中对资源进行访问、阅读及下载。

图书馆不再局限于提供教材教参信息，同时为师生提供期刊论文、学位论文、视频、试题等丰富的课程资源，例如，超星名师讲坛就包含了丰富的专家视频，对于部分专业的学生学习具有很好的促进作用。系统采用建立分层、分级、多维度的资源建设策略，利用基于 DC 元数据标准的 RISS2 资源管理平台，建设了汇集全校精品课程资源管理平台，与图书馆 OPAC 系统相关联，提高馆藏资源的利用率，并支持电子书、课程视频、PPT 讲义、文档资料等多类型资源的访问、浏览和下载。在当前信息化时代，高校图书馆除了自身拥有的丰富资源外，也可以通过合作共建课程管理平台方式，实现资源互补，可以校内合作，比如图书馆与某学院的资料室之间；也可以校外合作，比如参与到"CALIS 高校教学参考信息管理与服务系统"。

4.2 版权问题

完善的版权保护制度是嵌入式课程管理平台可持续运行的重要保障，也是解决教师后顾之忧的重要保障。在数字资源版权方面，为了使学校"合理使用"文献资料，美国各高校都制定了各自教参版权政策[27]，而中国高校图书馆在版权控制方面机制还不太完善，教师上传课件资料时会有所顾忌，这是制约我国目前课程服务深入进行的一大瓶颈。

"重庆大学课程文献管理平台"建立了完善的用户身份认证体系，通过技术手段（如 IP 限制与口令登录），保证只有本校师生才能利用系统平台中的资源；另外，采用 SWF 技术合理保护教师版权，保证教师权益。教师提交、上传、粘贴教参信息和数据导入导出等工作都是在一个界面完成的，且所有上传的课件将自动转换为 SWF 格式为学生提供资源浏览服务，有效限制课件的传播，并从用户身份和资源安全级别两方面对平台资源使用权限进行控制，用户对资源的使用权限以身份授权和级别授权的最小交集为开放条件。如用户拥有最高下载权限，但某条资源的级别为浏览（不可访问、不可下载），那么用户对该资源也仅仅只能浏览；同样如果某条资源可以下载，但用户身份仅为访问权限，那么用户也只能是访问该资源，而不可以下载。

4.3 技术问题

传统的课程资源建设，耗费馆员和教师的大量时间，效率不高。在信息化环境中，如何利用信息技术将图书馆的资源与教学信息资源有效地结合起来，充分发挥图书馆服务于教学的职能是开展嵌入式课程服务过程中面临的一大问题。目前大部分教参系统仅仅集成了教材教参等图书信息，难以满足师生获取课程资源的需求。课程文献管理平台的建立与运行需要依托元数据整合技术，将与课程有关的图书、期刊论文、学位论文、试题、视频等资源进行有效整合，为学生提供一站式服务，具有一定的技术挑战性。M. Markland 指出技术挑战主要是跨库检索工具和资源目录管理、Open URL 以及元数据等[28]；K. Saumure 和 A. Shiri 指出技术问题主要有系统界面、集中式的资源管理、互操作/元数据等[29]。

"重庆大学课程文献管理平台"采用模块化、流程化、自动化的建设思路，教师只需要选择课程代码或者课程名称，系统将自动匹配相应的教材教参信息，同时输入关键词订阅，系统自动在元数据库中推荐有关的期刊论文、学位论文、视频和试题等，自动生成学习资源库供教师遴选，基本实现课程资源库建设的自动化，大大提升了建设效率。另外，图书馆开发课程文献管理平台之后，要重视平台建设和资源利用，比如利用数据挖掘技术，挖掘出课程资源的深层价值；利用移动通信技术，支持用户在移动终端上访问课程资源，支持多类型资源，支持在线阅读技术；利用 spring MVC 框架技术，可以让系统的各个模块达到高内聚、低耦合等等。

4.4 协作问题

有效的部门协作，是课程服务顺利进行的基础。开展嵌入式课程服务需要图书馆、教务处、学院等部门的通力合作，由教务处和学院牵头提供课程开设情况及所需的教辅资料，再由图书馆负责这些文献资料的采购、编目和数字化处理，以保证教参信息的及时更新。经过近三年的合作，图书馆与教务处、学院建立了良好的协作关系。例如图书馆会不定期地举办座谈会，加强与各部门负责课程资源建设的有关人员沟通，就课程服务相关问题达成一致见解；与教务处合作，将课程管理平台与学校选课系统相对接，及时更新课程信息，学生登录系统后，可以看到本人所选课程情况以及对应的教参信息，也可以通过专业名称查看本专业课程开设情况，浏览或下载所需的教参资料；与各学院教师合作，教学助理每学期初通过任课教师收集课程所需教辅资料以及了解学生需求，将信息反馈给课程馆员，再由图书馆技术人员负责纸质资料的数字化处理及版权跟踪工作，从而为学生提供更具针对性的课程服务。另外，图书馆与各方建立了权责明晰的合作机制，由课程馆员负责图书馆与各学院之间的合作协调，确保课程服务顺利、高效开展。

4.5 宣传推广问题

图书馆开展课程服务的目的就在于将图书馆资源更好地融入课程教学，发挥图书馆服务于教学的职能，提高学生的学习效率，提高课程资源的共享速度和准确性。为了使更多的师生了解与体验图书馆的嵌入式教学，共享教参资源，有必要加强课程服务的宣传与推广。可以在教务处以及各学院的网站上添加课程管理平台系统的链接；在BBS、微博、微信上进行课程服务宣传；在图书馆主页上设置课程服务链接，详细介绍课程服务内容、方式等；也可以从积分奖励、等级提升、鼓励分享等角度，增加师生喜欢的SNS服务，主动吸引用户使用平台的资源和服务；还可以将课程服务嵌入到新生教学中，例如重庆大学图书馆将课程服务嵌入到新生研讨课中，让同学们了解图书馆的资源和服务，取得了不错的教学实践效果。

5 结语

课程服务是高校图书馆面向教学的学科服务，可以助力学校的教学工作，提升师生的学习效率。对于图书馆而言，课程服务实现了图书馆服务的专业化发展。图书馆开展嵌入式课程服务，深入践行Web2.0理念，改变了传统以资源为中心的服务理念，更强调以用户为中心，符合当代大学生的兴趣热点、行为习惯和信息需求；课程服务不受时间、地点的限制，用户可以随时随地通过任一终端设备登录"课程文献管理平台"，体现了泛在图书馆的服务理念。另外，开展嵌入式课程服务离不开复合型、高素质的课程馆员，课程馆员需要了解学科的前沿发展动态，并且还要具备较强的检索能力、对信息进行挖掘与分析并将其转化为知识的能力。因此，图书馆应注重对现有人才队伍的培训，充分挖掘现有人员潜力，并加大对高素质、复合型人才的引进，提高嵌入式课程服务的质量与效果，从而为用户带来更深层次的、专业化、个性化的知识服务。

参考文献：

［1］ 刘淑贤. 高校图书馆嵌入学科课程教学服务模式及实践探讨——以香港科技大学图书馆嵌入式服务为例［J］. 图书馆论坛, 2014, (6): 116-120, 90.

［2］ 王芩, 马铭锦. 嵌入式馆员学科化服务——以北京信息科技大学为例［J］. 大学图书情报学刊, 2011, 29(1): 64-66, 90.

［3］ LEWIS J, Al E. 2010 Top ten trends in academic libraries: a review of the current literature［J］. East carolina university, 2010, 140(6): S171.

［4］ 司莉, 吴方枝, 钱绮琪, 等. 高校图书馆嵌入教学服务的成功要素分析［J］. 图书馆杂志, 2013, 32(3): 50-54.

［5］ 谢守美, 赵文军. 美国嵌入式学科服务实践及其启示［J］. 图书馆建设, 2011, (5): 60-62.

［6］ 陈勤. 单元目标学科服务实践模式研究［J］. 图书馆建设, 2013, (4): 29-32.

［7］ 俞德凤. 美国大学图书馆的课程服务及其启示［J］. 图书馆论坛, 2014, (8): 121-124.

［8］ 刘景宇. 美国知名高校图书馆 Course reserves 服务研究［J］. 浙江高校图书情报工作, 2015, (2): 25-30.

［9］ Harvard University Library HOLLIS Classic［EB/OL］.［2016-07-23］. http://library.harvard.edu/.

［10］ For Students: Accessing Course Reserves via Chalk［EB/OL］.［2016-05-10］. http://www.lib.uchicago.edu/e/using/reserve/.

［11］ DALY E. Embedding library resources into learning management systems: a way to reach Duke undergrads at their points of need［J］. College & research libraries news, 2010, 71(4): 208-212.

［12］ Princeton University Library Course Reserves［EB/OL］.［2016-07-23］. http://library.princeton.edu/services/reserves.

［13］ Blackboard Learn［EB/OL］.［2016-07-23］. http://www.princeton.edu/bb/faq/.

［14］ 戴瑾. 我国高校图书馆嵌入式服务的实践与发展趋势［J］. 图书与情报, 2013, (3): 128-131.

［15］ 陈全松. 高校图书馆嵌入式学科服务模式的实践与思考——以厦门大学图书馆为例［J］. 图书情报工作, 2012, 56(7): 83-87.

［16］ 北京大学图书馆信息素养课［EB/OL］.［2016-06-01］. http://lib.pku.edu.cn/portal/fw/yixiaoshijiangzuo/xinxisuyang.

[17] 清华大学图书馆教学与培训[EB/OL].[2016-06-01].http://lib.tsinghua.edu.cn/service/instruction.html.

[18] 中国高校教学参考信息中心[EB/OL].[2016-06-01].http://iri.calis.edu.cn/cm/main.jsp?iplogin=1.

[19] 上海交通大学图书馆电子教参服务[EB/OL].[2016-06-01].http://www.lib.sjtu.edu.cn/index.php?m=content&c=index&a=show&catid=16&id=123.

[20] 清华大学教参服务平台[EB/OL].[2016-06-01].http://reserves.lib.tsinghua.edu.cn/.

[21] 电子科技大学图书馆自主学习系统[EB/OL].[2016-06-01].http://dzkd.superlib.com:84/webs/nfav_nfavList.action?cataid=1388.

[22] 中国科学技术大学图书馆栗子网(LISER)[EB/OL].[2016-06-01].http://liser.ustc.edu.cn/uchome/index.php.

[23] 俞德凤.哈佛商学院图书馆知识服务研究[J].图书馆杂志,2011,(6):72-74.

[24] 辛小萍,吴新年,阮炼.美国高校图书馆的嵌入式知识服务实践与启示[J].情报资料工作,2014,(2):71-74.

[25] 图书馆在专业英语课程中开展嵌入式教学服务[EB/OL].[2016-06-01].http://news.cqu.edu.cn/newsv2/show-14-201-1.html.

[26] 付希金,刘青华.学科服务新探索——东北师范大学图书馆课程服务实践与思考[J].图书情报工作,2014,58(22):65-69.

[27] 朱宁.高校图书馆电子教参服务新进展———一站式联合协作的教参服务体系ARES的应用[J].图书情报工作,2013,57(23):5-9.

[28] MARKLAND M. Technology and people: some challenges when integrating digital library systems into online learning environments[J]. The new review of information and library research, 2003, 9(1): 85-96.

[29] SAUMURE K, SHIRI A. Integrating digital libraries and virtual learning environments[J]. Library review, 2006, 55(8): 474-488.

作者简介

姚媛：负责现状调研与分析，撰写论文；

魏群义：提出研究思路，设计研究方案；

田琳、杨新涯：负责服务实践。

移动学习与嵌入式学科服务深度融合的创新实践与特色[*]

——以上海交通大学图书馆为例

随着计算机和通信技术的日新月异,图书馆用户的学习方式也千变万化。当前,移动学习(m-learning)已成为继电子化学习(e-learning)之后图书馆用户学习模式变化的一大趋势[1],这无疑给全面助力高校教学的图书馆嵌入式学科服务带来了冲击和挑战。如何将嵌入式学科服务与移动学习模式紧密结合,以动态支撑学校的教学工作,需要学科馆员多加思考。

1 嵌入式学科服务与移动学习发展现状

嵌入式学科服务是"使得馆员走出图书馆并创造一种新的图书情报工作模式的独特创新。它强调馆员与需要馆员提供信息知识的群体或团队之间形成一种牢固的工作关系。"[2]从20世纪90年代初开始,国外的各类图书馆即尝试将图书馆员及其服务嵌入到用户中,其中,美国可谓是嵌入式学科服务的开创者[3]和典型代表,它以嵌入课堂和网络教学平台的嵌入式教学与嵌入师生学习研究过程的嵌入式科学研究为主要形式,强调项目营销和品牌建设,将馆员整合进用户的研究工作流程,利用技术构建嵌入式服务[4]。在我国高校图书馆界,嵌入式学科服务的相关研究亦蔚成风气,刘颖等指出嵌入式学科服务聚焦用户,以有机融入用户的物理空间或虚拟空间、为用户构建一个适应其个性化信息需求的信息保障环境为目标,主要以学科为单元提供集约化的深入信息服务[5]。初景利从多个方面阐述了学科馆员的不同认知水平和各类嵌入形式的特征与要求[3]。宋海艳等探讨了嵌入科研团队开展学科服务的诸多方式与实践[6]。

而移动学习也同样注重学习过程及其嵌入,这与嵌入式学科服务的理念不谋而合。移动学习是指"利用无线移动通信网络技术以及无线移动通信设

---

[*] 本文系上海市哲学社会科学2013年规划课题"教学模式变革下高校图书馆嵌入式学科服务策略与实证研究"(项目编号:2013ETQ002)和上海市图书馆学会2013年科研课题"教学模式变革下高校图书馆嵌入式学科服务实证研究"(项目编号:2013CSTX10)研究成果之一。

备、个人数字助理等获取教育信息、教育资源和教育服务的一种新型学习形式，其目标是促使学习者能在任何时间、任何地点，以任何方式学习任何内容。"[7]欧美大学对于移动学习的研究起步较早，自1994年开始，卡耐基梅隆大学等高校便进行了移动学习的实践研究，随后相关研究和实践在全球高校中不断展开，如美国普渡大学、英国威斯敏斯特大学、意大利国家教育技术研究中心、芬兰赫尔辛基大学等分别开展了一系列移动学习服务与教育的典型项目实践[8]。伴随着信息技术的发展，自本世纪初开始，国内高校也掀起了移动学习的热潮。2004年北京大学开发了多个版本的移动教育平台，2006年上海电视大学成为国内首批手机远程教育试点单位之一，2007年中国移动开始与教育部合作推广面向高等教育等的校讯通业务与产品，而北京大学、清华大学和北京师范大学亦主持了教育部"移动教育"项目，进行了移动学习的相关尝试，但总体而言，将移动学习应用于教学的实践仍处于摸索阶段[8]，真正将移动学习与嵌入式学科服务全面深度融合的实践尚属少数。上海交通大学（以下简称"上交大"）图书馆依托Pad移动学习终端、无线网络环境、各类软件技术与相关的网络平台，将学科服务嵌入机械与动力工程（以下简称"机动"）学院"燃烧学"与"制造技术"两门本科精品课程的教学过程，推出了以移动学习为基础的嵌入式学科服务（以下简称"移动学习嵌入服务"），获得了阶段性的成果和实践经验。

2 移动学习嵌入服务实践探索

2.1 服务规划

服务规划是实现移动学习嵌入服务的前提条件和重要环节。作为机动学院申请并获得立项的上交大985三期重点建设项目"基于移动图书馆的学生学业促进中心"之子项目，移动学习嵌入服务由图书馆顶层领导牵头，以重点课程为突破口，以多方合作为契机，获得了馆内各部门与机动学院的全力配合，得到了文献资源、技术系统、人员团队等各方面的支持。

在与机动学院充分协商的基础上，图书馆最高领导层、机动学科服务团队（以下简称"机动学科点"）与馆内各部门主任群策群力，对移动学习嵌入服务进行了思考和规划：①服务宗旨方面，制定了"明确一条主线——创新人才培养，突出两大重点——嵌入课程、助力教学，履行三大职责——信息素养提升、专业信息提供、互动研讨支撑"的服务目标。②教学资源方面，由课程教师通过本人账号在图书馆与教务处、网络信息中心共建的教学参考资料（以下简称"教参"）系统中，添加书名、作者、出版社等图书信息；之后，图书馆根据教师添加的信息采购相关教参，并将其电子化或进行馆际互借，然后在教参系统和课程网站中设置全文链接，供师生课堂讨论与移动学习之用。课程参考视频、参考论文等资源的搜集和整理则由机动学科点配合课程教师共同完成，为移动学习提供了丰富多彩的课程资源。③技术与设备方面，重点的工作是升级移动终端系统，搭建两门课程的网站，并完善电子教参系统，为移动学习提供相关支撑。④信息素养教育方面，为每门课程嵌入2~3次"迷你"讲座，通过培训辅导促进学生养成移动学习的习惯，提高其查找、获取、利用学术资源等方面的能力。⑤服务交流平台方面，在邀请课程教师、助教加入机动QQ学科服务群的同时，安排1~2次机动学院基地值班活动，通过面对面的交流，了解课程教师的需求并吸纳其建议。如图1所示：

服务宗旨	教学资源	技术与设备	信息素养教育	服务交流平台
• 明确一条主线 • 突出两大重点 • 履行三大职责	• 多方协作 • 共建共享 • 确保齐全	升级移动终端系统 搭建两门课程网站 完善电子教参系统	嵌入"迷你"培训讲座 提升信息素养能力	结合QQ学科服务群与基地值班 了解教师需求和吸纳用户建议

图1 移动学习嵌入服务规划

2.2 实践探索

2.2.1 依托技术，支撑服务——信息技术助力服务创新 依托各类信息技术及相关的平台与系统，为移动学习嵌入服务提供鼎力支持。通过签订外借协议的形式，将本馆购置并参与开发的Pad学习终端免费提供给课程师生，以支持其通过校内无线网络便捷地开展电子教参等资料的移动阅读与课堂内外的小组互动研讨活动。与学院密切合作，运用网页制作等软件，为两门课程量身定制课程网站[9-10]（见表1），使得师生能够通过该网站随时随地查看Flash版教学课件、电子教参、参考视频与参考论文等丰富多样的教学资源，开展泛在化的移动学习。同时，借助Swf软件定期将教师提供的学生Project课件转换为Flash并上传至课程网站，为学生提供优秀作业的虚拟展示平台，促进其分享经验、随时随地学习。图书馆还为课程教师配备了专用的FTP、个人云存储系统，方便其随时上传与查阅各类教学资料。此外，在与学院的联络中充分运用 Email、QQ、移动小号等沟通方式，畅通交流渠道，及时了解师生的使用反馈与服务需求。

表1 上交大"制造技术"与"燃烧学"课程网站栏目设计

一级栏目	首页	课程概况	教学资料与课程实验	作业与习题自测管理	课程视频	互动与评价	下载与链接
二级栏目	课程简介；课程网站导航	课程信息；教学团队；教学大纲；教学方法与考核	教学大纲；教学用书；类似教参；课堂讲义；参考论文；参考视频；其他参考资料；课程实验	作业提交；优秀作业展示；章节习题；习题自测；实验报告；考试	课堂录像；实验录像	我要提问；师生调查	资料下载；相关链接；国内外相关开放课程；著名机械工程院系；专业论坛；学科专业信息；图书馆讲座

2.2.2 虚实结合，嵌入教学——服务内容创新与突破 通过"迷你"培训和课外辅导，嵌入课程的讲授过程，助力基于实体空间的课堂教学。"迷你"培训形式灵活，一反教师"一言堂"的做法，充分利用课间10分钟，以学生为中心，综合运用小组互动研讨、双语教学、实际动手等教学方法，在保证学生人手一台学习终端的情况下，现场手把手地为其提供电子教参阅读方法、图书馆资源查找与利用等辅导，进而提高其信息素养，适应移动学习模式；同时，与课程助教合作，将信息素养教育延伸至课外，即先由馆员为课程助教提供信息素养培训，再由助教基于QQ群、电子邮件群等为学生提供相关辅导和咨询解答，使得移动学习嵌入服务无处不在。

除此之外，图书馆注重虚实结合，善用系统、网站、软件等，嵌入学生基于网络虚拟空间的学习过程，支持以虚拟空间为基础的课程学习。通过改进电子教参系统、创建课程网站、提供Pad学习终端，帮助学生突破静态孤立的传统学习方式，建立动态合作的移动学习模式。在电子教参系统的完善方面，根据国外版权法的相关规定，若仅将电子书用于课程教学，并且只提供分章节的下载，则不被视为侵犯版权，图书馆遵照此法，将课程教师指定的有纸质版而无电子版的图书电子化，获得了完备的课程电子教参资源，供学生在移动学习中使用。此外，图书馆还将教学课件、电子教参全文、参考视频和参考论文编辑成 Flash 动画形式并上传至课程网站，推出了基于 Pad、PC、智能手机等终端的多类型资源之数字化移动学习服务，促进学生充分利用碎片化时间，实现移动、泛在学习。在此基础上，进一步开发课程网站系统，使学生能够在线完成自测习题并与同学、教师或馆员互动交流。

2.2.3 凝心聚智，共话服务——多种服务合作模式的运用 图书馆尝试运用各种服务协作模式，以集合各方力量，共同建设移动学习嵌入服务。首先，建立馆员-教师-助教协同服务模式。在课程教师提出教参、视频、信息素养教育、课程网站内容制作等具体的资源与服务需求之后，学科点即予以跟进，为其教学提供支持，而助教则辅助馆员和教师提供学习终端与电子教参使用指导、整理参考视频英文简介、编辑图片、发放与收集学习终端外借协议等（见表2），三方力量的汇集使得相关服务的开展卓有成效。其次，建立多部门协同联动协作机制。在馆内顶层领导的统一部署下，机动学科点联合馆内采访编目部、技术加工部、综合流通部、系统发展部，通过图书采购、纸质资源电子化、馆际互借等形式，为课程师生提供所需的电子教参，在此基础上建设课程网站系统，为多类型、个性化教参资料的移动学习提供进一步支撑。同时，为节约人力成本，提高工作效率，合作各方从 19 名项目组成员中选定 6 名核心成员，即来自图书馆各部门的 4 名业务骨干、机动学院 2 位课程主讲教师，由他们来承担移动学习嵌入服务项目中的主要工作，包括信息素养教育、课程网站制作、课程教学与相关教学资料的提供等。

表2 移动学习嵌入服务的团队合作情况

支持团队	人数	职务/身份	工作内容
机动学院教师	7	党委书记	"基于移动图书馆的学生学业促进中心"项目的申报与规划
		分管本科教学的副院长、主任	"基于移动图书馆的学生学业促进中心"项目的具体实施
		学生党总支书记、学生工作负责人	对学生正确使用学习终端进行引导和督促
		课程主讲教师	课程教学；教参资料、信息素养教育需求的提出；教学课件、参考论文等资料的提供

续表

支持团队	人数	职务/身份	工作内容
图书馆馆员	10	党委书记	移动学习嵌入服务子项目的前期联络与总体规划
		读者服务总部工学部、综合流通部、系统发展部、技术加工部、采访编目部主任	移动学习嵌入服务子项目的组织实施
		机动学科点、系统发展部、技术加工部业务骨干	信息素养教育；学科联络与咨询解答；课程教参资料的搜集和整理；纸质教参书的电子化；课程网站栏目设计、内容撰写与制作等
课程助教	2	研究生	移动学习终端、电子教参使用辅导；照片处理、参考视频内容简介整理；终端外借协议管理等

2.2.4 敢于宣传，乐于推广——服务营销攻略　酒香也怕巷子深，诚如现代营销学之父菲利普·科特勒所言："一家企业只有两项基本职能，创新和营销。"在图书馆界亦是如此，面对读者阅读习惯和学习方式的改变，对移动学习嵌入服务进行一定的宣传不可或缺。机动学科点通过采用适当的服务营销策略，力求服务宣传内容过目难忘，相关服务活动深入人心。在与学院举行不定期商讨会、参加学院会议时，向学院领导实时呈递嵌入式学科服务的成功案例资料，加深其对图书馆相关服务的了解；在各种途径的交流中，积极主动、有意识地向课程教师介绍学科点的嵌入式学科服务，征询和激发其对相关服务的需求；在课程网站中，不忘放置学科博客、LibGuides 链接、学科点服务简介等信息，以提高相关服务的能见度和可见度。

2.3 评价反馈

移动学习嵌入服务自 2013 年初实施以来取得了较好成效，获得了学院师生的充分肯定和认可。教师们一致认为图书馆的服务对其课程教学起到了强力支撑作用。课前，教师布置学生通过 Pad 等学习终端阅读电子教参，为课堂的小组讨论奠定了良好的基础；课后，他们通过课程网站发布阶段性的教学课件、参考视频、参考论文，使学生通过对这些资料循序渐进的学习，掌握了专业知识，拓展了专业视野。教师们还表示，期待今后能继续与图书馆合作，不断推进其课堂教学模式的改革。而学院分管本科教学的领导也提出，希望图书馆能对学院其他的课程给予类似的支持。

从 Pad 学习终端使用情况的问卷调查来看，约 70% 的学生表示在课程中会随身携带学习终端，用于课堂学习、资料收集或小组研讨，并有约 82% 的学生认为学习终端的使用对其课程学习很有帮助。从学生的课堂反馈来看，两门课程的学生均指出图书馆的服务改变了他们的学习方式，电子教参、参考视频等资料的使用带他们走进了移动学习的多彩世界，而相关的信息素养教育则为其信息素质提升提供了强力支持。

3 移动学习嵌入服务之特色

3.1 契合用户需求与课程特点

上交大图书馆机动学科点因用户需求而行，因课程特征制宜，强调移动学习嵌入服务与课程特色、用户需求的高度契合，拒绝闭门造车与"自娱自乐"。通过与"制造技术"、"燃烧学"两门试点课程教师充分沟通，了解到其仅需要与课程密切相关的参考资料以及最需要保持课程讲义、电子教参和参考视频的及时更新，基于此，学科点精心搜集和挑选了相关参考资源，并及时制作与上传课程资料。鉴于"制造技术"、"燃烧学"为机械工程类专业课程，注重实际动手项目，强调实践性教学，重视学生动手能力的培养，学科点在为两门课程设计网站时，不遗余力地为课程实验提供支持，不仅重视课程实验信息和资料的及时整理与电子化，而且将重要的实验制作成视频供学生课后学习观看；在信息素养培训中，亦强调理论讲授与上机动手操作的紧密结合。

3.2 探求全程融入和深度嵌入

关注服务的持续性与深度性，确保为试点课程提供有力支撑。学科点改变目前普遍存在的单次、短期嵌入课程之服务模式，融入课程的整个教学过程，力争提供持久、深入的嵌入式学科服务。在移动学习嵌入服务实践中，服务团队对课程网站的动态更新及对学生的相关辅导贯穿始终，实现了服务无处不在。在以助力教学为主要目标的同时，通过学术视频、学术论文、学科博文、专业论坛等专业信息的搜集与提供，兼顾对师生科研的支持，从而延伸了服务触角，拓展了服务深度。

3.3 注重服务内容与形式创新

同则死,异则生。在继承已有经验的基础上,机动学科点敢于打破常规,寻求服务内容和形式的与众不同。服务内容上,除了推出"迷你"信息素养培训与基于 Pad 终端的移动学习服务之外,学科点还为师生量身定制个性化的课程网站,以整合各类资料,为其提供课程资源的动态、全程导航,促进试点课程甚至是全院教师的教学方法改革。服务形式上,采用灵活多样的信息素养培训和不拘一格的咨询辅导形式。迷你信息素养培训以各类小型专题的形式在课间开展,其高效紧凑的课堂风格、注重上机演练的教学方式受到了学生的喜爱;咨询辅导则充分运用现代通信技术,将现场答疑与移动通讯、电子邮件、QQ 群、LibGuides 等形式的咨询有机结合,搭建立体全方位的学科咨询服务体系。

3.4 重视服务规划和宣传沟通

服务规划与宣传沟通是移动学习嵌入服务有序开展的重要保证。在整个服务实践中,从馆内高层领导到部门主任,均十分重视工作实施方案与阶段性服务计划的制定,并注意将相关规范性文件上传至 FTP,供馆员随时学习与查看,为后续工作有条不紊地开展提供了指南。同时,也非常注重服务营销与推广,通过名片、海报、宣传页、DV、网站、会议等方式向院领导和课程教师宣传学科点的相关服务,提高服务的影响力与知名度。此外,通过多种联络方式,加强与课程教师的沟通和交流,了解其在信息素养讲座、课程网站制作等方面的需求与建议,以便及时调整服务策略,改善服务效果。

3.5 挖掘团队力量与合作机会

著名企业家比尔·盖茨曾一针见血地指出:"大成功靠团队,小成功靠个人。"盖茨的这一认识道出了团队协作的重要作用。上交大图书馆特别注重发挥团队优势,牢固把握合作机会,以凝聚各方智慧与力量,为相关服务的成功增添筹码。在移动学习嵌入服务中,该馆充分发挥馆内各部门馆员的专长,教材和教参的购买交由采编部馆员完成,课程资源的搜集整理、课程网站设计及学科联络工作由学科点承担,系统和软件的开发由系统发展部馆员负责,而各类资料的电子化则由技术加工部老师完成。同时,重视与机动学院的密切合作,邀请课程教师提供课堂讲义、参考视频、参考论文与优秀作业等信息,课程助教负责分析和撰写参考资料内容介绍,由此弥补了馆员在课程专业知识方面的欠缺与不足,通过优势互补巩固了服务效果。

4 移动学习嵌入服务未来发展展望

经过一个学期的实践探索,上交大图书馆开展的移动学习嵌入服务取得了良好实效,达到了预期的目标。然而,在接下来的工作中,仍有需要不断改进和持续创新的地方:

4.1 深度嵌入专业课程,全面提升信息素养

在移动学习嵌入服务中,学科点开展的嵌入式信息素养教育主要围绕电子教参阅读方法、图书馆资源的查找和利用而进行,与专业课程本身的结合还不够深入。将嵌入式教学与专业课程的授课深度融合,通过信息素养培训促进学生有效地检索、获取、利用、评价、管理学科专业资源,全面提高其信息素养,目前还缺乏足够的实践,而这方面的培训活动恰恰被课程教师认为是信息爆炸时代学生所最需要的。尝试将信息素养教育无缝嵌入到专业课程的教学当中,将会是移动学习嵌入服务下一步的工作重点。

4.2 完善学习终端设备,丰富课程参考资源

通过 Pad 学习终端服务反馈问卷调查,发现多数学生使用学习终端阅读电子教参的频率为 2-3 天一次或者更少,平均每次阅读的时间不超过 2 小时,由此可见,学生对于学习终端的使用程度还不够高,暂时还停留在碎片阅读、零星阅读的阶段。究其原因,主要还是学习终端在设备、功能和课程参考资源方面存在一些问题(见表 3)。为了吸引学生更多地使用终端进行教参的移动学习,以后还需升级终端设备的性能,完善学习终端的功能,丰富课程参考资源的内容,从而切实加强对课程教学的支持力度,深化移动学习嵌入服务的内涵。

表 3 课程师生对 Pad 学习终端的改进建议

设备方面	功能方面	课程参考资源方面
加强终端的软件维护	开发更多相关的 App 应用程序	在 Pad 中内置更多的学习资料,或者可以通过终端直接获取
加快终端的启动速度	配备更多的常用软件	能离线阅读课件等资源
增强网络连接的稳定性	改善阅读体验,如改进课件浏览时的标记功能、提高触屏灵敏度等	对无法下载的资源给予标识

4.3 加大各方合作力度,深化课程网站建设

虽然"燃烧学"与"制造技术"两门课程的网站已基本建设完成,并备受青睐,但是网站的功能离师生的期望与图书馆的服务目标还有一定的距离,如暂时还未提供课程参考资源的离线下载,在线提交作业、批改作业、习题自测等功能尚未开发好,师生之间、馆员与用户之间的互动功能尚且没有很好地实现,因此,今后还需要在强化馆内外合作的基础上,进一步加强课程网站建设,实现网站功能和内容的多样化。

4.4 增加支撑课程数量,扩大服务覆盖面

由于移动学习嵌入服务取得了较好效果,学院方面提出了增加支持课程数量的希望。对此,学科服务团队积极跟进,及时向馆领导反映学院需求,以获得相应的人力支持和资源保障,进而为扩大服务覆盖面和受益面创造条件。

上交大图书馆所探索的移动学习嵌入服务,充分发挥了嵌入式学科服务与移动学习之间有着天然联系的这一优势,以深度嵌入教学过程为抓手,基于移动学习强化对课程教学的支持,促进学院教学方法的改革,并尝试为课程教师和本科生提供科研支持,从而拓展嵌入式学科服务的广度和深度。同时,为确保服务的不断创新和可持续开展,在今后的工作中,该馆机动学科服务团队将多方改进相关服务,继续优化服务策略。近年来,与移动学习一脉相承的泛在学习(u-learning)在各高校逐渐风生水起,作为一种用户在任何时间、任何地点使用任何终端的智能学习环境[11],它将对图书馆嵌入式学科服务与嵌入式馆员提出更高的要求和挑战。

参考文献:

[1] 莫梅锋,张锦秋. 手机沉迷对大学生移动学习的影响与引导[J]. 现代远距离教育, 2012,(5):80-84.

[2] Shumaker D. The embedded librarian: Innovative strategies for taking knowledge where it's needed [M]. Medford: Information Today, 2012.

[3] 初景利. 学科馆员对嵌入式学科服务的认知与解析[J]. 图书情报研究,2012,3(5):1-8,33.

[4] 李金芳. 美国高校图书馆嵌入式学科服务的典型案例研究[J]. 图书馆杂志,2012,31(11):73-77.

[5] 刘颖,黄传惠.嵌入用户环境:图书馆学科服务新方向[J].图书情报知识,2010,(1):52

−59.
[6] 宋海艳,郭晶,潘卫. 面向科研团队的嵌入式学科服务实践探索[J]. 图书情报工作,2012,56(1):27−30.
[7] 刘建设,李青,刘金梅. 移动学习研究现状综述[J]. 电化教育研究,2007,(7):21−25.
[8] 王军,王琴. 移动学习在高校的应用现状和发展策略研究[J]. 中国电力教育,2013,(8):118−120.
[9] 上海交通大学制造技术课程网站[EB/OL]. [2013-09-03]. http://jc.lib.sjtu.edu.cn/Course/course1/index.asp.
[10] 上海交通大学燃烧学课程网站[EB/OL]. [2013-09-03]. http://jc.lib.sjtu.edu.cn/Course/course2/index.asp.
[11] 潘基鑫,雷要曾,程璐璐,等. 泛在学习理论研究综述[J]. 远程教育杂志,2010,(2):93−98.

作者简介

黄琴玲,上海交通大学图书馆助理馆员;

郭晶,上海交通大学图书馆副研究馆员,副馆长;

高协,上海交通大学图书馆助理馆员,读者服务总部工学部副主任;

李丽,上海交通大学图书馆馆员,读者服务总部综合流通部主任;

余晓蔚,上海交通大学图书馆副研究馆员,读者服务总部工学部主任。

大学图书馆参与 MOOC 版权服务的实践及启示[*]

——以杜克大学图书馆为例

大规模开放在线课程（Massive Open Online Course，MOOC，中文译作"慕课"）是近年来高等教育领域出现的一个热点问题。大学图书馆作为高校教学与科研的重要支持者，对这一领域也予以了高度关注。2013 年 3 月 18 日，OCLC 举办了"MOOC 和图书馆：众多的机会还是巨大的挑战？"的专题研讨会，会议吸引了 125 名与会者和 400 多名在线参会者[1]。

与会者从各个角度对 MOOC 与图书馆的关系进行了全面分析，包括 MOOC 环境中图书馆面临的机遇与风险；图书馆员在 MOOC 中的角色定位及职业前景；MOOC 给图书馆带来的法律问题等。

对于图书馆在 MOOC 中的地位，学界存在不同观点。有人认为图书馆参与 MOOC 为时过早，时机尚不成熟；有人认为由于 MOOC 平台的限制（特别是 Udacity 平台），图书馆员很难真正参与；但是大部分学者认为图书馆应当积极参与 MOOC，并将发挥不可或缺的作用[1]。图书馆业界也在以不同方式积极参与 MOOC 实践活动。例如，斯坦福大学图书馆通过学术计算团队为 MOOC 制作提供视频支持服务；加利福尼亚大学伯克利分校图书馆成立 MOOC 项目工作小组，为本校的 MOOC 课程提供内容支持及检索技能培训；一些图书馆甚至尝试独立制作 MOOC 课程，如纽约图书馆的"汉学 101"、洛杉矶市图书馆的"缝纫与烹饪"技能培训课程[1]。图书馆参与 MOOC 的形式多种多样，但是许多学者认为，版权服务将是图书馆，特别是大学图书馆参与其中的最重要、最有效的方式之一。

1 大学图书馆参与 MOOC 版权服务的研究综述

美国研究图书馆协会（Association of Research Libraries，ARL）于 2012 年

---

[*] 本文系湖南省哲学社会科学基金项目"主动嵌入高校教学质量与创新过程的区域数字图书馆新模式研究"（项目编号：12YBB173）研究成果之一。

10 月出版白皮书,从 5 个方面探讨 MOOC 将给大学图书馆带来的法律问题:①MOOC 课程中引用的资料是否符合"合理使用"原则;②课外阅读材料的版权界定问题;③MOOC 课程本身的版权归属问题;④数字千年版权法案相关条款的适用性问题;⑤残障学生的课程可获得性问题。ARL 认为合理使用依然是图书馆及读者的核心权力,必须充分利用;学术图书馆必须支持并扩展开放获取政策;确保 MOOC 中素材的获取途径直接嵌入内容之中[2]。

Wu Kerry 建议图书馆主要可以从 3 个方面参与 MOOC:①版权清理和寻找免费资源;②课程制作;③版权政策的推进。他认为,在这些角色中,版权清理是图书馆在 MOOC 中扮演的最重要的角色[3]。H. Gore 认为,MOOC 将会面临复杂的版权问题,大学图书馆必须对以下问题有所考虑:MOOC 课程本身及课堂资料的版权归属问题;课程学习者创造的资料的版权归属问题;MOOC 中引用材料的版权申请问题[4]。G. Creed-Dikeogu 等认为,虽然大学图书馆拥有丰富的版权知识及版权处理经验,但是如何处理 MOOC 中的版权问题却是一个全新的挑战。对于合理使用原则,图书馆必须谨慎对待。他建议图书馆对 MOOC 中的每一个引用资料进行合法性及合理性审查,确保没有违反许可协议或触犯版权法律[5]。C. Kendrick 等认为:MOOC 时代,大学图书馆应该对现有的版权归属政策进行思考,并推动适合 MOOC 的版权政策的改进[6]。

国内图书馆界对于 MOOC 的研究尚处于起步阶段,2014 年第 2 期的《中国图书馆学报》上,秦鸿探讨了 MOOC 中图书馆应该扮演的系列角色,其中,版权顾问排在首位。他认为这是图书馆参与 MOOC 最有效、最积极的方式[1]。

2 杜克大学图书馆的 MOOC 版权支持服务

杜克大学于 2012 年开始参与 MOOC 课程制作,图书馆反应迅速,率先开展针对 MOOC 的版权支持服务,内容丰富,手段多样,建立了一套完整的版权服务支持体系,并且将其纳入日常工作的范畴,由专人来负责,为本校师生参与 MOOC 提供强而有力的版权支持。在 OCLC 的专题会议上,作为典型案例的杜克大学图书馆介绍了版权服务的经验,受到同行的广泛关注,并在相关论文中被频繁引用。

2.1 版权服务的背景及准备工作

杜克大学于 2012 年春天加入 Coursera 平台,制作和发布相关的 MOOC 课程。在这一过程中,教师们发现在课堂中习惯引用的各种资料,在 MOOC 中却受到种种限制。Coursera 平台，对于第三方版权资料的引用也有着十分严格的规定，若违反这些规定，课程将面临被 Coursera 卸载的风险[7]。这些规定严重打击了教师在制作课程时引用第三方资源的积极性。为了排除版权带来的困扰，杜克大学的版权与学术交流办公室（Office of Copyright and Scholarly Communication，OCSC）开始尝试探讨如何为在校师生提供 MOOC 环境下的版权支持服务。

OCSC 隶属于学校图书馆，并由馆员凯文·史密斯（K. Smith）担任主管，长期以来为学校师生提供版权咨询及学术交流服务[8]。经过多年的工作积累，该办公室具有丰富的版权处理经验。另外，由于 MOOC 涉及到十分复杂的版权问题，版权服务的工作量十分惊人，OCLC 的相关报告曾指出，平均用于一门慕课版权清理的工作时间为 380 小时[9]。预计到这项工作将给图书馆带来巨大的工作负担，2012 年 7 月，学校的教务长办公室出资，为图书馆聘请了一位实习生，每周工作 15 小时，辅助 OCSC 处理相关版权事宜。这名实习生已经获得北卡罗莱纳州立中央大学的图书馆学硕士学位，并且在校期间研修过知识产权的相关课程[10]。

2.2 杜克大学图书馆版权服务的内容

杜克大学图书馆根据 MOOC 可能涉及的版权问题，提供 3 个方面的版权支持服务，分别为："合理使用"的指导及咨询服务；与出版商及作者协商，获得版权许可；寻找可替代的开放获取资源[10]。

2.2.1 "合理使用"的指导与咨询服务　合理使用是适用于传统教学的一项重要的著作权例外。MOOC 环境中，合理使用的原则依然适用，但是相对于课堂教学，其使用将受到诸多限制。与此同时，MOOC 课程虽然从本质上来说是免费提供的（如教学视频），但是其中的一些增值服务，如与身份认证、考试、授予结业证书有关的课件内容等，都是采取有偿服务的形式。例如，Cousera 平台上的"签名踪迹"属于收费项目[11]。盈利的 MOOC 模式中，"合理使用"原则应该如何界定？如何在复杂的 MOOC 版权环境中，充分享受"合理使用"豁免权带来的便利，又有效规避相关的法律风险？这成为 MOOC 参与者们最为关心的问题之一。

每一门 MOOC 课程中，创作者都会引用数量庞大的教学素材，如教材目录、图表、图片、录像片段等，用来充实课程内容。图书馆不可能逐一去检视这些材料。为了提高工作效率，杜克大学图书馆制定了一个规范性的指导文件——"版权指南"，帮助教师判断"合理使用"的范畴[12]。

"版权指南"于2012年8月发布,10月进行了更新。指南制定的目的是为了帮助大家在充满不确定性的MOOC环境中,合理使用受版权保护的材料。指南中关于"合理使用"的界定尽可能清晰,以帮助教师作出准确的判断。然而,为了避免不必要的版权纠纷,指南建议,对于教学内容可有可无的第三方版权材料,应尽量予以删除。在细则中,版权指南对文本、图像、音乐、录音、视频等不同的资源类型界定了"合理使用"的范畴,并明确标出引用时的注意事项。这个指南发布之后产生了重大影响,一方面,该指南成为杜克大学师生在参与MOOC时的版权参考依据;另一方面,其他大学图书馆也纷纷效仿,制定版权问题的指导性文件。

2.2.2 辅助查找可替代的开放获取资源 对于MOOC课程中引用的受版权限制的资源,杜克大学图书馆建议使用并帮助查找可替代的开放获取资源,包括开放获取的期刊、机构库、参与CC协议的多媒体资源等。图书馆对常用的OA资源进行系统清理,按照学科、资源类型等方式进行分类汇总。同时,鼓励教师将自己的学术成果上传到杜克大学的开放获取仓库——杜克空间,从而使参与课程的学生方便获取[13]。通过对开放获取资源的宣传及推广,图书馆发现教师版权申请的服务需求大大减少。

与此同时,一些MOOC开发商开始寻求与出版商合作以获得授权,在平台上提供免费使用的资源,借以提高平台的竞争力。2013年5月,Coursera宣布与Chegg合作,圣智学习出版公司、麦克米兰高等教育出版社、牛津大学出版社、SAGE、WILEY等5家出版机构通过Chegg的数字版权管理(Digital Rights Management,DRM)阅读器提供电子教材。教师在课程制作期间,可以免费引用这些教材,而学生在课程开放期间可以免费阅读。课程结束后,学生可以通过出版社购买该电子教材的完整版本或通过Coursera购买精简版本[14]。这部分资源已经获得出版社授权,因此使用时无需考虑版权问题和费用问题,图书馆将其作为开放获取资源的重要补充,引导教师予以充分利用。

2.2.3 版权许可申请 对于课程中必须要用到的第三方版权资料,杜克大学图书馆提供版权许可的申请服务。教师向图书馆提交版权申请,然后由图书馆与版权所有者进行沟通和协商,争取获得授权。教师在申请中必须回答以下问题:①课程中引用这个素材的目的?运用于什么课程?是否加以修改或进行评论?②是否是素材的作者本人?③是否愿意添加一个购买信息的链接?④这些素材是否会嵌入到教学视频中?⑤这些素材学生是否可以下载?⑥是否愿意以超链接的方式引用素材?通过回答这些问题帮助版权所有者判断是否予以授权。同时，为了使申请过程更为快捷，申请人必须提供资料的详细信息，包括题名、作者、日期、URL、页码、视频的时间码等。

版权申请服务刚开始运行时，图书馆没有设定严格的时间期限，后来进行了修正，增加了相关内容。图书馆要求教师必须在课程上线的 10 周前提交申请，以保证工作人员有足够的时间进行处理。如果在课程上线前的 6 周，申请依然没有得到回复，图书馆将建议教师寻找其他替代资源。

从 2012 年 8 月到 2013 年 5 月的 10 个月期间，杜克大学图书馆总共收到 172 条版权申请，其中，教师提交了 52 条，OCSC 的助理人员提交了 120 条。在这些申请中，有 86 条得到了免费许可，34 条为有偿许可，7 条申请被直接拒绝，其余申请没有收到回复。图书馆的工作人员表示，虽然申请的过程十分曲折，遭到拒绝或不回复的情况也让人十分沮丧，但是，申请的成功率以及给教师带来的便利，让他们觉得这项工作付出的时间和精力是值得的[10]。

2.3 对版权服务效果的测评

为了评估服务效果及改进后续服务，2013 年 5 月，图书馆向 15 位教师发放了调查问卷，10 位教师予以反馈。参与调查的大部分教师表示，版权障碍严重影响了 MOOC 课程的质量及进程，图书馆提供的 3 项版权服务令人满意并且很有价值。同时，调查结果也揭露了版权服务中的一些问题。首先，8 位教师反映版权申请中的时间延误问题十分关键，由于处理和反馈不及时，申请被拒绝时，往往导致他们措手不及，没有时间寻找新的替代材料。其次，申请被拒绝的情况时有发生，导致他们不得不改变原有的教学计划。4 位教师表示，由于版权的问题，他们对原始课程计划进行了重大修改，还有 4 位教师表示其对课程做出了细小的修改。个别教师认为，在版权申请服务上，图书馆没有充分代表他们的利益以争取最大权益[10]。

针对调查结果反馈的问题，杜克大学图书馆对相关服务流程进行了改进。首先，对版权申请服务设定更为严格和清晰的时间表，版权申请的流程遵循时间表的安排，并及时反馈处理结果。其次，加强版权申请过程中与老师的互动沟通，而不仅仅是通知处理结果。工作人员将版权申请的最新进展及时向教师通报，并根据时间表给出相关的处理建议。

3 杜克大学图书馆版权服务的启示

3.1 以版权指导、版权教育为主

MOOC 涉及的版权服务工作，性质十分复杂、工作量十分庞大，杜克大

学图书馆由于人员、时间等方面的限制，并没有参与某一门具体MOOC课程的版权清理工作，而是以整体的版权指导、版权教育工作为主，辅以具体的版权咨询、版权许可服务。这种模式让图书馆将精力聚焦在核心问题的解决上（包括宏观指导、整体把关等），而不是琐碎的版权清理工作，值得我们思考和借鉴。国外许多图书馆在刚刚开始提供版权服务时，参与具体的版权清理工作，费时费力，效果并不明显。而且由于在一门课程上花费的时间与精力过于集中，导致服务的覆盖面太小，无法形成规模效应。以斯坦福大学图书馆、宾夕法尼亚大学图书馆为代表的一些馆认识到了这一问题，纷纷学习杜克大学图书馆的"版权指导、版权教育"为主的服务模式，通过版权指南的制定、版权政策的培训等方式，开展版权服务工作。例如，宾夕法尼亚大学图书馆以杜克大学的"版权指南"为模板，在其网站上发布了关于"MOOC中的常见版权问题"的相关文件，供本校师生参考[15]。斯坦福大学图书馆高度重视师生的版权教育工作，并积极探讨适合MOOC的教育手段和教育方法。同时，图书馆在其主页上发布的2013与2014年度的版权提示中，明确指出了MOOC中的版权注意事项[16]。

3.2 对开放获取资源的积极利用与推广

杜克大学的许多教师表示，MOOC改变了他们对于开放获取的态度及看法，特别是遇到版权障碍的时候，对开放获取资料的需求更为迫切。我们相信，不仅仅是杜克大学，所有MOOC运动的参与者，都会越来越清楚地认识到开放获取资源的重要性。因此，图书馆应以MOOC为契机，促进开放获取资源的利用及推广。更为重要的是，通过观念的转变，鼓励更多的教师将自己的学术成果向公众开放，从而创造一个更加开放的学术及教学环境。

3.3 推进适合MOOC特色的版权政策的制定和发展

版权政策与图书馆息息相关，而长久以来，图书馆在这一领域却鲜有"话语权"。MOOC的发展壮大会促使教育界、出版界、图书馆界等各个领域的人们对现有版权政策的适用性进行重新思考，改革成为必然。MOOC环境中，图书馆以版权处理专家及咨询专家的身份出现，丰富的版权服务经验也可使他们在版权政策的制定和改进方面提出更多的合理建议。

参考文献：

[1] 秦鸿. MOOCs的兴起及图书馆的角色[J]. 中国图书馆学报, 2014, (2): 19-26.
[2] Butler B. Massive open online courses: Legal and policy lssues for research libraries[EB/

OL]. [2014-02-15]. http://www.arl.org/storage/documents/publications/issuebrief-mooc-22oct12.pdf.

[3] Wu Kerry. Academic libraries in the age of MOOCs[J]. Reference Services Review,2013,41(3):576-587.

[4] Gore H. Massive open online courses (MOOCs) and their impact on academic library services: Exploring the issues and challenges[J]. New Review of Academic Librarianship,2014,20(1):4-28.

[5] Creed-Dikeogu G, Clark C. Are You MOOC-ing Yet? A review for academic libraries[J]. College and University Libraries Section(CULS) Proceedings Proceedings,2013,(3):9-13.

[6] Kendrick C, Gashurov I. Libraries in the time of MOOCs [EB/OL]. [2014-01-17]. http://www.aserl.org/wp-content/uploads/2013/11/EDUCAUSEreview-online_MOOCs_Overview.docx.

[7] Terms of use [EB/OL]. [2013-11-15]. https://www.coursera.org/about/terms.

[8] Office of Copyright and Scholarly Communications[EB/OL]. [2013-12-07]. http://library.duke.edu/about/depts/scholcomm.

[9] Proffitt M. MOOCs and libraries, an overview of the current landscape[EB/OL]. [2013-03-18]. http://www.oclc.org/content/dam/research/presentations/proffitt/moocs 2013. pptx.).

[10] Fowler L, Smith K. Drawing the blueprint as we build: Setting up a library-based copyright and permissions service for MOOCs[J]. D-Lib Magazine,2013,19(7):7-8.

[11] 网易公开课常见问题[EB/OL]. [2013-11-15]. http://c.open.163.com/coursera/faq.htm#/cfaq/faq?s=7.

[12] Guidelines for using copyrighted material in Coursera MOOCs[EB/OL]. [2014-02-13]. http://www.dlib.org/dlib/july13/fowler/07fowler.html.

[13] Duke Space[EB/OL]. [2014-01-15]. http://dukespace.lib.duke.edu/dspace/.

[14] Gore H. Massive Open Online Courses (MOOCs) and their impact on academic library services: Exploring the issues and challenges[J]. New Review of Academic Librarianship,2014,20(1):4-28.

[15] General copyright issues for Coursera/MOOC courses[EB/OL]. [2014-01-15]. http://guides.library.upenn.edu/content.php?pid=244413&sid=3375306).

[16] Copyright reminder[EB/OL]. [2013-11-20]. https://library.stanford.edu/using/copyright-reminder/previous-copyright-reminders.

作者简介

张丹，湖南师范大学图书馆馆员，硕士；

龚晓林，湖南师范大学图书馆副馆长，副研究馆员。

高校图书馆开展慕课服务的现状与对策*

1 引言

叶艳鸣等认为,慕课是撬动图书馆新变革的支点[1]。慕课是中国学者焦建利为 MOOC(massive open online course,简称 MOOC)取的中文名字,指的是大规模开放在线课程。随着慕课在欧美国家的兴起及广泛发展,我国教育界也逐渐重视慕课,清华大学、北京大学等著名高校已经率先开设了慕课。国外高校图书馆主要通过 5 种方式积极开展慕课服务,即版权咨询服务、信息素养培训服务、多媒体制作指导服务、提供学习场所、提供课程内容[2]。当前,我国国家层面、高校层面对慕课的重视,以及高校学生对慕课的学习热情都为高校图书馆开展慕课服务提供了很好的契机。2015 年 4 月,教育部出台了《关于加强高等学校在线开放课程建设应用与管理的意见》[3],鼓励高校"以大学生文化素质教育课、受众面广、量大的公共课和专业核心课程为重点,通过在线学习、在线学习与课堂教学相结合等多种方式应用在线开放课程。"同时,北京大学、清华大学、上海交通大学等多所高校自主建设了慕课平台;福州大学、广西师范大学都通过设立慕课建设项目鼓励教师建设慕课;南京、北京等地的高校学生都表现出了较高的慕课学习积极性。

我国高校图书馆界非常注重慕课服务方面的研究,从不同角度探讨高校图书馆的慕课服务。2015 年 12 月 24 日,笔者通过以主题词包含"高校图书馆"且包含"慕课"或"MOOC"的检索条件检索 CNKI 数据库,得到检索结果 167 条,其中 2014 年 31 条、2015 年 136 条。在这些研究中,游祎提出,图书馆员应从学习慕课、与教师沟通、参与慕课有关讨论等方面积极参与慕课,并注重与教师及学校其他部门的合作[4];黎梅等提出了 MOOC 背景下高校图书馆在倡导推广开发慕课、提供慕课版权服务、建设慕课信息共享空间、

---

* 本文系 2015 年河北省高等教育学会高等教育科学研究课题一般课题"基于慕课学习的高校图书馆信息服务的策略研究"(项目编号:GJXH2015-10)和教育部人文社会科学研究青年基金项目"新业态环境下高校图书馆专业馆员职业能力研究"(项目编号:15YJC870020)研究成果之一。

开设信息素养课程、加强慕课队伍建设等方面的应对策略[5]；陆波指出，MOOC环境下高校图书馆可以在开展信息素养培训、课程支持、推广咨询等方面创新服务[6]。王红英认为，高校图书馆应为MOOC学习者提供物理环境或参与学习者的物理空间、组织整合慕课资源、开发课程研究指南[7]。据《高等学校图书馆规程》2015年修订稿，高校图书馆是为人才培养和科学研究服务的学术性机构，主要职能是教育职能和信息服务职能。从我国高校图书馆慕课服务实践来看，东北师范大学图书馆于2014年春季在净月校区区进行了MOOC服务试点，开展了慕课宣传、定期开放培训室为读者提供学习硬件设备等服务[8]。为了全面了解高校图书馆慕课服务的实践现状，本文采用调查研究法，对我国高校图书馆的慕课服务进行研究。

2 高校图书馆开展慕课服务现状

2.1 调查基本情况说明

本文采取网站调查的方式，一是通过访问高校图书馆网站的方式获得高校图书馆慕课服务基本情况。本文以教育部2015年公布的普通高校名单中794所公立办学的本科高校为调查对象[9]，逐一访问794所高校图书馆网站，通过图书馆主页的资源、服务项目、通知公告、新闻等栏目获得相关服务信息；二是通过访问国内主要的慕课平台，获得高校图书馆制作开设慕课的情况；调查的慕课平台主要有：超星慕课、好大学在线、华文慕课、中国大学MOOC、MOOC中国、北大慕课、学堂在线、MOOC学院、慕课网等。调查时间：2015年9月10日至12月2日。

2.2 调查结果

在794所高校图书馆中，有73所图书馆网站无法访问，通过访问721所图书馆网站，共获得70所高校图书馆开展慕课服务的相关信息。其中，初景利先生为中国科学院大学研究生导师，其"图书馆发展战略与趋势"慕课计入中国科学院大学图书馆；中国科学技术大学罗昭锋先生为该校图书馆高级顾问，其"文献管理与信息分析"慕课计入中国科学技术大学图书馆。具体服务内容如表1所示：

表1 高校图书馆慕课服务基本情况

服务内容	图书馆数量（所）	代表性图书馆
制作开设慕课	9	中国科学院大学图书馆、清华大学图书馆
助力学生慕课学习	5	哈尔滨工程大学图书馆、东北师范大学图书馆
宣传推广慕课	12	电子科技大学图书馆、西安科技大学图书馆
建立慕课服务平台	2	深圳大学图书馆、嘉兴学院图书馆
提供慕课资源推介	43	上海海事大学图书馆、南京林业大学图书馆

注：中国科学技术大学图书馆的服务包括制作开设慕课、助力学生慕课学习，所以在上表中分别统计

2.3 高校图书馆慕课服务内容

2.3.1 制作开设慕课 在慕课备受青睐的时代，也有高校图书馆制作开设了慕课（见表2）。高校图书馆开设慕课可以从两方面促进慕课服务工作：一是促使授课的馆员学习慕课相关知识；二是为读者提供了解慕课、体验慕课学习的机会。

表2 高校图书馆开设慕课情况

图书馆	慕课名称	面向对象	依托平台
中国科学院大学图书馆	图书馆发展战略与趋势[10]	无特殊说明	超星慕课
清华大学图书馆	信息素养——学术研究的必修课[11]	无特殊说明	学堂在线
清华大学图书馆*	大学历史与文化[11]	无特殊说明	学堂在线
中国科学技术大学图书馆	文献管理与信息分析[12]	无特殊说明	中国大学MOOC
武汉大学图书馆	研究生学术道德与学术规范[13]	该校研究生	超星慕课
辽宁大学图书馆	图书馆资源与服务导论[14]	该校学生	超星慕课
石河子大学图书馆	文献信息检索[15]	该校学生	不详

续表

图书馆	慕课名称	面向对象	依托平台
华中师范大学图书馆	图书馆的魅力——图书馆文化建设的支柱[10]	无特殊说明	超星慕课
北京大学图书馆*	论文写作与检索[16]	无特殊说明	MOOC中国
重庆大学图书馆	科技文献检索与利用[17]	正在建设中	

注：图书馆名称后带*号的为图书馆馆员是该慕课的授课教师之一

2.3.2 助力学生慕课学习　慕课学习是一种全新的学习方式，帮助学生顺利学习慕课，也成为高校图书馆慕课服务的一项重要内容。哈尔滨工程大学图书馆于2015年9月成立了慕课学习小组，一位馆员担任小组的指导教师，该小组包括该校5个院系的13名同学。学习小组通过挖掘全球最顶尖高校的最优质的网络课程、线上自主学习、线下共同研讨等方式，逐步让好的课程惠及更多同学[18]。中国科学技术大学图书馆于2015年11~12月，面向学生开展了"MOOC校园大使"招募活动，由其承担传播MOOC学习理念、以学习小组的形式进行MOOC学习分享交流、参与平台的课程推广和运营等服务工作。此举由安徽省高校数字图书馆发起，旨在推动安徽省网络课程的建设与学习[19]。

2.3.3 宣传推广慕课　为了让更多的学生了解慕课，一些高校图书馆开展了慕课宣传推广活动。2014年11月，电子科技大学图书馆邀请"慕课学社"作了题为"MOOC来了"的讲座，主要介绍了MOOC的含义及其与线下课程的区别，以及国内外运营良好的MOOC平台，"慕课学社"的成员还向读者分享了自己的学习感悟[20]。西安科技大学图书馆于2015年5月开展了题为"MOOC（慕课）来啦！"的讲座，对MOOC（慕课）这种新型学习方式进行了介绍和推广，主要包括MOOC学习的方法和特点，并对一些国内外知名的MOOC平台进行了介绍和比较[21]。三峡大学图书馆、哈尔滨工程大学图书馆、南通大学图书馆等也都开展了MOOC讲座。

2.3.4 建立慕课服务平台　高校图书馆建立慕课服务平台，能够为慕课学习者提供内容更加丰富的慕课服务。深圳大学图书馆建立了"优课联盟MOOC资讯"平台，该平台设有行业观察、平台、课程、管理、高校、人物、联盟、会议、图书馆与MOOC、出版物等栏目[22]。嘉兴学院图书馆建立了

"嘉兴学院在线学习中心"平台,该平台现有网络视频课程资源近900门,其中有多门慕课风格的课程资源,每门慕课都有详细的课程章节内容介绍,方便师生了解学习[23]。

2.3.5 推介慕课资源 目前,国内外慕课平台较多,一些高校图书馆将国内外慕课平台推介给读者,方便用户了解慕课资源。高校图书馆采用的慕课资源揭示方式主要有3种:一是以"慕课"字样揭示,二是以"开放课程或在线课程"字样揭示,三是以"免费资源或免费网络资源"揭示。各高校图书馆介绍的慕课资源的数量也不尽相同。比如,上海海事大学图书馆在其主页的"资源"栏目设置了"MOOC(慕课)资源"一栏,对慕课进行了简单介绍,并分别列出9个国内慕课平台、7个国外慕课平台[24]。兰州大学图书馆在其主页的"资源"栏目设置了"在线课程"一栏,按国别列出了中国、美国、英国、日本等国家的网络公开课和MOOC资源[25]。南京林业大学图书馆在其主页的"资源"栏目设置了"免费资源"一栏,列出了学堂在线、华文慕课、好大学在线、耶鲁大学开放课（Coursera平台）等国内外慕课平台[26]。其中,Coursera平台聚集了来自28个国家的140个合作伙伴的MOOC,共有1 576门课程；MOOC学院是中文互联网领域内最大的MOOC学习讨论社区,是Coursera的全球翻译合作伙伴,此外,edX、Udacity、FutureLearn、iversity、清华大学"学堂在线"、台湾大学MOOC项目组、复旦大学等教育组织,都和MOOC学院建立了长期合作。

2.4 慕课服务存在的问题

从调查情况来看,我国高校图书馆的慕课服务还存在以下问题:①慕课服务意识还不够。我国仅70所本科高校图书馆开展了慕课服务,仅占网站可以正常访问的721所高校的9.71%,这在一定程度上反映了高校图书馆的慕课服务意识还不够。另外,在慕课资源推介方面,有16所高校图书馆是通过提供"爱课程"网站的链接间接推介慕课,虽然该网站上有"中国大学MOOC",但是仅见个别高校图书馆对此进行了说明；显然,多数图书馆都不是专门推介慕课,这也体现了一些高校图书馆慕课服务意识还不够。②高校图书馆的服务尚未跟上学校慕课建设的步伐。我国一些高校早在2013年就开始了慕课建设,然而,很多着手慕课建设较早的高校的图书馆也未见开展慕课服务。③慕课服务还不够深入。目前,开展了慕课服务的高校图书馆,多数也只是开展讲座、资源推介等简单的服务,这些服务仅是为用户介绍了一种课程形式,服务还不够深入。④推广本馆制作的慕课的工作不到位。在制作开设慕课的高校图书馆中，仅有2所图书馆在主页提供了开课说明或课程链接，其他图书馆仅是将慕课置于慕课平台，而未见在其本馆主页进行任何推广。⑤高校图书馆员的慕课素养有待提高。开展慕课服务的高校图书馆数量较少、高校图书馆的服务尚未跟上学校慕课建设的步伐、慕课服务还不够深入等方面的问题，归根结底是体现了馆员的慕课素养尚有待提高。

3 高校图书馆慕课服务策略

3.1 提高馆员的慕课素养

馆员是高校图书馆服务的主体，馆员的职业能力影响着图书馆服务质量。高校图书馆开展慕课服务，首要任务是提高馆员的慕课素养。首先，高校图书馆应为馆员提供参加慕课培训或研讨会的机会，使馆员能够对慕课有全面的理解。比如，高校图书馆可以派馆员参加全国高校教师网络培训中心组织的慕课培训[27]，以及各高校开展的面向本校教师的慕课讲座或培训等。其次，高校图书馆应鼓励精通计算机应用知识的馆员自学慕课制作知识，为高校图书馆服务本校教师慕课制作工作做好准备。再次，鼓励馆员参加慕课学习。馆员服务能力的提高离不开持续的学习，鼓励馆员学习慕课，尤其是信息素养方面的慕课，不仅能丰富馆员的专业知识，还可以让馆员全程了解慕课教学，有助于其开展慕课相关的服务。比如，可以参加武汉大学黄如花教授主讲的《信息检索》慕课[28]。最后，高校图书馆可以组织馆员开展慕课方面的研讨会，通过研讨让馆员对慕课的了解更加深入，提高图书馆员整体的慕课素养。

3.2 加强与校内其他部门的联系

高校图书馆是学校的教学辅助部门，通常是由教务处负责慕课建设的规划、实施，再由院系教师录制慕课。因此，高校图书馆要卓有成效地开展慕课服务，加强与校内其他部门的联系。首先，高校图书馆应加强与负责慕课统筹规划部门的联系，从而更好地了解学校对于慕课的基本政策，比如学校对于慕课建设的支持政策，对于学生选修校内外慕课的学习要求、学分认定的政策等。了解了这些政策，高校图书馆就容易把握服务的方向及力度，也有助于在日常工作中为读者解答学校慕课建设及教学方面的问题。其次，高校图书馆应加强与慕课建设部门的联系，从而了解学校慕课建设的进展，并借此与开设慕课的教师取得联系，为开设慕课的教师提供课程相关的文献资源，以帮助其组织课程内容；还可以为教师提供录制慕课的辅助人员、空间及设备,帮助教师完成慕课制作。

3.3 开展读者慕课认知与学习调查

高校图书馆开展慕课服务要有针对性,这就需要高校图书馆开展读者调查工作,比如,调查本校读者对慕课的认知、需求、学习现状等基本情况,从而了解读者在慕课认知方面存在的问题,以及影响读者学习慕课的因素,进而根据调查分析结果有针对性地开展服务,使慕课服务能够循序渐进、由浅入深。首先,高校图书馆应采取问卷调查、访谈等多种调查方式进行调查,以确保调查结果的真实性。其次,高校图书馆应对较广泛的读者群体进行调查,即对不同学科专业的学生进行调查,以确保调查对象的覆盖面。再次,高校图书馆应及时对调查情况进行分析总结,尤其要重视读者反映的在慕课学习过程中遇到的问题及希望获得的帮助,还应对慕课学习者进行记录,以便进一步开展服务。

3.4 根据读者的特点开展服务

慕课作为一种新的课程形式,读者对慕课的接受程度会有所不同,因此,高校图书馆应根据读者的特点开展服务。首先,对于了解慕课甚少的读者,高校图书馆应加强对其的宣传推广工作。比如,高校图书馆可以印制一些介绍慕课的书签放置在图书馆阅览室,使读者在不经意间了解慕课;可以适当开办介绍慕课的讲座,使读者对慕课学习有基本的了解。其次,对于已经参加校内慕课或校外慕课学习的读者,高校图书馆应针对读者所学习的慕课,为其推介与课程相关的文献资源,将这些资源作为读者学习慕课的必要补充;高校图书馆还可以组织本校读者成立慕课学习小组,为选择同一门慕课的读者,尤其是选择校外同一门慕课的读者,提供讨论交流的空间,帮助其顺利地完成课程学习。

3.5 建立慕课服务专栏

高校图书馆应在图书馆网站建立慕课服务专栏,使其成为服务读者的重要渠道。首先,高校图书馆可以在主页的"课程服务"或"资源"栏目下,添加慕课专栏;在设立慕课专栏初期,为了吸引读者关注慕课,高校图书馆可以在图书馆主页设置"你了解慕课吗?"之类的滚动条。其次,在慕课专栏内容设置方面,应包括图书馆开展的慕课服务的介绍、慕课讲座通知、慕课服务总结等内容,使读者了解图书馆的慕课服务;应包括慕课的简单介绍、本校开设的慕课,便于读者熟悉慕课;可以对目前众多的中外文慕课平台上的慕课进行分类整理，为读者提供与本校专业相关的慕课的链接，比如，高校图书馆可以根据学校学科设置，先整理出3~5个学科相关的慕课，将其按学科列在慕课专栏，超星慕课网站就是按照学科类别对课程进行了分类[10]。

3.6 着力开设慕课

在慕课快速发展的时代，高校图书馆应着力开设慕课。首先，在授课教师选择方面，高校图书馆应选择馆内具有丰富授课经验的馆员。可以由一名馆员主讲，也可以由多名馆员分章节共同讲授一门课程；高校图书馆还可以鼓励馆员与校内教师共同合作开设慕课，将信息素养课程融入教师的专业慕课。其次，在课程内容方面，高校图书馆可以开设专门面向本校读者的关于文献获取及利用方面的课程和面向馆员服务能力提升方面的课程和面向比较广泛的群体的以推介图书馆为主题的课程，比如关于图书馆发展、图书馆文化方面的课程。再次，在慕课发布方面，高校图书馆应事先与慕课平台商沟通好，顺利发布慕课，并能够实现与本馆资源的对接。最后，高校图书馆开设面向校内读者的慕课，应做好学生学习、考试、学分认定等方面的准备工作，确保学生具有良好的学习环境，保证学生顺利完成学习，让学生了解考试方式以及学分认定方面的规定，使学生在清楚学习要求的前提下进行学习。

4 结语

慕课作为未来教育形态下的新型学习方式，实现了学历教育向知识结构和能力培养的转变，对图书馆提出了不同于传统教育的全新服务要求。学习在哪里，图书馆就该出现在哪里，这是全球图书馆人共同的职业信念[1]。互联网已成为学习、教育和研究的"场所"，而不仅仅是一种"媒介"，高校的学术环境发生了变化，慕课成为学生研究和学习的新型资源，网络公开课、MOOC、微课和在线学习讨论区等教育技术更受重视，网络课程、虚拟实验、开放数据或关联数据等信息学习资源得以不断完善，自主学习、学习过程的重组、跨越时空和学科界限的开放式学习、小组协同合作学习等学习方式更受青睐[29]。"十三五"时期是我国全面建成小康社会的关键时期，也是我国基本实现教育现代化的决定性阶段，高校图书馆是学校的文献信息资源中心，是为人才培养和科学研究服务的学术性机构，面对新的发展形势和要求，高校图书馆慕课服务将大有可为、大有作为。面对目前我国高校图书馆慕课研究多、服务实践少的现状，期待我国高校图书馆能从我国实际出发，开展切实有效的服务工作。

参考文献：

[1] 叶艳鸣. 慕课,撬动图书馆新变革的支点[J]. 国家图书馆学刊,2014,(2):3-9.

[2] 秦鸿. MOOCs 的兴起及图书馆的角色[J]. 中国图书馆学报,2014,(2):19-26.

[3] 教育部. 教育部关于加强高等学校在线开放课程建设应用与管理的意见[EB/OL]. [2015-09-26]. http://www.gov.cn/xinwen/2015-04/28/content_2854088.htm.

[4] 游祎. "MOOC"环境下高校图书馆服务创新研究[J]. 图书馆杂志,2014,(6):61-65.

[5] 黎梅,郭广军,谢丽珍. MOOC 背景下的高校图书馆应对策略研究[J]. 图书馆,2015,(9):99-102,106.

[6] 陆波. MOOC 环境下的图书馆角色定位与服务创新[J]. 图书与情报,2014,(2):123-126.

[7] 王红英. MOOC 环境下对高校图书馆信息服务工作的思考[J]. 图书馆工作与研究,2015,(2):32-35.

[8] 付希金,刘青华. 学科服务新探索——东北师范大学图书馆课程服务实践与思考[J]. 图书情报工作,2014,58(22):65-69,77.

[9] 教育部. 2015 年全国高等学校名单[EB/OL]. [2015-09-20]. http://www.moe.gov.cn/srcsite/A03/moe_634/201505/t20150521_189479.html.

[10] 超星慕课[EB/OL]. [2015-09-26]. http://mooc.chaoxing.com/.

[11] 学堂在线[EB/OL]. [2015-11-27]. http://www.xuetangx.com/courses/search?query=%E5%9B%BE%E4%B9%A6%E9%A6%86.

[12] 中国大学 MOOC[EB/OL]. [2015-11-27]. http://www.icourse163.org/course/ustc-9002#/info.

[13] 武汉大学图书馆. 慕课[EB/OL]. [2015-09-26]. http://www.lib.whu.edu.cn/web/index.asp?menu=v&obj_id=775&r=47693.

[14] 辽宁大学图书馆. 图书馆资源与服务导论[EB/OL]. [2015-11-27]. http://library.lnu.edu.cn/.

[15] 张园. 文献检索课程慕课改革的初步研究——以石河子大学图书馆文献教研室为例[J]. 江苏科技信息,2015,(10):31-32.

[16] MOOC 中国. 论文写作与检索[EB/OL]. [2015-11-27]. http://www.mooc.cn/course/3669.html.

[17] 重庆大学图书馆. 图书馆召开研究生《科技文献检索与利用》慕课教案研讨会[EB/OL]. [2015-11-27]. http://lib.cqu.edu.cn/newversion/contentInfo.htm?order=look&id=31448205959784&topOncoId=3.

[18] 哈尔滨工程大学图书馆. 哈工程 MOOC 学习小组正式成立[EB/OL]. [2015-09-26]. http://lib.hrbeu.edu.cn/ggdt/tsgggao.asp?id=2122.

[19] 中国科学技术大学图书馆. 中国科学技术大学"MOOC 校园大使"招募通知[EB/OL]. [2015-11-27]. http://lib.ustc.edu.cn/category/%e6%9c%8d%e5%8a%a1%

e5%85%ac%e5%91%8a.

[20] 电子科技大学图书馆."读者小课堂系列讲座"之"MOOC 来了"成功举办[EB/OL]. [2015-09-26]. http://www.lib.uestc.edu.cn/ArticleContent.aspx?ID=1812.

[21] 西安科技大学图书馆."MOOC(慕课)来啦!"讲座成功举办[EB/OL].[2015-09-26]. http://lib.xust.edu.cn/info/5594/3779.htm.

[22] 深圳大学图书馆.优课联盟 MOOC 资讯[EB/OL].[2015-09-26]. http://mooc.lib.szu.edu.cn/.

[23] 嘉兴学院图书馆.嘉兴学院在线学习中心[EB/OL].[2015-09-26]. http://lib.zjxu.edu.cn/ReadNews.asp?NewsID=990.

[24] 上海海事大学图书馆.MOOC(慕课)[EB/OL].[2015-09-26]. http://www.library.shmtu.edu.cn/resource/mooc.php.

[25] 兰州大学图书馆.网络公开课和 MOOC 资源[EB/OL].[2015-11-27]. http://lib.lzu.edu.cn/zxkc/info-9524.shtml.

[26] 南京林业大学图书馆.华文慕课[EB/OL].[2015-09-26]. http://lib.njfu.edu.cn/html/388.html.

[27] 全国高校教师网络培训中心.MOOC 的设计与制作实战(高端研修班)[EB/OL]. [2015-09-26]. http://www.enetedu.com/index.php/Flippedclassroom/courseDetail?id=870&type=6.

[28] 中国大学 MOOC 信息检索[EB/OL].[2015-09-26]. http://www.icourse163.org/course/whu-29001#/info.

[29] 王晶晶,朱本军,肖珑.演变中的学术环境和图书馆资源建设新方向——第三届中美高校图书馆合作发展论坛综述[J].大学图书馆学报,2015,(5):5-11.

作者简介

鄂丽君:负责确定选题、研究思路、网络调查、论文撰写;

张雪红:负责网络调查、文献调研;

王启云:负责论文后期修改。

综 述 篇

国内外图书馆参与 MOOC 课程建设实践综述*

2012 年，美国一些顶尖大学陆续建立网络学习平台，在网上提供免费课程，为此，人们将 2012 年称为大型开放式网络课程之年，即 MOOC 元年。MOOC 是"大规模在线开放课程"（massive open online courses）的英文简称，它的到来给渴望知识的人打开了新的大门。任何一个会使用计算机的人都可以通过网络参与到高校名师的课程之中，只需注册一个账号，即可与全世界的人一起上课、讨论、交作业、考试等，如果达到要求，还可以拿到结课证书。正是 MOOC 的这种低门槛、高收获的特点吸引了越来越多国内外学生的注意。图书馆作为文化传播和教学支持机构，在 MOOC 最初进入视野之时，便开始考虑在这场新的教育革命中担当一定的角色。对于一般的图书馆来说，受人力或财力所限，独立建设 MOOC 平台并且主导开设 MOOC 课程的可行性比较低，图书馆作为教学辅助部门协助教师开展 MOOC 课程建设的参与方式成为一种主流。本文将在分析国内外图书馆在 MOOC 中的角色的总体研究情况基础上，集中对图书馆参与 MOOC 课程建设的实践情况进行讨论，并就此提出一些切实可行的建议，为图书馆开展 MOOC 服务提供参考借鉴。

1 MOOC 研究现状

国外对图书馆和 MOOC 的研究成果并不多，以"SU = librar* AND SU = MOOC"在 Web of Science 核心合集中进行检索仅发现 4 篇文献。而国内对于图书馆和 MOOC 的研究较多，且多以国内外图书馆推进 MOOC 课程的实践为基础进行分析，对国外图书馆的实践案例研究也十分丰富，故研究数据源定位为中文数据库。

笔者于 2016 年 6 月在中国知网期刊数据库中以"SU = 图书馆 AND SU = MOOC"为检索式进行检索，结合万方、维普等信息源进行文献补充，经过筛选，共获得 293 篇相关文献，其中 2014 年 44 篇，2015 年 164 篇，2016 年 1~

---

* 本文系中国科学院大学生创新实践训练计划项目"信息素质 MOOCs 教学设计及课程制作研究与实践"研究成果之一。

6月85篇。使用内容分析的方式逐篇分析文献中的实践案例,并结合网站调研的方式,争取全面梳理国内外图书馆开展 MOOC 实践的成果。

通过分析可以发现,国内外图书馆在推进 MOOC 的实践案例上呈现出多样性(见图1)。总体上来看,实践案例主要集中于主导开设 MOOC 课程、参与 MOOC 课程建设、开展 MOOC 素养教育、建设 MOOC 平台和开展翻转课堂5个方面。此外,也有文章提及长期保存、移动服务、图书馆员素养教育、MOOC 推介、构建 MOOC 小组、扩大服务范围、推行由 MOOC 演化而来的服务等其他方面的内容。

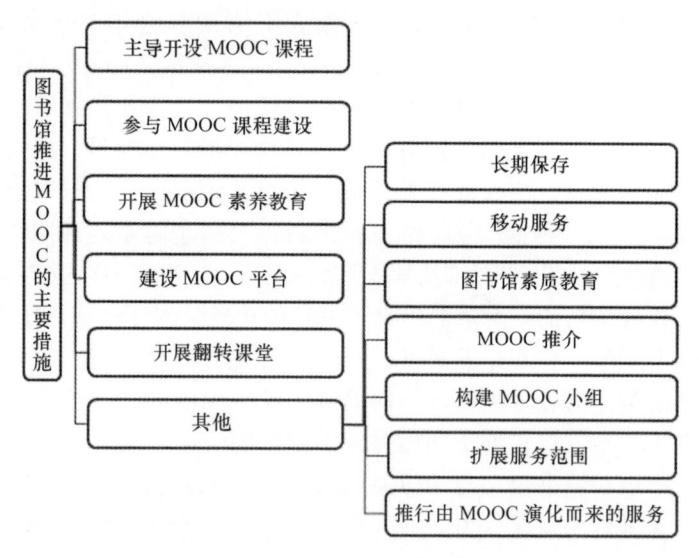

图1 图书馆推进 MOOC 的主要措施

分析发现,目前我国研究图书馆推进 MOOC 的研究成果较多,也出现了一些综述性文献来梳理研究现状,这些综述性文献呈现出两个特点:①针对开展 MOOC 服务的总体情况进行研究,如吕晓丽等[1]在梳理国内图书馆学界关于 MOOC 的研究时,发现研究成果主要集中于两个方面:一是 MOOC 的发展及其对图书馆的影响,二是 MOOC 环境下图书馆应对策略研究;罗博[2]在研究 MOOC 环境下高校图书馆的作用时,以研究人员的理论设想作为支撑,提出图书馆在 MOOC 运动中可以担当的角色包括资源向导、版权清理、信息素养教育、课程制作与管理、创新服务。②以理论策略研究为主,如汪静[3]对图书馆的 MOOC 研究进行梳理,将研究人员所提出的策略建议进行梳理,分为图书馆面临的机遇及采取的对策、信息素养教育、版权问题、图书馆业务、馆员 5 个方面。

上述两个特点说明当前的研究缺乏对各个策略的可行性思考，并非所有图书馆都能担当和实施研究中所涉及的所有角色定位，需要对具体单个角色定位进行系统研究，也需要具体的实践榜样作为参考。在文献调研中，笔者发现，图书馆参与 MOOC 课程建设的实践案例最为丰富多样，且对图书馆来说，参与 MOOC 课程建设的可行性较高，可以较快地适应推进 MOOC 的角色，故本文将聚焦于图书馆参与 MOOC 课程建设的具体角色，对现有的国内外实践情况进行系统梳理，以求为更多的图书馆融入 MOOC 提供参考。

2 国内外图书馆参与 MOOC 课程建设实践

图书馆参与 MOOC 课程建设主要是指在图书馆服务范围内的相关教师开展 MOOC 课程时，图书馆作为辅助部门，提供一些必要的帮助使得 MOOC 课程的建设或者进展更加顺利。从实践上来看，图书馆主要在物理空间、咨询服务、文献资源、版权保护、信息技术、数据反馈 6 个方面对 MOOC 课程建设提供支撑（见图 2）。其中物理空间、咨询服务是图书馆最容易实现的角色，称为简单服务，文献资源和版权保护是图书馆的职能体现，是当前图书馆界最重视的服务项目，称为核心服务，而信息技术和数据反馈仍在探索阶段，称为提升服务。图书馆需要在发展简单服务、核心服务之上，重点探索提升服务的服务框架和内容，以提升图书馆参与 MOOC 课程建设服务项目的深度和广度。

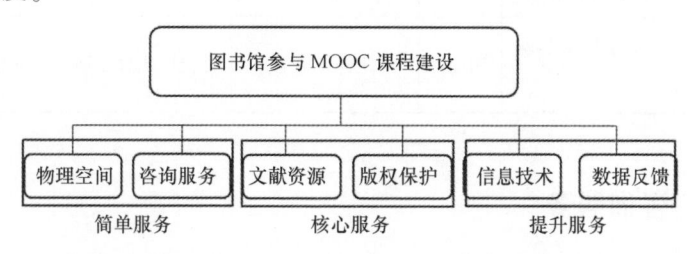

图 2　图书馆参与 MOOC 课程建设情况

2.1 物理空间

图书馆在物理空间方面参与 MOOC 课程建设的主要表现为：在图书馆内，为 MOOC 课程提供一个线下的实际空间。此空间包含学员学习 MOOC 课程所需的硬件设施，以及 MOOC 课程涉及的学习资料等信息资源。在此空间中，MOOC 课程学员可以学习课程，学员与教师间也可以根据课程内容进行线下的交流。图书馆提供线下的 MOOC 课程学习空间可以有效地提高学生学习 MOOC 课程的积极性以及完成率，教师与学生之间的交流也有助于教师及时调整课程计划，改善学生的学习效果。

目前国内外的部分图书馆已经提供此类空间，如湖南农业大学图书馆[4]提供了信息共享空间，纽约公共图书馆[5-6]为 MOOC 学院提供线下讨论场所，东北师范大学图书馆[7]为学员提供了学习 MOOC 课程的硬件设备等（见表1）。

物理空间的提供是图书馆参与 MOOC 课程建设最简单易行的方式，以上4 个案例都是使用物理空间为学生提供学习交流的场所，但是目前图书馆已提供的 MOOC 学习空间的功能比较单一，集成性不足，未能合理地对 MOOC 空间进行规划，会造成馆内空间资源的浪费。需要加强对物理空间使用的多样化研究，如利用馆内空间资源为教师提供 MOOC 课程录制空间，并为其提供录制设备等，还可以更直接地辅助教师进行 MOOC 课程建设。

表1　部分图书馆在物理空间方面参与 MOOC 课程情况

序号	机构	国别	空间名称	用途
1	湖南农业大学图书馆[4]	中国	信息共享空间	新型图书馆信息化社区
2	纽约公共图书馆[5-6]	美国	学习中心	为 MOOC 学习者提供讨论场所
3	东北师范大学图书馆[7]	中国	培训室	每周免费为读者提供学习硬件设备
4	浙江工贸职业技术学院图书馆[7]	中国	课程集聚地	建立学生合作学习 MOOC 的空间

2.2　咨询服务

咨询服务指图书馆运用除 MOOC 平台以外的其他网络方式，将 MOOC 课程学生聚集起来，进行信息咨询服务，以解决 MOOC 平台的非即时性、课件资源存储时间限制等问题。

MOOC 平台存在的一个问题是不能即时解决学生遇到的问题，也不能即时与学生沟通课程信息，学生只有在登录后才能获取。各个网络平台的快速发展，为向学生提供实时性信息服务提供了条件，而图书馆完全可以充当这个为学生管理交流平台的管理员角色，为学生提供 MOOC 平台的咨询服务，及时满足学生的信息需求。由表 2 可知，当前研究的主体是社交媒体的应用，主要原因是对于学生和图书馆来说，社交媒体是经常接触的平台，可以直接应用，不需要二次学习。在服务中，合理使用学生常用的平台将会使学生更愿意、更便捷地接受图书馆的服务。然而，在提供咨询服务时，MOOC课程的学生范围广泛，数量巨大，学习时间随意，而馆员的人员较少，办公时间与地点固定，如何能够及时满足广大学生针对于MOOC课程的各类信息需求，是图书馆急需解决的问题。

表2 图书馆为MOOC学习者提供服务情况

国家	机构	服务手段	服务
中国	清华大学图书馆	微博	发布课程最新消息，并通过圈子功能以及站外微信进行分享[8]
中国	厦门大学图书馆	学科服务	嵌入教学过程的学科服务[9]
美国	贝勒大学图书馆	Twitter	跟踪学生的课后学习，收集学生问题进行解答，随时向学生提供实用的信息资源和帮助[10]
美国	萨姆休思顿大学图书馆	Blackboard	创建"馆员虚拟办公室"，组织学科馆员、学生协管员，利用讨论板、博客、日志、WIKI等工具开展教学互动和解决实际教学过程中遇到的问题[11]
美国	哈佛大学图书馆	开放访问储存中心	MOOC教师可以将他们的课件和科研成果授权给该中心，使其成为MOOC学生获取学习资源的一个渠道[12]
美国	洛杉矶公共图书馆	在线教育公司	向用户免费提供成人职业高中的课程教育和毕业认证服务[13]

2.3 文献资源

图书馆在文献资源方面参与MOOC课程建设的主要表现为：将原有资源自建数据库为MOOC课程提供服务，或者与其他的组织合作，共同提供MOOC课程所需的参考资源等。

图书馆在文献资源方面提供服务的实践案例如表3所示。国家开放大学图书馆[14]的学科馆员创建适于MOOC的教学资源，表现之一即将教材教参

249

MOOC化，包括图书、学术论文、专题特色库、学术讲座、科研课题以及开放课程的MOOC化等；东华大学图书馆[15]、上海工艺美院[14]、教育部创业培训指导委员会[14]等同样将相关学科教材、论文等资源MOOC化；澳大利亚新英格兰大学图书馆[16]以及部分学术图书馆利用LibGuides软件协助MOOC课程的学生获取免费的在线资源；高等教育数字图书馆[17]（CALIS）引进国际优质数字化教学资源，开发网络学习课程，促进优质教育资源普及共享。

表3 图书馆在文献资源方面协助MOOC课程开展

机构	国家	文献资源提供方式
教育部创业培训指导委员会[14]	中国	现有资源MOOC化
国家开放大学图书馆[14]	中国	现有资源MOOC化
新英格兰大学图书馆[16]	澳大利亚	利用LibGuides软件提供免费的在线资源
高等教育数字图书馆[17]	中国	引进国际优质数字化教学资源
东华大学图书馆[15]	中国	现有资源MOOC化
上海工艺美院图书馆[14]	中国	现有资源MOOC化

当前我国图书馆所提供的文献资源主要是通过现有资源的MOOC化，因为这样的方式更加方便，只需将馆藏提供给MOOC课程学生即可。而澳大利亚的新英格兰大学图书馆采用了LibGuides软件提供资源，说明国外图书馆在文献资源提供上，更加注重资源的系统化，值得我们学习。

然而，图书馆提供的数字化文献资源通常受到IP地址的限制，而不能被校外的MOOC学生获取，提供的纸质资源更是不易被获取。部分数据库提供商已着手通过开放获取的方式解决这一问题，但是还是存在大量的资源不能轻易被用户获取。如何妥善地为MOOC学员开展文献资源参考服务是图书馆目前需要解决的问题。有些限制在图书馆IP地址内下载的MOOC课程资源被直接放在MOOC平台上供学生参考使用，殊不知，这是一种侵犯版权的行为。

2.4 版权保护

文献资源的获取往往会伴随着版权问题，目前图书馆开展的MOOC版权服务的对象可以分为MOOC制作者与MOOC使用者。图书馆作为MOOC课程的文献提供单位，不仅自身要清楚版权限制，并有效解决，还要帮助MOOC

制作者和 MOOC 使用者认识到版权问题的重要性并有效规避版权问题。表 4 列出了部分图书馆在版权服务上的实例。

针对 MOOC 制作者的版权服务可以分为 4 个方面：一是版权咨询服务，针对 MOOC 制作过程中使用资源的版权问题提供参考咨询服务；二是版权代理服务，与出版商和作者协商，获取使用资源的版权许可；三是建议开放存取，利用开放资源替代课程中受到版权限制的资源；四是开展版权教育。针对 MOOC 使用者的版权服务包括：一是推荐开放的电子资源；二是向校外 MOOC 使用者提供本校已购买的资源；三是版权教育。

表 4 图书馆解决 MOOC 课程版权问题

国家	机构	服务对象	服务
美国	北卡罗来纳大学教堂山分校图书馆	MOOC 制作者	提供指导原则[18]
美国	宾夕法尼亚大学图书馆	MOOC 制作者	提供指导原则[18]
美国	杜克大学图书馆	MOOC 制作者	"合理使用"的指导及咨询服务[19-20]
			与出版商及作者协商，获得版权许可[19-20]
			寻找可替代的开放获取资源[19-20]
英国	剑桥大学图书馆	MOOC 制作者	解决开放版权问题[21]
美国	斯坦福大学图书馆	MOOC 制作者	版权清理[21]
			制定全局性的"斯坦福在线教育计划"[22]
			版权教育[21]
		MOOC 使用者	与 SIPX 合作，允许 MOOC 平台的用户和图书馆课程学习管理系统通过图书馆许可证访问资源，以及购买那些许可范围之外的资源[23]
			版权教育[22]

MOOC 课程的制作与使用过程中将会涉及很多资料的版权问题，妥善处理 MOOC 相关的版权问题有助于 MOOC 课程的长足发展。MOOC 课程的版权问题复杂，现存的解决方式只有与出版商协商和用开放资源替换两种方法。若要完善解决 MOOC 版权问题，还需要多方人员的共同努力，促进开放资源

251

的发展。

2.5 信息技术

在信息技术方面，MOOC教学的技术支持已经成为图书馆的一个重要发展方向，目前已有图书馆进行了部分实践，为其他图书馆起到了引领和示范作用，表5中是部分实践案例。

表5 图书馆在技术上支持MOOC课程情况

序号	机构	建设内容
1	斯坦福大学图书馆	通过学术计算团队为MOOC制作提供视频支持服务[24] 图书馆中专门用于学术研究支撑服务的"学术技术专家计划"，其技术服务重心已开始向MOOC课程建设转移[22-25]
2	加利福尼亚大学伯克利分校图书馆	成立MOOC项目工作小组为该校的MOOC课程提供内容支持及检索技能培训[24]
3	杜克大学图书馆	向教师传授那些可用于"翻转课堂"和MOOC的数字化技术方法[22-25]
4	美国国会图书馆	图书馆目录数据与MOOC课程的语义化关联；图书馆目录门户提供几百家图书馆的馆藏目录资源检索，MELVYL联合目录汇集了加州大学20多个图书馆的馆藏目录，并将该目录的检索界面合并到WorldCat中[26]
5	美国布朗大学图书馆	美国布朗大学图书馆成立专门的资源数字化服务工作组，帮助教师对MOOC授课中需要的各种教材教参资料进行扫描和数字化处理，并对加工的资源进行分类和标引，发布到课程所在的MOOC平台并收藏到本校的教参管理系统中[23]
6	英国开放大学图书馆	开发APP "Course Profile"程序，实现图书馆资源与MOOC资源交互[26]
7	湖南农业大学图书馆信息部	技术部的馆员和学校信息科学技术学院的专家们合作，帮助教师录制和编辑MOOC课程，并引导教师迅速适应新的教学形式[27]

分析发现，图书馆对 MOOC 教学人员的技术辅助将成为一个服务重点，如斯坦福大学图书馆的"学术技术专家计划"已将 MOOC 课程的建设作为技术服务中心。MOOC 信息技术服务的兴起有其需求作为发展基础：传统教学中教师只需考虑到学生的信息需求，而不需要与先进的技术设备进行交互，但在 MOOC 教学中，教师不仅要制定课程计划与内容，还需要使用视频设备、视频剪辑制作软件、MOOC 发布终端等进行课程的录制和发布，这对从未进行过此项内容的教师来说是一种挑战。图书馆若在此时介入 MOOC 教学，适时提供技术支撑，使授课教师集中精力于内容教学上，将很大程度上节约教师的精力与时间。

由表 5 可知，目前图书馆对于信息技术服务的实践还不是很丰富，需要进一步推进，部分学者提出了相关建议，其中提及最多的方面是，图书馆进行软硬件工具的管理和网络维护以及对用户管理和交互系统的维护。图书馆在信息技术方面协助 MOOC 建设的发展前景乐观，需要在实践中总结经验以加快发展。

2.6 数据反馈

数据反馈是指图书馆作为第三方机构，针对 MOOC 课程进行过程中所产生的数据或者课程结束后所收集的数据，进行系统分析，用于教师改善课程、指导图书馆采购、提供个性化服务等。当前，图书馆在数据反馈方面，参与 MOOC 课程开展的实践较少，仍处于探索阶段，故笔者将从实践以及理论策略两方面进行研究概括，在对部分实例进行总结的同时，指出目前学者的关注点所在。

2.6.1 数据反馈实践部分 在数据反馈方面，有特色的、较为系统的范例如下：

斯坦福大学计算机教授吴恩达（A. Ng）在教授 MOOC "机器学习"时，查阅后台数据发现有 2 000 人做题时犯同样的错误，他针对错误答案写了条指导信息，群发给这 2 000 人，以帮助改进学习[28]；新英格兰大学图书馆通过数据挖掘等技术对保留在图书馆的大量 MOOC 教学数据进行分析，分析学习者的学习规律和学习行为，以此作为高校制定 MOOC 教学发展政策时的参考[29-30]。

这两个实例的作用主体分别是 MOOC 授课教师和图书馆，MOOC 教师根据学生作业完成情况即 MOOC 网站的数据反馈发现教学问题，进行补充教学，说明数据反馈能够帮助教育者完善教学内容；图书馆对 MOOC 教学数据的分析也属于数据反馈的一部分，通过对以往数据的收集和分析能够为之后的教学发展提供借鉴和经验分享，能够高效准确地制定相应的计划和政策。

2.6.2 数据反馈理论策略部分　在数据反馈方面，部分学者进行了相关理论研究，可以对未来图书馆的实践发展提供借鉴。

（1）建立学术交流主阵地，接受并汇总反馈社会大众对本校 MOOC 的评议[31]。即作为本校 MOOC 教师的总代理，接收社会学习者的意见建议，并定期制定 MOOC 建议报告提交给相应的课程团队。这种建立学术交流主阵地的方式使全校的 MOOC 课程得到整合，使图书馆作为一个整体面向外界接受大众评议和意见。

（2）图书馆员协助授课教师完成问卷调查，进一步了解学生的需求，进而协助教师完成课程资料的搜集，通过网络或社交工具发放调查问卷、与用户交互讨论的形式收集学习者反馈，调研用户分布、学习特征及过程体验，从而提升用户体验[32]。即站在教学者的角度，使用问卷、网络访谈等方式进行学习反馈等信息的收集分析，为教师完善课程内容、改进教学计划提供辅助。

（3）参与到 MOOC 课程的质量分析考核评估中去，如收集用户个人信息、用户学习行为习惯、课程资源利用、学生考核成绩等数据，并在此基础上展开数据分析研究，将分析结果制成可视化的图表，为相关开课教师提供分析报告和研究服务[28-30,32-33]。即图书馆有效利用 MOOC 课程后台客观数据进行信息挖掘，并运用可视化工具制作相应分析报告，满足教师课程改善或者课程成果提交等需求。

（4）在管理平台与讨论空间的同时，跟踪收集学员引入和自创的信息资源，通过大数据、云计算技术予以分析处理，并将分析整理的资源及时反馈给教师和学员，实现不断完善课程内容、计划和提高课程质量、教学质量的目标[34-37]。部分学生在学习过程中能够及时地将所学知识与自身知识结构相融合，产生新的信息资源，或者将平常积累的知识分享出来，此时，图书馆可以及时收集筛选这部分内容，作为下一轮课程的补充内容。

（5）用 MOOC 背景信息来指导图书馆资源采购的设想目前还并未实现。基于 MOOC 课程背后大量的数据分析，图书馆提供 PDA（Patron Driven Acquisitions）服务，即读者决策采购[38-39]；图书馆还可以通过学校网络端口监测系统，分析内网学生 MOOC 学习的数据，结合学生荐购信息，优先采购学生最欢迎 MOOC 课程的参考书，丰富图书馆纸本、电子馆藏，满足学生在线学习的文献需求[40]。

（6）基于大数据的学习分析技术，为学习者提供个性化服务定制，可从几个阶段进行：①数据收集阶段；②数据分析阶段；③可视化发布阶段；④个性化干预阶段[26-30,32-33,41]。即对 MOOC 用户的学习数据进行分析，针对全体用户分析结果进行可视化显示，供用户发现自己与其他"同学"的区别及差距所在，针对个人用户数据进行数据挖掘，发现其 MOOC 需求，针对性推送服务，如定时学习提醒、信息素养课程推送、相关课程上新推送等。

数字资源作为新时代最有价值的资源，有很大的应用价值。图书馆可以进一步加强对 MOOC 课程数据分析的服务，通过数据挖掘相关工具得到诸多有效信息，可以用来指导课程团队进行课程优化，或者帮助学校进行教师的课程成果评价等。

3 图书馆参与 MOOC 课程建设的改进建议

3.1 加强与数据库商合作，保证课程资源获取

MOOC 课程通过网络发布，其学习者可以遍布世界各地。课程中涉及的参考文献通常因为涉及版权问题而不可获取。学习者若要使用图书馆购买的信息资源，就要使用账号认证身份，或是使用 IP 地址范围内的设备获得资源。这两项条件对于大量存在于世界各地的 MOOC 学习者都难以实现。图书馆如何合法地向学习者提供 MOOC 课程的文献服务这一问题暂时还没有解决。主要问题就在于图书馆与数据库商之间的合作不畅。MOOC 课程在近几年得到了广泛的发展，在这期间产生的新型的文献需求暂时还没有得到数据库商与图书馆方面的妥善解决。若图书馆与资源数据库商之间加强合作，使学习者可以通过图书馆提供的接口，获得 MOOC 课程的参考资源，将提升 MOOC 课程学习者的学习效果与完成程度，也有利于图书馆对于资源版权的维护。

3.2 合理规划 MOOC 物理空间，实现空间功能集成化

目前图书提供的有关 MOOC 物理空间服务大致有提供学习空间与硬件设备、提供线下讨论场所、提供书籍等馆内文献资源等。开展 MOOC 物理空间服务的图书馆不在少数，但是，图书馆开展的线下 MOOC 服务比较分散，开设的 MOOC 空间功能比较单一，造成了资源的浪费。若是能将图书馆上述的 MOOC 服务集成到统一的 MOOC 空间当中，则可以使 MOOC 学习者更易获得服务，也使得空间资源、文献资源得以充分利用。在 MOOC 物理空间中，学生可以使用硬件设备学习网上课程，可以使用空间内的文献资源以及网上资源辅助学习，还可以就课程内容相互讨论。MOOC 物理空间可以划分成 3 个

区域：讨论区、学习区和资源区。值得注意的是，MOOC物理空间的划分要做到动静相离，可以是活动时间的相离，也可以是物理空间的相离，目的是讨论、学习互不影响。

3.3 提升课程平台的社交功能，实现交流无障碍

随着时代发展，人们越来越依赖于使用社交媒体进行群体沟通，兴趣社团的交流因为社交媒体的介入而更加方便快捷，网络社交工具的嵌入成为各大平台为用户提供群体交流的主要方式。

作为一个知识学习的平台，学生与学生、学生与教师的交流将是促进知识消化、开阔学术视野、结交合作伙伴的好机会，所以在MOOC平台上不仅需要讨论模块的建立，还需要一些社交媒体的嵌入，如网页QQ窗口交流、私信交流、个人学习动态、关注等，这些功能的实现将对用户的私密交流、学术圈建立等起积极作用。目前，中国科学院文献情报中心主办的开放信息素质教育服务平台[42]就已经实现了部分社交功能，如学习动态、粉丝关注、私信功能等，取得了较好的效果，受到了学生的好评。

3.4 有效利用海量数据，全面提升MOOC服务质量

MOOC课程的迅速发展带动了MOOC相关数据的爆发性增长，目前，我国图书馆以及授课教师对这些数据的利用情况还不尽如人意。对于授课教师来说，承担着较多的教学任务，还有自己的科研课题，没有精力进行数据分析是情有可原的。此时，作为MOOC辅助部门的图书馆可以利用信息分析的能力对MOOC数据进行一定的分析和挖掘，一方面可以为教师的教学提供参考，另一方面可以根据学生需求指导图书馆的资源采购。既为MOOC的教学质量和教学效果提供了评判依据，让教师有据可循，又从资源上丰富了MOOC课程的学习资料，对全面提升MOOC服务质量有一定的作用。

4 结语

本文以图书馆参与MOOC课程建设的实践情况为研究重点，从物理空间、咨询服务、文献资源、版权保护、信息技术、数据反馈6个角度对图书馆的实践情况进行了讨论，并且根据实践的实际情况提出了4个行之有效的建议方案：加强与数据库商合作，保证课程资源获取；合理规划MOOC物理空间，实现空间功能集成化；提升课程平台的社交功能，实现交流无障碍；有效利用海量数据，全面提升MOOC服务质量。MOOC时代的到来引领了全民学习的一个新纪元，这对图书馆来说是蓬勃发展的契机，图书馆应紧跟时代潮流，

充分发挥自身在物理空间、信息资源、知识产权研究、用户服务等方面的优势,推出各种有益于MOOC课程建设的服务,更加彰显图书馆对教学的支持和保障作用。

参考文献:

[1] 吕晓丽,季淑娟. 国内图书馆界关于MOOC的研究综述[J]. 大学图书情报学刊,2016,34(3):124-128.

[2] 罗博. 大规模在线开放课程(MOOC)与高校图书馆角色研究综述[J]. 图书情报工作,2014,58(3):130-136.

[3] 汪静. 我国图书馆界关于MOOC的研究综述[J]. 图书馆建设,2016,(6):51-56.

[4] 游祎. "MOOC"环境下高校图书馆服务创新研究[J]. 图书馆杂志,2014,(6):61-65.

[5] 郝心宁,孙巍. 浅析美国图书馆在MOOC建设中的作用[J]. 农业图书情报学刊,2015,(11):103-106.

[6] 赵薏敏. MOOC与图书馆[J]. 信息系统工程,2015,(7):26-27.

[7] 李沛. 国内外高校图书馆在MOOC时代的策略及启示[J]. 农业图书情报学刊,2016,(3):119-124.

[8] 王红,马东明. MOOC本土化发展及其对高校图书馆的影响[J]. 高校图书馆工作,2014,(6):44-47.

[9] 付希金,刘青华. 学科服务新探索——东北师范大学图书馆课程服务时间与思考[J]. 图书情报工作,2014,58(11):65-69.

[10] 朱咫渝,孙晓. 在线学习浪潮下的嵌入式馆员服务[J]. 高校图书馆工作,2015,(6):67-69.

[11] CASSIDY E D, HENDRIEKSON K E. Faculty librarian micro level collaboration in an online graduate history course[J]. The journal of academic librarianship,2013,39(6):458-463.

[12] BULTER B. Massive open online courses: legal and policy issues for research libraries[EB/OL]. [2017-01-24]. http://www.arl.org/storage//documents//publications/issuebrief-mooc-22oct12.pdf.

[13] Los Angeles Public Library. Career Online High School [EB/OL]. [2017-01-24]. http://www.lapl.org/cohs.

[14] 林嘉. 面向开放课程资源的学科化MOOC服务研究[J]. 信息资源管理学报,2014,(3):95-100.

[15] 陈丽萍,赵子铭. 慕课(MOOC)对高校图书馆服务的启示——以东华大学图书馆为例[J]. 农业图书馆学刊,2014,(9):132-134.

[16] 张舵,吴跃伟. 国外高校图书馆在MOOC中的作用及其启示[J]. 图书馆建设,2014,(7):85-89.

[17] 张艳婷,杨洋. 中外图书馆界对MOOC的研究现状与展望[J]. 情报科学,2015,(4):154-157.

[18] 刘勋. MOOC的兴起与高校图书馆的应对[J]. 情报资料工作,2014,(6):103-105.

[19] 张丹,龚晓林. 大学图书馆参与MOOC版权服务的实践及启示——以杜克大学图书馆为例[J]. 图书情报工作,2014,(10):90-93.

[20] 曹薇. 面向慕课的高校图书馆服务创新[J]. 情报探索,2015,(12):83-85.

[21] 蒋丽丽,宋海艳,陈幼华. 试论MOOC背景下高校图书馆的服务创新[J]. 图书馆工作与研究,2015,(11):79-82.

[22] 夏燕. 基于MOOC的图书馆嵌入式服务[J]. 图书馆研究,2015,(6):76-81.

[23] 杨杰,袁永翠. 美国高校图书馆开展MOOC服务的实践及启示[J]. 图书馆学研究,2014,(19):85-89,30.

[24] 蒋逸颖,周淑云. 美国大学图书馆MOOC版权服务实践与启示[J]. 图书馆论坛,2016,(2):121-126.

[25] WU K. Academic libraries in the age of MOOCs[J]. Reference services review,2013,41(3):576-587.

[26] 徐华洋. 基于课程大规模开放的图书馆在线学习支持及其应用技术研究[J]. 现代情报,2015,(12):134-138.

[27] 洪华俏. MOOC时代高校图书馆的服务探索研究——以湖南农业大学图书馆为例[J]. 农业图书情报学刊,2015,(10):129-131.

[28] 马晓军. MOOC环境下高校图书馆信息服务创新研究[J]. 中国劳动关系学院学报,2015,(2):121-123.

[29] BARNES C. MOOCs:the challenges for academic librarians[J]. Australian academic & research libraries,2013,44(3):163-175.

[30] WRIGHT F. What do librarians need to know about MOOCs?[EB/OL].[2016-07-05]. http://www.dlib.org/dlib/march13/wright/03wright.html.

[31] 杜立云. MOOC时代的高校图书馆:开放、创新与共荣[J]. 教学理论与实践,2014,34(33):13-15.

[32] 杜宗明. 基于MOOC平台的图书馆服务框架[J]. 农业图书情报学刊,2015,(2):109-112.

[33] 杜光宇. 高校图书馆参与MOOC方式的探究[J]. 科技创业月刊,2015,(1):65-66,75.

[34] 唐菁,方东权,熊婵. 由慕课引发的关于高校信息素养教育的思考[J]. 理论与探索,2015,(10):42-45.

[35] 李明. MOOC浪潮中高校图书馆应对策略探讨[J]. 河南图书馆学刊,2015,(11):70-73.

[36] 肖斌. 高校图书馆应对MOOC挑战的策略探讨[J]. 读与写杂志,2015,(8):79.

[37] 王文. 论MOOC形势下高校图书馆信息咨询服务[J]. 决策与信息旬刊,2015,(9):

117-118.
- [38] 马瑞凤,宋飞. MOOC时代图书馆实施PDA的路径探析[J]. 图书馆界,2015,(2):32-35.
- [39] 沈秀琼. 面向MOOC的大学图书馆资源建设策略探讨[J]. 图书情报工作,2014,58(22):33-37.
- [40] 郑蕊. MOOC时代高校图书馆服务深化——以中国政法大学图书馆为例[J]. 法律文献信息与研究,2015,(1):32-37.
- [41] 周晴怡,周淑云. 高校图书馆服务MOOC化探析[J]. 山东图书馆学刊,2015,(5):72-75.
- [42] 中国科学院文献情报中心-开放信息素质教育服务平台[EB/OL].[2016-10-11]. http://il.las.ac.cn/.

作者简介

崔林蔚:进行文献调研,撰写论文,修改论文;

李玲:负责论文选题,提出研究思路及修改意见,修订最终版本;

李佳潞:进行文献调研,参与论文撰写;

杜婕:进行文献调研,参与论文撰写。

大规模在线开放课程（MOOC）与高校图书馆角色研究综述

1 MOOC 的源起与全球发展

《牛津字典》将大规模开放在线课程（massive open online course，简称 MOOC）定义为：一种通过互联网可以被大量人群免费访问的学习课程，只需登录网站并注册，任何人都可以参与[1]。在线教育这一教育形式很早即出现了，最初的远程教育、网络教育等是在线教育的 1.0 形态，只能实现单向的视频录制与点播，而以 Cousera 等为代表的 MOOC 平台则更接近于 2.0 形态，除录制的教学视频外，还包括在线问答、学生论坛、教师与学生的虚拟互动以及作业评分体系（通过软件或其他同学打分）。

MOOC 的历史可追溯到 2007 年，当时犹他州立大学的 D. Wiley 提出了 MOOC 的原型[2]。到 2008 年，爱德华王子岛大学的 D. Cormier 开始使用 MOOC 这一概念来描述曼尼托巴大学的 G. Siemens 与 S. Downes 向 25 名学生提供的一门课程，该课程同时面向公众开放[3]。随后，MOOC 开始得到普及。2011 年，斯坦福大学教授 S. Thrun 和 P. Norvig 所开设的两门课程分别有 90 000 和 160 000 名学生注册，使 MOOC 的发展达到顶峰。一些曾就职于常春藤联盟的大学教授以及大型院校开始合作制作 MOOC，或建立自己的 MOOC 技术供应平台，如 edX、Khan Academy、Coursera、MITx、Udacity 等[4]。2012 年，以开放大学为首的 10 所英国大学宣布成立 FutureLearn——第一所非美国的 MOOC 联盟[5]。新南威尔士大学是澳大利亚第一所推出自己的 MOOC 的高校[6]。此外，南昆士兰大学、迪肯大学、塔斯马尼亚岛大学、西澳大利亚大学也纷纷开展了相关实践或表达了这方面的意愿[7]。2013 年 3 月，澳大利亚开放大学（OUA）共同体宣布成立自己的 MOOC 平台——Open2Study。欧洲远程教育大学协会（EADTU）也公布了一项全欧洲范围的 MOOC 计划。这一新 MOOC 平台"OpenupEd"已于 2013 年 4 月正式启动，其合作伙伴还包括土耳其、以色列以及俄罗斯的一些大学[8]。

在 MOOC 引发教育革命的同时，图书馆也经历了自身的重大变化，即图书馆 2.0 开展出现。它拓展了传统图书馆的资源范围，纳入了搜索引擎、数据库、活跃网络社区等数字资源。目前，图书馆已发展成为物理形式与数字形式并存的信息空间，包括学习室、实验室、虚拟参考咨询等，而这些也使图书馆成为对 MOOC 的完美补充[9]。

笔者于 2013 年 10 月 10 日以"library"、"MOOC"、"massive open online course"为"Title"或"Keyword"对 Web of Science、Elsevier 进行了检索，以"图书馆"、"MOOC"、"在线开放课程"为题名或关键词对中国知网、万方、维普进行了检索，经过去重与筛选，各得到 1 条检索结果，表明目前关于图书馆在 MOOC 中的角色研究还较少，网络是主要的讨论阵地。以下试对数据库和网络上的代表性研究成果进行述评。

2 高校图书馆参与 MOOC 的必要性

大学与研究图书馆协会（ACRL）[10]在论及高等教育趋势时谈到，在馆藏与内容发展、新资源与文化遗产的获取与管理以及用户服务的延伸上，高等教育环境的变化持续对图书馆产生影响。由于高校对自身的重新定义，高校图书馆必须不断发展，以证明其在提高高校效率方面的价值。值得注意的趋势之一是在线教育利用的增长。对图书馆员而言，随着高等教育机构开始面向新的业务，对与信息素养项目、满足现实与虚拟学生需求有关的问题都应给予关注。

2013 年 9~12 月，美国图书馆协会（ALA）图书馆馆藏与技术服务分会（ALCTS）举办了主题为"为 MOOC 做准备：为什么图书馆应该关注"的网络研讨会[11]。会议分别邀请了华盛顿大学、天普大学、杜克大学以及微软研究院的图书馆员和专家作了报告，旨在帮助图书馆员了解 MOOC 运动的复杂性，学习如何辅助学生和教师参与 MOOC，熟悉与 MOOC 有关的版权和知识产权要求，了解 MOOC 的前景等。

J. Shank 认为，目前尚处于探讨如何看待馆员作为支持 MOOC 进程的一部分的起步阶段。然而，提供开放存取资源的获取途径，包括开放存取研究以及其他类型的开放教育资源（OER），本身就是一种契机。在这一领域，馆员基本未能发挥主要作用。J. Shank 表达了一定程度的紧迫感以及对图书馆如不加紧迎接挑战、更多地参与和 MOOC 的对话以更好地支持在线教育的担忧。他表示，"最担心的不是图书馆将消失……而是如不谨慎，图书馆于高校的意义可能会消失。如果关联性大幅下降，图书馆对于学习过程的影响力将缩减。"[12]

S. Hoover 在接受采访时表示，所有馆员至少应注册一门 MOOC，以获得相关经验。目前，高等教育领域对于 MOOC 有许多误解，馆员如果没有第一手的基础经验作为参考，想提出合理的、明智的服务决策，进而向师生提供帮助，将是困难的。参与一门课程，将为馆员带来从学生视角直接体验 MOOC 的机会，有助于他们了解导师们向数以千计的学生授课时遇到的挑战，同时可能激发图书馆向 MOOC 提供支持的新思路。他认为，图书馆员的这一角色是传统联络馆员（liaison role）功能的自然延伸，高校图书馆员应参与 MOOC[12]。

非营利性组织 EDUCAUSE 的执行简报在对高校领导人需要了解的 MOOC 的建议中[13]也提到 MOOC 需要支持。不论是自建 MOOC 还是通过商业平台提供，整合的课程支持都是必要的，其中即包括图书馆提供的支持。

3 高校图书馆参与 MOOC 的可行性

3.1 从高校的角度看

MOOC 项目团队中融入图书馆员，被许多 Coursera 的合作机构，如多伦多大学[14]和布朗大学[15]视作最佳实践，图书馆员在协助学术人员向 MOOC 教学环境过渡的过程中发挥了主导作用。edX 网络中也表现出类似的趋势，不同机构的图书馆已开始合作，以辅助 MOOC 环境下的最佳实践[16]。

J. Dorner 表示，在判断图书馆的作用是什么以及哪些地方图书馆的支持是有意义的之前，应先描述出课程的教学需求。如在伯克利大学，数学和计算机科学的课程在图书馆没有相关的学习对象（learning objectives），尽管考虑到课程创新，采用了在线学习，但未进行统一协调，从而使图书馆的参与变得困难。在这样的高校，最好的方式是浏览课程目录，咨询目前图书馆对每门课程提供的支持，明确支持的重点应放在正在筹划课程的教师还是修习这门课程的学生上。对于那些正在参与课程的学生，图书馆的角色应更像是一个信息向导，而不是信息提供者。又如在布朗大学，图书馆参与了许多合作团队，他们对图书馆进行战略定位，帮助图书馆发挥"联结者（connector）的作用"[17]。M. Proffitt[18]还通过电子邮件及电话方式，对 OCLC 研究图书馆合作联盟（OCLC Research Library Partnership）的成员进行了调研。她访谈了已参与了 MOOC 的馆员，或就职于已与三大 MOOC 供应商（Coursera、edX、FutureLearn）合作的机构的馆员，发现多数被访对象承认，MOOC 可以促进其所在学校对教学进行反思。她还采访了一些对 MOOC 的实施持审慎乐观态度的人，他们认为，这是与教学人员深入探讨开放存取出版物或学习对象（learning objects）的一项巨大机遇。此外，MOOC 还带来了合作机遇。

3.2 从 MOOC 供应商的角度看

在一些 MOOC 中，图书馆员的参与十分有限，甚至没有参与，馆员的作用可能并不明显。Coursera、Udacity 和 edX 等倾向于将 MOOC 制作成一系列简短的视频片段（通常不超过 8~12 分钟），参与者需要在完成练习之前观看这些片段，同时，教师的干预与反馈被最小化。练习是自动评分的，或是由其他参与的学生打分。多数情况下，其目的仅仅是让参与者掌握某项内容集合。这种教学方法可能适用于许多学科，对于那些简短的、职业导向的、仅仅为期 4-6 周、旨在为个人提供非常具体的技能和知识的 MOOC 课程，图书馆员的介入可能是多余的。然而，许多 MOOC 已超越了简单的知识传递。目前 Coursera 提供的 MOOC 中，包括类似"柏拉图的对话"或"贝多芬奏鸣曲的表演挑战"等主题的课程，要求参与者提出自己对复杂问题的理解。此时，参与者可以从更广泛的资源获取途径中获益，而这种情况下就存在馆员发挥作用的空间。Coursera 和 edX 的经验也证明，图书馆员是重要的[19]。

4 MOOC 环境下高校图书馆的作用

尽管 MOOC 还是一种相对较新的现象，图书情报界已经开始挖掘图书馆的新角色。C. Barnes[19]认为，MOOC 环境下图书馆员的作用包括：①版权清理；②内容授权；③提醒 MOOC 开发商开放内容；④确保所有用户可以获取 MOOC 内容，包括辅助技术的使用；⑤提供信息素养教育；⑥鼓励开放许可的使用等。通过问卷方式，L. P. Cantwell[20]调研了教学人员对图书馆参与 MOOC 的看法，发现对于图书馆的角色是否可以以及如何应用于 MOOC 环境存在一些共识，包括：馆员作为资源的创造者；馆员作为支持课程内容设计与传递的专家；馆员作为知识中心以及版权和获取途径的协调人。M. Schwartz[21]指出，图书馆在 MOOC 的发展、支持、评估及保存过程中，有许多潜在角色，包括清理版权内容、支持制作、辅助学生、评价 MOOC、保存等。此外，他还探讨了图书馆作为内容生产者、MOOC 与公共图书馆以及 MOOC 对图书馆员的影响等内容。M. Stephens[22]则研究了图书情报专业人员在大型课程中所担当的学习者、联接者以及合作者的角色。当前环境下，图书馆正在不断定义、践行并重设自身的角色。

4.1 作为资源向导

高校馆员的主要职责即促进资源向教师与学生的传递，因此，促进信息向 MOOC 学生的传递也是合理的。图书馆可以通过许多传统的服务来对

MOOC 的学生提供支持，如提供对资源的访问，甚至给学生提供一个可以联通网络访问 MOOC 的场所[9]。MOOC 正在不断提升用于教学的数字资源的突出地位，而在向师生提供任何环境下的、全方位的数字资源获取途径（包括 MOOC）方面，图书馆将发挥核心作用。图书馆的一项重要功能即提供各种类型、各种格式的数字资源的访问途径，这不仅是指视频或数字期刊，还包括图像、数据集、模拟结果、视频游戏等……[12]

  F. Wright[23]指出，图书馆员参与 MOOC 最实际的选择，即从小型且可扩展的解决方案入手。首先，与讲授 MOOC 的教学人员沟通。在任何高校，馆员都须说服教学人员，借鉴学术资源是高等教育的关键要素之一，而实现这一关键的首要步骤即使学生了解自己可用的资源。下一步则是向教学人员提供对所属图书馆网站上的"教程"及"研究指南"版块的链接。图书馆员对教程和研究指南的范围与内容的审核非常重要，这些教程与研究指南大多含有专有数据库的入口，将导致许多 MOOC 学生无法获取资源。然而，这并不意味着图书馆必须马上创建新的、开放获取的教程，许多经过同行评议的研究教程都能通过美国图书馆协会以及学习与网络教育多媒体教育资源计划（Multimedia Education Resource for Learning and Online Teaching initiative）免费获取，这可以对当前提供的教程形成补充。S. Hoover[12]也建议图书馆通过识别或采集开放获取的、公共领域的或其他可免费获取的资源，将其作为课程阅读材料或补充教材来帮助教学人员。如利用 WorldCat 在当地图书馆中找到资源，获得人口普查数据，检索开放存取期刊目录（DOAJ），利用机构知识库，或者在数字档案馆中（digital archive）查找主要的源文档等。事实上，这一方法已被应用于一些美国高校。馆员还可以通过与内容提供商的对话，共同倡导更灵活的传递方式，使教学人员了解合理使用的含义及其局限性，而最重要的是改变他们对学术资源概念的理解[24]。

  如何维系 MOOC 学生的可扩展性与图书馆资源政策之间的平衡，也是图书馆员应努力解决的问题。对于愿意互通资源和教学方法的不同高校的图书馆而言，这一问题是可以解决的。事实上，一些非正式的合作已经存在。澳大利亚许多高校图书馆都使用了 Springshare 的 LibGuides 软件———种促进内容共享的平台。在新英格兰大学，LibGuides 资源被用于帮助 MOOC 的参与者，使之通过 uneOpen 找到与其研究相关的、免费的网上内容。在其他高校，这些资源被馆员再利用的潜力大大减少了制作本地 MOOC 的负担[19]。

4.2 进行版权清理

  版权清理的意义在于：高校不仅与商业机构建立了合作关系，同时，课程被提供给广泛分布的受众，这些对合理使用的实践提出了挑战。美国版权法中允许在课堂上未经许可使用第三方材料的条款，如第110（1）和（2）条[25]，并不适于MOOC环境。尽管合理使用条款仍然可用，但可能受到比传统教学更多的限制，如亚特兰大联邦法院对佐治亚州立大学将电子教材用作MOOC以及大型虚拟网络课程的教学资料的审理[26]。

同时，MOOC供应商也要求，课程学习期间，完成课程所需的任何资料应能免费获取，这意味着使用的教材、论文以及任何必需的阅读材料都必须进行版权清理。大多数MOOC的性质在发展过程中发生了改变。第一代的MOOC是关联式的、学生主导的、无秩序与开放式的，它们通常具有开放许可，使其内容可以被重新组合与再利用。而最新一代的MOOC紧紧围绕教育主流，大多是基于教学方法，对内容进行重新组合和再利用的空间较少[19]。

大多图书馆的工作是围绕清理课程中版权资料的使用展开的。Coursera表示，清理版权资料并取得授权的工作基本发生在高校、图书馆或其他地方。新形势下，MOOC给研究型图书馆带来的一些关键法律问题都是围绕版权以及受版权保护的内容的使用展开的，此外还涉及开放存取与可获取性等。具体而言，主要表现在4个领域：①在网络课堂或模块等教学材料中使用受版权保护的作品（相当于传统课堂教学）；②将受版权保护的作品用于课外阅读（相当于教材和课程资源）；③将教师创建的版权资源用于MOOC课程（包括讲课视频、课程模块以及其他辅助材料）；④将数字千年版权法的通知与移除条款应用于MOOC课程以及有障碍学习者对MOOC课程的可获取性[27]。

杜克大学版权与学术交流办公室（Office of Copyright and Scholarly Communication，OCSC）推出了基于图书馆的MOOC版权与许可服务[28]。由于Coursera课程视频中包含的教学内容具有大量个体项目，依赖图书馆逐一审查教师们想要使用的每一引用文本、图像、视频片段中潜在的版权问题，是不可行的。因此，OCSC出台了合理使用指南，以辅助决策，并鼓励教师们就与任一特定使用有关的问题与他们联系，其原则是不阻止教师们使用选定类型的内容。然而，图书馆会建议教师们仔细考虑，材料是否是课程教学中必不可少的、公共领域的，或授权共享的可替代材料是否也能服务于这一目的。如果教师认为必不可少，指南将帮助他们得出"将材料合理用于Coursera课程是无可争辩"的判断，并获得不同类型内容的授权。由于针对MOOC的合理使用缺乏明确规定，指南是非常灵活的，具体内容包括如何与教师们交流、寻求授权、积累经验、链接与可获取性、服务的影响和评估等。此外，北卡罗来纳大学教堂山分校图书馆[29]、宾夕法尼亚大学图书馆[30]也提供了对于MOOC课程中一般版权问题的指导原则。

4.3 提供信息素养教育

过去，图书馆主要关注学术终端产品的获取，编目模型（bibliographer model）即为了实现这一目标。随后，图书馆逐渐意识到，研究过程中各学科学生对图书馆为其进行深入研究提供支持与指导服务的需求，因此，联络模型（liaison model）得到了发展[31]。哈佛教育研究生院的一项研究也提出了"技能鸿沟"的说法，指出美国大学并不一定使学生具备了在工作中取得成功所需的能力[32]。这为图书馆参与 MOOC 提供了可能性，而这些可能性与信息素养教育有关。

V. Hill 指出，学生需审慎对待他们所创造的、作为 MOOC 一部分的内容，所有用户（包括 MOOC 课程的学生）生成的内容都是自下而上产生的，而没有传统资源自上而下的质量控制，当前比以往更加需要内容评价方面的信息素养。MOOC 对参与者如何"评价和批判性地思考从网络上查找和获取的信息以及他们在网络上创造并共享的用户生成的内容"提出了更高要求。她认为，MOOC 带来了对知识产权内容的准确性与权威性以及数字公民的关注，而这些都是信息素养的要素[33]。对于课堂上表现较差的学生，课后的学生支持服务（咨询、辅导、图书馆资源、学习技巧辅助、技术援助等）可能成为拉大成绩差距的因素。[21]另一方面，MOOC 日益将其触角从计算机科学延伸到人文科学领域，在这一领域中，利用图书馆查找拓展资源的能力显得更加重要。这些还可能对所在高校图书馆不具备丰富资源的学生构成更大挑战，因为未提供 MOOC 的高校的学生无疑更加需要了解如何通过馆际互借、期刊存储 JSTOR（journal STORage）注册和阅读服务、开放存取数字馆藏等查找和使用资源。

研究能力与标准的信息素养技能教育是教师们所不了解的，也不是他们的关注点，但它们却为图书馆员所关注——可以帮助学生更加了解当今世界需要怎样的信息素养，MOOC 就是这样一种方式[12]。G. Creed-Dikeogu 和 C. Clark[34]建议，由图书馆提供信息素养技能的自我评估工具，并建立满足 MOOC 参与者特定需求的网上信息素养教程。他们认为，MOOC 为提高大量学生的信息素养提供了机会。通过采访 5 所美国研究图书馆协会（ARL）成员馆的管理人员，J. Jaguszewski 与 K. Williams[31]发现，大多数受访者都提到了对开发在线学习模块、教程、短视频与截屏的需求，可以将其作为拓展尝试的重要部分，融入课程。

此外，从传统模式到互联网模式，学习方式正在经历变革，MOOC 提供了一个试验场所。通过平台生成的丰富数据，可以分析学生的社会经济背景、学习策略与学习表现,从而检验其信息需求与素养,同时将结果运用于下一学习阶段或新的学习周期。这与当前强调图书馆在数据收集与评估方面的功能是一致的[19],也是许多领域赋予图书馆的作为"大数据"仓储及分析师的新角色[21]。MOOC环境中,很多情况下,除Coursera和edX外,没人会保留这些数据,更谈不上解析它,而高校图书馆将在这一基础上获得机会,通过分析学生的行为记录,开展相应的案例研究。

4.4 进行课程制作与管理

在日益饱和的市场中,任一既定MOOC的生命周期都不只取决于其合法性与数字稳定性,还取决于其实际技术质量。OCLC研究会议上提出,为确保课程的吸引力和竞争力,高校有必要对教学人员制作MOOC提供支持[23]。

教学人员需要用视听设备录制MOOC、用软件和计算机进行编辑,需要开展如何操作以及如何适应新的教学方式方面的训练。这些工具与培训不一定要在图书馆完成,然而,借助于高校图书馆是有意义的。高校图书馆已经提供了教学支持以及师生获取同等技术的途径,如录制课程的教室、替代上课的视频演示等[21]。许多早已开展在线教育的高校图书馆员已经探索了图书馆参与课程制作的角色,显然,图书馆是技术制作支持的核心,这意味着馆员将成为教学人员与MOOC平台提供商之间的技术中介的潜在人选。

作为MOOC进程的一部分,图书馆既可以参与MOOC的制作,也可以独立创建MOOC课程[35]。例如,正处于发展中的英国MOOC供应商FutureLearn,已与大英图书馆签订协议,依靠自身力量创作MOOC内容。在美国,从国会图书馆到HathiTrust、美国数字公共图书馆等机构,也都将提供类似的服务。此外,在OCLC的座谈会上,也对图书馆提供有关研究技能的MOOC的可能性,如怎样操作数据库、鉴别原创性文章等,进行了相当多的讨论[21]。

C. Terwiesch[36]指出,与许多传统的学校相比,Coursera、Khan Academy等MOOC平台实现了学生的低投入(low tuition)与教职人员的高产出(high productivity),然而,它牺牲了一些学习效果(student learning),未来应关注更好的结果。因此,需要反思图书馆的生态体系。MOOC不是一种传播的机器,并且产生了大量的新内容,这为图书馆利用用户生成的内容、封装学习经验等创造了巨大机遇。可见,图书馆的另一项潜在功能即管理创建课程所产生的资料,包括从编目到保存等一系列过程。在促进适用于MOOC的多层面机构数字化管理战略中,馆员应发挥书目及保存方面的优势。

MOOC作为一项整体的、可再利用的知识对象,必须考虑技术制作与保存中的协议。目前许多关于MOOC与图书馆的研究都忽视了在此过程中信息专业人士的角色，即为确保MOOC课程从技术与法律角度的再利用，他们在创建、保存和管理数字内容的授权协议中可能发挥的作用。理想情况下，每门MOOC都应有自己的数字保存协议，以解决版本控制、元数据、托管及存档的问题。这不仅是对知识对象的安全性和再利用的保证，也是为后来的学者提供关于MOOC演变形式的历史记录[23]。

4.5 创新服务

虽然提供MOOC的高校数量不断增长，但在多数高校中，MOOC对图书馆服务的直接影响仍然很小。因此，一些图书馆试图抓住这一机遇，以全新的方式适应MOOC的概念，从而创新、延伸并加强图书馆服务。

维克森林大学的Z. Smith Reynolds图书馆推出了一系列针对维克森林社区的MOOC风格的终身学习课程——ZSRx[37]。ZSRx强调终身学习的技能，具有较大的灵活性，提供在线讨论，与大多数MOOC相比，其脚本较少。第一门课程"ZSRx：常见网络解决方案"是对一门已有的在线信息素养课程的MOOC化，它由4个为期1周的模块组成，每一模块都有不同的侧重点，鼓励参与者就与主题相关或自身感兴趣的问题提问。课程面向更广泛的用户群体，特别是家长与校友。鉴于ZSRx第一个周期的成功，图书馆准备推出第二门专门为该校学生家长设计的课程——"行会发展101"。该馆还与其他高校合作伙伴一起，探索了今后其他课程的主题，如小企业研究与数字出版。

如Z. Smith Reynolds图书馆所证明的，从长远看，不论MOOC是否会成为一种提供教育的重要机制，推出由MOOC演化来的服务是可行的。A. Clobridge[12]表示，图书馆具有利用MOOC提出的问题、主题或激励因素振兴或重构自身服务的潜力。MOOC能够为图书馆带来无限机遇，促进知识的全球获取，并提供信息素养和其他终身教育的新方式。

在大量学术机构关注与MOOC有关的问题的同时，许多公共图书馆也进行了创造性思考，诸如怎样利用MOOC，如何将MOOC嵌入公共图书馆所服务的广泛且多样化的用户群体的学习生活，包括那些接受家庭教育者、重返学校者，以及MOOC如何提供充分的资源组合以支持多种学习目标的实现等。对于学术机构，MOOC是现有在线课程的延伸，而公共图书馆具有联接用户、服务、合作者以及同行的优势，MOOC（和对MOOC的支持）是其泛在公共教育使命的延伸。M. Todd[38]表示，洛杉矶县公共图书馆（LACoPL）已将在线学习相关性（online relevance）作为其战略计划的一个重要组成部分，同时，考虑到所在社区的教育短缺，图书馆也受到了挑战。LACoPL开始将自身视为学习中心,并定位于支持实用的、现实的教育需求。M. Todd 描述了 LA-CoPL 如何尝试通过 Ed2Go 提供课程,虽然改进并不大,这些课程仍然非常流行。

5 结 语

回顾国外 MOOC 的发展历程可发现,其热潮的形成还不到 2 年,关于图书馆在 MOOC 中作用的研究还较少,网络仍然是讨论的主阵地,并且大多数研究是关于美国的,这意味着一些建议可能并不符合各国的特点。我国国家级的在线教育实践经历了远程教育、数字化学习中心、国家精品课程、国家开放大学的发展阶段[39],图书馆作为资源平台参与很少。不论是否是一种与教学人员建立联系、了解其需求的新方式,或是与其他机构紧密合作的机会,MOOC 都提供了一种看待图书馆的全新视角。我国图书馆应思索如何将图书馆的资源和研究技能应用于 MOOC,具体实践不一定要与美国相同,图书馆,尤其是高校图书馆,可以尝试通过新的方式践行 MOOC 理念与自身功能,这些都将对我国图书馆的发展产生重要影响。

参考文献:

[1] Oxford Dictionaries. Definition of MOOC in English [EB/OL]. [2013-10-20]. http://www.oxforddictionaries.com/definition/english/MOOC.

[2] Pisutova K. Open education [EB/OL]. [2013-10-10]. http://www.iceta.sk/proceedings/Iceta2012_Pisutova.pdf.

[3] Mehaffy G L. Challenge and change [EB/OL]. [2013-11-02]. http://online.tarleton.edu/fdi/Documents/EDUCAUSE_Mehaffy.pdf.

[4] Mahraj K. Using information expertise to enhance Massive Open Online Courses [J]. Public Services Quarterly, 2012, 8(4):360-368.

[5] Cook C. OU leads universities into online venture [EB/OL]. [2012-12-14]. http://www.ft.com/cms/s/0/a91b2c42-451c-11e2-838f-00144feabdc0.html#axzz2nn89Qz7c.

[6] Dodd T. Brave new free online course for UNSW [EB/OL]. [2012-10-15]. http://www.afr.com/p/national/education/brave_new_free_online_course_for_M7usoay0z7L30BKu3EhIWN.

[7] Rowbotham J. Do the maths-MOOCs break the mould [EB/OL]. [2013-02-10]. http://www.theaustralian.com.au/higher-education/do-the-maths-moocs-break-the-mould/story-e-6frgcjx-1226581417851#.

[8] OpenupEd [EB/OL]. [2013-12-05]. http://www.openuped.eu/.

[9] Librarians:Your most valuable MOOC supporters [EB/OL]. [2013-05-16]. http://

oedb. org/library/features/librarians-your-most-valuable-mooc-supporters/.

[10] ACRL Research Planning and Review Committee. Environmental scan 2013 [EB/OL]. [2013-10-15]. www. ala. org/acrl/sites/ala. org…/EnvironmentalScan13. pdf? .

[11] ALCTS webinar series: Libraries and MOOCs [EB/OL]. [2013-10-15]. http://www. ala. org/alcts/confevents/upcoming/webinar/moocs.

[12] Clobridge A. MOOCs and libraries [EB/OL]. [2013-10-03]. http://www. against-the-grain. com/2013/10/moocs-and-libraries/.

[13] EDUCAUSE. What campus leaders need to know about MOOCs [EB/OL]. [2013-11-08]. https://net. educause. edu/ir/library/pdf/PUB4005. pdf.

[14] University of Toronto. Massively Open Online Courses (MOOC) resource and planning guidelines [EB/OL]. [2013-02-02]. http://onlinelearning. utoronto. ca/wp-content/uploads/2013/01/MOOC-Resourcing-and-Planning-Guidelines-2-Feb-2013. pdf.

[15] Hassen M, O'Brien L, Bordac S, et al. MOOCs and libraries: New opportunities for librarians [EB/OL]. [2013-03-19]. http://oclc. org/content/dam/research/events/2013/03-18moocs-opportunities. pptx.

[16] MIT Libraries. News from the MIT libraries [EB/OL]. [2013-11-08]. http://libraries. mit. edu/about/news/newsletter/13-01. pdf.

[17] Proffitt M. MOOCs and libraries: New opportunities for librarians [EB/OL]. [2013-04-16]. http://hangingtogether. org/? cat=58.

[18] Proffitt M. MOOCs and libraries: A look at the landscape [EB/OL]. [2013-01-23]. http://hangingtogether. org/? cat=58.

[19] Barnes C. MOOCs: The challenges for academic librarians [J]. Australian Academic & Research Libraries, 2013, 44(3): 163-175.

[20] Cantwell L P. "MOOL" in a MOOC: Opportunities for librarianship in the expanding galaxy of Massive Open Online Course design and execution [J]. Internet Learning, 2013, 2(2): 47-71.

[21] Schwartz M. Massive open opportunity: Supporting MOOCs in public and academic Libraries [EB/OL]. [2013-05-10]. http://lj. libraryjournal. com/2013/05/library-services/massive-open-opportunity-supporting-moocs/.

[22] Stephens M. MOOCs for LIS professional development: Exploring new transformative learning environments and roles [J]. Internet Learning, 2013, 2(2): 72-88.

[23] Wright F. What do librarians need to know about MOOCs? [EB/OL]. [2013-08-20]. http://www. dlib. org/dlib/march13/wright/03wright. html.

[24] Almeida N. A new polemic: Libraries, MOOCs, and the pedagogical landscape [EB/OL]. [2013-08-21]. http://www. inthelibrarywiththeleadpipe. org/2013/a-new-polemic-libraries-moocs-and-the-pedagogical-landscape/.

[25] U. S. Copyright Act [EB/OL]. [2013-11-18]. http://www. wipo. int/wipolex/zh/

text. jsp？file_id=130040.

［26］ Pike G H. Georgia State University copyright decision issued—New rules for users and publishers［EB/OL］.［2012-05-17］. http://newsbreaks. infotoday. com/NewsBreaks/George-State-University-Copyright-Decision-IssuedNew-Rules-for-Users-and-Publishers-82676. asp.

［27］ Butler B. Massive Open Online Courses：Legal and policy issues for research libraries［EB/OL］.［2012-10-22］. http://www. arl. org/storage/documents/publications/issuebrief-mooc-22oct12. pdf.

［28］ Fowler L. Drawing the blueprint as we build：Setting up a library-based copyright and permissions service for MOOCs［EB/OL］.［2013-10-27］. http://www. dlib. org/dlib/july13/fowler/07fowler. html.

［29］ University of North Carolina Chapel Hill. MOOCs guidelines［EB/OL］.［2013-12-04］. http://library. unc. edu/scholcom/moocs-guidelines/.

［30］ Penn Libraries. General copyright issues for Coursera/MOOC courses［EB/OL］.［2013-09-27］. http://guides. library. upenn. edu/content. php？pid=244413&sid=3375306.

［31］ Jaguszewski J M, Williams K. New roles for new times：Transforming liaison roles in research libraries［EB/OL］.［2013-10-20］. http://www. arl. org/storage/documents/publications/NRNT-Liaison-Roles-final. pdf.

［32］ Harvard Graduate School of Education. Pathways to prosperity［EB/OL］.［2012-12-29］. http://www. gse. harvard. edu/news_events/features/2011/Pathways_to_Prosperity_Feb2011. pdf.

［33］ Bohle S. Librarians and the era of the MOOC［EB/OL］.［2013-05-09］. http://www. scilogs. com/scientific_and_medical_libraries/librarians-and-the-era-of-the-mooc/.

［34］ Creed-Dikeogu G, Clark C. Are you MOOC-ing yet？A review for academic libraries［J］. Kansas Library Association College and University Libraries Section Proceedings, 2013, 3：9-13.

［35］ 苏德毅."大规模开放在线课程"与图书馆：准备就绪,迎接"巨变"［EB/OL］.［2013-07-15］. http://www. chinalibs. net/ArticleInfo. aspx？id=306448.

［36］ Terwiesch C. Coursera course "An Introduction to Operations Management"：Lessons learnt and reflections on future Coursera offerings［EB/OL］.［2013-03-18］. http://www. oclc. org/content/dam/research/presentations/terwiesch/moocs2013. pptx.

［37］ A MOOC of our own［EB/OL］.［2013-12-10］. http://lj. libraryjournal. com/2013/12/academic-libraries/a-mooc-of-our-own/.

［38］ Proffitt M. MOOCs and libraries：Who are the masses？A view of the audience［EB/OL］.［2013-04-17］. http://hangingtogether. org/？cat=58.

［39］ 王嘉华,王靖. 大规模在线课程(MOOC)全球趋势及对中国的意义［EB/OL］.［2013-11-23］. http://www. accenture. com/SiteCollectionDocuments/Local_China/

PDF/Accenture-Insight-Massive-Open-Online-Course-China.pdf.

作者简介

罗博，武汉大学信息管理学院博士研究生。

国内外数据分析类 MOOC 调查与分析[*]

1 引言

  数据是数字时代的基础，随着大数据的广泛运用，通过大数据计算和分析技术掌握事物发展规律，帮助人们进行科学决策已成为当今时代的主题。但大数据并不直接意味着大价值，大数据必须要经过分析发掘后才可以释放大数据的潜在价值[1]。在大数据时代，大量数据分析处理需求大大助长了各行业及企业对新型大数据分析和预测技术人才的热情和需求，根据美国 PayScale 的调查，2016 年美国数据科学家的平均年薪可达到 9.3 万美金[2]。数据科学家普遍需要具备三项基本技能：数据统计分析、计算机能力和特定业务领域的知识。据预测，2013 到 2020 年间英国的大数据专家人才需求将增加 160%，其中数据分析师需求占到 7%，而越来越多的大数据相关工作要求申请人具有大数据经验（28%）和数据分析能力（13%）[3]。

  "数据分析"课程作为信息管理和计算机科学的专业课程之一，主要是应用数理统计学的理论与方法，解决实际的应用问题。全球的大学已开始探索培养数据科学研究人才。据统计，北美目前已有超过 80 个大学提供大数据分析或数据科学的硕士项目[4]。笔者对北美开设数据科学相关专业的学院进行调查发现，除了在校授课之外，还有 24.72% 的学位提供在线学习方式，有 6.6% 的学位可以通过在线认证教育的方式进行提供[5]。

  在大数据时代，数据分析更多被看做一种专业技能，要求从业者可以使用多种数据分析工具对各个行业内的数据进行收集、整理、分析，并依据这些数据做出研究和评估。作为专业学位教育的补充，多种在线认证教育、网络公开课等形式都被用来帮助有志于从事数据分析事业的学生自学成才。而作为近年来在全球迅速发展的一种新型教育模式，MOOC 因其自主选择性和互动性较强，成为培养数据分析技能的主要途径之一。"数据分析"课程需要一定的统计学和数学基础，其授课内容中包括的统计分析、数据建模、Hadoop 以及 SAS 等技能都极其适合在互联网环境下进行教学。随着大数据和

---

[*] 本文系武汉大学自主科研项目（人文社会科学）"促进我国数据开放共享的对策研究"研究成果之一，得到"中央高校基本科研业务费专项资金"资助。

数据科学的发展,数据分析类 MOOC 逐渐增多,在 Coursera、edX 等 MOOC 平台上都开设有专门的数据科学类目,高校、社会团体乃至企业都纷纷发布"数据分析"类 MOOC 课程。

随着大数据时代下在线教育的兴起,许多学者开始关注"数据分析"课程在新时代的发展。张蕾等分析了大数据背景下信息与计算科学等本科专业开设"数据分析"课程中存在的一些问题并提出未来的发展建议[6]。刘禄等通过对比分析 TED-Ed 和中国大学视频公开课上的"数据分析"课程,提出设计面向"网络一代"的在线课堂教学的新型组织方式和教学内容[7]。还有一些学者对特定几门"数据分析"MOOC 进行了分析。邢博特以英国开放大学统计类二级课程数据分析课程为例,介绍了英国开放大学的多元评价体系在保证教学质量,培养和提高学生关键技能等方面发挥的巨大作用[8]。蔡宏伟以 Coursera 平台"数据分析与统计推断"课程为例,分析 MOOC 平台的教学过程、学习对象以及评价方法的优势和局限性[9]。J. López Puga 介绍了一门使用 R 语言进行数据统计和分析的 MOOC,他认为 MOOC 可以帮助更多人了解 R 语言并熟悉统计和数据分析[10]。S. Salzberg 介绍了霍普金斯大学开设基因组数据科学 MOOC 的过程[11]。G. Fox 等讨论了印第安纳大学通过 MOOC 提供数据科学的教学计划[12]。本文拟通过广泛调查数据分析类 MOOC 的整体开设情况,并在此基础上从教学内容、教学方式和教学效果 3 个方面进行分析,探讨国内外数据分析类课程的发展现状,并对我国数据分析类 MOOC 未来的发展提出建议和启示。

2 调查内容

自 2013 年以来,国内外纷纷上线多家 MOOC 平台,为了解国内外数据分析教育类 MOOC 的发展现状,笔者采用网络调查法,登录国内外主要的 MOOC 集成平台(如 Class-central、MOOC 学院等)和国内外主要的 MOOC 平台(如 Coursera、edX、爱课程网和中国大学 MOOC 等),收集课程主题为"数据分析"的 MOOC 课程,跟踪课程进度和课程内容,开展调查。

调查发现,截至 2016 年 8 月 1 日,国内外共有 11 个国家的 39 所大学或机构在 15 个 MOOC 平台上开设了 52 门数据分析类 MOOC,包括英语、中文、俄语、葡萄牙语、西班牙语、法语和日语等 7 种语言(见表 1)。课程的开设机构主要为高校,还有 10 门课程由公司企业,如微软、IBM 和 FullbridgeX 等开设;从国家分布看,开设信息素养类 MOOC 数量最多的是美国,共 32 门;其次是中国,开设 10 门(包括中国香港 1 门,中国台湾两门);接着是俄罗斯开设了两门;英国、日本、法国、加拿大、新西兰、荷兰、墨西哥和瑞典各开设了 1 门。

表 1 国内外数据分析 MOOC 调查概况

	课程名称	开设机构	授课国家	授课语言	课程时长	开设平台
1	如何使用 BigSheets 进行数据分析	Big Data University	美国	英语	2 小时	IBM 大数据学院
2	大数据分析示例讲解（英文版）	Big Data University	美国	英语	2 小时	IBM 大数据学院
3	基于 R 语言的大数据分析介绍	Big Data University	美国	英语	5 小时	IBM 大数据学院
4	数据分析师 纳米学位（Data Analyst Nanodegree）	Udacity	美国	英语	378 小时	Udacity
5	加州理工学院和喷气推进实验室暑期学校：大数据分析（The Caltech-JPL Summer School on Big Data Analytics）	加州理工学院和喷气推进实验室暑期学校	美国	英语	2 周	Coursera
6	运用 Azure HDInsight 下的 Hadoop 实现实时分析	微软公司	美国	英语	3 周	edX
7	运用 Spark 大数据分析（Big Data Analysis with Spark）	加州大学伯克利分校	美国	英语	4 周	edX
8	使用 Galaxy 软件进行基因组数据分析（Genomic Data Science with Galaxy）	约翰霍普金斯大学	美国	英语	4 周	Coursera
9	用 Excel 分析和可视化数据（Analyzing and Visualizing Data with Excel）	微软公司	美国	英语	4 周	edX
10	用 Power BI 分析和可视化数据（Analyzing and Visualizing Data with Power BI）	微软公司	美国	英语	4 周	edX
11	R 导论（Introduction to R Programming）	微软公司	美国	英语	4 周	edX
12	职场力：商务与数据分析（Career Edge: Business Analysis and Data Analytics）	FullbridgeX 公司	美国	英语	4 周	edX
13	探索性数据分析（Exploratory Data Analysis）	约翰霍普金斯大学	美国	葡萄牙语/英语	4 周	Coursera
14	数据科学与机器学习要领（Data Science and Machine Learning Essentials）	微软公司	美国	英语	5 周	edX
15	使用 Azure HDInsight 的 Hadoop 实现预测分析	微软公司	美国	英语	5 周	edX
16	健康数据分析（Health Data Analytics）	圣斯考拉斯蒂卡学院	美国	英语	8 周	Open Education by Blackboard

续表

	课程名称	开设机构	授课国家	授课语言	课程时长	开设平台
17	使用EXCEL进行健康数据分析（Health Data Analytics with Microsoft Excel）	圣斯考拉斯蒂卡学院	美国	英语	8周	Independent
18	数据分析的计算方法（Computational Methods for Data Analysis）	华盛顿大学	美国	英语	10周	Coursera
19	大数据（专项课程）	美国加州大学圣地亚哥分校	美国	英语	10周	Coursera
20	数据分析基础（系列课程）（Foundations of Data Analysis）	德克萨斯大学奥斯汀分校	美国	英语	12周	edX
21	数据科学和分析（专项课程）(Data Science and Analytics in Context)	哥伦比亚大学	美国	英语	15周	edX
22	数据分析和解释（专项课程）（Learn Data Science Fundamentals）	卫斯廉大学	美国	英语	16周	Coursera
23	商业分析（专项课程）（Business Analytics）	宾夕法尼亚大学	美国	英语	16周	Coursera
24	从Excel到MySQL：商业分析技术（专项课程）（Excel to MySQL: Analytic Techniques for Business Capstone）	杜克大学	美国	英语	20周	Coursera
25	测量数据采集和分析（专项课程）（Survey Data Collection and Analytics）	马里兰大学，密歇根大学	美国	英语	24周	Coursera
26	零基础Python入门（专项课程）	密歇根大学	美国	英语	25周	Coursera
27	生命科学数据分析（系列课程）（Data Analysis for Life Sciences）	哈佛大学	美国	英语	28周	edX
28	推理论证、数据分析和写作（专项课程）（Reasoning, Data Analysis, & Writing Final Project）	杜克大学	美国	英语	42周	Coursera

276

续表

	课程名称	开设机构	授课国家	授课语言	课程时长	开设平台
29	数据分析管理（Managing Data Analysis）	约翰霍普金斯大学、Zillow、DataCamp	美国	英语	任意时间	Coursera
30	IBM Watson 的基本原理和大数据分析	Big Data University	美国	英语、葡萄牙语	任意时间	IBM 大数据学院
31	数据、分析法与学习（Data, Analytics and Learning）	德州大学阿灵顿分校	美国	英语	待定	edX
32	医疗保健的大数据分析（Big Data Analytics for Healthcare）	乔治亚理工学院	美国	英语	待定	Coursera
33	数据统计分析师 SPSS 认证	—	中国	中文	4 周	顶你学堂
34	用 Python 玩转数据	南京大学	中国	中文	5 周	Coursera
35	社会调查与研究方法	北京大学	中国	英文	17 周	Coursera
36	大数据分析（B）	清华大学	中国	中文	任意时间	学堂在线
37	R 语言大规模数据分析实战	—	中国	中文	任意时间	雪晴数据网
38	使用 RHadoop 做大数据分析	Taiwan R User Group	中国	中文	任意时间	雪晴数据网
39	数据分析基础实战知识	—	中国	中文	任意时间	萝卜网
40	理解 1700-2000 年的中国：数据分析	香港科技大学	中国香港	英语	8 周	Coursera
41	数据资料整理与分析	树德科技大学	中国台湾	中文	5 周	ShareCourse
42	数值分析	台湾政治大学	中国台湾	中文	9 周	ewant
43	数据分析中的核心概念	俄罗斯高等经济研究大学	俄罗斯	英语	8 周	Coursera

277

续表

	课程名称	开设机构	授课国家	授课语言	课程时长	开设平台
44	机器学习和数据分析（专项课程）	莫斯科物理科学与技术学院	俄罗斯	俄语	20周	Coursera
45	数据分析代码学习（Learn to Code for Data Analysis）	英国开放大学	英国	英语	4周	FutureLearn
46	统计I：基本数据分析	—	日本	日语	5周	gacco
47	多维数据分析（Analyse des données multidimensionnelles）	雷恩国立农学及食品研究高等教育学院	法国	法语	6周	—
48	硅光学芯片的设计、工艺和数据分析（Silicon Photonics Design, Fabrication and Data Analysis）	英属哥伦比亚大学	加拿大	英语	7周	edX
49	理解数据：数据分析简介（Data to Insight: An Introduction to Data Analysis）	奥克兰大学	新西兰	英语	8周	FutureLearn
50	商务数据分析（Data Analysis for your Business）	代尔夫特理工大学	荷兰	英语	20周	edX
51	决策数据分析（专项课程）（Analiza datos, toma mejores decisiones y obtén grandes resultados）	蒙特雷科技大学	墨西哥	西班牙语	22周	Coursera
52	通过R语言察系统计学	瑞典卡罗林斯卡学院	瑞典	英语	任意时间	edX

2.1 教学内容

数据分析是一门应用性和实用性很强的课程，主要通过明确需求、收集数据、处理数据、分析数据和结构展现，探索数据的内在规律性，以达到对客观事物的科学认识。因此在课程内容的设置上不仅要求学生对数据分析有扎实的理论功底，而且要有解决实际问题的能力。课程更需要立足于应用，特别要注重实验、实践教学环节。随着时代的不断发展，大数据时代对于对多类型的数据进行分析、处理的能力要求更高，数据分析课程的教学内容也在不断更新。笔者根据不同的教学内容侧重点，将52门MOOC的教学内容大致划分为4类，如表2所示：

表2 数据分析MOOC教学内容分布

教学内容	课程名称	比例
数据分析基础	数据分析基础；数据分析和解释；推理论证、数据分析和写作；数据分析入门微学位；数据分析管理；数据、分析法与学习；探索性数据分析；数据统计分析师SPSS认证；数值分析；数据资料整理与分析；数据分析基础实战知识；机器学习和数据分析；数据分析中的核心概念；统计：让数据有意义；数据分析代码学习；理解数据；数据分析简介；决策数据分析；统计I；基本数据分析；多维数据分析	35%
数据分析工具	零基础Python入门；运用Azure HDInsight下的Hadoop实现实时分析；使用EXCEL进行健康数据分析；从Excel到MySQL：商业分析技术；商业分析；使用Galaxy软件进行基因组数据分析；使用Azure HDInisght的Hadoop实现预测分析；运用Spark大数据分析；如何使用BigSheets进行数据分析；基于R语言的大数据分析介绍；用Excel分析和可视化数据；用Power BI分析和可视化数据；R导论；用Python玩转数据；R语言大规模数据分析实战；使用Rhadoop做大数据分析；用Python玩转数据；通过R语言探索统计学	29%
数据分析应用	健康数据分析；数据分析的计算方法；生命科学数据分析；职场力；商务与数据分析；医疗保健的大数据分析；理解1700-2000年的中国：数据分析；硅光学芯片的设计、工艺和数据分析；商务数据分析；测量数据采集和分析	23%
大数据分析	加州理工学院和喷气推进实验室暑期学校；大数据分析；大数据；数据科学和分析；大数据分析示例讲解；数据科学与机器学习要领；IBM Watson的基本原理和大数据分析；大数据分析（B）	13%

2.1.1 数据分析基础 建立在数学和统计学基础上的数据分析课程，需要通过收集、处理、分析和解释数据来探索数据的内在规律，课程教学的内容要求学生能够根据实际问题去收集和整理数据，能借助统计软件和统计学

279

知识去分析数据。因此，数据分析类的 MOOC 中，有 35% 的 MOOC 选择了基础的数据分析内容，教学内容主要分布在统计学、编程、机器学习、数据清理和数据可视化等方面。

优达学城（Udacity）推出了数据分析师的纳米学位，与 Facebook、MongoDB 和 Zipfian 等企业合作制作，一些高校如圣何塞州立大学、斯坦福大学也为这个项目贡献课程，旨在"学习如何清洗杂乱数据，发现数据中的模式规律，通过机器学习进行预测，并清晰地传达发现"。其教学项目内容涵盖数据清理、MongoDB、发掘性统计分析、机器学习、数据可视化和数据互动性可视化等多个数据分析内容。通过长达 378 个小时的学习，学员可以通过 11 个实战项目获得数据分析师学位并用于领英（LinkedIn）的应聘。

除此之外，作为高校计算机专业、信息管理专业和统计学专业中常见的专业课，许多高校也将自己的线下课程翻转成为在线课程，以在更大范围内供学生学习，如杜克大学的"推理、资料分析和写作"专项课程、卫斯理大学的"数据分析和解释"专项课程等；除此之外还有莫斯科物理科学与技术学院开设的俄语"机器学习和数据分析"专项课程和墨西哥蒙特雷科技大学开设的西班牙语"决策数据分析"专项课程等小语种 MOOC。这些课程内容涉及数据管理与可视化、统计、数据分析工具、回归建模时间、机器学习等数据分析基础内容。

制作这些课程的 MOOC 并不仅仅是将课程内容放到网上，MOOC 团队为了更好地结合互联网环境下教学和学习的特点，还设置了大量丰富的案例和数据供学员使用。以卫斯理大学的"数据分析和解释"专项课程为例，专项课程包括 4 门项目课程（分别为"数据管理与可视化""数据分析工具""回归建模实践"和"使用机器学习进行数据分析"）和 1 门毕业项目，通过这 5 门课程的学习，使学员从数据新手到数据专家，通过学习运用基本的科学数据工具，包括数据管理和可视化、建模，学习 SAS 和 Python 编程，解决实际问题。为了提高学员运用所学知识解决实际问题的能力，教师会在课后为学生提供可用的码本（code books）和数据集，便于学生进行实践操作，如在子课程"数据管理和可视化"的学习过程中，教师提供了 5 个码本，分别来自美国酒精相关流行病学调查（NESARC）、火星陨石坑研究、全美青少年健康纵向研究（AddHealth）和美国生活观调查（OOL）等。这些码本和数据集以 .pdf 和 .csv 的格式提供给学生下载，学生需要在学习期间利用所学的 Python 或 SAS 语言编写一个基本程序，来加载选择的某一个数据集并实现数据的管理和可视化。

中文数据分析类 MOOC 比较有代表性的是台湾政治大学开设的"数值分

析",这门课程被称为是中文第一个数据分析类 MOOC,使用 Python 作为计算教学语言进行数据分析的教学。

2.1.2 数据分析工具 来自传感器、购买交易记录、网络日志等的大量数据,通常是 EB 或 ZB 的大小,如此庞大的数据,寻找一个合适的处理工具非常必要。从数据处理过程的角度进行分析,数据存储层常用的软件如 MySQL、SQL Server、DB2, Oracle 和 BI,数据分析层常用的软件如 Excel、SPSS 和 SAS 等,常用的编程语言为 R 语言、Python 等。随着大数据的发展,Hadoop、Spark 等工具也被更多地在课堂上被介绍。

以数据分析工具开发为主的微软和 IBM 成为这一类 MOOC 课程分享的主力,IBM 大数据学院开设了"如何使用 BigSheets 进行数据分析"和"基于 R 语言的大数据分析介绍",而微软公司更是开设了 5 门课程,分别教授使用 Excel 和 Power BI 分析和可视化数据、使用 R 语言和 Hadoop 进行实时分析和预测分析。

密歇根大学推出一个时长达 28 周的"零基础 Python 入门"专项课程,涵盖了如何使用 Python 的基本指令编写程序,学习者无需相关经验,只需具备一定的电脑使用经验,就可以通过这门课程的学习掌握 Python 语言。杜克大学推出的"从 Excel 到 MySQL:商业分析技术"专项课程设置了"使用 Excel 分析数据""使用 Tableau 展示可视化数据"和"使用 MySQL 管理大数据"等内容,学员亦无需基础即可学习如何利用数据分析使公司更好地盈利且更具竞争力。

国内有南京大学的张莉副教授开设的"用 Python 玩转数据"、雪晴数据网开设的"R 语言大规模数据分析实战""使用 Rhadoop 做大数据分析"等课程,主要为非计算机专业学生介绍常用的大数据分析工具。

2.1.3 数据分析应用 数据分析被广泛应用在包括物联网、舆情分析、电子商务、健康医疗、生物技术和金融等在内的多个领域。在调查中,有 12 门 MOOC 涉及数据分析在不同行业中的应用。

以数据挖掘、数据仓库、商务智能等智能化的信息技术为手段的数据分析技术,不仅能大幅提高疾病与健康研究,而且在最新的医药生物技术发展中也发挥着关键作用。因此,许多课程都涉及生物技术领域的数据分析应用。哈佛大学推出了"生命科学数据分析"系列课程,由美国国立卫生研究院(NIH)提供专项拨款,主要介绍生命科学数据分析中的高级统计学和 R 编程技巧、线性模型与矩阵代数、高维数据分析、生物数据开放源工具包 Bioconductor 的使用方法等内容,并附有丰富的案例研究,涉及 RNA 序列数据分析、

DNA 甲基化数据分析、发现变异与基因分型、ChIP 序列数据分析等方面，适合从基础开始学习生命科学的数据分析学员。其他健康医疗领域数据分析的 MOOC 还有约翰霍普金斯大学开设的"使用 Galaxy 软件进行基因组数据分析"、圣斯考拉斯蒂卡学院开设的"健康数据分析"和乔治亚理工学院开设的"医疗保健的大数据分析"等。

商业数据分析也非常重视利用统计工具和技术来解决问题，要能根据业务需求，从数据中生成相应的报表，为决策提供支撑，同时能熟练运用分析工具，学会用数据说话。随着大数据的发展，许多商业从业人士需要学习一些数据分析的技巧，相应的 MOOC 也有很多。宾夕法尼亚大学开设了商业分析的专项课程，课程主要针对商业从业人员，旨在通过 16 周的学习，从客户分析、运营分析、人力资源分析和会计分析 4 个方面介绍数据分析如何在市场营销、人力资源、金融和运营的特定领域中发挥作用，商业人员应如何基于数据为商业决策提供阐释、预测和参考。Fullbridge 公司在其系列课程"职场力"（Career Edge）中专门开设了"职场力：商务与数据分析"，介绍如何使用 Excel 有效地评估市场和财务数据，利用可视化的图表来进行有效的数据沟通，增强商业从业人士的职业信心。

除此之外，还有应用于物理学、工程学、人文科学等学科的探索性和客观性的数据分析方法。

2.1.4 大数据分析 大数据的数据集通常是 EB 或 ZB 的大小，需要专门设计的硬件和软件工具进行处理。大数据分析的 MOOC 内容包括可视化分析、数据挖掘算法、预测性分析能力、语义引擎、数据质量和数据管理等。例如由加州理工学院和喷气推进实验室（JPL）开设的"大数据分析"暑期课程，就是一门研究数据在天体物理学、地球科学（比如气候科学）和其他空间科学领域的应用课程。美国加州大学圣地亚哥分校的"数据科学"专项课程就涵盖了大数据导论、大数据分析导论、Hadoop 教程、大数据图分析和基于大数据的机器学习等内容。微软开设的"大数据分析"课程以如何使用 R 语言、Python 语言和 Cortana Analytics 套件中的 Azure Machine Learning 服务创建云数据科学解决方案为例，学习数据科学和机器学习的关键概念。IBM 大数据学院开设的两门课程也以展示大数据工作、讲授如何使用 R 语言完成大数据的分析处理作为主要内容。

2.2 教学方式

与面授教学相比，MOOC 需要借助网络平台，准备更多更丰富的练习活动，帮助学生通过练习和测验来了解自己的学习情况，自我调整和修正，巩固学习效果，最终熟练掌握知识要点。

2.2.1 课程难度与先修知识 数据分析类MOOC面向的群体既有入门级学习者，也有具有一定基础的数据分析专业人士。因此，在课程页面需要注明课程难度及先修知识。

在52门MOOC中，有18门MOOC标注难度为初级，无需相关经验，但需要一些基础的高中数学基础和计算机基础应用。有18门MOOC标注难度为中级，需具备的先修知识包括编程背景、Python使用经验、统计学知识背景、或者Spark或分布式计算的经验等。但这些要求并非完全拒绝了初学者，许多中级MOOC会提供进阶学习的方向，如数据分析微学位中一门"Data Analysis with R"的课程就建议学习者如果不具备统计学知识背景，可以在参加本课程之前首先参加"统计：决策的科学"（Statistics：The Science of Decisions）课程获取相应知识。高级课程则较少，仅在"生命科学数据分析（系列课程）"中有3门小课程为高级课程，需要学习者在完成该系列课程其他基础部分的学习之后再进行学习。可以看出，MOOC课程的整体难度并不是很高，更多地还是偏重于基础性和介绍性的学习研究。

2.2.2 考核体系 在此次调查的数据分析类MOOC中，基本都有不同形式的考核内容。最多的考核形式是教学视频后安排的小测试。与一般的知识性课程不同，数据分析类MOOC非常重视培养编程动手能力，大多数课程都安排有对软件的实验操作。如杜克大学的"推理、资料分析和写作"专项课程的子课程"数据分析与统计推断"就要求学生用简单的数据推断和模型方法完成一个调查项目，微软公司开设的"R导论"更明确要求学生要掌握使用R语言进行数据分析，生成可视化图形等技能。除了小测试，在Coursera和edX提供的专项课程中，都安排有毕业项目，多数要求学生根据学到的知识完成一个独立项目，可以让学生接触到一个完整的分析问题、解决问题的过程。毕业项目鼓励学生获取原始数据，在数据中挖掘可用信息并根据计算机运行结果，分析数据特征，学会提炼从原始数据到有用信息再到科学知识进而影响决策的科学方法。如杜克大学的"从Excel到MySQL：商业分析技术"毕业项目要求学生使用数据分析为美国"Watershed物业管理有限公司"推荐一种改善利润的方法。卫斯理大学的"数据分析与解释"的毕业项目要求学生使用数据分析技巧解决社会当中某个重要的课题，并可将课程报告作为以后工作应聘时的展示。而加州大学圣地亚哥分校开设的"大数据"专项课程的毕业项目要求学生使用学到的工具和方法为Splunk公司构建大数据生态系统，并可以凭借这个项目直接应聘 Splunk 的工程师职位。

2.2.3 互动模式 受调查的数据分析类 MOOC 大多都提供互动交流板块，用于课程的交流和讨论，主要有网上讨论区、社交媒体和移动通讯终端。其中网上讨论区是最为常见的互动形式，Coursera、edX 和 Udacity 都提供专门的讨论平台进行互动，微软公司开设的"数据科学与机器学习要领"课程中，授课教师除了在课程讨论区回复具有代表性的问题外，还专门安排有办公时间（office hour）集中解答同学们在课程中遇到的疑问。

同时，随着社交媒体和移动终端的发展，国外的 MOOC 平台也纷纷开设专门的社交媒体账号来增强学生的互动性。如德州大学阿灵顿分校开设的"数据、分析法与学习"课程除了可以在 edX 平台上互动外，还鼓励学生在社交媒体例如博客和 Twitter 上发布课程讨论，利用更为广阔的社交媒体平台，便于学院和更多人交流学习心得；卫斯理大学开设的"数据分析和解释"专项课程更是要求学员通过其 Tumblr 博客提供学习进展，他们的 Tumblr 展示在考核体系中可达到 20 分。而微软和 IBM 推出的数据分析类 MOOC 更注重实用性，鼓励学员将学习内容和身份证书在领英等人才招聘网站上进行分享。

2.2.4 师资队伍 在 MOOC 课堂中，教师不再是传统的单一教师角色，需要集知识专家、课程设计者和课程讲授者等多个角色于一体。为了提高教学质量和教学水平，得到超越面授的教学效果，MOOC 需要为主讲教师配备教学团队，通过团队的协作，使得教学团队更加多元化、专业化和职业化，这样才能流畅顺利地完成从课程设计、课程教学到成果反馈的整个教学流程。

调查显示，单独授课的 MOOC 数量最多，大部分单独授课的 MOOC 课程时间都较短，一般为 4-8 周，只有两个系列课程分别为"数据分析基础"和"零基础 Python 入门"。从授课教师的职称分布上来看，中级职称成为单独授课的教师主流，有 10 名单独授课的教师职称为副教授或助理教授。而除了在校进行研究的学者之外，由微软、IBM、FullbridgeX 等公司推出的 MOOC 中，其授课教师多数由其公司内具有深厚工作经验的工程师、高级开发人员、数据分析师或者项目经理、副总裁来担任。这些课程虽然只有一位教师进行讲授，但由于讲解的内容与其日常工作紧密相关，其课程内容也非常翔实。如微软公司开设的"用 Excel 分析和可视化数据"课程，其授课教师 D. Hoter 就是 Excel 项目组高级项目经理，一直参与 Excel 及 Excel 中商业智能的开发。

MOOC 的共享性和开放性，使得很多人可以同时选择在线学习同一门课。在这样的情况下为了提高教学质量和教学水平，得到更好的教学效果，就需要为主讲教师配备教学团队，使得知识专家、课程教练、课程设计者等角色一起来协助主讲教师完成整个授课过程。调查显示，在 MOOC 教师团队中，有 15 门课程配备了 2~5 人的中小型团队，其中有 10 门课程由一名教授带队，配备若干名副教授、助理教授、讲师或博士生共同完成授课过程。团队教授的课程主要集中于由 Coursera、edX 等平台推出的专项课程中，如杜克大学推出的"推理、资料分析和写作"专项课程，其团队由 4 人组成，2 名教授，2 名助理教授，团队实力非常雄厚。同时，团队授课也可以吸纳更多非教学岗位的专业人士的参与，如"大数据"专项课程就邀请了来自圣地亚哥超级计算机中心（SDSC）的程序研究员、HPC 应用专家、总监等 4 人共同授课。

大型团队的授课教师人数都超过了 10 人。哥伦比亚大学的"数据科学和分析"专项课程的教学团队由 18 人组成，包括 8 名教授，2 名副教授，4 名助理教授和 2 名课程设计师，这些教师分别来自统计学、计算机学、市场营销学和心理学等多个学科。宾夕法尼亚大学开设的"商业分析"专项课程除了配备 12 位助理教授的教师资源之外，还包括了整个沃顿商学院的师资队伍。这些雄厚的师资团队保证了 MOOC 系列课程的质量，也可以在课程教学过程中更好地给予学生反馈和指导。

2.3 教学效果

MOOC 的评价和奖励机制是激励公众参与 MOOC 学习的重要体系，也是评估 MOOC 教学效果的重要工具。当学生完成 MOOC 所规定的考核指标之后，MOOC 平台会提供免费或付费认证的相关证书。哈佛大学与麻省理工学院发布的一份关于 MOOC 演变趋势的报告显示，有 57% 的学习者想要获得证书，他们的课程完成率可以达到 24%。因此，提供认证证书可以激励教师和学习者更好地参与 MOOC[13]。

大多数 MOOC 都可以免费进行在线学习，当学员完成 MOOC 设置的考核指标，如完成每周测验，并在期末考试中达到要求的分数，可以免费获得一个证书，学员可以在结课后自行下载。证书上一般会显示学生姓名、课程名称、课程简介、讲师的签名等信息。

除此之外，在此次调查的 52 门 MOOC 中，有 25 门数据分析类 MOOC 同时提供免费学习和付费证书的课程，全部集中在 Coursera 和 edX 两个平台上。Coursera 可同时提供免费证书"完成证明"（Statement of Accomplishment）和收费证书"签名认证"（Vertified Certificate）两种证书，其精心制作的专项课程需要收费并提供"专项课程证书"（Specialization）。edX 也同时提供免费证书"荣誉认证"（Honor Code Certificate）和收费证书"签名认证"（Verified Certificate），另外，edX 提供的 x 系列（XSeries）课程证书也是以收费为主。

这些制作精良的 MOOC 证书收费不菲，每门课费用约为 50 美元，每个专项课程一般包括 4~5 门课程和 1 个毕业项目，所需总费用在 200 美元以上。学员可以根据自己经济状况选择课程学习方式，如在课程完成后获得了付费证书，还可以在求职网站（如领英等）上通过验证付费证书的方式为个人简历增加 MOOC 教育背景。从 2014 年开始，Udacity 的课程推出付费的"纳米学位"（Nanodegree）。此次调查涉及的"数据分析师"纳米学位就是由 Udacity、Facebook 与 Google 合作开发的个性化课程。纳米学位以就业为目标、实战为基础，学员要通过 6~9 个月的时间完成付费在线学习，他们在这个过程中会得到一对一的项目反馈。如果最终通过了纳米学位的认证审核，就可以把学到的技能用于求职，还有机会获得合作公司的面试机会。因此一般收取一个月 980 元人民币的学费，学员可以根据自己的进度逐月付费。但从教学效果上来看，目前人们为认证证书付费的动机并不强[13]，在非美国地区，MOOC 证书作为职业资质证明的作用并不显著。

除此之外，由日本 MOOC 平台 gacco 发布的课程"统计 I：基本数据分析"则采取了更为灵活的付费方式，课程有两种，普通的在线学习是免费的，同时还提供了需要付费的面对面的学习课程，会在东京、大阪、仙台设置现场，学员通过完成在线学习后可以到达现场，会有专门负责面对面学习的教授来提供更详细的信息，学院也可以在现场与其他学生进行课堂讨论，以加深和运用所学知识。学员可以根据自己情况自由选择。这种方式可以把线上教育与线下培训进行结合，是日本 MOOC 发展的一个特点。

3 我国数据分析类 MOOC 存在的问题及发展方向

随着数据科学的不断发展，数据分析在决策中所占的位置越来越重要，当代社会对技术熟练的专业数据分析师有很大需求，数据分析类 MOOC 以其方便快捷的教学过程和较为齐全的认证体系正在蓬勃发展。在调查中发现，虽然目前有 10 门数据分析类 MOOC 是由中国的高校或企业开设，但与国际上相比，MOOC 的数量和规模并不大。主要存在以下几个方面的问题：

（1）开设机构水平参差，教学方式较为单一。目前我国数据分析类 MOOC 的开设平台主要集中于一些互联网从业者在线学习平台，在专业的 MOOC 平台上只开设了两门课程。调查发现，这些课程一般在互联网学习平台上通过免费或付费的方式供人学习，但教学方式较为单一，多数为教学视频的简单输出，缺乏互动和课程作业环节，如雪晴数据网开设有两门数据分析类 MOOC "使用 RHadoop 做大数据分析"和"R 语言大规模数据分析实战"，课程更新速度较慢，缺少互动和考核体系，与国际上互动频繁、评价体系完备的 MOOC 存在很大差异。而 MOOC 正是以其注重教学互动的特点来区别于传统以资源发布为主的开放教育资源[14]。

(2) 课程规模较小，教学体系不够完备。以 Coursera 为例，其开设的数据分析类 MOOC 大多为专项课程，由一个完备的知识体系组成，学习时长一般都在 10 周以上，一般会配备 3 人以上的教学团队集体授课。在完成课程后，学生可以凭借完整的知识体系和认证证书，就可以从事数据分析的相关工作。"数据分析"作为一门应用性很强的信息与计算科学的课程，需要学员经过大量的练习才能熟练应用于实践。包括 Coursera、Udacity 在内的众多 MOOC 项目都将课程切分为 20 分钟内的完整独立模块（包括授课、测试等环节），并通过课程作业、互动讨论和案例学习等多种形式加强学员的理解和使用。但我国目前却缺乏规模性的数据分析类 MOOC，教学内容较为基础，一般都以介绍性质的课程为主，在教学时长上，大多数课程也仅为若干小时至四五周，在较短的授课时间内，教学内容无法深入，教学效果也比较一般。而授课教师一般也只有 1 人，并没有雄厚的师资团队集体参与。

随着数据科学的发展和数据分析人才需求的增长，国际上的数据分析类 MOOC 作为培养数据分析人才必要的补充教育手段，正在积极探索并取得一定进展，体现在教学目的、教学方式和课程体系设置等方面。借鉴国际上数据分析 MOOC 的成功经验，我国数据分析类 MOOC 未来发展应注意以下几个方面。

3.1 教学内容应注重多元化，传统教学内容与新兴教学内容并存发展

随着大数据和数据科学的发展，数据分析类 MOOC 应紧跟时代发展，在保留和更新原有的基于数学和统计学的数据分析方式方法的同时，增加一些适应新的数据环境的新内容，呈现出传统教学内容与新兴教学内容并存的趋势。在调查中，传统的数据分析基础课程仍然占到 MOOC 整体的多数，数据的收集、分析、利用都有所呈现。但同时，数据分析 MOOC 更加注重应用研究，并紧跟大数据的发展，开设了多门大数据分析 MOOC 课程；即使是教授以传统数据分析内容的 MOOC，也会在不同的章节插入大数据和数据科学的内容。如杜克大学开设的"从 Excel 到 MySQL：商业分析技术"专项课程中，除了传统的利用 Excel 分析数据和展示可视化数据之外，又单独用 5 周的时间讲解如何使用 MySQL 管理大数据，以便学生更好地适应大数据环境下的数据分析业务。不同层次的数据分析课程，其难度也涵盖从入门级到高级的各个

层次，可以最大限度服务于所有有志于从事大数据分析工作的学员。

3.2 课程设置形式需多样化，理论知识与实践技能并重

作为数据科学的重要组成部分，数据分析具有很强的实践性与应用性。数据管理和数据科学的实践对专业人才的需求为数据分析类 MOOC 的发展提供了坚实的基础。一方面，数据分析具有实践性与应用性，决定着数据分析课程的教学内容和教学成果检验上都需要适应迫切的数据分析和数据挖掘需求；另一方面，理论研究会进一步推动数据分析实践的发展，可确保知识的系统性和正确性。莫斯科大学的"统计和数据分析"专项课程就要求学员在毕业项目中选择电子商务，社交媒体，信息搜索，商业智能等多个领域去完成从数据准备到最终模型的构建和质量评价的数据分析全过程，并可以此作为成功案例应用于应聘过程。

大数据的发展，使得如何充分利用这些数据，为国家、企业决策乃至个人服务，是今后很长一段时间内数据科学发展的重要内容。为了更好适应这种需求，数据分析类 MOOC 必须增加课程实践环节，让学员接触到一个完整的分析问题、解决问题的过程。

3.3 积极探索不同形式的合作机制，促进数据分析 MOOC 的持续发展

随着 MOOC 的发展，MOOC 的内容提供者和发布平台都在探索更积极有效的合作机制，高校、企业及一些社会团体都加入到数据分析 MOOC 的建设之中。Coursera 和 edX 这两个平台都与学校合作，不接受以个人名义在上面开课，而且对合作学校的要求很高。2015 年，清华大学的 MOOC 平台"学堂在线"加大了与企业、学校之间的合作力度，已与国内 200 多所高校达成合作，选课学习人次达到 400 万。Udacity 2016 年 4 月进入中国，中文品牌为优达学城，其战略合作伙伴为优酷和滴滴，学员可享受到合作伙伴的优先招聘。

但在 MOOC 平台发展越来越快的同时，全球所有 MOOC 平台都面临着完成率低下的问题。MOOC 学院发起的"2014 年 MOOC 学习者调查报告"显示，2014 年只有 6%的学员完成全部所选课程。类似调查显示国外 MOOC 平台的完成率在 8%。而日本通过政府的推动，多家大学和企业共同组建了"日本开放在线教育促进协会"（JMOOC），其平均完成率达到了 12%左右。

要促进 MOOC 的发展，就要以"终身学习"为目标，联合包括政府、高校、企业等所有发展 MOOC 所需的资源，通过影响大学和政府政策，为

MOOC的发展铺路搭桥。我国数据分析类MOOC目前还以高校或企业单独运行为主，作为信息科学的传统课程，数据分析课程理应成为连接高校和企业合作的纽带，将优势的高校教学内容与企业的最新实践进展相结合，校企联合打造MOOC品牌，更好地培养数据分析人才，促进数据科学的发展。

参考文献：

[1] 单志广．抓住"开放共享"这个关键[N]．人民日报，2015-11-20(7).

[2] Data scientist, IT salary[EB/OL]．[2016-07-18]．http://www.payscale.com/research/US/Job=Data_Scientist%2c_IT/Salary．

[3] SAS, TECH PARTNERSHIP. Big data analytics: assessment of demand for labour and skills 2013-2020[EB/OL]．[2016-07-18]．http://www.sas.com/content/dam/SAS/en_gb/doc/whitepaper1/big-data-skills-tech-partnership.pdf．

[4] Big data: The next frontier for innovation, competition, and productivity[EB/OL]．[2016-07-18]．http://www.mckinsey.com/insights/business_technology/big_data_the_next_frontier_for_innovation．

[5] 何海地．美国大数据专业硕士研究生教育的背景、现状、特色与启示——全美23所知名大学数据分析硕士课程网站及相关信息分析研究[J]．图书与情报，2014,(2):48-56．

[6] 张蕾，魏立斐．大数据时代下"数据分析"课程的探索[J]．教育教学论坛，2015,(25):154-155．

[7] 刘禄，袁曦临，刘利．互联网思维下的在线课堂设计要素分析——以"数据分析"课程为例[J]．图书情报工作，2015,59(19):55-61．

[8] 邢博特．英国开放大学的学习评价体系及对自考的启示——以数据分析(Analysing data)课程为例[J]．继续教育研究，2014,(8):135-138．

[9] 蔡宏伟，曹小敏．MOOC教学与传统教学的对比分析——以"数据分析与统计推断"课程为例[J]．中国医学教育技术，2016,(1):68-71．

[10] PUGA J L. A MOOC about statistical data analysis with R: experiences and recommendations[EB/OL]．[2016-07-18]．https://library.iated.org/view/LOPEZPUGA2014AMO．

[11] SALZBERG S. How disruptive are MOOCs? Hopkins Genomics MOOC launches in june[EB/OL]．[2016-07-18]．http://www.forbes.com/sites/stevensalzberg/2015/04/13/how-disruptive-are-moocs-hopkins-genomics-mooc-launches-in-june/#2aaa824a1e3f．

[12] FOX G, MAINI S, ROSENBAUM H, et al. Data science and online education[EB/OL]．[2016-07-18]．http://ieeexplore.ieee.org/document/7396217．

[13] HO A D, CHUANG I, REICH J, et al. HarvardX and MITx: two years of open online courses fall 2012-summer 2014[EB/OL]．[2016-07-18]．https://ssrn.com/abstract=2586847．

[14] 樊文强. 基于关联主义的大规模网络开放课程(MOOC)及其学习支持[J]. 远程教育杂志, 2012, 30(3):31-36.

作者简介
　　赵蕊菡：负责网络调研、文献调研以及论文撰写；
　　黄如花：负责确定选题、研究思路以及论文修改。

高校图书馆课程导引服务体系调查分析[*]

随着图书馆提供的馆藏学术资源和互联网信息的日趋丰富，为了方便读者快速获取所需专业信息，图书馆相对开展了各种类型的资源导引服务。目前国内外大学图书馆主流的导引是依据学科创建的。20世纪90年代中期，以网页格式呈现的学科导引（subject guides）逐渐兴起[1]。事与愿违的是学科导引虽然被国内外大学图书馆积极地创建和使用，但却面临着实际使用率较低的尴尬现状。美国杜克大学的调查显示，接受调查的1 000多个读者中，有53%从未使用过学科导引[2]。

2004年，B. Reeb 和 S. Gibbons 率先提出从课程角度出发创建具体的课程导引（course guides），因为大学生缺乏对学科的认识，他们对学科的了解是基于对某一门课程或者该学科若干课程的学习开始的[3]。多数大学图书馆的统计数据也显示出具体的课程导引比一般的导引拥有更高的点击量。新加坡管理大学同时拥有信息系统与管理的学科导引和对应的课程导引，在2011年1~5月间，课程导引的点击量是学科导引的450%[4]。美国康奈尔大学和普林斯顿大学的调查也显示，90%的学生更喜欢课程导引[5]。国内比较缺乏课程导引的理论及实践研究，上海交通大学等属于为数不多地开展了课程导引服务的国内高校图书馆。本文就国内外高校图书馆课程导引服务体系展开调研与分析，希望对国内高校图书馆有参考与借鉴价值。

1 课程导引的类型与内容

课程导引服务作为国外大学图书馆的主要工作内容之一，一般由专门的小组负责，教师需要某个课题的文献，或就某个课题让学生查找文献撰写论文，提前2~3周向图书馆员订制，图书馆员会配合教学要求创建课程导引，教师也可与图书馆员协同创建[6]。调研中发现国外大学拥有课程导引服务的较多，并且在内容和方式上风格迥异。依据课程导引的特点可以归纳出几种

---

* 本文系北京工商大学教育教学改革研究项目"高校图书馆课程导引服务体系实践研究"（项目编号：jg125222）研究成果之一。

主要类型：

1.1 "仓储"式课程导引

"仓储"式课程导引的特点是导引数量多、简练、实用，内容涵盖课程基本信息，多从图书馆角度介绍与课程相关的资源与服务。这类课程导引通用性强、制作简单且易于修改扩充，适合广泛、全面地建立某校、某学院或某专业大量课程的课程导引，在图书馆得到广泛使用。但这类课程导引内容相对简单且导引之间内容重复部分较多，资源的针对性和深度、广度不够，不适合于课程的深入学习。这类课程导引若想拥有更多读者，必须对导引内容进行扩充和发展。

美国瓦尔登大学图书馆系统建立了所有必修课61大类、1 149门课的"仓储"式课程导引服务[7]。该校课程导引多由首页、图书馆使用要点和写作要点三部分组成，首页包含该课程相关资源推荐（如图书、文献和数据库资源等），图书馆使用要点和写作要点则为通用栏目，在其他课程导引中同样使用。美国罗切斯特大学围绕学科建立"仓储"式课程导引，建立了超过450门课的课程导引[8]。

1.2 "专题"式课程导引

通过对课程导引进行调研，发现"专题"式课程导引比较常见，这类课程导引由若干个与课程相关的专题标签组成。专题标签内包括与专题内容密切相关的参考文献推荐、专题相关网络资源等。这类课程导引资源针对性强，资源内容具有一定的深度和广度，能较好地发挥教学辅助作用，适合用于课程的深入学习，通常具有较高点击量。但这类课程导引往往需要有相关专业背景的馆员花费大量时间来制作，要求专题设置贴合课程内容，参考文献兼顾新颖性与经典性。

新加坡管理大学图书馆"亚太商务"课程导引由印度、中国、印尼等11个与课程内容相关的专栏组成[9]。上海交通大学图书馆已发布专为大一学生"可再生能源"研讨课开设的课程导引。该课程导引由太阳能、风能、生物质能等6个与课程内容相关的专栏组成[10]，学科馆员全程参与课程设计并负责文献调研环节的授课，导引内容由师生共建，得到了广泛的认可。

1.3 "同步"式课程导引

调研中发现一类不多见但深受读者欢迎的课程导引，这类课程导引根据教师授课内容安排按时段依次在导引上建立相对应的各类资源推荐、课程作业要求等，笔者将此类课程导引命名为"同步"式课程导引。这类课程导引的资源与内容紧密贴合课程进度，适合用于课堂教学及课后查找资料的同步学习。建立这类课程导引需要图书馆员与任课教师保持密切的沟通，导引的内容和深度依据教师的要求而定。图书馆员不仅要熟悉课程的内容，还要对课程进度有充分的了解。

美国东田纳西州立大学图书馆"亚洲历史"课程导引根据特定任务安排资源，馆员根据每周的课程作业，决定每周在课程导引上创建哪些对应的资源[11]。美国康奈尔大学图书馆"企业管理概论"课程导引按课程进度分7个章节紧密结合资源和课程作业建立"同步"式课程导引[12]。

1.4 课程导引内容的特点

尽管课程导引服务在类型上和方式上不尽相同，但内容有共通的地方，这些内容可被认为是搭建一个完善的课程导引的必备内容要素。通过对15所不同类型课程导引的内容进行调查（见表1），可发现这些要素基本包括：课程介绍、课程相关资源推荐、课程相关网络资源、图书馆服务和交互功能。

既然是课程导引，必然会涵盖关于课程与教学的相关内容，这也是课程导引区别于学科导引、研究导引的最大特点。课程导引通常包括课程背景介绍，主要说明教学内容及导引的使命。课程代码具有唯一性，因此通常作为导引的标题，以便于读者检索和识别。此外，任课教师的信息及联系方式、具体的课程开课时间、地点和课程作业要求等与课程相关的说明也会有所体现。作为图书馆服务，课程导引的重点和核心内容为课程相关资源推荐，通常包括图书、文献、数据、专利、期刊、数据库、报纸、工具书、多媒体资源等各类型的资源。课程相关资源不拘泥于电子资源，有价值的纸本资源、网络资源也会被罗列出来。有些课程导引还会包含馆藏公共查询、WorldCat、Google等资源检索查询工具。

图书馆一些与教学科研紧密相关的服务，比如写作指导、馆际互借与文献传递、校外访问等会在课程导引中得到体现。写作指导通常占有重要篇幅，除了文字和参考文献格式指导，还通常包括Endnote、Refworks等常用的参考文献软件使用指导，部分高校还加入了关于学术不端的提示和警告。课程导引还需要读者的直接参与和互动。导引通常融合了各种Web 2.0技术，比如分享、问卷、RSS订阅、在线咨询等。此外，课程导引首页的明显位置通常为负责馆员的联系方式，国外高校还会展示馆员的照片，这使得导引变得真实、亲切。

表 1 国内外高校图书馆课程导引内容调查

高校	课程介绍	课程相关资源推荐	网络资源	图书馆服务	交互功能
瓦尔登大学	C	图书、文献、期刊、D、M	有	W	Q、L
罗切斯特大学	开课时间、C、T	图书、标准、期刊、E、R、M	有	W、I&D	OL、L、S
新加坡管理大学	背景介绍、开课时间、作业要求、C、T	图书、文献、数据、期刊、报告、D、M	有	W、LS	Q、L、S、RS
上海交通大学	背景介绍、开课时间、作业要求、C、T	图书、文章、报告、期刊、工具书、D、M	有	W、I&D	博客、Q、L、S、RS
东田纳西州立大学	C	图书、D、M	有	W、I&D、O	OL、Q、L、S、RS
康奈尔大学	背景介绍、作业要求、C	图书、标准、数据、期刊、专利、D、R、M	有	W、LS、O	Q、L、S、RS
香港科技大学	背景介绍、C	图书、文献、数据、报告、标准、D、R、M	有	W、I&D	L、S、RS
达尔豪斯大学	背景介绍、C	图书、数据、文献、期刊、报告、D、R、M	有	W、I&D、O	Q、L、S、RS
普林斯顿大学	开课时间、C、T	图书、文献、期刊、报纸、D、R、M	有	W、I&D、O	博客、Q、L、S、RS
杜克大学	背景介绍、开课时间、C、T	图书、文献、期刊、D、R、M	有	W	博客、OL、L
圣塔克拉拉大学	背景介绍、C	图书、文献、数据、报纸、D、R、M	有	W、I&D	Q、L、S、RS
俄勒冈州立大学	背景介绍、C、T	图书、文献、数据、期刊、专利、标准、D、R、M	有	W、I&D、LS	评论、L、S、RS
亚利桑那州立大学	背景介绍、C	图书、文献、期刊、报纸、报告、D、R、M	有	W、I&D、LS	Q、L、S、RS
诺威治大学	C	图书、期刊、D、M	有	W、I&D	L
俄亥俄州立大学	背景介绍、作业要求、C、T	图书、文献、数据、报纸、D、R、M	有	W	Q、L、S、RS

注：C 表示课程代码；T 表示任课教师信息，D 表示数据库，R 表示报告，M 表示多媒体资源，W 表示写作指导；I&D 表示馆际互借与文献传递；LS 表示图书馆服务指南；O 表示校外访问，L 表示分享；S 表示 RSS 订阅；RS 表示分享方式；Q 表示问卷，OL 表示在线咨询。

294

2 课程导引平台选择

部分技术实力雄厚的图书馆使用自主开发的平台建设课程导引，如美国罗切斯特大学[3]课程导引使用的是其自主开发的CoURse资源系统。还有一些图书馆利用MyLibrary、SubjectsPlus、Library Course Builder等开放源码软件建立适合本馆的课程导引服务体系，如美国俄勒冈州立大学[]利用开放源码软件Ruby on Rails建立起可扩展并且满足个性化需求的课程导引系统——Library à la Carte。此类平台成本较低，适应本馆需求，但耗时耗力，需要馆员持续跟踪维护，对技术要求高。

随着Web 2.0技术的发展，部分图书馆基于博客、Wiki等平台建设课程导引。美国诺威治大学、美国北卡罗莱纳州立大学图书馆等均使用Wiki搭建了课程导引服务体系。此外，利用WordPress等基于博客平台建立学科导引的例子也有报道，此类平台同样适合建立课程导引。基于Web 2.0技术的平台成本低、个性化强，但是在服务相关功能上可扩展性较差，大多只是作为信息发布的平台，并且由于基于不同的检索协议和标准规范，信息资源共享非常受限制[14]。

2007年，基于云计算服务模式的图书馆知识导引系统LibGuides问世，其共享性、交互性、操作简单、后台灵活、非常好的信息呈现和分享性等特点使得课程导引服务得到迅速发展。LibGuides是图书馆友好的商业化平台，相对于上文那些需要图书馆提供服务器和技术维护的平台，LibGuides均不需要[15]。截至2013年5月，LibGuides的用户已经达到4 038家图书馆，我国已有74所图书馆（包括试用）加入。美国杜克大学、美国康奈尔大学、加拿大尔豪斯大学、香港科技大学、上海交通大学等高校图书馆均基于LibGuides系统建立了课程导引服务体系，美国俄亥俄州立大学图书馆甚至放弃了BizWiki[16]，改用LibGuides搭建课程导引。

上述课程导引平台的比较平台如表2所示：

表2 课程导引平台比较

比较项目	基于开放源代码软件	基于Web 2.0技术的平台	基于Libguide
经费要求	低	低	一定经费
技术要求	编程能力要求高	熟练使用计算机	熟练使用计算机
服务器	本地	本地	云服务

续表

比较项目	基于开放源代码软件	基于 Web 2.0 技术的平台	基于 Libguide
维护工作	馆员持续跟踪维护，系统维护量大	馆员持续跟踪维护，系统维护量大	系统自动跟踪检查动态链接，系统维护量小
交互功能	包含 Tag、RSS 等常见的 Web 2.0 元素，技术上可以将交互嵌入	包含 Tag、RSS 等常见的 Web 2.0 元素，缺乏图书馆针对性	几乎包含所有 Web 2.0 元素
整合嵌入功能	对于整合和嵌入，技术上能实现	对于提供接口的 OPAC 系统可以实现嵌入，资源整合实现难度大	馆藏检索、跨库检索、资源检索结果并不在平台中实现，资源整合开发难度较大
调查、评价及统计功能	通常拥有统计功能，调查、评价功能技术上能实现	通常拥有统计功能	拥有调查、评价及统计功能

3 国内外高校图书馆建设课程导引的经验与启示

3.1 课程导引需要与教师密切协作

为保证课程导引的质量，建立课程导引的每一个环节都离不开图书馆员与任课教师的密切合作。通常课程导引由相应的学科馆员负责建立，因为学科馆员不仅拥有较强的搜索信息和数据库建设能力，通常还拥有学科背景，并且与任课教师联络密切。在建立课程的前期要与教师进行沟通，首先建立那些教师要求的并且资源稀缺课程的课程导引，还要确定建立课程导引的方式、了解课程进度及内容。在建立期间，与教师不断商榷具体资源内容，以保证课程导引的专业性及针对性。在课程导引完成后请教师进行审核，听取意见改进后再发布。一旦课程导引赢得任课教师的认可，教师会在课堂上使用并向学生推荐和宣传该课程导引，还会将其向同事宣传，从而促进导引在未来的使用。

3.2 课程导引需要广泛宣传和推广

若想让课程导引拥有更多读者，图书馆应开展多层次、多角度、多渠道的宣传和推广工作，如果读者没发现课程导引的存在，即使它再有助于教学也没有意义。首先，课程导引要放到读者最容易接触到的地方。美国圣塔克拉拉大学、美国瓦尔登大学、美国亚利桑那州立大学均将课程导引链挂在图书馆主页相当明显的位置。其次，课程导引与教务处课程管理系统或选课系统结合可以实现双赢目标，既可以帮助学生了解专业资源，又可以提高图书馆资源利用率[10]。美国加州州立大学在通信管理的课程中实现两个系统的融合，80%左右的学生认为这样的界面简单便捷且更有利于获取专业信息[17]。另一种方法是课程导引出现在拥有大量资源的位置。新加坡管理大学[4]将课程导引嵌入到图书馆公共检索目录，当学生检索课程代码或课程名称时，课程导引将会随推荐的参考资料出现。还可以把课程导引嵌入到 Google、相关数据库的介绍页面，在图书馆主页上做飘窗等引发读者关注。结合 Web 2.0 技术，在微博、微信等社交平台进行宣传与互动也必不可少。此外，学科馆员在与院系师生接触的过程中，要主动地推送，在文献检索课堂、讲座及嵌入式教学中积极引导学生使用。

3.3 课程导引需要更新、维护与反馈

互联网是一个动态的多方信息平台，无时无刻都有新消息的发布。对于课程导引来说，课程相关书籍、文献、数据库等参考资料随时都在更新，课程相关网络资源、多媒体资源等随时都在发布与删除，导引的链接可能因多种原因变成无效链接。因此，要有专门馆员负责，建立课程导引的定期更新和维护机制，对于读者反映的意见和建议要及时处理。定期对课程导引中所有链接进行检查，对于无效链接及时进行修改或删除。课程导引中新补充的最新专业资源，用醒目的标识加以强调，目的是向读者反映出资源的更新与变化，并将更新与变化及时推送给相关任课教师[18]。美国东田纳西州立大学图书馆的馆员会将课程导引的每一次更新推送给授课教师。

4 结 语

在 Web 2.0 环境下，课程导引服务体系由图书馆员建立与维护，技术人员提供平台与技术支持，任课教师提出要求并全程参与，读者使用平台自由获取信息，从而形成图书馆员、技术人员、任课教师、读者四方协同的课程资源整合共享服务体系。课程导引服务必然加大图书、期刊、多媒体等资源的整合力度，必将在一定层面上提高馆藏资源利用率。课程导引更是学科馆员进行学科服务和嵌入课堂教学的良好平台与工具。高校图书馆的主要任务之一就是为教育教学活动提供资源及其相关服务，课程导引服务开拓了图书馆资源与服务嵌入教学的有效新途径，其服务方式值得国内高校图书馆借鉴

与思考。

参考文献：

[1] 熊欣欣,李艳芬,周晓丽. 高校图书馆学科服务解决方案——LibGuides 综述[J]. 图书馆学研究,2011,(11):33-36,32.

[2] Staley S M. Academic subject guides:A case study of use at San Jose State University[J]. College & Research Libraries,2007,68(2):119-139.

[3] Reeb B, Gibbons S. Students, librarians, and subject guides:Improving a poor rate of return[J]. Portal:Libraries and the Academy,2004,4(1):123-130.

[4] Yeo P P. High yields from course guides at Li Ka Shing Library[J]. Singapore Journal Of Library & Information Management,2011,40:50-64.

[5] Horne A K, Adams S M, Cook M, et al. Do the outcomes justify the buzz? An assessment of LibGuides at Cornell University and Princeton University[EB/OL]. [2013-05-28]. http://www.ala.org/acrl/sites/ala.org.acrl/files/content/conferences/confsandpreconfs/national/seattle/papers/172.pdf.

[6] 熊欣欣,何钧,周晓丽,等. 图书馆知识导引系统——LibGuides 应用研究[J]. 图书馆理论与实践,2012(4):92-95.

[7] 瓦尔登大学图书馆[EB/OL]. [2013-06-30]. http://library.waldenu.edu/1210.htm.

[8] 屈南. 基于课程创建学科导航的实践案例及启示——以国外 3 所大学图书馆为例[J]. 图书馆学研究,2012,(16):91-94,63.

[9] 新加坡管理大学图书馆[EB/OL]. [2013-06-30]. http://researchguides.smu.edu.sg/content.php?pid=417880.

[10] 袁晔,郭晶,余晓蔚. Libguides 学科服务平台的应用实践和优化策略[J]. 图书情报工作,2013,57(2):19-23.

[11] 东田纳西州立大学图书馆[EB/OL]. [2013-06-30]. http://libguides.etsu.edu/History3740Asia.

[12] 康奈尔大学图书馆[EB/OL]. [2013-06-30]. http://guides.library.cornell.edu/content.php?pid=104918.

[13] Nichols J. Library à la Carte:Research and course guides made to order[J]. College & Research Libraries News,2009,70(5):280-283.

[14] 张洁. 高校图书馆学科服务平台的调查和研究[D]. 上海:上海交通大学,2011.

[15] Strutin M. Making research guides more useful and more well used[EB/OL]. [2013-06-30]. http://www.istl.org/08-fall/article5.html.

[16] 向菁,黄如花,吴振新. Wiki 在图书馆领域的应用[J]. 图书馆杂志,2008,(7):53-57.

[17] Bowen A. A Libguides presence in a Blackboard environment[J]. Reference Services Review,2012,40(3):449-468.

[18] 杜新中. 课程导航:学科导航系统的细化与深化[J]. 图书馆建设,2008,(8):70-72,78.

作者简介

张南,北京工商大学图书馆助理馆员,参考咨询部副主任;

熊欣欣,北京工商大学图书馆副研究馆员;

周晓丽,北京工商大学图书馆副研究馆员,参考咨询部主任;

程宏伟,北京工商大学图书馆助理工程师。

MOOC 环境下我国信息素养教育研究综述

1 引言

自从 1984 年教育部下发《关于在高等学校开设"文献检索与利用"课的意见》以来，我国信息素养教育已经走过了 30 余年的发展历程。经过多年的努力，我国信息素养教育取得了长足的发展，积累了丰富的教学经验，形成了独立的教学体系和教学模式。但是，在肯定成绩的同时，也必须清醒地认识到我国的信息素养教育同样面临着师资力量匮乏、教学形式单一、教学效果不佳、覆盖范围有限等诸多问题。MOOC（慕课）这种全新的教学模式的出现，使传统高等教育发生变革的同时，也为信息素养教育的发展带来了新的机遇。MOOC 的大规模、开放式、免费性等特性与信息素养教育的通识性、广泛性、互动性特点十分吻合，可以有效解决传统课堂模式存在的诸多弊端，更好地适应新技术环境下对信息素养教育的各项要求。因此，如何有效利用 MOOC 这种全新的教学模式来推动我国信息素养教育的发展是学界和业界共同关注的问题。

研究 MOOC 教学环境的特点以及信息素养教育的教学模式、教学内容、课程评价、实施路径对于完善信息素养教育的理论研究体系，具有十分重要的理论意义，同时对于推动新技术环境下我国信息素养教育实践的发展与变革也具有重要的现实指导意义。目前，国内对于 MOOC 环境下信息素养教育的变革与发展的研究已经取得了一定进展，本文对国内的相关研究成果和实践进展进行系统收集，对相关的研究热点进行总结、归纳和分析，并以此为基础，提出 MOOC 环境下信息素养教育未来研究和发展的方向。

2 研究的整体情况分析

为了了解我国信息素养 MOOC 的整体研究情况，笔者选择在 CNKI、维普、万方等大型中文数据库中，以"主题词=（MOOC or 慕课）and（信息素养 or 信息素质 or 文献检索课）"为检索式进行组合检索，检索得到 234 篇论文（截至 2016 年 3 月 15 日）。但是笔者通过对这 234 篇论文进行逐一排查，发现真正密切相关的论文只有 80 篇，其中，CSSCI 论文 30 篇（包括 CSSCI 扩展版）。由于 MOOC 这一概念于 2014 年才被引入我国图书馆学领域，最早关于信息素养教育 MOOC 的论文《大学生信息素养教育的"慕课"化趋势》发表于 2014 年《大学图书馆学报》上，潘燕桃首次对国外信息素养教育慕课的建设情况进行了系统调研，强调要充分重视 MOOC 这种教学模式在信息素养教育中的应用，并明确提出开设系列大学生信息素养 MOOC 是大势所趋。这 80 篇论文的年代分布为 2014 年 11 篇，2015 年 51 篇，2016 年 18 篇。可见，这一课题迅速引起国内学者的关注，2015 年发表的相关文献数量大幅增长。

特别值得注意的是，黄如花教授的研究团队在《图书与情报》《高校图书馆工作》发表了"信息素养教育与 MOOC"系列专题论文，对 MOOC 环境下信息素养课程开设的现状、课程设计、评分标准、需求分析、质量反馈等问题进行了全面系统的调研和论述，这些论文被广泛下载和引用，从而推动整个行业对 MOOC 这种新型教学模式有了更好的了解。2015 年中国图书馆学会年会开设了"MOOC 与信息素养教育"的分会场，与会人员就信息素养 MOOC 的教学平台、教学设计、教材教参、实践经验交流等问题进行了专题探讨，对于推动信息素养教育 MOOC 理论与实践的发展具有重要作用。

3 研究主题分析

通过对 CNKI 中检索到的 80 篇论文的研究主题进行统计分析发现，研究的热点主要集中在 MOOC 环境下信息素养教育模式、教学内容、课程效果评价和实施路径等 4 个方面。

3.1 信息素养 MOOC 开设模式研究

图书馆利用 MOOC 开展信息素养教育的模式与方法研究是一个热点问题，许多学者围绕这个议题展开了相关研究。整体来看，按照参与主体及课程独立程度，图书馆利用 MOOC 开展信息素养教育的方法可以总结为以下几种模式：

3.1.1 独立课程模式　独立课程模式是指基于已有的信息素养课程或讲座体系，在现有的 MOOC 平台上独立开发并开放信息素养类课程。根据潘燕桃的调查，截至 2014 年 4 月 26 日，国内外共有 6 个国家 26 所大学或机构开设了 36 门信息素养类 MOOC，大部分为欧美一些发达国家开设，如美国有 24 门，英国 6 门，中国的大陆和港澳台地区共 4 门，加拿大、荷兰和爱尔兰各 1 门[1]。在中国大学 MOOC 平台上，目前开放了 3 门与信息素养相关的课程，分别为：武汉大学黄如花教授的"信息检索"、中国科学技术大学罗昭锋的"文献管理与信息分析"、中山大学张志安的"网络素养"[2]。由此可见，信息素养MOOC在欧美等发达国家发展较快，而在我国的建设尚处于起步阶段，未引起业界足够的重视。同时课程开设的主体比较单一，主要为各类大学。这些信息素养慕课都非常重视课程内容的创新，以信息获取、分析、利用为核心的传统的信息素养的概念正在被淡化，而数字素养、媒体素养、视觉素养、网络素养等新的素养类型逐渐成为课程的主体内容。独立课程模式一般是基于已有的信息素养课程独立开发的，课程体系完整，拥有强大的教学团队，是信息素养MOOC的主要模式之一。但同时其开发的时间、经济成本较高，开发难度较大，对教学团队的素质要求较高。

3.1.2 模块嵌入模式 自己制作一门MOOC虽然是图书馆参与MOOC最直接有效的方式，但由于开发成本高、难度大，不是所有的教学团队都可以承担。因此，一种更为经济灵活的模式广受关注，那就是迷你MOOC——根据知识点设计即插即用的信息素养教育的小模块。例如，像信息意识培养、信息道德介绍、专业数据库使用、检索技巧介绍等一些通用的模块可以共建共享，减少课程的重复建设。这些模块是独立的、可重复利用并且可以扩展。教师在制作专业课MOOC的时候，可将这些小模块嵌入，从而将信息素养教育无缝嵌入到各个学科的MOOC之中[3]。如北京大学图书馆与法学院合作开设"论文写作与检索"MOOC，教学内容主要集中于学术研究的基本方法，既包括学术论文的选题、设计和实际写作，也包括各类数据库的检索和使用。课程设计是从法学专业学生在写作过程中面临的各种问题出发，介绍学术论文、法律意见、司法判决以及其他各类法律文书的写作方法，同时穿插了信息检索的相关知识。课程的主体内容由法学院的专业教师进行讲授，图书馆员只负责相关模块的开发及1/3左右课程内容的讲授[4]。复旦大学"医学信息检索与利用"教学团队开发了中文数据库检索讨论、西文医学数据库MEDLINE检索、信息素养与科研、学术文献的载体类型、CNKI数据库检索等5个模块的微课程，每一模块都对某一方面的专业知识进行系统介绍，可以独立嵌入其他专业课程使用[5]。嵌入课程模式在保证课程连续性的同时，可以让学习者掌握信息素养和专业课程两方面的知识。课程建设的主体是专业课教师及其教学团队，图书馆只负责嵌入模块的设计和开发，同时在课程进行过程中，图书馆员通过论坛、社区等各种渠道搜集学习者的提问，并解决其中关于信息检索和利用的相关问题，起到辅助教学的作用。

3.1.3 混合教学模式 混合教学模式就是将MOOC和传统课堂教学

相结合，建立一种线上线下互动、实体虚拟互补的复合型教学模式。一些学者认为不管是MOOC，还是课堂教学，都具有其特定的优势与不足，如果能将两种模式有机融合，可以做到取长补短，从而有效提高教学效果。华东师范大学李明华教授认为，"MOOC +本地大学教授面对面深度参与教学的混合教学模式"是最有前途的教学模式[6]。叶小娇等设计了一种线上线下相结合的信息素养混合教学模式，由学生课后自主学习MOOC课程为主、由教师在机房指导实践操作为辅的方式进行信息素养教育[7]。欧群在"文献检索"课程中，基于混合式教学的基本原理，从教学内容、教学实践、教学方式和学习评价4个维度进行有机混合。通过成绩分析、问卷调查和访谈的方式对参与课程的同学进行调查，结果显示学生对该课程的满意度高（90%学生表示满意），学生参与课程的积极性与主动性较高[8]。同时，该课程的教学团队认为，MOOC弥补了传统模式下教学资源的不足，让教师有更多的时间关注教学过程和教学效果的反馈。混合教学模式有效综合了传统教学与MOOC授课的优点，满足了自主化、个性化、灵活化的新型学习模式的需要，但是同时也存在着免费资源不能下载、部分学生自控力差导致课程无法继续等问题。

3.1.4 构建平台模式 构建平台模式是指图书馆利用MOOC平台已有的评测功能和可扩展特性，建立高校信息素养教育平台[9]。叶小娇等基于MOOC平台的特点，设计了包含个人中心、课程视频中心、学习交流BBS论坛、学习效果检验模块、后台管理模块在内的信息素养教育平台，在这个平台上，可以完成课程设计、课程学习、课程作业、课程考试等一系列的信息素养教学工作[10]。邓佳等认为可以采用微视频嵌入、数字徽章的形式、完善社区讨论功能等方法，构建新型的信息素养平台[11]。构建平台模式有效利用了MOOC平台可扩展性的优点，为信息素养教育提供了统一入口，一方面，方便教学团队对教学资源进行整合和统一管理；另一方面，也为学习者提供了一站式的学习平台，提高了学习的效率和效果。

表 1 利用 MOOC 开展信息素养教育的不同模式

不同模式 情况分析	独立开发	模块嵌入	混合模式	构建平台
建设主体	图书馆、信息素养教学团队	专业课教师+图书馆	图书馆	图书馆、MOOC 平台商
教学特色	自成体系、独立课程	无缝嵌入专业课程	线上线下融合互补	搭建一站式平台，完成教学、测评、互动等各项功能
优点	课程内容体系完整；学习者数量庞大，形成品牌效应	经济灵活，开发成本较低；通用模块共建共享，减少重复建设	学生自主学习为主，调动学习的积极性；有效结合了传统教学与 MOOC 的优点	整合信息素养教育资源，提供统一的平台与入口，方便教师测评和掌握学习者的信息素养水平
缺点	开发成本较高，对学习者要求高；课程完成率较低	模块与专业课程的兼容性等问题	实施难度较大，对学生的自学能力、自控能力要求较高	开发与维护成本较高；运行的工作量大
典型案例	国内外 MOOC 平台上开放了 36 门信息素养类 MOOC；国内主要有"文献管理与信息分析"、"信息检索"	复旦大学"医学信息检索"教学团队制作的系列微课程；中文数据库检索讨论、信息素养与科研等	华南农业大学图书馆的"文献检索"选修课，2 学分、32 学时，每学期两个班，选修人数限制为 90 人	尚无实践案例

304

3.2 MOOC 环境下信息素养教学内容的研究

一些学者对信息素养 MOOC 的教学内容展开了探讨，认为 MOOC 环境下，信息素养的教学内容主要呈现出以下特点：

3.2.1 教学内容的宽泛化 黄如花等认为 MOOC 背景下，信息素养的概念不断扩大，信息素养教育的内容正在泛化，除了传统的信息素养的内容，还应该包括媒介素养、视觉素养、数据素养等专业技能[12]。卜冰华认为信息素养 MOOC 的教学内容应该不仅仅局限于检索技能的培养，应包括以下 3 个方面：信息意识与情感、信息知识与能力、信息伦理与道德[13]。张丹认为 MOOC 时代学习者将面临更为复杂的信息环境，信息安全、版权保护等问题更加突出，因此要加强信息道德、信息安全等方面的内容[3]。龚芙蓉认为，在培养信息获取能力的同时，应该更加偏重信息管理、评价和利用能力的培养，特别是批判性思维能力的培养[14]。

3.2.2 教学内容的多元化 由于在 MOOC 环境下，信息素养的教学对象超出了在校学生的范畴，社会人员同样可以享受到大规模在线教育的各种便利。因此，信息素养教学的内容也应该有所调整，适应不同层次人群的需要，呈现出多元化和多层次化特征。黄如花等认为，应考虑学习者的不同教育层次、不同行业，设计相应的内容模块。如在"信息检索"MOOC 中，设计了面向公众模块以及面向教师、学生与研究人员模块和面向商业应用模块。每个模块针对特定人群的需求，在教学内容上有很大的差异，学习者可以根据需要定制相应的模块[15]。潘燕桃等认为，应根据大学生的学科专业，将信息素养教育分为人文社科、自然科学、理工、医学 4 个模块，满足不同专业学生的需要[1]。

3.2.3 教学内容的碎片化 MOOC 课程中，多将微课的理念融入到课程的设计与内容中，沙玉萍等建议建立信息素养教育微视频案例库，每个知识点开发 5 分钟左右的微视频，关注具体信息问题的解决，训练学习者的信息能力，学习者可以自主安排学习时间，满足非正式学习与碎片化学习的要求[16]。"信息检索"MOOC 中富媒体素材以短、小、精、趣为特征，视频素材大多数以片段形式出现，特别是电影素材的选取，大多短于 3 分钟[17]。

3.2.4 教学内容的非结构化 现有的信息素养教育 MOOC，大多是基于关联主义学习模式，课程内容呈现出非结构化特征。课程每周都以一个特定的学习主题来系统组织学习资源，可以是网络资源、教师提供的课件，也可以是学习者分享的资源，每个主题的内容都是丰富、没有边界而又不断更新的[18]。

3.2.5 教学重心的转移　信息素养教育 MOOC 中，其教育思路从着眼培养个人能力转变为培养学生建立自己的信息圈，每一位学习者不仅仅是信息的消费者，更是信息的生产者，信息素养教育的重心也由培养个人的信息检索能力向培养信息协同生产的社会性活动转变[19]。例如在 3 门与元素养教育有关的 MOOC 中，都强调以学习者为中心，注重培养批判性思维和自我反思能力，特别是在社交网络环境中协同生产信息能力的培养（如利用多种媒体形式生产原创内容的能力），并设置专门的课程模块来强化这些能力的形成与培养[20]。

3.3　课程效果评价与反馈研究

课程效果评价是指检查课程的开展与实施是否达到了预期的教育目标，判定课程设计的效果，并以此作为课程后续改进的依据。国内对信息素养 MOOC 教学效果评估已经有所关注，并对一些课程进行了相关的评价。目前，从评价数据收集的手段上来看，运用的方法主要有案例分析法与对比分析法。

3.3.1 案例分析法　如以黄如花为首的教学团队，采用问卷调查法与案例分析法，对爱课程网上"信息检索"MOOC 的教学质量、教学效果进行了评估。通过调查学习者对 MOOC 与传统课程、网络公开课的对比感受，从内容设计、授课技巧、教学素材、助教团队、考试设计等维度对课程进行了打分。学习者对于课程的总体评价较高，没有出现明显的短板[21]。刘颖也采用案例分析法，基于学习者和图书馆员的双重视角，对黄如花教授的"信息检索"MOOC 进行了定性的描述性评价，认为该课程带来了更好的学习体验，成为图书馆员继续教育的平台，满足了大众大规模在线学习的需求，成功探索了符合中国现状的信息素养教育模式[22]。

3.3.2 对比分析法　除了案例分析法以外，还有一些馆员在文献检索课开设的实践中，通过建立对照组的方法，比较实验班与普通班之间教学效果的差异，对课程进行定量和定性的评价。华南农业大学将"信息检索""文献管理与信息分析"两门课程与该校的信息素养课程进行有机混合，尝试建立一种基于 MOOC 和翻转课堂的混合式教学模式。为了对这种混合型教学新模式的教学效果进行有效的评价，他们挑选一个全校性的选修班作为实验班，通过与传统教学组成的对照班进行各项指标的对比分析。采用多元化的评价方式，形成师生评价和生生互评相结合的多元化评价主体以及形成性评价与总结性评价相结合的多元化评价方式。评价结果显示实验班的学生对混合型教学模式持非常高的满意度，同时实验班的学生在课题分析、检索词选取、相关文献对比分析上，能力明显优于对照班的同学[8]。

可见，国内对MOOC信息素养课程教学效果评估已经有所关注，但都是限于对单门课程的评价。尚未有学者对信息素养MOOC课程效果评价的一般性规律和方法进行探讨，未出现成熟、系统的评价方法和评估体系。在以后的研究中，应该结合MOOC教学环境的特点及信息素养教育的特性，开展量化评价和质性评价相结合的整合评价体系的研究。

3.4 对策与措施研究

MOOC起源于国外，对于我国图书馆界来说还是一个新鲜事物，一些学者结合我国的信息素养教育实践，从观念、技术、资源等各个方面提出了在我国发展信息素养教育MOOC的本土化路径。

3.4.1 观念方面，强化重视程度 在意识层面，各个图书馆及相关的信息素养教育机构要充分认识到MOOC这种新型教育模式的巨大潜力及其与信息素养教育的高度契合性，勇于尝试和在实践中推广。在政策层面，从国家到地方到学校，各个层面都应予以充分重视并提供政策扶持。在资金层面，黄如花等呼吁教育部有关部门加强对MOOC的重视并加大资金支持，争取企业和金融资本的注入，建立长效的资金支持机制[15]。

3.4.2 技术方面，创新教学手段 包括以下几个方面：①重视交互式学习，依靠网络社区和社交媒体技术，加强师生之间、学生之间、人机之间的交流与互动[1]；②重视新媒体运用，在课堂中加入图片、动画、视频等不同类型的媒体素材[23]；③利用MOOC平台，充分挖掘用户行为数据，掌握用户行为规律。MOOC平台对学习者的学习行为有详细的记录和分析，教学团队可以据此分析和掌握学习者的行为信息，并根据行为规律对教学内容进行改进[24]。

3.4.3 资源方面，整合各类教学资源 利用Libguides学科服务平台，对各类学习资源进行搜集和整理，提供资源引导服务和学习帮助。特别重视各类开放获取资源的利用，提供详细的资源访问途径[25]。

3.4.4 形式方面，采取灵活多样的教学形式 寓教于乐，以游戏的方式开展信息素养教学。游戏的过程也是用户获取、分析和使用信息的过程，在娱乐中培养信息素养能力。可以开发信息素养的游戏模块，嵌入到教学中[13]。也有学者认为翻转课堂符合信息素养教育操作性与实践性相结合的特点，建议将翻转课堂融入信息素养MOOC，有效利用两种教学模式的优点，充分发挥学生的主观能动性，满足探究式学习的要求[23]。

4 问题与前瞻

4.1 实践研究有所涉及，但关注度不够

国内教育界与图书馆界对于 MOOC 环境下的信息素养教育问题不仅仅局限于理论探讨，而且运用 MOOC、翻转课堂等新手段进行信息素养教学的改革，开展各个层面的实践教学。如华南农业大学的混合式信息素养教学模式[8]、江苏科技大学的结合慕课的多评型文献检索课翻转课堂[26]、重庆大学建筑城规学院的多维度立体式文检课教学模式[27]，都是在已有的文献检索课基础上，尝试将 MOOC 融入传统教学，取得了良好效果，积累了大量宝贵经验，其开拓性的精神值得我们学习和借鉴。但是，在我国的"211"院校中，很多都已经开设了信息素养类课程，却仅有为数不多的一些学校开始尝试引入 MOOC，可见，MOOC 这种新型教学模式尚未引起业界足够的重视。

4.2 应更加关注国际信息素养教育的新动向与新发展

新媒体时代的到来，极大地改变了传统的信息生态环境，数字素养、媒介素养、视觉素养、网络素养和信息通晓等系列新素养概念层出不穷，对传统的信息素养概念提出了极大的挑战。国外的信息素养教育领域对这些新动态予以了密切关注，并开设了相应的 MOOC 课程，如"元素养""数字素养""金融素养""视觉素养"等，并且逐渐成为国际上信息素养教育 MOOC 的主流。而在我国，仅仅有学者对元素养、数据素养的概念及理论进行了基本的介绍，缺乏深入系统的研究和阐述，将新的素养理念应用于教学实践更是处于探索阶段。因此，在设计信息素养 MOOC 的教学内容时要关注国际上关于信息素养教育的最新标准，如 ACRL 于 2015 年 1 月正式出台的《高等教育信息素养框架》[19]、2011 年 SCONUL 发布的新版信息素养七要素标准[14]，都对信息素养的定义和内涵进行了扩展，应该成为信息素养 MOOC 发展的风向标。

4.3 学习与借鉴国外的成功经验与典型案例

MOOC 起源于国外，在信息素养教育领域取得了丰硕的实践成果。如前文所述，已经开放的信息素养 MOOC 大部分为欧美发达国家所开设。而且这些课程从在平台上发布以来，就受到了世界各地学习者的广泛关注，学习者

遍布欧洲、亚洲、非洲等各个大陆，包括在校学生和社会学习者。国外图书馆界在这一领域取得的成绩值得我们学习和借鉴，但是我们不难发现，国内鲜有关于国外信息素养教育MOOC成功案例分析的论文。因此，在以后的研究中要加强案例研究与横向的比较研究，借鉴国外的有益经验，找到适合我国国情的信息素养教育与MOOC相结合的科学发展路径。

4.4 抓住"后MOOC"时代信息素养教育发展的新机遇

哈佛大学在线实验学术委员会主席罗伯特·略（R. Lue）教授曾提出，随着SPOC（Small, Private Online Course）、DOCC（Distributed Open Collaborative Course）、MOOR（Massive Open Online Research）等新术语的出现，MOOC作为在线教育的初始形态已经发生了很大的变化，我们已经进入"后MOOC"时代。SPOC、DOCC、MOOR等新型教学模式是对MOOC的升级与转型，有效克服了MOOC存在的一些缺点和不足，同时又各有优点和特色。在我国的信息素养教育实践中，必须积极关注"后MOOC"时代这些新型的教学模式，并根据不同教学模式的特色，比如SPOC的有限开放、设置门槛，DOCC的协作探究、个性学习和MOOR的问题解决、知识构建等特点[28]，根据实践教学的需要，针对性地选择合适的教学模式，充分运用新型的教学手段和教学理念来不断提高信息素养教育的质量和效果。

参考文献：

[1] 潘燕桃,廖昀赟.大学生信息素养教育的"慕课"化趋势[J].大学图书馆学报,2014,(4):21-27.

[2] 张丹.MOOC:图书馆员职业发展新平台——以Hyperlib MOOC为例[J].国家图书馆学刊,2016,(1):24-29.

[3] 张丹.MOOC时代图书馆的信息素养教育[J].河南图书馆学刊,2015,(2):69-70.

[4] 凌斌,刘雅琼,游越.论文写作与检索[EB/OL].[2016-03-10].http://www.coursera.org/course/legalresearch.

[5] 复旦大学.医学信息检索与利用[EB/OL].[2016-05-20].http://jpkc.fudan.edu.cn/s/58/t/85/p/23/c/13891/list.htm.

[6] 李明华.MOOCs革命:独立课程市场形成和高等教育世界市场新格局[J].开放教育研究,2013,(3):11-29.

[7] 叶小娇,贺俊英,刘博影.高校信息素养教育中MOOC与课堂混合教学模式研究[J].西昌学院学报(自然科学版),2015,(2):104-107.

[8] 欧群.MOOC环境下混合式信息素养教学模式研究[J].图书情报工作,2015,59(14):85-89.

[9] 赵飞,艾春艳.高校信息素养教育与MOOC的有机结合[J].图书情报工作,2015,59(12):52-58.

[10] 叶小娇,李检舟,郑辅伦.高校信息素养教育微课平台的构建研究[J].国家图书馆学刊,2014,(4):70-74.

[11] 邓佳,詹华清.MOOC环境下我国高校图书馆信息素养教育模式研究[J].现代情报,2015,(12):37-40,46.

[12] 黄如花,李白杨.MOOC背景下信息素养教育的变革[J].图书情报知识,2015,(4):14-25.

[13] 卜冰华.关联主义MOOC的信息素养教育探究[J].图书馆,2015,(4):99-101.

[14] 龚芙蓉.基于文献调研的国内外高校信息素养教学内容与模式趋势探析[J].大学图书馆学报,2015,(2):88-95.

[15] 黄如花,钟雨祺,熊婉盈.国内外信息素养类MOOC的调查与分析[J].图书与情报,2014,(6):1-7.

[16] 沙玉萍,周建芳,刘桂芳.高校图书馆微视频服务研究——兼论信息素养教育微视频案例库[J].图书情报工作,2015,59(15):68-72.

[17] 黄如花,李英子.MOOC中富媒体素材采集的特点——以信息素养类课程为例[J].图书与情报,2014,(6):8-13.

[18] 樊文强.基于关联主义的大规模网络开放课程(MOOC)及其学习支持[J].远程教育杂志,2012,(3):31-36.

[19] 杨鹤林.元素养:美国高等教育信息素养新标准前瞻[J].大学图书馆学报,2014,(3):5-10.

[20] 张丹.美国大学图书馆的元素养教育的进展及其启示.大学图书馆学报,2016,(2):103-110.

[21] 黄如花,李白杨.用户视角下的信息素养类MOOC需求分析与质量反馈[J].图书馆,2015,(7):26-29.

[22] 刘颖.基于学习者和图书馆员双重视角的信息素养MOOC——以武汉大学黄如花教授"信息检索"MOOC为例[J].山东图书馆学刊,2015,(4):47-49.

[23] 蒋丽丽,陈幼华.国内外高校信息素养MOOC关键成功因素研究[J].图书情报工作,2015,59(15):62-67.

[24] 唐菁,方东权,熊婵.由慕课引发的关于高校信息素养教育的思考[J].情报理论与实践,2015,(10):42-45.

[25] 罗博.大规模在线开放课程(MOOC)与高校图书馆角色研究综述[J].图书情报工作,2014,58(3):130-136.

[26] 罗国锋.结合慕课的多评型文献检索课翻转课堂构建[J].图书馆学研究,2015,(23):7-14.

[27] 李燕,陈文.多维度立体式文检课教学模式的构建与实践[J].图书情报工作,2014,58(10):103-106,127.

[28] 祝智庭,刘名卓."后 MOOC"时期的在线学习新样式[J]. 开放教育研究,2014,(3): 36-43.

作者简介

张丹（ORCID：0000-0002-9443-2925），馆员，硕士。

国内外嵌入式图书馆服务研究及主要观点[*]

1 "嵌入性"概念的引入

20世纪70年代,以美国、英国为代表的国外图书馆研究领域刊登了若干有关学科馆员概念的论文,引发了"通才"(the generalist)和"专才"(the functional specialist)之争,这场讨论最后聚焦在学科馆员为用户提供服务的方式的问题上。被普遍认可的观点是,图书馆员在为用户提供参考咨询、馆藏建设、信息素质教育等传统服务的同时,还应该有额外职责,这些职责包括在图书馆以外开展活动——嵌入院系或课题,为馆员与用户提供更好的个人层面的互动机会[1]。

1993年,T. Davenport和L. Prusak在 Blow Up the Corporate Library 一文中提到:图书馆员应该走出图书馆,积极融入用户环境,评价用户需求,提供信息服务。B. I. Dewey于2004年首次探讨"嵌入式服务",将其描述为与用户的"全面协作"(comprehensive collaboration),认为嵌入式馆员应寻求融入、体验和观察主要用户群体的日常活动[2]。

此后,由美国专业图书馆协会(Special Libraries Association, SLA)发布的研究成果将"嵌入式图书馆服务"(embedded librarianship)定义为"为专业用户群提供专业服务"。"嵌入式学科服务"(embedded academic librarianship)和"嵌入式馆员"(embedded librarian)得到业界广泛的关注,并成为图书馆服务新的发展方向。

2 国外嵌入式图书馆服务研究成果和主要观点

2.1 文献来源、获取方式

国外有关嵌入式服务研究的专著、论文成果数量非常多,主要来源于美

---

[*] 本文系广东外语外贸大学青年项目"高校图书馆嵌入式学科服务的SWOT分析和策略研究"(项目编号:13Q11)研究成果之一。

国、英国、加拿大的研究人员，也有少数出自德国、瑞典、澳大利亚、西班牙等国的学者。

运用 EBSCO、PubMed、Web of Science、Google Scholar 等数据库和搜索引擎对 "embedded librarian"、"embedded librarianship"、"embedded academic librarianship" 等关键词检索可得出大量相关文献，但考虑到收录来源不同、语种不同、相关性、重复收录等各种因素，难以精确得出国外的文献总量。例如，截至 2014 年 2 月 10 日，运用 EBSCO 发现系统检索关键词 "embedded librarianship" 可得出相关图书 87 本、学术论文 3 318 篇、评论文章及其他文献 1 154 篇，检索 "embedded academic librarianship"，可得出相关图书 74 本、学术论文 3 286 篇、评论文章及其他文献 780 篇。

利用 Web of Science 检索 "embedded librarian" 得出 83 条记录（检索日期：2014 年 1 月 12 日），2013 年该库收录的相关主题论文 18 篇，作者主要来自美国（9 篇）、英国（3 篇）、加拿大（3 篇）、澳大利亚（1 篇）、西班牙（1 篇）、新西兰（1 篇），除去 4 篇书评文章，其他 14 篇论文的讨论对象皆为高校图书馆或学术图书馆的嵌入式服务，其中 8 篇与医学临床、健康学科相关，侧面体现了嵌入式服务在相关学科领域取得良好效果的事实。

2.2 重要文献和主要观点

以美国为代表，2013 年最新出版的专著和图书：①由 A. L. Daugherty 和 M. F. Russo 编撰的 *Embedded Librarianship*：*What Every Academic Librarian Should Know*，该书详细探讨嵌入式馆员的概念、理论和最佳实践[3]；②由 B. E. Tumbleson 和 J. Burk 所著的 *Embedding Librarianship in Learning Management Systems*：*A How-to-do-it Manual for Librarians*，该书介绍了学习管理系统嵌入式馆员（LMS embedded librarianship）及其工作和嵌入式馆员的发展趋势等[4]。

2012 年出版的专著有：①由 D. Shumaker 撰写的 *The Embedded Librarian*：*Innovative Strategies for Taking Knowledge Where It's Needed*，该书的前半部分阐述了嵌入式服务的历史、现状以及未来前景，后半部分则为馆员提出了可行性较高的建议，告诉馆员如何"创建、强化、维持"嵌入相关组织的角色，同时还提供嵌入式馆员在高教机构、健康科学、公共图书馆和其他学科成功的案例[5]；②由 B. J. Hamilton 撰写的 *Embedded Librarianship*：*Tools and Practices*，该书主要从 Skype、Google 等网络工具的角度介绍嵌入式馆员的工作方法和实践案例，认为各种社交媒介，如 Skype 为馆员、教师、学生之间提供

313

了高效的联系纽带，可以创建全球学习伙伴关系[6]。另外，2011年出版的专著以 C. Kvenild 和 K. Calkins 所撰的著作 *Embedded Librarians*: *Moving Beyond One-Shot Instruction* 为代表，该书从学术图书馆与教师和课程的关系、信息素养、方法论、图书馆对大学生的导向作用、美国案例等方面探讨了相关问题[7]。

在论文方面，Web of Science 近几年被引次数较多的有：*Embedded Librarians*: *One Library's Model for Decentralized Service*，该文认为，嵌入式服务是图书馆个性化、分散化服务的一种模式，经过一年多的实验和比较研究，证实"联系馆员工作项目"实施之后，学科馆员被邀请去教学的次数较上一年提升40%，并得出"嵌入式学科馆员是图书馆服务最成功的营销工具"的结论[8]，对相关的实践工作提供了很好的模式和佐证。*Who Let the Librarians Out? Embedded Librarianship and the Library Manager* 一文介绍了图书馆员如何走出图书馆、深入用户提供嵌入式服务，认为馆员参与用户群体活动，尤其要重视与用户建立协同工作关系，该文还从管理层面，针对图书馆如何启动嵌入式服务项目提出了建议和实施步骤[9]，为图书馆行业开展嵌入式服务提供了可复制性较高的路径。

此外，从研究方法的创新性、案例的独特性、实践意义、被引情况等方面考察，抽取较具代表性的文献进行分析，可大致了解嵌入式服务的研究情况。国外学者的研究方法主要有问卷调查、案例研究、定量分析等几种，研究对象主要有图书馆从业者、嵌入式馆员和用户群体等，研究结论总体对嵌入式服务有积极意义。国外近5年部分研究人员的研究成果如表1所示：

表1 国外嵌入式服务的典型研究文献

作 者	题 名	年份
M. Bowler 和 K. Street	Investigating the Efficacy of Embedment: Experiments in Information Literacy Integration[10]	2008
D. Shumaker 和 M. Talley	Models of Embedded Librarianship: Final Report[11]	2009
E. Bennett 和 J. Simning	Embedded Librarians and Reference Traffic: A Quantitative Analysis[12]	2010
M. Edwards, S. Kumar 和 M. Ochoa	Assessing the Value of Embedded Librarians in An Online Graduate Educational Technology Course[13]	2010
K. Fitzgerald, L. Anderson 和 H. Kula	Embedded Librarians Promote An Innovation Agenda: University of Toronto Libraries and the MaRS Discovery District[14]	2010
S. Kealey	Continual Evolution: The Experience Over Three Semesters of a Librarian Embedded in an Online Evidence-Based Medicine Course for Physician Assistant Students[15]	2011
S. E. Searing 和 A. M. Greenlee	Faculty Responses to Library Service Innovations: A Case Study[16]	2011
E. Sullo, T. Harroda, G. Buteraa 和 A. Gomesa	Rethinking Library Service to Distance Education Students: Analyzing the Embedded Librarian Model[17]	2012
D. Shumaker 和 A. Makins	Lessons from Successful Embedded Librarians[18]	2012
C. McCluskey	Being An Embedded Research Librarian: Supporting Research by Being A Researcher[19]	2013

M. Bowler 和 K. Street 对 5 个历史课程的本科生班级和 2 个女性学课程的研究生班级的学生进行了研究，结果表明：馆员与教师合作嵌入课程进行素质教育之后，学生的写作作业成绩提高了 18%；教师与馆员分开教学，写作成绩仅提高 1%。通过比照不同类型学生的课程作业成绩，说明嵌入式信息素质教育能够大大提高学生的成绩。这项实验研究的结果对于嵌入式教学的有效性是有力的支持。目前，关于嵌入式信息素质教育绩效的实证性论文数量不多，就研究角度而言，该文具有较重要的借鉴意义。

D. Shumaker 和 M. Talley 的报告是在两次大规模的调查基础上得出的，第一次调查的对象是专业图书馆协会会员（961 人），得出结论是非嵌入式馆员和嵌入式馆员的职责有很大的重叠，并确定在用户群中提供专业服务非常重要；第二次调查的对象是从第一次调查对象中挑选出为用户群提供专业服务的馆员（130 人），得出鉴别嵌入式服务项目运行成功的测算方法有：①提供嵌入式服务的馆员数量增加；②用户服务需求的增加；③嵌入式馆员提供的服务量增加。报告对嵌入式服务提出的建议是：从简单量化的工作转向提供综合分析工作。该报告调查范围广泛、资料客观翔实、结论客观中肯，提出的建议虽然是针对美国图书馆界，但对我国相关领域也较具参考价值。

E. Bennett 和 J. Simning 以一所网络大学的心理学专业研究生作为观察对象，研究嵌入式馆员为网络课程提供服务的情况，结果表明在开展嵌入式服务之后，咨询次数增加 400%，嵌入式馆员的发帖总数与参考咨询次数具有明显的相关性（r = 0.491；p = 0.010）。针对网络大学的学生提供嵌入式服务，并运用量化分析，证明嵌入式服务与参考咨询次数的相关性，是该项工作和研究的创新之处。

M. Edwards 等人也关注嵌入式服务于网络课程的效果，对 31 名选修教育技术基础课程的学生进行研究，通过分阶段进行问卷调查的方法，证实在嵌入式服务的辅助下，学生对数据库的使用经验和适应性有所提高，实操技巧有显著提高。同时，该课程的教师认为合作成功并要求图书馆服务嵌入其他课程，这个结果是对于嵌入式服务效果的认可和鼓励。

K. Fitzgerald 等人描述了多伦多大学图书馆为创业孵化基地 MaRS 发现区的用户提供有关加拿大企业的市场情报信息服务和深度市场分析的情况，从工作中总结出价值公式：$价值 = \frac{（加元\$200/时间）}{提供资源的成本}$，并得出结论：图书馆嵌入式服务的数量和资源是其他有偿服务和资源的 10 倍。该研究从价值的角度探讨嵌入式服务，较具创新性。同时，该论文提供的案例是嵌入式图书馆服务内涵扩展的一种体现，证明嵌入式图书馆服务可以趋同，甚至更优于专业咨询公司提供的服务。

虚拟嵌入式服务运作成本低、方式灵活、受众范围广，是图书馆服务主要发展方向之一。国外近几年侧重技术应用类的案例研究和通过数据分析的实证研究。如 S. Kealey 运用周期评估法（assessment cycle），通过灵活、持续的测验来验证嵌入式教学的有效性。馆员针对 150 多个不同年级的在线医生助理研究生（1 年级 45 人、2 年级 52 人、3 年级 53 人），根据课程需要制作嵌入式教学内容视频，并分阶段测试学习成绩，在第三阶段还嵌入进课程测验，通过测验结果和数据分析出学生的信息检索弱项，以此调整嵌入式教学内容。结果显示研究对象的在线测验平均得分达到 4.94~4.98（5 分制）和 9.0~9.17（10 分制），验证了嵌入式在线教学的良好效果。运用周期评估法进行持续的实证研究，这种研究方式为数不多，而将嵌入式服务与课程测验相结合，这种研究方法也具有创新性。

S. Searing 等人介绍了伊利诺伊州立大学香槟分校图书馆关闭后，图书馆所做出的一些服务上的改变，例如向学院派驻嵌入式馆员，每周在学院工作几个小时。这种工作模式施行一年后，学校对馆员和图书馆与信息科学研究所（简称 GSLIS）的教师进行了问卷调查，105 份问卷反馈结果显示，受访者对于嵌入式服务的工作表示赞赏，但对于馆员的物理嵌入则有正面和反面不同的意见。因此，研究结论是嵌入式服务应该向虚拟嵌入的方向发展。

E. Sullo 等人通过对 82 项来自在线课程的论坛和邮件的咨询服务工作进行了分类和归纳，结果显示：在咨询问题中，一般研究指南类问题占 34%，引文问题占 22%，使用图书馆资源的问题占 20%，校外使用电子资源的问题占 10%。此外，该研究尝试发展针对远程教育受众的类似于标准协约（protocol）的嵌入式服务，作者还推荐能使嵌入式馆员在教学过程中提供同步指导的网络工具"Elluminate Live"，以供参考。

D. Shumaker 等人在前期研究的基础上，对嵌入式馆员及服务进行经验分享和理论总结。该研究集中在 4 个主题：嵌入式馆员工作的本质、嵌入式服务的传播与宣传、嵌入式服务的评估和管理层面（图书馆以及用户组织各方的管理人员）的支持。他们高度概括出 5 条对嵌入式服务工作的建议：①战略性的工作规划也可以从临时的工作安排中引申而来；②尽量为用户提供专业的增值服务；③根据工作任务的需求和用户环境调整自我；④学术层面应朝正式评估方向发展，公司层面则应该着重管理上的协调和交流；⑤图书馆管理者应该跨越多元向度（multiple dimentions）积极领导相关工作。

C. McCluskey 对英国高校图书馆学科馆员的角色做了概括，他认为馆员支持用户科研的关键在于自身的研究水平以及参与用户的知识创造，而不是简单地提供信息。通过文献考察和行为调查，他详细探讨了嵌入式馆员的概念和作用，得出的结论是：作为教育实践群体中的一部分，嵌入式馆员应该把科研作为日常工作。这一观点无疑对嵌入式馆员及服务提出了更高的要求和定位，值得倡导。

3 国内嵌入式图书馆服务研究成果和主要观点

3.1 文献来源及数量

国内图书情报领域对嵌入式服务的研究是近几年才兴起的，相关研究成果以学术论文为主，对嵌入式服务的研究大多与学科服务相结合，截至2014年3月11日，中国知网（CNKI）收录学科服务相关文献共576篇。另外，以"嵌入式学科服务"、"嵌入式服务"、"嵌入式图书馆"、"嵌入式馆员"为题的论文分别为86、117、38和34篇，运用"E-Learning"文献管理工具进行论文题名查重后，得出嵌入式图书馆服务相关论文总数为219篇。

3.2 重要文献和主要观点

国内对于嵌入式服务的研究成果相对数量不多，从研究类型、主要内容上来看主要分为以下几种：①概念、理论研究。对嵌入式服务的概念、起源和相关图书馆学理论进行阐述，有助于同行加深对理论的理解和认识，具有纲领性指导作用。②调查研究。以服务对象、嵌入式馆员及其他相关的群体作为调查对象，进行问卷调查、实地采访，分析不足之处、总结经验并得出结论，以推动实践工作。③案例分析、经验介绍。对成功实施嵌入式服务的案例进行分析，介绍工作经验，试图形成可推广的工作模式。④比较研究。通过对国外相关文献的分析和对比，提炼理论并概括总结出成功案例的实施方法，给国内相关实践工作提供新思路。

从各种类型的论文中，再综合考虑研究角度的创新性、理论的高度概括性、案例的独特性、被引次数等方面，选取近几年的部分论文作考察，可大致了解国内研究情况，如表2所示：

表2 国内嵌入式服务的典型研究文献

作者	题　名	年份
秦铁辉	嵌入性理论对情报学研究的启示[20]	2009
陈廉芳，许春漫	高校图书馆嵌入式创新服务模式探讨[21]	2010

续表

作者	题名	年份
刘颖，黄传惠	嵌入用户环境：图书馆学科服务新方向[22]	2010
刘颖，项英	个人信息环境与嵌入式学科服务[23]	2010
李文文，陈雅	图书馆嵌入式服务模式研究[24]	2011
陈廉芳，许春漫	嵌入式学科服务的信息伦理问题探析[25]	2011
张翔	基于SERVICE的嵌入式学科服务营销——武汉大学图书馆学科服务探索[26]	2011
初景利	学科馆员对嵌入式学科服务的认知与解析[27]	2012
李金芳	美国高校图书馆嵌入式学科服务的典型案例研究[28]	2012
谢守美	泛在知识环境下嵌入式学科服务研究[29]	2013
傅天珍，王边，郑江平	以移动终端为媒介的嵌入式学科服务探讨[30]	2013
薛调，刘云，刘彦庆	高校图书馆嵌入式教学实施的影响因素研究[31]	2013

秦铁辉对嵌入性理论进行过较为深入的探讨，认为可以将嵌入性理论运用于图情领域的研究和实践。从嵌入性理论的缘起展开讨论，使读者能够对该理论有较为深刻的理解，该文是国内将嵌入性理论引入图情领域的早期成果之一。

陈廉芳、许春漫介绍了嵌入式服务的内涵，并分别从馆内空间、馆外空间和虚拟空间三方面论述嵌入式服务，认为它是图书馆服务的创新、深化和升华。该文把嵌入式服务作为一种创新服务模式来推荐，为后来的研究提供了新视角。

刘颖、黄传惠是较早研究嵌入式学科服务的学者，提出嵌入用户环境是学科服务中的关键问题，并详细论述嵌入教学与学习、嵌入学术交流与科学研究、嵌入临床工作等学科服务内容和嵌入用户物理空间及嵌入用户虚拟空间的模式。刘颖等人在另一篇论文中进一步探讨嵌入用户信息环境可以提高学科服务的可发现性和易用性，从信源、信道、信宿三方面提出实施对策。并且，高度概括嵌入式学科服务可有所作为的方向、实现模式和实施对策，有较高的参考价值。

李文文、陈雅详细地阐述了国内图书馆目前所开展的嵌入式服务的4种基本模式：基于手机的嵌入式服务模式、RSS 服务模式、社区网站服务模式和"e 划通"服务模式，该文侧重讨论虚拟嵌入式服务，对于嵌入式信息素质教育则未提及。

陈廉芳、许春漫首次从信息伦理的角度探讨嵌入式学科服务带来的问题，如公平、质量、交流、保密、隐私等，认为需要从法律、制度、道德方面进行规范。为保障图书馆开展嵌入式服务的良性循环和可持续发展，这些问题的确应该引起重视。

张翔对武汉大学图书馆的学科服务工作做了介绍，论述其 SERVICE（sincere、expert、rapid、value、interaction、cooperate、easy）的服务理念以及嵌入式服务营销体系，从服务理念和营销管理的角度来探讨嵌入式服务，有一定的创新性和战略性，对于相关工作实践具有示范和借鉴的作用。

初景利首次在国内做了大范围、大规模的有关嵌入式学科服务的认知方面的调查，在对近 200 所高校、科研单位图书馆的共约 350 人进行问卷调查、分析后，揭示出学科馆员对嵌入式学科服务意义的认同水平不同，并进一步分析了嵌入式学科服务的难点和对策，提出目标嵌入、功能嵌入、流程嵌入、系统嵌入、时空嵌入、能力嵌入、情感嵌入、协同嵌入 8 种嵌入式学科服务的方式。对嵌入式学科服务的实施主体——学科馆员进行调查与分析，本身就是对嵌入式学科服务的一种知识普及，同时，该研究有助于提高馆员对嵌入式学科服务的关注、认识和理解，对该项工作的推广具有普遍而深远的意义。

李金芳选取几所美国高校图书馆开展嵌入式服务的典型案例进行分析，探讨了嵌入式图书馆员、个人图书馆员项目、嵌入式信息专员项目等实践模式，并从运行机制的角度总结出美国高校图书馆开展嵌入式服务成功的因素是组织因素、方案特色和馆员角色等，其观点具有一定的借鉴意义。

泛在知识环境是近年出现的新术语，国内有少数学者将其与嵌入式服务结合起来探讨，较具新意。其中，谢守美认为嵌入式服务是学科服务在知识环境下发展的新方向，嵌入式学科服务包括嵌入式信息素养教育和嵌入式科学研究，是一种通过嵌入到用户的物理空间和虚拟空间，提供个性化的随时、随地的信息服务。同时，还介绍了国内外部分大学图书馆开展的嵌入式服务的具体方法，为相关实践工作提供参考。

傅天珍等人阐述了现今移动终端的类型、功能和图书馆嵌入式学科服务的特点，认为移动终端应用于嵌入式服务的优势在于：可更好地嵌入用户环境、无缝推送信息、提高资源可见度等。目前，移动通信和互联网技术在嵌入式服务中有广阔的应用前景，应该加强相关的研究。

薛调等人将教学主管人员作为深度访谈对象，并借助质性分析软件对资料进行定性分析，研究嵌入式教学实施的影响因素，这在国内为数不多。教学主管虽然不是图书馆嵌入式教学的直接受众，却是嵌入式服务的重要用户群体，是影响嵌入式教学的重要因素之一，对这一群体的研究十分必要。

4 国内外嵌入式图书馆服务研究的总体特征

4.1 嵌入式图书馆服务引起高度关注

国内外相关文献的作者绝大部分是图书馆人，通过对理论的深究、案例的详查，提出问题、分析策略，并得出如"嵌入式学科馆员是图书馆服务最成功的营销工具"、"嵌入式素质教育能提高学生成绩"、"嵌入式学科服务是图书馆服务的重要方向"等结论，可以看出学者对嵌入式服务持乐观态度并高度关注。

国外相关文献主要来源于欧美国家，其中以美国为多数，英国、加拿大、澳大利亚、德国、荷兰、瑞典、西班牙等国均有嵌入式服务相关文献。国内的文献来源和实践案例分布也较广泛，北京、上海、广州、武汉、西安、沈阳、天津、石家庄、厦门、贵阳等地的图书馆都有开展嵌入式服务的成功案例和尝试，证明国内图情界对嵌入式服务的研究和实践也非常重视。

4.2 嵌入式服务内容和方法的研究得到重视

相关文献重视嵌入式服务内容和方法的研究。通过对文献进行考察，笔者总结出嵌入式服务的主要工作内容有：嵌入临床、嵌入课程管理系统、协同教学、协同设计课程和作业、嵌入学生研究、嵌入用户工作、社交媒介嵌入、物理嵌入用户环境等，如图1所示：

有些论文还详细介绍了某项嵌入式服务的具体实施方法，如嵌入课程管理系统具体可通过参与学委会讨论、图书馆资源链接、在线学科指南等方式来实施；物理嵌入用户环境可部分时间嵌入也可以设置常驻办公室来达到完全嵌入；等等。这些案例分析、经验介绍类的文献对于相关领域的理论总结和实践工作具有较大的借鉴作用和指导意义。

4.3 基于实践探讨嵌入式图书馆服务理论

国外（以美国为例）的相关文献数量上大大超过了国内，但从研究角度上来看，国内外都很全面，除了借鉴其他学科领域的理论和概念，还注重从

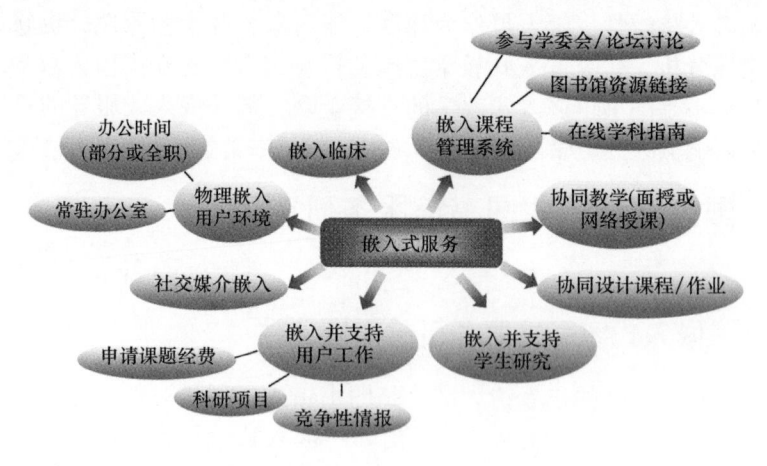

图1 嵌入式服务的主要工作内容和方法

不同的研究角度来扩展研究，既有对服务主体（馆员）的研究，也有对服务客体（用户）的研究；既有概念研究，也有策略研究，同时还注意研究最新的信息技术手段的影响和作用，目的是使嵌入式服务的研究能适应环境的变化和实践工作的需求。

相关文献所涉及的案例主要出自高校图书馆和学术图书馆，也有少量文献涉及中学图书馆、公共图书馆、社区图书馆的嵌入式服务，服务对象涵盖医药学、经济学、法学、农业、教育学等各学科和领域。

4.4 嵌入式图书馆服务需要进一步提升理论研究的系统性

虽然很多文献试图证明嵌入式服务的优势和价值，如对科研的资源保障作用、对学生提高学习成绩的帮助、为用户提供专业信息资源的价值，等等。但是，相关的研究尚缺乏更为科学的、严密的考证以及系统的理论探索，尤其欠缺对图书馆嵌入式服务的影响、绩效方面的科学实验和数据分析，这类研究往往需要大规模范围的针对主体（馆员）和客体（服务对象）双方的调查和分析，并借助其他学科的研究方法，得出可靠的结论或可复制的模型。总之，嵌入式图书馆服务还需要更多的科学实证分析，相关研究需要进一步提升理论系统性。

参考文献：

[1] Rudasill L M. Beyond subject specialization：The creation of embedded librarians[J]. Public Services Quarterly,2010,6(2):83-91.

［2］ Dewey B I. The Embedded librarian: Strategic campus collaborations[J]. Resource Sharing & Information Networks,2004,17(1/2):1-2.

［3］ Daugherty A L, Michael F R. Embedded librarianship: What every academic librarian should Know[M]. California: ABC-CLIO,. LLC,2013.

［4］ Tumbleson B E, Burke J J. Embedding librarianship in learning management systems: A How-to-do-it manual for librarians[M]. Chicago: American Library Association,2013.

［5］ Shumaker D. The embedded librarian: Innovative strategies for taking knowledge where It's needed[M]. Medford: Information Today,Inc. ,2012.

［6］ Hamilton B J. Embedded librarianship: Tools and practices [M]. Chicago: ALA TechSource, 2012.

［7］ Kvenild C, Calkins K. Embedded librarians: Moving beyond one-shot instruction[M]. Chicago: American Library Association,2011.

［8］ Freihurger G,Kramer S. Embedded librarians:One library's model for decentralized service [J]. Journal of the Medical Library Association,2009,97(2):139-179.

［9］ Shumaker D,Nixon J M. Who let the librarians out? Embedded librarianship and the library manager[J]. Reference & User Services Quarterly,2009,48(3):239-257.

［10］ Bowler M,Street K. Investigating the efficacy of embedment:Experiments in information literacy integration[J]. Reference Services Review,2008,36(4):438-449.

［11］ Shumaker D,Talley M. Models of embedded librarianship:Final report[R]. Washington DC:Special Libraries Association. 2009.

［12］ Bennett E,Simning J. Embedded librarians and reference traffic:A quantitative analysis[J]. Journal of Library Administration,2010,50(5/6):443-457.

［13］ Edwards M, Kumar S, Ochoa M. Assessing the value of embedded librarians in an online graduate educational technology course[J]. Public Services Quarterly, 2010, 6(2): 271-291.

［14］ Fitzgerald K,Anderson L,Kula H. Embedded librarians promote an innovation agenda:University of Toronto libraries and the MaRS discovery district[J]. Journal of Business & Finance Librarianship,2010,15(3/4):188-196.

［15］ Kealey S. Continual evolution:The experience over three semesters of a librarian embedded in an online evidence-based medicine course for physician assistant students[J]. Medical Reference Services Quarterly,2011,30(4):411-425.

［16］ Searing S E, Greenlee A M. Faculty responses to library service innovations:A case study [J]. The Journal of Library and Information Science Education,2011,52(4):1-30.

［17］ Sullo E, Harroda T, Buteraa G, et al. Rethinking library service to distance education students: Analyzing the embedded librarian model[J]. Medical Reference Services Quarterly,2012,31(1):29-33.

［18］ Shumaker D, Makins A. Lessons from successful embedded librarians[J]. Information Out-

look,2012,16(3):10-12.
[19] McCluskey C. Being an embedded research librarian: Supporting research by being a researcher[J]. Journal of Information Literacy,2013,7(2):4-14.
[20] 秦铁辉. 嵌入性理论对情报学研究的启示[J]. 图书情报工作,2009,53(24):5-6,20.
[21] 陈廉芳,许春漫. 高校图书馆嵌入式创新服务模式探讨[J]. 图书馆工作与研究,2010,(8):4-7.
[22] 刘颖,黄传惠. 嵌入用户环境:图书馆学科服务新方向[J]. 图书情报知识,2010,(1):52-59.
[23] 刘颖,项英. 个人信息环境与嵌入式学科服务[J]. 情报杂志,2010,(5):188-191.
[24] 李文文,陈雅. 图书馆嵌入式服务模式研究[J]. 大学图书馆学报,2011,(1):90-92.
[25] 陈廉芳,许春漫. 嵌入式学科服务的信息伦理问题探析[J]. 国家图书馆学刊,2011,(2):61-63,68.
[26] 张翔. 基于SERVICE的嵌入式学科服务营销——武汉大学图书馆学科服务探索[J]. 大学图书馆学报,2011,(5):73-76.
[27] 初景利. 学科馆员对嵌入式学科服务的认知与解析[J]. 图书情报研究,2012,(3):1-8,33.
[28] 李金芳. 美国高校图书馆嵌入式学科服务的典型案例研究[J]. 图书馆杂志,2012,(11):73-77.
[29] 谢守美. 泛在知识环境下嵌入式学科服务研究[J]. 图书馆工作与研究,2013,(1):27-29,42.
[30] 傅天珍,王边,郑江平. 以移动终端为媒介的嵌入式学科服务探讨[J]. 农业图书情报学刊,2013,(1):167-170.
[31] 薛调,刘云,刘彦庆. 高校图书馆嵌入式教学实施的影响因素研究[J]. 图书情报工作,2013,57(15):83-87,107.

作者简介

罗亚泓,广东外语外贸大学图书馆馆员,硕士。